日本史研究叢刊 10

近世大和地方史研究

木村博一 著

和泉書院

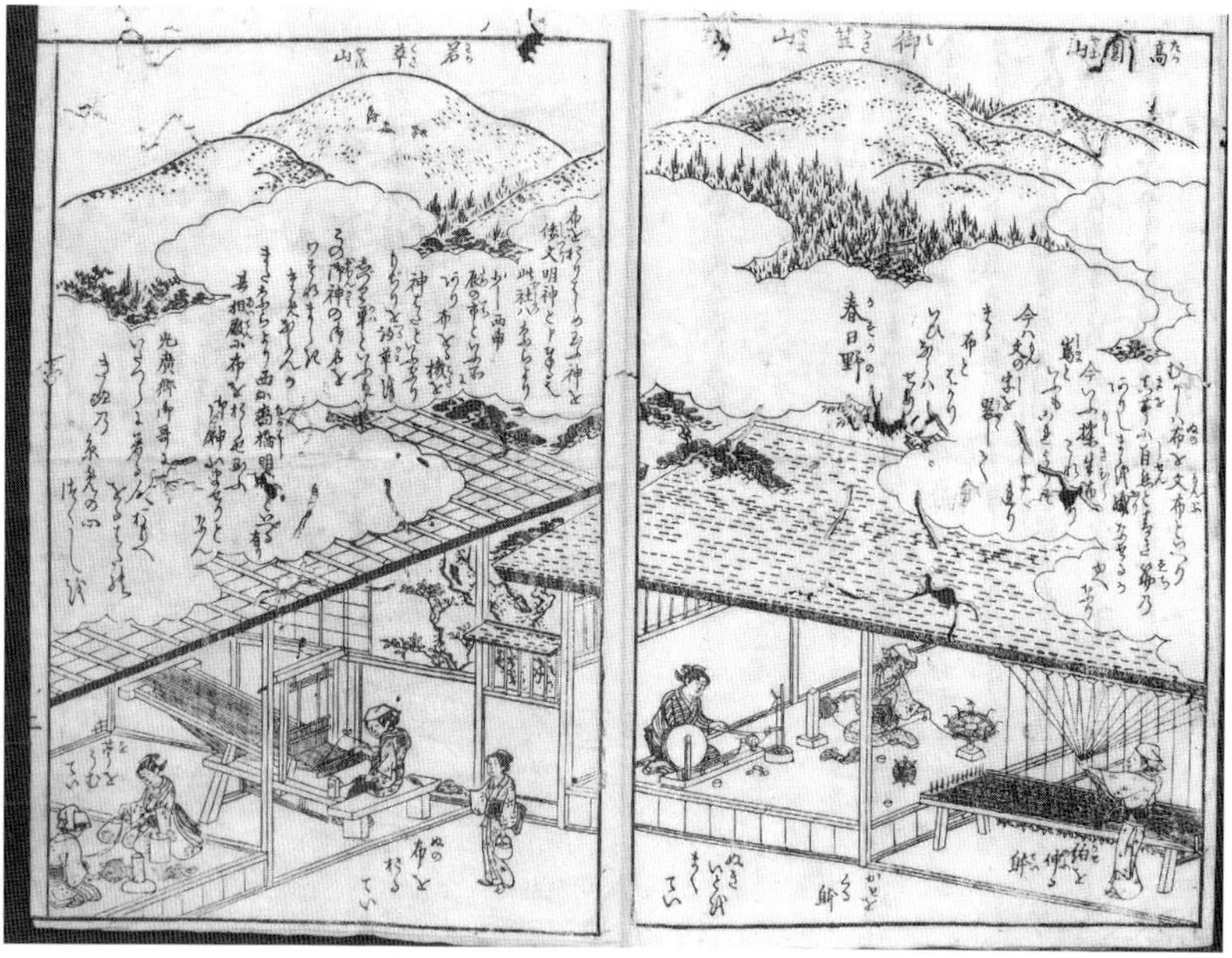

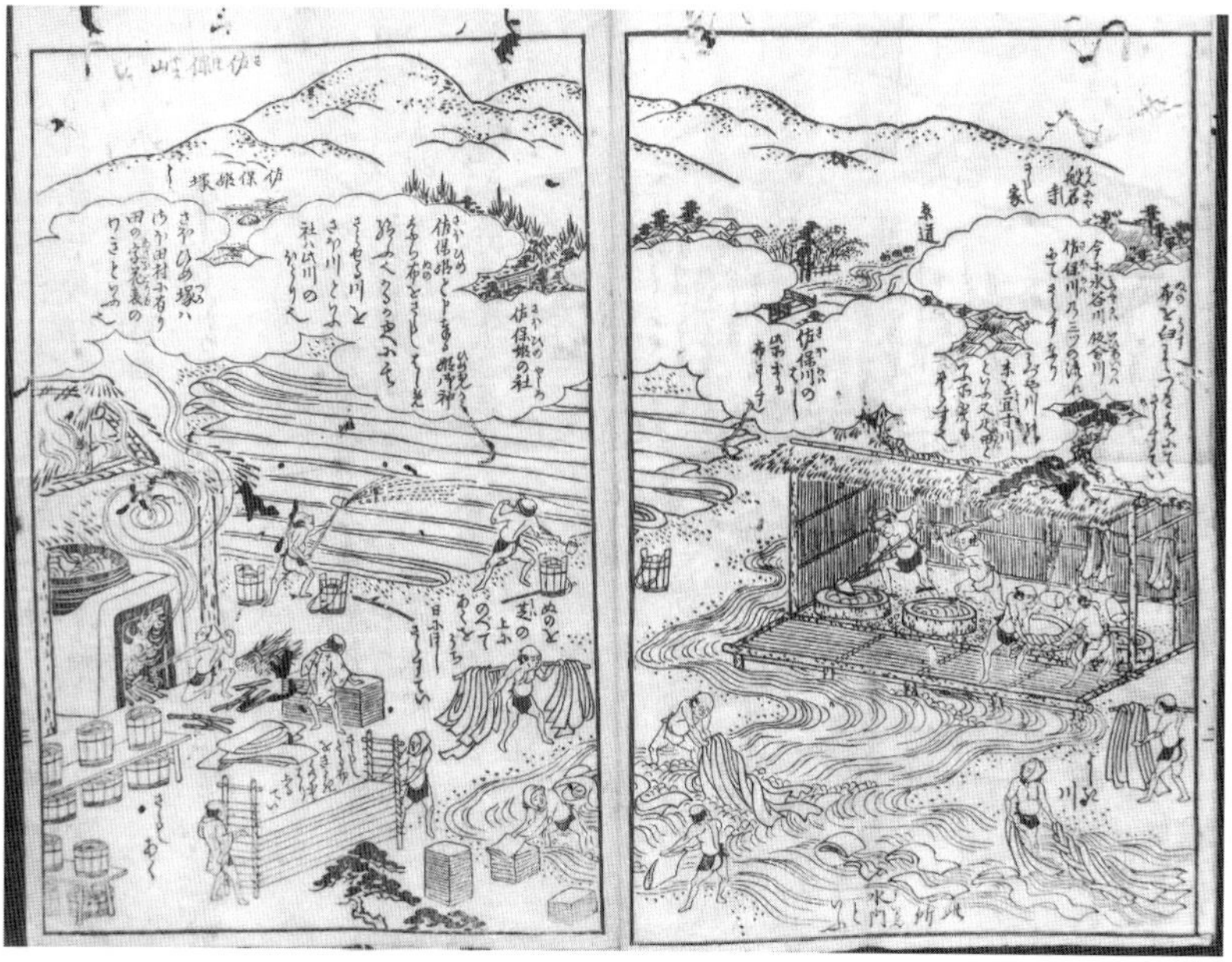

上下とも寛政元年の南都布さらし乃記　前田家文書

まえがき

本書は、近世の大和に関する論考を中心に、旧稿をまとめたものである。「あとがき」にも記したように、友人のみなさんのお奨めと励ましがなければ、本書は日の目をみることはなかったであろう。本書を編むことは、私の念頭になかったことなのである。というのも、私の論考が、特定の主題を体系的に追求したものでなく、その時々の関心にしたがって個別論文として発表してきたものにすぎないからである。それは、本書の題名に「近世大和地方史研究」という漠然とした名称を選ばせた理由の一つでもあった。

戦後の早い時期に、大和の近世の地方史研究を志した事情については、本書の終章の「大和地方史研究事始」に書きとめたが、それからおよそ半世紀、顧みてその成果の貧しさを恥じるばかりである。もとより私の怠慢によるものだが、ひとこと弁解を許されるならば、奈良教育大学で日本史と並んで社会科教育も担当、戦前における歴史学と歴史教育の乖離あるいは「国史教育」における皇国史観の支配などに対する批判の気持もあって、歴史教育にも首をつっ込んできたことにもよる。いわば二足の草鞋を穿いてきたわけだが、そのことに悔いはない。

それはともかく、歴史関係の論考を整理すると、近世大和の産業と百姓一揆にかかわるものに分けられる。そのため、これらを第一章と第二章にあて、やや趣を異にする思想史の論文を第三章として収め、これに序章と終章を加えて本書を構成した。以下、この構成にしたがって、論考に若干のコメントを付しておきたいと思う。

序章には「地方史研究の視座」の名で、地方史研究のあり方について論じた二編を収めた。一は三五年前、二は一四年前のものだが、今日なお顧みられてよい観点を提示していると考えたからである。地域史研究という用語については、二の論考の2でふれているが、地域の歴史的研究がとりもなおさず地方史研究なのだから、地方史研究では駄目、地域史研究でなければ、というような窮屈な考えは採りたくない。要は、研究への姿勢と研究の中味であろう。現に、地方史研究協議会も、名称はそのままで、第五〇回大会の共通論題に「新しい地域史研究の方法を求めて」と掲げているのである。ともあれ、地方史研究論というべき二編を序章として巻頭に置いた。これが、本書の題名に「地方史研究」の名を選んだもう一つの理由である。

第一章は「近世大和の産業」。はじめの三編は奈良晒についての論考である。この研究を志した事情については終章でふれているが、一がその最初の成果である。奈良晒の生産販売組織は、なかなか複雑で時代による変化も大きい。基礎的な仕事として、まずこれを明らかにしたいと考えたのである。収載にあたって、図版を改めるとともに一部文意の曖昧な箇所を訂正した。二は、疋田村（現奈良市疋田町）で明治初年まで晒業を続けた唯一の晒屋、前田家の文書を中心に、晒屋の経営形態を明らかにしたもので、問屋＝商業資本との関係についても分析した。三は『日本産業史大系』第六巻　近畿地方篇に収載されたもので、奈良晒についての概説である。その後、余儀に目が移って研究の続行を怠り、『奈良晒の研究』として一書をまとめるにいたらなかったのは、残念でもあり恥ずかしくもある。なお、奈良晒に関しては、当初の共同研究者奥田修三氏（のち立命館大学教授）の「近世後期における都市商人―奈良晒布青苧中買について」（『立命館経済学』七―五、一九五八年）の論考がある。

四の「北山郷の木年貢制度と林業」は、『下北山村史』の拙稿「一―II―2　木年貢制度と林業」の初めと終りの部分など一部を書き改めただけで、ほぼそのまま収載したものである。この『下北山村史』は、編集の全権をまかされてつくったもので、市町村史の編さんや地方史研究についての私見をおよそのところ実現できた村史として、いささか自負しているものである。その編集方針などについては、序章の二でふれているが、村民の理解を得られるよう、わかりやすい叙述を心がけ、他の委員にもそのことをお願いした。市町村史はもとより地方史研究も、地域に密着し地域の人びとと思いを共にできるものであるべきであろう。そんな願いが反映されたものとして敢て論文のかたちに改めず、引用史料も読み下しのままで収載したわけである。

五の「大和売薬の成立と展開」も、『奈良県薬業史』通史編からの転載である。大和の売薬については、古く『葛村史』（一九五七年）に「葛村売薬史」の一文を寄せたことがある。葛村（現御所市）は配置売薬の中心地の一つ、大字の今住はその発祥の地ともみられるところで、この論考は大和売薬史序説ともみなされるものであった。その後奥田修三氏が前掲『日本産業史大系』第六巻　近畿地方篇に「大和の売薬」の論考を寄せた。拙稿は、これらの業績をふまえてまとめたもので、配置売薬のみならず、不十分ながら近世の大和各地の売薬や薬種生産にもふれている。
なお、「付」として収載した「明治中期の大和の農業」は、明治二十一年の「奈良県農事調査」の解題として書いたもので、近代に属する所論だが、明治期の研究が遅れている奈良県の現状に鑑み、その誘い水にもなればと考えて付載したのである。

第二章は「大和の百姓一揆」。一の「大和の龍門騒動」は、終章でもふれているように、国民的歴史学の運動の所産である。のちに若干の補訂を加えて『吉野町史』上（一九七二年）に掲載するが（論説六「龍門騒動」）、未熟なところがあるものの、最初に発表した論考として愛着のあるこれを収載した。そのころはまだ、大和は百姓一揆のきわめて少ない地域の一つに数えられていた。どうしてなのかと問いながら史料調査を続けていて見つかったのが、二の富雄の一揆である。小規模なものながら、慶応二年五月の時点でおこっていることに注目された。三の「天誅組の変と農民闘争」は、小林茂氏（当時下関市立大学教授）との共著「幕末期畿内地域における農民闘争」の私の執筆部分を独立の論文にしたものである。小林執筆の「三摂津豊嶋郡の場合」を削除、拙稿「二大和五条の場合」を主体に、同じく私が筆を執った「一はじめに」と「四まとめ」を手直しして形をととのえた。

国民的歴史学の運動が挫折したあとも、歴史研究者の社会的責任という問題が頭の片隅にあった。一九六五年の拙稿「教員養成大学における歴史教育」（『歴史学研究』三〇六）の末尾で「歴史研究者の主体と責任」について論じ、上原専禄の所論（たとえば、「国民とは別に研究するのでなくて、自分自身も国民の一人として研究する意識や態度が必要」との主張。『歴史意識に立つ教育』、国土社、一九五八年、『歴史学序説』、大明堂、一九五八年、ほか）に導かれながら、歴史研究者は国民の歴史意識の形成に責任のあることを自覚すべきだ、と論じたことがあった。これに応えるためには、歴史叙述はどうあるべきか、そんなことを考えながら書いたのが、六九年に発表された四の「「芝村騒動」覚書」である。地元の人びとに喜んでもらえたし、「龍門騒動」とともに小中学校の歴史教育の教材として活用された。

付表の「大和の百姓一揆・打ちこわし年表」は、後呂忠一氏（元奈良教育大学附属中学校副校長）に手伝ってもらって、こんど新しく作成したものである。

第三章の一「江戸中期一地方町人の思想」は、大和絣の創始者浅田松堂が宝暦十二年に書きとめた「家用遺言集」を分析したものである。実は、奈良晒とともに大和木綿・大和絣にも関心があったのだが、然るべき史料を発見できないまま研究にいたらなかった。これを手がけようと思ったころ、山本賢三氏（当時御所高校教諭）から「家用遺言集」を借覧することができた。町人思想の研究については多くの業績があげられているが、そのほとんどが三都の富裕な町人に関するもので、地方の町人や農民についての論考は稀である。「家用遺言集」によってその思想を探ってみようと思ったのはそのためだが、終章の末尾に書いたような問題意識から、近代への萌芽がみられるかどうかにも関心があった。しかし、案の定その片鱗も認めることはできなかった。私は、近代市民文化の生成を安永・天明期に認めたいと考えているのだが（「「近世文化」研究の成果と歴史学習」、『歴史地理教育』二九六、一九七九年）、その前の宝暦期の地方に近代思想の萌芽を求めるのは、そもそも無理な相談だったといわねばならない。しかし、在郷町の商人松堂の思想については、ほぼこれを明らかにできたものと思う。なお、「家用遺言集」は、筆写のうえ山本氏に返却したが、氏の消息が不明のままその行方がわからなくなっているので、後のちのために二にその全文を収載しておくことにした。

終章の「大和地方史研究事始」は、一九九三年六月「戦後大和の地方史研究」と題して奈良歴史研究会で行なった講演をもとにまとめたものである。その続きを書き残しておきたいと思いながら、まだ果たせないでいる。

拙論は、原則として旧稿のまま収載した。さきにふれたようにやむなく一部手直ししたところもあるが（第一章—四、第二章—三など）、できるだけ原型を保つように心がけ、論旨そのものには変更を加えていない。

一九九九年十二月

目次

第二章 大和の百姓一揆

終 章

序　章　地方史研究の視座

一　地方史研究の課題

戦後における地方史研究の隆盛はまことにめざましいものがあり、地方に取材した研究報告は莫大な数にのぼっている。しかし、そのことが直ちに地方史研究、ひいては歴史研究の充実と深化を意味しているかということになると若干の疑問があろう。私などはたいしたことを言えた義理ではないが、これまで明らかにされたものを各地において実証する程度のたんなる事例の追加にとどまる作業や、図式的理解の地方への適用にすぎないといった傾向がないわけではない。ある研究者のすぐれた仕事が発表されると、それに似たやり方で地方の例をとりあげてみる、といった研究が多いようにも見受けられる。検地や地主制や自由民権が問題になると、誰もがその問題にとびついていくような一種の流行現象もおこった。かつて藤野保が近世農村史の研究にふれて、「戦後農村史の研究は、とくに検地・地主制・商品生産・農村構造・農業経営等に集中した感があり、その研究単位は一農村・一農業経営に向けられ、緻密化の一途を辿るとともに極めて細分化されてきたところに特徴がある。しかもこのような研究に基く分析の結果は、それとは逆にあたかもその地域・その地方の代表的形態のように論議され、それに基く論争が行われている現状である(1)」と指摘したような状況から、脱しているともいい難い。

もちろんそれもそれなりには意味があることだし、それによって個々の史実が浮かびあがってくれば、いちがいに非難すべきことでもあるまい。しかしながら、たんにそれだけにとどまっていれば、地方史研究が新しい仕事としての意味を持ち「通史的研究を、各地方の具体的分析の上に作り直そう(2)」という、地方史研究への期待は達成できないであろう。地方史研究の方法論的転換が要請されるのはそのためである。一九六二年から、近世史サマー・セミナーが開かれるようになったのも、何ほどかこのことと関連があるだろう。ここ三年余り[3]『歴史評論』が竹内理三の「九州の地方史研究」を載せ、最近[4]『日本歴史』が各地の「地方史研究の現状」をとりあげ始めたのも、戦後の地方史研究をここらで整理してみようという意味からであろう。地方史研究は、現在その整理と検討の段階にきているといってよい。

地方にあって、文献にあたる便宜にも恵まれず学界の動向にうとい私のようなものに何ほどのことも書けそうにないが、地方史研究者の一人として、この機会に私なりの反省をしてみたいと思う。

1

今日の地方史研究が、これまでのいわゆる「郷土史」に対する反省から出発していたことはいうまでもない（ことわっておくが、ここで「郷土史」というのは、柳田国男らを中心に進められた一九一三年以来の「郷土研究」や、一九三〇年前後に勃興した小田内通敏らの郷土教育連盟の仕事をさしているのではない）。これまでの郷土史では、研究の興味の中心が「主として領主の政治的業績や各地方で際立った人達の伝記に向けられ、或は今すぐれた地位にある人達の家柄或は神社仏閣の由来を讃えたりすることに集中していて庶民の生活や、そのよって立つ生産が問題になった事が殆どなく[5]」「かんじんな郷土に深く根をおろして来た名もなき大衆のいそしみぶりが尋ねられなかった[6]」のである。また、いわゆるお国自慢に堕して附会の誤りをおかすものが多く、地域の歴史事象に埋没して考証に走り、事象を生みだした諸条件や歴史的意味を考えようとしない封鎖的性格をもっていた。郷土史という言葉を用いないで、地方史という言葉が使われたうらには、そういった従来の郷土史への反省が働いていたのである。

「どんな村人も歴史を荷い歴史を創って来た。それを無視することの甚しかったのが従来の郷土史であった[7]」といわれる時、そうした欠陥は、民衆の歴史を疎外してきた官府的歴史学とも深いかかわりのあることであった。郷土史研究の弱点には、官府的歴史学の性格が反映していたということができよう。郷土史研究における方法論の欠除を指摘するならば、大学「国史学」における文献考証主義、方法論以前に停滞して理論的追求を欠いていた点が問われねばなるまい。大学「国史学」は近世史の研究を軽視し、近現代史はこれを無視してきた。もし民衆の歴史に重点がおかれたならば、民衆自身がその史料を残すようになった近世史以降に、もっと多くの関心が払われたはずである。したがってまた、官府的歴史学からの地方への接近は、たかだか中央の政治情勢が地方にどのような影響を与えたか、という程度にとどまった。

歴史における民衆の役割を無視する立場からは、地方史の必要性は生まれてこない。すでに福沢諭吉は『文明論の概略』において、歴史の本体が政府の歴史でなく人民の歴史であるべきことを暗示し、「日本の歴史に於ける人権発達の痕跡」を『国民の友』に連載した山路愛山にもまた人民の歴史の観点が流れていた。しかし、民衆生活への学問的探求が実を結びはじめるのは、一九一〇年、新渡戸稲三を中心に、柳田国男・小野武夫・小田内通敏らが「郷土会」を組織して実地調査にのり出してからのことであろう。郷土研究が発足したわけである。それがいわゆる「郷土史」とは異って、地方史研究の先蹤となり得たのは、民衆の過去の生活や意識に眼を向けたからにほかならない（柳田は後年の述作である『郷土生活の研究法』(8)のなかで「郷土研究の意義は、手短かに言ふならば平民の過去を知ることである」といっている）。明治末年『石神問答』を書いて独自の方法論を提示した柳田国男は、一九一三年、高木敏雄らとともに『郷土研究』を創刊し、民間信仰史上の重要問題を明らかにしていった。その研究が喜田貞吉の歴史研究を刺激するのだが、喜田は、一九一九年の『民族と歴史』の発刊趣意書に「我等は我国の歴史を研究する上に於て、亦決して国民の側のそれを度外視して満足すべきにあらざるなり」と記し、民衆に注意を向けたのである。この柳田と喜田の二人が、賤民史研究のすぐれた先達であった点に、私たちは注目する必要があろう。

さて、歴史学の方で地方民衆がとりあげられるようになるのは、大正から昭和にかけて興ってきた社会経済史学においてのことであろう。支配者中心の歴史がその支配を可能にさせている根拠に眼を向け、中央の歴史をその社会的基礎から説き明かそうとした時、民衆の生活や生産に着目して、地方史料の探訪に向かわねばならない。ここに、特定地域を対象とした個別研究が、にわかに活況を呈することになったのである（それが、マルクス主義史学とのからみあいのなかで、戦後の歴史学の発展の素地を培い、地方史研究の導きとなった多くの成果を生んだことは周知の通りである）。しかしながらこの場合においても、中央に対してもつ地方の独自性、地方の独自の動きといったものは、まだ一般には承認されていなかったようである。もちろん、中央の影響が地方に及んだというようなとりあげ方ではなかったが、中央の動向を明らかにすることに重点がおかれたために、地方の事情は、中央の動きをきめる諸契機の一つと見なす傾向が強かったといえる。そして他方では、民衆をとりあげてその生活や生産を対象にしながら「本質的には支配者の側に立って、大衆を取り上げたに過ぎない」[9]といった側面をもっていたのである。

民衆の歴史を問題にしようということと、地方史への関心には、たがいに深いかかわりがある。戦後、歴史の主体が民衆であると確認されたところに、地方史研究が要求されてくる必然性があったといえる。林屋辰三郎が、民衆の歴史生活を明らかにするよりどころとして、地方史・部落史・女性史の三つをあげ「これらの綜合のなかに民衆の、歴史を明らかにするてだてを見出すことができる」[10]としたのは、じゅうぶんうなずける所論といえよう。戦後の地方史研究は、第一に歴史を動かす原動力として働く、民衆の役割を自覚し、第二には地方事情をたんに中央の動きに追随するものととらえず、地方の動き自体に歴史の発展を構成するものとしての独自の意味を認めたのである。ここに、戦後における地方史研究の成立の契機があったということができよう。

民衆の生活や生産の生き生きとした事実は、各地における具体的な分析なしには十分理解することができない、それぞれの地方の実際の情勢が明らかにならなければ、全日本的な事実として過去の総合的理解を深めることができない、とされたのである。歴史学がその研究の深化のために地方史研究を必要とし、各地方の具体的分析の上に歴史を作り直そうという期待が、地方史研究の上にかけられたのであった。古島敏雄のいうように、民衆の動きに眼をすえて地方史が追求される時、「地方史の研究は、それが誠実に、正確に追求され、その成果が広く総合されることによって新しい通史的理解が作り出される基礎になる。地方史は中央の附属物でなくなって、地方史研究こそ通史的理解の根底を作り出すものとなるのである[11]」。こうして、地方史研究は歴史の基礎部分を明らかにするものとして、歴史研究における市民権を確立したのである。「初心忘るべからず」とか。私たちはたえずその出発点に立ちかえって、地方史研究の課題を追求しなければならない。

2

戦前、郷土史は一般の歴史研究ときりはなされた特別の存在と考えられていたが、戦後の地方史研究は、全くふつうの歴史研究と同じようにみなされている。地方史研究という言葉が用いられた背後には、そういう意味もこめられていたのであろう。私は、地方史料にもとづいた研究は、すべて地方史研究と考えたいと思っているが、現実に二つの流れのあることは否定できない。一つは、全国的ないし一般的研究の手がかりまたは礎石ということに比重のかかった地方史研究であり、今一つは、特定地域の歴史をまずもってそれぞれの地域について明らかにすることに重点を置いた研究である。いうまでもなく後者は、府県・郡・市町村史(誌)――以下地方史誌と総称する――に代表されるもので、社会科教育につらなる郷土研究も、これに含めてよいであろう。前者といえども、地方的事実を追求ないし検証することによって、全国的な動きを吟味しようというのであるから、地方史研究の本質においては、両者の間に区別は存在しないといってよい。

では、その地方史研究の本質をどう考えたらよいだろうか。それは、地域の史実についての具体的実証的な検証

（もちろん歴史事象を規定する諸条件の精細な吟味を含めて）ということであろう。古島の言葉を借りれば「個別具体性の詳密な検討[12]」ということであろうし、木村礎にしたがえば「地域的実証[13]」ということになるだろう。そのことをぬきにしては、地方史研究の存在意義はなく、そのことによって地方史研究はその独自性を主張できるのだといえる。私たちは、個別具体性の検討によって、はじめてその背後に存在する一般性に近づくことができるのだといってよい。

そうした意味で、木村礎が、『(長崎県)大村市史』上巻の「あとがき」に記された藤野保の文章にふれて、地方史誌の必項の要件として「とにかくその地域の具体性に徹せよ[14]」と主張しているのは、十分うなずける。藤野は「市町村史は当該地域の発展を現地の史料にもとづいて、具体的に叙述しなければならないという考えにしたがって、現地の史料で明らかにしうる点のみを叙述し、史料の欠除した部分を一般史で補い、脈絡をつける方法を避けることとした。本来特殊史であるべき市町村史を一般史のなかに解消してしまうことは、市町村史の意義を軽減すると考えたからである」と書いている。木村は、「古代、中世史の叙述においてかかる原則を貫徹し得るとは思わないが」としながら、この原則を大切にすべきものとしたのである。

地域にあるものは何もかも盛りこもうとする網羅主義にわざわいされて、一般史に地方の史実をくっつけるような形になっている地方史誌の多い中で、これは一つの見識というべきであろう。その意味でも、製紙業を中心にまとめられた『(福井県)岡本村史』や、貿易商工業都市としての発展をあとづけようとした『横浜市史』のように、ある一貫したテーマで叙述された地方史誌や、『足利織物史[15]』のような作品が、もっと数多く現われてきてほしいものと思う。あるいはまた、考古学上の遺跡・条里制・荘園・宮座・検地・地主小作制・百姓一揆・特産物・地租改正・地方自治制・入会権・水論・農民運動等々、それぞれの地域で具体的に明らかにし得るいくつかの問題について、個々の研究をまとめた種類のものもあってよいのではなかろうか。私の関係した範囲では、藤野が避けようとした形の、変りばえのしない市町村史が多いので、とりわけその気持が強いわけである。

ところで最近の傾向として、史料篇や史料集の刊行が多いのは、歓迎されてよいことであろう。しかし、地方史誌の編纂には、過去の史料の保存、公開という役割のほかに、後代の人々のために現在の郷土の姿を明らかにし、将来のために現在の事実を資料として残しておく、という意味もあると思う。私たちの眼は、つい過去にのみ向いがちだが、このことは、見落されてはならない大切なことだと私は考えている。柳田国男が『遠野物語』を著して、その序文に「況や我が九百年前の先輩今昔物語の如きは其当時に在りて既に今は昔の話なりしに反し此は是目前の出来事なり……要するに此書は現在の事実なり。単に此のみを以てするも立派なる存在の理由ありと信ず」と書いていたのを思い出す。私たちは、地域の具体的な姿を「現在の事実」について明らかにしておく責任があると思う。個別具体性の検証ということは、たんに過去についてのみでなく、現在の事実に対してもまた及ぼされねばならない。

このような観点にたてば、一九三〇年郷土教育連盟を創始した小田内通敏の仕事が想起されてくる。彼には『帝都と近郊』[16]『聚落と地理』[17]等のすぐれたモノグラフィーがあり、ルプレーの公式「土地と労働と住民」を郷土研究に適用したものだといわれる。[18]おそらくは彼の手になったと考えられる、郷土教育連盟の宣言には「土地と勤労と民族との三つの綜合体」としての郷土が強調されている。[19]彼の立場と方法には、批判を受ける余地もあったが、そうした考え方に立って、彼は歴史と地理と社会科学を結びつけようと努力したのである。顧みられてよい視点というべきであろう。それぞれの地域について、現在の事実を明らかにしようと志すならば、歴史と地理と社会科学の結合は、当然の要請として出てくるだろう。そこから新しいタイプの地方史の叙述が現われてくることにならないであろうか。少くも近代史現代史の叙述に、新生面の開かれることを期待できそうに思う。

いささか地方史誌のことに筆が及び過ぎたようだが、個別具体性の検討ないし地方的実証ということが、歴史の一般的法則性を軽視するものとして、単純に非難されてはならないであろう。それが正しい事実と科学的方法にもとづいている限り、それはそれなりに価値のある仕事として評価されねばならない。それに、古島が主張したように「事物の発展の中を貫く一筋の糸は、極めて特異に見える一地方の研究であっても、そのおかれた地盤の持つ諸条件が一事象を如何に規定するかという点についての分析が精密に行われる限り、そこに見出される傾向は、一般的な傾向であると考えてよいであろう。地方史はそれ自体として一般史に高まりうる」[20]といった事情もある。個別具体性の検証を地方史研究の性格として強調するのは、何も一般的法則性を無視しようというのではない。地方史研究の成立事情、戦前の歴史学が個別研究を軽視することによって安易な一般化に陥っていたことの反省、地方的事象が簡単に一般化できなくなった歴史研究の進展、そういったことが個別具体性の追求に向かわせているのに過ぎない。地域の歴史事象に埋没して一般史への展望を持たないというのではやはり心細いのである。たとえ歴史の書きかえ要求をするような大論文は書けないにしても、一般史の基礎、法則的理解の基礎を明らかにする仕事であることを念頭において、その研究を進めていく必要があるだろう。

ただ、地方史の一般史への高まり、歴史的法則への近づきを、安易に考えてはいけないと思う。おそらくは地方的事象が一般的法則に高まるためには、その間に多くの媒介と複雑な過程を必要とするであろう。一農村一経営単位の分析をただちにその地方の代表的形態であるとするかのような論議、一つの村の勢力関係をもってただちに全体制的な階級関係を云々するような態度、また一地方の歴史事象をそのまま日本全体の動きにあてはめてみようというような考え方はきびしくいましめねばならない。

3

地方史研究が、郷土史研究とはちがったものとして、歴史研究における独自の役割を果すために、また、地方史が一般史に高まりうるものとなるために、厳密な科学的分析を要求するとともに「問題を持て、それを自分自身の廻りから、現実の要求の中から持て」[21]と、問題意識をきたえることをくりかえし主張したのは古島であった。それは、地方史研究者の仕事が、いわゆる中央の学者の下請業的性格のものに終らないための、またたんなる事例追加にとどまらないための主張であり、「過去について何を問題にし如何に問題にするかの視点を正確にすると共に、研究を目的のない、焦点のない物好き仕事にしないための提案」[22]なのであった。しかしながら、その提案をどれほど正しく受けとめて研究が進められてきたかということになると、疑わしい面も少くないだろう。

私なども偶然の史料の発見に導かれる場合が多く、その点についてどれほどの自覚があったか心細いばかりである。市町村史の編纂に参加する機会も何回かあったのだが、問題の所在や研究の視点を確かめた上でとりかかった経験は残念ながらほとんどない。地方史誌は、地域の住民自身の手になるものから、大学の研究者に全く委託してしまうものにいたるまで、さまざまの形がある。私などが関係した奈良県の場合は、市町村史編纂のブームにのって、編集企画者が市町村当局から請負って、研究者に調査を依頼するといったケースが多かった。したがって一部市町村当局者と編集企画者との個人的な折衝によって始められ、地域の住民の要望や熱意にどれだけ根ざしていたか、疑わしい場合すらあった。たまたま編集委員会が開かれることがあっても、歴史―原始・古代・中世・近世・近代、人文地理、社寺、文化財、民俗、動植物、地名、人物、教育等々といったお座なりの項目にしたがって、調査執筆の分担を話し合う程度にとどまった。

そのため私自身「町村史の編纂においては、地方民衆の協力と創意を吸収する工夫と努力が特に必要であろうかと思う。町村史編纂の意義を住民のすべてが摑みとり、その要望と意思を反映させながら、みんなで郷土の歴史をつくりあげてゆけるような計画と組織」を希望し、住民の要望なり時代の要請にもとづいて切実なテーマを追求していく必要のあることを強調したこともあったのだが[23]、私の努力の不足もあってそういう方向には近づいていかなかった。そのため、地方住民の要求にこたえ、地域の特殊性にもとづいて独自の編集方針をたてるようなことは行われず、いきおい編集がマンネリズムに流れるのを避けられなかった。奈良県の地方史誌の全部がそうであったというのではない。大勢としてそういう傾向にあり、独自の性格をもった市町村史を生み出すためには、問題意識と研究組織に遺憾の点が多かったと思うのである。

そうした反省に立って、地方史研究とりわけ地方史誌の編纂は、切実な問題意識に導かれて明確な研究視点をもって始められることを強調したいと思う。たとえば『横浜市史』は、開港後の横浜の発展に重点をおき、貿易商工業都市としての発展を経済面からあとづけることに視点を置いて成功した。また『千代田区史』は、区民の歴史であること、区民に役立ちうるものであることという二点を基本方針とし、地方史研究の成果と日本史全体との連繋を深めること、都市問題を人文地理的な視野において展望することの二つにねらいをつけることによって、すぐれた成果をあげ得たのであった。

もともと歴史研究は、時代の現実の動きの中から切実な問題を発見し、その解答を求めて過去の探求におもむくのであろう。「何のために何を」というねらいがはっきり見定められていなくてはならないのである。地方史研究においても、時代と地域の現実に即して、具体的に問題の設定がおこなわれる必要があり、それが正しく行われることによってオリジナルな仕事の生まれる可能性も出てくるのだと思う。石母田正は、自分の仕事にふれて次のように述べている(24)。

戦前において歴史を科学的に研究しようとした多くの人たちと同じく、私にとって最大の課題は天皇制の問題であった。……以前にマルクス主義を学んでいた結果、歴史の進歩や変革の原動力が人民にあるという認識は変らなかったが、この正しい原則をネガティブな側面からいえば、人民の力と意識の停滞あるいは後退は、歴史の発展を停滞または後退させるということでなければならない。……それ（政治権力）が存続するためには、その存続を許すような人民の特殊な条件が対応していなければならないだろう。歴史の進歩の原動力としての人民の力の問題は、右のようなネガティブな側面においても正当でなければならないということを、私は過去の歴史の研究よりはむしろ天皇制に支配された時代の経験から教えられ、それによって古代や中世の歴史、とくに天皇制の歴史を研究するための視点が一つひらかれたように思った。初期に古代の家族や村落、すなわち共同体の問題をとりあげたものもそうであったし、戦前末期に書いた『中世的世界の形成』も、基本的には右のような問題意識のうえに立っていた。

そうして石母田は、「五世紀に近い期間、東大寺の支配と収奪のもとにおかれ、外部の力によってはじめてその支配から解放された伊賀黒田庄という一つの閉された世界の歴史を、たんに権力の強力的な支配という面からだけでなく、かかる支配そのものを維持・存続させた人民の諸条件と諸矛盾からとらえるという仕事、その『蹉跌と敗北の歴史』を自分の力で追求してみる仕事ならば、この場合やりがいのあること」のように考えて『中世的世界の形成』[25]を著したのである。あるいは異論があるかもしれないが、私はこの書物を地方史研究のすぐれた著作と考えている。地方史研究に従うものはその問題の立て方や方法について、多くのことを学ばねばならないであろう。

羽仁五郎が、一九三一年に書いた著名な論文に「郷土なき郷土科学」[26]というのがある。それは、当時の郷土教育ないし郷土研究に対する批判の文章であったが、今日の地方史研究が継承すべきすぐれた論点を含んでいる。羽仁はそのなかで、「近代社会が……各人からの『郷土』の劫掠によってのみ、成長し発展して現在に至っている」とし、そうした「大衆の郷土喪失の現実に対する明確なる認識」が郷土科学の必然の出発点となるべきものであり、「郷土を民衆より収奪したる一切の暴力、一切の種類の搾取と隷属と支配とから、郷土を解放する郷土科学、全解放理論の一部署に闘争するこの闘争の郷土科学、わが『郷土なき郷土科学』は、実にかかる『郷土解放の郷土科学』たらざるを得ぬ」と説き、郷土科学の直接当面の科学的課題を「如何にして民衆は郷土を収奪されたかの現実過程の理解」と「現在の日本の郷土、工場及び農村に於ける階級構成及び階級対立の明確な把握」の二点にあるとしたのである。いささか気負い過ぎた文章ではあるが、その鮮やかな現実認識と明確な理論的把握の点で、その主張はなお生命を失っていない。基本的な点については、今日の地方史研究にあてはめてそのまま肯定できよう。私たちは羽仁の所論に立ちかえって研究を進めていく必要があるように思う。

この原稿をまとめている途中で、宮本常一の「日本列島における中央と地方」という最近の文章に接した。文明論的発言であって羽仁のように正面きって論じたものではないが、三十余年前の羽仁の論文ともかかわりが深いように思われる。宮本はそこで、かつて文化的にも経済的にも独自性をもっていた地方が、近代にいたって貧しく衰えていった過程を具体的な例証によって明らかにし、それは「強大な資本のために地方の食いあらされることが多く」「明治以来の行政のシステム」「明治以来の政府の政策」が「全く地方衰微のためのもの」であったからで、そのため「地方資本を壊滅させ、地方文化発展の芽をとめ、地方の生産エネルギーを奪い、やがて国内植民地をつくりあげて」しまったとし、地方の自主性の回復の問題に及んでいる。地方史研究について直接論じたものではないが、二五年にわたる地方の実地調査と思索の年輪を感じさせるこの文章には、傾聴、参考にすべき点が多い。

私たちは、研究の対象とする郷土なり地方なりの現実について、どれほどの自覚と認識をもって研究を進めてきたであろうか。羽仁のいう郷土なき「郷土」といい、宮本の中央偏重のために衰微した「地方」といい、そうした現実認識に支えられて、地方史研究ははじめて意義のある仕事になることができるのではないか。さらにいえば、地方の衰微をもたらした明治以後、民衆から郷土を収奪していった産業革命以後の時代と、地方が何ほどか独自の意味をもち、民衆が郷土を持っていたそれ以前の時代とでは、地方史研究の視点また方法論の上で区別があるべきではないか、という気がするのである。いわば日常の生活自体がそれぞれの地域で完結していた時代と、地域社会の地域的な封鎖性が過去のものとなった時代との差異を無視して、地方史とりわけ地方史誌の研究や叙述がなされてはならないだろう、ということである。私にもまだよくわからないのだが、少くも近代地方史は、地域に内在する条件だけでは説明できないということを、十分認識しておく必要があると思う。

ところで、羽仁の所論が今日なお生命をもち、宮本の文章が説得力をもっているのは、明確な理論認識あるいは豊富な事実認識の裏付けがあるからだけではあるまい。両者とも、すぐれた現代的な関心と現実認識をもち、問題を民衆との関係において設定し民衆的基盤に立っての発言であるからであろう。学問的には異った立場に立つ羽仁と宮本の論点に、相似たものが見られる秘密は、このような共通の基盤があるからではなかろうか（そこに、多様な歴史意識をもつ歴史家が、それぞれの立場を守りながら、統一、協同できる可能性があるように思われる）。問題の持ち方の客観性は、理論や法則についての知識だけでは十分ではない。私たち自身の生活の基盤が、どれほど深く現実の民衆のなかに根ざしているかにかかわっている。そして、いま私たちは、日本の民衆が歴史の主人公として、はじめて主体的に国の歴史の舞台に登場してきた、そういう時代に生きている。私たちは、以前の人々にくらべて、より質の高い問題意識を持ち得る条件を与えられているといってよい。

4

渡辺広は、「郷土教育の方法論」という最近の論文の中で、郷土会を創始した新渡戸稲三の文章にふれて、「彼の地方への関心は自治制への関心ともかかわりがあることは注目すべきであろう」とし、「彼の自治制への関心は、官僚制への反発と結びついていたのではなかろうか」と述べ、反アカデミズムの旗幟のもとに結集した郷土研究の実践家の業績、自治体への関心と官僚への反発に導かれた郷土奪還のための郷土研究の中に、我々が継承発展すべきものが少なくないと指摘している。(28) ここに官僚への反発というのは、権力に対する反発ということであろう。地方自治体＝地方政治への関心なり権力に対する抵抗の姿勢ということは、地方史研究の今後の前進のためのよりどころになりそうである。

地方政治に対する無関心は、日本の近代政治における特徴的な事実とみなされるが、それは、中央偏重の、地方衰微のための政策を許してきた大きな理由の一つに数えられよう。そうした点にもわざわいされて、近代地方史研究の弱さを生み、近代日本の政治構造をその基底である地方自治体の性格や役割、また地方住民の具体的な運動や政治意識といったところまで掘り下げて検討するような仕事に乏しいという結果を生んだように思う。のみならず、地方史誌の編纂に従う場合、それぞれの地方自治体や地方政治について、どれほどの関心と認識をもって臨んでいたかとなると、私などは心細い思いをするばかりである。少くも、地方自治体の現実や将来への展望についての検討を経た上で、調査や研究に着手されるべきものだと思う。そういう手続きを経ることによって、これまでの見失われていた問題なども浮かび上がり、地方史研究の新しい局面が開けてくるのではなかろうか。それはまた、地方政治への無関心という私たちの弱点を克服する一つの通路となるだろう。

さきに引用した論文の中で宮本は、「多くの目ざめた若者たちが、地方問題に取りくむようになるとき、単に中央の言分に随順するのでなく、政治を批判し、中央に抵抗する精神が生まれて来るであろう。抵抗の精神が文化を発展させていくのである」といい、「地方に地主がおり、また地場資本が健在であった明治中期までは、なおかなりの抵抗の精神が見られた。初期の自由党の動きの中などにそれを見ることができる。それは時には壮快でさえあった」とし、抵抗の精神なしに、地方の振興、僻地性の真の解消をなしとげることはできない、と主張している。一見現実の政治とは縁遠く思われる民俗学の研究者に、抵抗の精神についてこのような発言のあることは、じゅうぶん心にとめてよいであろう。それは、民衆の心と郷土の土に根ざした研究であったからではなかったか。民衆を疎外することを特徴とした官学アカデミズムが、「こと政治権力の介入に関しては極めて抵抗力が弱く」その方法において「権力問題への分析視角を含んでいなかった(29)」という事実を、私たちは改めて反省してみる必要があろう。

地方史研究が、羽仁のいうように「郷土解放のための郷土科学」であり、宮本の言葉を借りて、地方の振興、地方の自主性回復のための研究であろうとするならば、権力に対する抵抗の姿勢をとらざるを得ない。地方史研究が民衆史的立場に徹しようとする限り、むしろそれは当然の要請といえようし、そういう立場をとらないならば、民衆の歴史は真に明らかにならないのではないか。

話がここまでくれば、一九五〇年代前半の「国民的歴史学」の運動にふれざるを得ない。当時は不思議に地方史研究との関係が論じられなかったが、もしその失敗の経験に学ぶべきものがあれば、今後の地方史研究に生かしていくべきであろう。竹村民郎は、国民的歴史学は、「羽仁五郎氏が『郷土なき郷土科学』のなかで展開した理論と方法の継承であり、その新しい展開であったともいえよう[30]」と書いている。しかしながら、国民的歴史学の運動に参加していた人々が、果してその羽仁の提言を正しく受けとめていたのであろうか。のちに問題になる学問と政治の関係についても、羽仁はすでに、科学と実践の関連を強調しながら「理論科学が一定の自律性に立たねばならないのも、かくして実に理論科学が決して単に機械的に実践運動に追随せず、却って自己のイニシアテイヴを生かしつつ実践運動に明確な指標をあたへ、之の確信と力をためし得んがためにほかならぬ。それらはもとより同一者ではないが、単なる二者でなく、正に弁証法的他在であらねばならぬ[31]」としていたのであった。

その科学と実践、歴史学と政治の関係についての理論的把握が明確でなかったために、直接闘争に役立つものを、といった観点から「たとえ学問的に不十分なものであっても、てっとり早く受け入れることのできる歴史作品」が農民の要求だとし、「われわれの歴史は、国民にとってナベやカマと同じように評価されるようなものでなければならない」とした時、歴史学はその自律性を失って政治に従属し、「おとなの生活綴方」に甘んじる結果になった。中塚明は、その点をついて、政治主義的実用主義的な考え方と経験主義的方法の誤りを、歴史学にそくしてするどく批判したのであった[32]。さきの引用につづいて羽仁も書いているように、科学として許された自律性を生かし、科学的な分析によって「生ける真理を解明するに非ずんば、それは科学として自己を主張し得ぬのみならず、解放のための理論としても役立ち得ることが絶対に出来ないのである」。地方史研究を進めるにあたって、十分戒心を要する点であるといえよう。

しかしながら、いわれるところの生活記録的な作品を、歴史学にとっては全く無縁なものである、といいきってしまってよいだろうか。その一つとされている浜田博生君の「ある老農の歴史」は、はじめ私の大学の卒業論文として提出されたものであった。これまでの観念からすれば、ずいぶん性質のちがった論文を前にして、これを卒業論文として認めるかどうかが問題になった。浜田君が農民と生活をともにして、ああいう形でしか叙述できなかった気持は了解できたし、民衆の感性的認識を媒介にした新しい歴史叙述の一つとして認めていいのではないかというのが、教室の一致した意見であったように記憶する。もちろん資本主義発達史のなかでの位置づけとか、農村構造のなかでの把握というような点では、多くの弱点をもっていた。しかし、従来の研究業績を無視して歴史が書けるような安易な考えに立っていたのではなかったし、村に残された史料は――書かれた史料が少なかったという点は問題であったが――全部といっていい程あたっていた。史料の不足のために、聞き取によった面が強かったが、それが正しい方法で行われている限り、聞き書きを主としているからといって科学的でないとはいえないであろう。私たちは後年批判の出た「日本史学史の金字塔」というような評価をしたわけでなかったが、学問的にいちじるしい欠陥をもつものとは判断しなかったのである。

このような生活記録的な作品は、科学的な歴史学とは明らかに性質を異にしている。しかしながら、それが正しい事実にもとづいた叙述であるかぎり、歴史学とりわけ地方史を豊かにするものを含んでいると思う。奥田修三もいうように「ある老農の歴史」にも農民史研究にプラスする部分があるはずである。(33) 大切なことは、生活記録的な歴史叙述を学問的に無価値なものとしてしりぞけるのでなく、それと科学的歴史学との内面的な連関をさぐることではなかろうか。歴史学全体の発展の角度から、両者がたがいに相補いあう関係にあることを認め、生活記録的な歴史叙述を、質的に高めるための努力をする必要があろうかと思う。

石母田のいうように、「百姓一揆を孤立させてあつかう従来の方法が啓蒙としても学問としても正しくないことはあきらかだとして、個々の一揆の機能や成果を、その全社会的規模において、しかも上層支配層内部の葛藤との関連でとらえるということは、少くも江戸時代の個々の時期についての全体的政治史研究の結果としてはじめて可能となるような要請である」(34)。そういう要請にこたえ得る人は、おそらく限られているであろう。かりに、そのような歴史の全体像を構成するような「巨匠」の作品を山にたとえるならば、歴史研究は広い裾野をもっているべきものであろう。ことに地方史研究には、さまざまな角度から取り組まれた多様な叙述形式があってよいのだと思う。読者がその地域の一般の人々だという認識にそって、すぐれて「民衆的性格」をもつべきだとされる(35)地方史誌の場合、たんにやさしい文章にすることだけではなく、叙述形式そのものが「民衆的性格」にふさわしいものとなる必要があろう。

地方史研究ともかかわりの深いことだが、国民的歴史学は民衆についての理解において弱点をもっていたように思う。国民的歴史学は、農村に史料調査に出かけながら農民の現実の生活とは無関係にその成果を学界に持ち帰るといった、これまでの研究のあり方についての正しい反省を含んでいたし、民衆の立場・観点というものを研究者と民衆との実際の結びつきのなかでたしかめ、研究者の自己変革を目ざすという正しい側面ももっていた。しかしながら、一方では、民衆のなかにはいりさえすればよいといい、他方では、歴史家は労働者や農民のなかできたえられねばならないとした時、混乱がおこった。民衆があたかも自然発生的に真理の具現者であるかのように錯覚し、民衆は常に前進して後退を知らない存在であるかのように考えたところがあった。弱さや遅れを含む矛盾にみちた民衆の複雑な在りかたを正しくつかむことができず、歴史の発展段階を無視して民衆をかつぎまわるという傾向もなくはなかったし、民衆の自己解放の過程が、直線的な進歩ではなく、中断や停滞、後退や敗北を含む複雑な発展過程であった点の認識も十分でなかったようである。民衆の生活要求と、それに根ざす知的要求とを混同するような誤りもあった。そのため、大衆に学び民衆の要求にこたえるという形で展開されながら、民衆の要求なるものを正しく受けとめていたかどうか疑わしいふしもあった。「てっとり早く役に立つ歴史を」ということが、果してその時の農民の切実な要求であったのだろうか。

私はその当時、国民的歴史学の運動の外にあったのだが、奥田修三と大和の龍門騒動の調査を行ない、その結果をまとめ「大和の龍門騒動」として『歴史評論』四一号の誌上に発表した（本書、第二章―一）。それは後に、奥田らの努力で紙芝居「土の唄」の制作につながり村に持っていかれるのだが、ダム建設による農地の取上げに反対していた農民にとって、一揆の歴史がどれほどの切実さをもって要求されていたのだろうか、私のかねがね疑問に思ってきたところである。現地の闘争を指導していた工作者の要求としてはあったかもしれないが、農民にとっては、歴史よりも明日の生活がどうなるかということの方が問題であり、歴史に何らかの期待をもっていたとすれば、一揆の伝統よりは農民の現実についての歴史的具体的な解明であったにちがいない。そこに実用主義的なおしきせが生じたのだといえる。小論「大和の龍門騒動」についていえば、奥田修三が「農村の現実の闘争と結びつきうるし、また積極的に結びつけねばならぬ」としたのにたいし、私は「日本の革命的伝統の一つとしてとりあげること、真に民衆の心をとらえるためには、どこまでも客観的に真実であることが大切である」と考えていた[36]。にもかかわらず、それが村民の心をとらえることにならなかったのはどうしてか。農民の要求からはなれていたからだ、とすましているわけにはいかない。現代への展望を欠いたところに現れているような、研究自体の弱さがあったわけで、基本的には、より多く一個の歴史学的興味につながり、私の仕事が農民の現実の生活と意識に十分根ざしていなかったからだと思う。

ちょうどその頃刊行された『(石川県)山上村小史』に、監修者の若林喜三郎が「農家の主婦が『あんた方そんなこと調べまわって何にしなさる。そんなひまがあるなら、ちと金もうけになる方法でも教えて下さらんか。わしらは働いても食えないんじゃから』とど鳴られたことがある。……この農家の一主婦の遠慮のない言葉は、古い歴史に対する鋭い批判とも受取ることができる。農民や農村を対象としながら、いくら働いても食えない現実を解明しようという意図をもたない歴史であるならば、大部分の村民にとっては意味のない閑文字にすぎないことになろう」と書いていたのを読んで、なるほどと思ったことであった。もちろん村には、歴史に興味や関心を全くもたない人もいるわけだから、村民との結びつきをせっかちに考えてはならないが、何かのことで歴史の必要を感じた時、それにこたえうるような地方史でなければならないし、そのためには若林の指摘したような観点で研究されていなければなるまい。

さきに国民的歴史学の運動の失敗の一つとして、その政治主義的実用主義的な誤りを指摘した。しかしながら、それがいけないからといって、現実とのつながりを無視して学問の自律を強調し、現実に眼を覆って研究室にとじこもろうとしたり、学問の実用をいうことはあたかもその尊厳を傷つけるかのように考えるのは正しくない。いけないのは政治主義的なひきまわしや、実用主義的なおしつけであって、広い意味での政治的立場、「郷土解放のための、従って一般的解放運動に役立つ」という観点をも否定するものであってはならない。柳田国男も「私たちは学問が実用の僕となることを恥としていない。そうして自身にも既に人としての疑問があり、また能く世間の要求期待を感じて居る。差当り論議には間に合わなくとも、他日必ず一度は国民を悩ますべしと思う問題を予測して、出来るものならほぼ明らかにしておこうと企てて居る」(37)といっているように、それは学問に対する当然の要請であるといってよい。直接すぐに役立つものを求めようとするから無理が生じるのである。歴史学は、その性格としてそうした直接の、また即時的な効用をもっていない。それは、長い射程のなかで考えられるべき問題なのである。

国民的歴史学の運動には、歴史研究者と歴史学の自己改革、新しい歴史学の創造という側面と同時に、科学運動、文化運動としての側面があった。ふつう前者についての評価はきわめてきびしく、後者は高い評価を受けているようである。地方史研究は、後者の側面を継承すべきでないかというのが私の考えだが、後者についての評価が甘いのは、それが困難な点もあって、精確に検討されていないからだという気がする。部分的には城南郷土史研究会のような例もあったが[38]、国民の「思想改造」という面ではどうだったのか、あるいはまた、欠陥として反省されている歴史教育の軽視ということは、民衆の意識についての認識の浅さと関係がなかったのかどうか、検討されねばならない問題点が多いと思われる。差当り、その中核となったサークル活動が、なぜ退潮していったのか究明する必要があると思うが、今はその余裕がない。

地方史研究が国民的歴史学の文化運動としての側面を継承してはどうかと思うのは、何も歴史学の自己変革とか国民的歴史学の創造とか、そんな難しいことを考えての話ではない。ただ、学問がすべての国民のものとなり、科学的真実が民衆のものになっていくことが必要であると考えており、そうした観点から歴史学と民衆の結びつきを大切にしたいと思うし、それで歴史学が変わるものならそれはそれで大へん結構だといった気持なのである。各地の郷土研究会のことにふれた上で、児玉幸多は「ドイツなどでは、人口数万の都市で、数百ページもある研究誌を刊行していて、肉屋や靴屋などという人たちも会員になって、研究発表会には夫婦づれでやってくる話などを聞くと、日本もまだこれからという感じである[39]」と書いている。そういう組織が各地にできて、地方史の研究者が、歴史学と民衆とをつなぐ結び目の役割を果すようになれば、すばらしいなあと思うのである。そういう仕事を通じて、謙虚に民衆とともに学び、いっしょに仕事をするような新しいタイプの専門家の出現することも期待できるのではなかろうか。彼はおそらく、研究者であると同時に教育実践家でもあるようなタイプのものとなるであろう。つぎには当然、地域の現実的実践的な課題——たとえばそれぞれの地域に民主主義をどう定着させていったらよいかというような――にどうたちむかっていくべきかといった、研究者の社会的実践の問題が出てくるわけだが、紙数もつきたので他日あらためて考えてみたい。

古島もいうように「地方史研究という仕事は、一般的歴史発展の分析と総合の予備仕事として、その下に埋もれてしまうような陰の仕事たる側面を持っている」[40]。私たち地方在住の研究者は、そのことを念頭におきながら、地域の具体性に徹し、それぞれの地域における現実的課題をふまえて、その研究を進めていきたいと思う。

注

（1）　藤野保「藩政史研究の回顧と現状」（『社会経済史学』二四―二、一九五八年）。
（2）　古島敏雄「地方史研究と通史的研究」（『歴史評論』八五、一九五七年）。
（3）　『歴史評論』一一七（一九六〇年）に始まった竹内理三「九州の地方史研究」は本稿執筆後も書き続けられ、『同』一九六（一九六六年）にいたるまで四五回、六年以上に及ぶ掲載となった。
（4）　「地方史研究の現状」は北海道から沖縄まで各都道府県ごとに分担執筆され、第一回（『日本歴史』一八八、一九六四年）から第四四回（『同』二四〇、一九六八年）まで四年を越す作業となった。
（5）　古島敏雄「地方史研究の課題」（『歴史学研究』一三六、一九四八年）。
（6）（7）　和歌森太郎「地方史研究の意義と方法」（地方史研究協議会『地方史研究必携』、岩波書店、一九五二年）、二頁。
（8）　刀江書院、一九三五年。のち『定本柳田国男集』二五（筑摩書房、一九六四年）に収録。
（9）　津田秀夫「社会経済史学の成立」（歴史学研究会・日本史研究会編『日本歴史講座』八、東京大学出版会、一九五七年）、二一八頁。
（10）　林屋辰三郎編『日本史研究序説』（創元社、一九六五年）、「緒言」。
（11）（12）　注（2）に同じ。
（13）（14）　木村礎「地方史について」（『歴史評論』一五〇、一九六三年）。
（15）　早稲田大学経済史学会編、足利織維同業会、一九六〇年。
（16）　大倉研究所、一九一八年。

(17) 古今書院、一九二七年。
(18) 渡辺広「郷土教育の方法論」(『(和歌山県教育研究所)所報』一、一九六四年)。
(19) 『郷土科学』一三、一九三一年。
(20)(21) 注(5)に同じ。
(22) 古島敏雄『地方史研究法』(東京大学出版会、一九五五年)、一七頁。
(23) 拙稿「(一九五三年における各県の動向)奈良県」(『地方史研究』一四、一九五四年)。
(24) 石母田正「国民のための歴史学おぼえがき」(井上清等編『現代史の方法』上、三一書房、一九六〇年)、九四〜九七頁。
(25) 伊藤書店、一九四六年。
(26) 『郷土科学』一三、一九三一年。のち羽仁『歴史学批判序説』(一九三二年鉄塔書院から刊行され発売禁止、一九四六年中央公論社刊)に収録。
(27) 『日本』一九六四年八月号。
(28) 注(18)に同じ。
(29) 門脇禎二「官学アカデミズムの成立」(注(9)の『日本歴史講座』八)、一八四頁。
(30) 「国民と歴史」(注(24)の『現代史の方法』上)、二一一〜二一二頁。
(31) 注(26)の「郷土なき郷土科学」。
(32) 中塚明「「村の歴史・工場の歴史」の反省」(『講座歴史』一、大月書店、一九五六年)、二三九〜二五九頁。
(33) 奥田修三「歴史のサークル活動について」(同前『講座歴史』一)、二七五頁。
(34) 注(24)の『現代史の方法』上、一〇五頁。
(35) 注(13)に同じ。
(36) 奥田修三「龍門一揆の調査経過」(『歴史評論』四六、一九五三年)。
(37) 注(8)の『郷土生活の研究法』、一四四〜一四五頁。
(38) 注(33)の奥田稿、二七九頁以下。
(39) 児玉幸多「地方史研究の回顧と展望」(『地方史研究』五〇、一九六一年)。
(40) 注(2)に同じ。

二　地域史研究と歴史教育

近年、地域史という名称が、ひろく用いられるようになったが、それが初めて学会に登場したのは、歴史教育者協議会（以下、歴教協）の第一八回大会、一九六六年のことであろう。「地域における主体形成の歴史と伝統」「地域史・日本史・世界史の統一的把握」を目標に掲げて地域史の分科会を設けたのである。戦後にひろまった地方史という名称が、戦前の郷土史に対する反省と批判をこめて用いられたように、地域史という言葉には、これまでの郷土史・地方史に対する批判が含まれていた。しかし、郷土史・地方史・地域史の意味は必ずしも明確でなく、郷土史・地方史のあるべき姿についての議論と、これに対して地方史・地域史を提起する主張との間に、そう径庭のない場合も多い。地域の歴史的研究が地方史なのだし、郷土史・地方史・地域史の間にはとくに厳密な区別はないといってよい。地方史という言葉には、中央に対する抵抗の意味も含まれていたので、地方史という言葉に執着があるのだが、教育において地域が重視されている状況にかんがみ、近年のことを述べる場合多く地域史の語を用いた。ただし、地方史への批判の意味で主張される地域史論の場合には、「地域史」と表示した。

1　「地方史研究の反省」と『下北山村史』

かつて私は、一九六四年に発表した「地方史研究の反省」と題する拙稿(1)（本書、序章―一。「地方史研究の課題」に改題）で、地方史研究のあり方について論じたことがある。その論稿で私は、地方史研究の盛況にもかかわらず、それがたんなる事例の追加や図式的理解の地方への適用にすぎない場合が多く、歴史研究の充実と深化になっていないのではないか、という疑問に立って次のように述べた。

（一）　戦後における地方史研究は、「庶民の生活や、そのよって立つ生産が問題になった事が殆どなく」「かんじんな郷土に深く根をおろして来た名もなき大衆のいそしみぶりが尋ねられなかった」[2]これまでの郷土史に対する反省から出発した。第一に、歴史を動かす原動力として働く、民衆の役割を自覚し、第二には、地方事情をたんに中央の動きに追随するものとしてとらえず、地方の動き自体に歴史の発展を構成するものとしての独自の意味を認めるところに、地方史研究の成立の契機があった。民衆の生活や生産のいきいきした事実が正確に追求され、その成果が広く総合されることによって、地方史研究は新しい通史的理解の根底を作り出すものとして独自性をもつことになる。

（二）　地方史研究の本質は、「地域的実証」、地域の史実についての具体的実証的な検証にあるが、地域的実証は、歴史の一般的法則性を軽視するものでなく、「事物の発展の中を貫く一筋の糸は、極めて特異に見える一地方の研究であっても、そのおかれた地盤の持つ諸条件が一事象を如何に規定するかという点についての分析が精密に行われる限り、そこに見出される傾向は、一般的な傾向であると考えてよいであろう。地方史はそれ自体として一般史に高まりうる」[3]ものであり、地域の歴史的事象を閉鎖的に追求することにとどまっていてはならない。

（三）　地方史誌の編纂が、ともすれば問題の所在や研究の視点を明確にしないまま行われている。地方史研究においても、何よりもまず必要なことは、時代と地域の現実の要求をふまえて問題意識をもつことである。石母田正は、自分の仕事にふれて、

　戦前において歴史を科学的に研究しようとした多くの人たちと同じく、私にとって最大の課題は天皇制の問題であった。……以前にマルクス主義を学んでいた結果、歴史の進歩や変革の原動力が人民にあるという認識は変らなかったが、この正しい原則をネガティブな側面からいえば、人民の力と意識の停滞あるいは後退は、

歴史の発展を停滞または後退させるということでなければならない。……それ（政治権力）が存続するためには、その存続を許すような人民の特殊な条件が対応していなければならないだろう。歴史の進歩の原動力としての人民の力の問題は、右のようなネガティブな側面においても正当でなければならないということを、私は過去の歴史の研究よりはむしろ天皇制に支配された時代の経験から教えられ、それによって古代や中世の歴史、とくに天皇制の歴史を研究するための視点が一つひらかれたように思った。初期に古代の家族や村落、すなわち共同体の問題をとりあげたものもそうであったし、戦前末期に書いた『中世的世界の形成』も、基本的には右のような問題意識のうえに立っていた。(4)

と語っているが、そうした問題意識に立って石母田は、「五世紀に近い期間、東大寺の支配と収奪のもとにおかれ、外部の力によってはじめてその支配から解放された伊賀黒田庄という一つの閉された世界の歴史を、たんに権力の強力的な支配という面からだけでなく、かかる支配そのものを維持・存続させた人民の諸条件と諸矛盾からとらえるという仕事、その『蹉跌と敗北の歴史』を自分の力で追求してみる仕事ならば、この場合やりがいのあること」のように考えて『中世的世界の形成』(5)を著したのである。それは、地方史研究の典範とみなされてよいものであり、その問題の立て方や方法について多くを学ばねばならない。また、羽仁五郎の「郷土なき郷土科学」(6)、宮本常一の「日本列島における中央と地方」(7)の所論が、鋭い現実認識に立ち、問題を民衆との関係において設定していたことに耳を傾けるべきである。問題の持ち方の客観性は、私たち自身の生活の基盤が、どれほど深く現実の民衆のなかに根ざしているかにかかわっている。

（四）　地方政治・地方自治への無関心が近代地方史研究の弱さを生み、近代日本の政治構造をその基底である地方自治体の性格や役割、また地方住民の具体的な運動や政治意識といったところまで掘り下げて検討する仕事が乏しいという結果を生んでいるのではないか。さきの論稿で宮本は、「多くの目ざめた若者たちが、地方問題に取りくむようになるとき、単に中央の言分に随順するのでなく、政治を批判し、中央に抵抗する精神が生まれて来るであろう。抵抗の精神が文化を発展させていくのである」としているが、地方史研究が民衆史的立場に徹しようとするかぎり、権力に対する抵抗の姿勢は当然の要請だといえる。

――およそ以上のように述べたあと、私は、国民的歴史学の運動にふれ、それがもっていた文化運動としての側面を、地方史研究は継承すべきではないかと述べ(8)、各地に歴史の勉強会ができて、地方史の研究者が、歴史学と民衆とをつなぐ結び目の役割を果すようになることを期待し、そういう仕事を通じて現れてくるであろう新しいタイプの専門家は、「研究者であると同時に教育実践家でもあるようなタイプのものとなるであろう」と結んだ。

二十年ばかり前（一九八五年当時）の旧稿だが、今日なお顧みられてよい観点を提示していると思う。

私が、『(奈良県)下北山村史』編纂の依頼を受けたのは、ちょうどその頃のことであった。すでに奈良県でもかなりの数にのぼる市町村史が刊行されており、そのいくつかに、私もかかわってきた。しかし、その編集方針について討議されることはほとんどなく、そこにどれほどの問題意識があってのことかあやしまざるを得ない場合が多く、地域の過去について何を問題にし、いかに問題にするかの視点を欠くものが多かった。そのため、あまり変りばえのしない市町村史がほとんどで、歴史・地理・社寺・文化財・民俗・地名・地質・動植物といったお座なりの項目にしたがって分担執筆された原稿の、たんなる寄せ集めに終っているようにも見受けられた。しかし、市町村史といえども明確な研究の視点はいるだろう。郷土の歴史を担ってきた名も無き民衆の歩みを尋ねることに眼目を置かねばならないし、地域の個別具体的な研究である以上は、その町、その村にふさわしい独自性を備えたものであるべきであろう。市町村史はまた、歴史研究に寄与するよりさきに、そこに住んでいる人びとに役立ちうるものを目ざさねばなるまい。拙稿「地方史研究の反省」の論旨をふまえ、市町村史のあり方についてずっとそんなことを考えていた。

編纂の方法や村史の内容などすべてまかせるということだし、当村出身の後呂忠一(9)の全面的な協力が得られるというので、これを引受けることにした。なんとか二人で新しいかたちの村史をつくりあげたいと思い、編集の基本方針をたてた。それはおよそ次のようなことであった。

（1）村を担ってきた村民の歴史と現在の村の姿を明らかにすることに眼目をおくこと。
（2）新しい村づくりのために何ほどか指針になるようなものでありたいし、将来においても一定の実用性を保持できるものにしたいこと。
（3）したがって、過去に向ってのみ考えることをせず、過去から現在を経て未来を指向するかたちをとること。
（4）学問的に正確を期することはもちろんだが、表現はできるだけ平易に、村民に分りやすいものにすること。
（5）分担執筆された原稿の寄せ集めにならないように、できるだけ共同で調査・研究を進め、統一ある村史にすること。

数回の現地調査ののち、編集委員会の討議を経て、次のように目標を設定した。

（1）下北山村の主要な産業である林業に基軸をおくこと。
（2）村民のくらしにかかわりの深い、道路と交通に重点をおくこと。
（3）近現代史に比重をかけること。
（4）過疎を問題にするとともに、そこに視点をおいて過去を顧みること。
（5）山の村としての特色を明らかにすること。

地域の現実に即し、視点を明確にした村史の編集をすすめたのは、大へんよかったと思う。基本方針や五つの目標にもとづいて村史の構成が練られたが、調査研究の過程でなん度も検討して変更が加えられ、最終的には、次のようにまとまった。

「吉野の奥の山の村」は、下北山村への誘いというか序章にあたるもの、一―Ⅱの「近世の下北山」では、木年貢制度の全容を明らかにできた。二―Ⅲの「山の人生」は、仕事の上で村を代表する人たちに登場してもらって、そのライフ・ヒストリーを書きとめた。村の子どもたちに、その生き方を伝えておきたいと思ったし、山のくらしや仕事を知るうえで欠かせないものと思われたからである。登場願ったのは、伐り・出し・筏師・木材業者・鍛冶職・大工職・商人と女性（女の一生）のほか、前鬼の里に一人で生きる小仲坊の当主であった。三の「これからの村」では、村民とともに村を考え、村の未来について展望を試みることにした。三―Ⅰ「活路の模索」では、少年少女・青年・婦人・顔役など、村の各層を代表する人びとに集ってもらって座談会をもち、その記録をとどめた。「山の人生」とともに、市町村史における新しい試みだったと考えている。四篇の論説は、特色のある村の事象についての学問的論考で、民謡の楽譜まで載せたのは、それまでの市町村史には見られないものであった。

いろいろの事情があって、九年もの歳月がかかってしまったが、地方史研究、また市町村史編纂についての私の考えをかたちあるものにすることができたのは幸いであった。基本方針も、その目標としたところも正しかったし、ユニークな村史を編むことができたと思っている（予定以上に大部になったうえ、予期以上に史料が豊富に残されていたので、当初予定していた史料編は別巻に譲ることになったが、村長がかわって未だに実現していない。市町村史は、史料集があってはじめて全きを得ることになるのだと考える）。市町村史の編集にあたって、参考とするに足るものは備えているものと自負している。

しかしながら、後述する近年の歴史教育運動からみれば、反省しなければならないことも少なくない。座談会を持ったりしたものの、編集の過程で村民に働きかけることが少なかったし、遠隔地のこともあって、村民との共同の研究体制などは考えも及ばなかった。村史の編纂と歴史教育とのかかわりについても、十分な考慮を払うことができなかった。

2　地域史研究の視座

一九六〇年代の後半から高度経済成長政策による地域破壊＝生活破壊があらわになった。これにともない、地域への主体的関心が高まり、地域の教育的意味を問い直す動きもあらわれてきた(10)。しかし地方史研究は、過疎・公害・環境破壊など地域が当面する危機的状況に無関心であり、研究者の姿勢も地域住民の切実な問題から遊離していた。地域の現実から問題を立てるよりは、中央での問題を地域においてみようとする傾向が依然として強く、地域の現実を変えていく問題意識は、むしろ薄らいでいたようにみえる。そうしたところに、地方史にかわって「地域史」が登場してくる理由があったといえよう。

はじめに述べたように、歴教協は、一九六六年の第一八回大会で、「地域史」の分科会を設けた。それを推進したのが愛媛歴教協であり、その背後に近代史文庫の地域社会史の理論があった。それは共同研究を通じて生み出されたもので、篠崎勝によって六八年『愛媛資本主義社会史』第一巻、序文に体系化された[11]。それは、「従来の郷土史・地方史とは本質的に異なる[12]」地域社会史の研究を目ざすもので、階級的視点と実践論的性格をもつ点で、いちじるしい特徴をもっていた。江村栄一が整理しているように[13]、「地域社会史」提唱の意義は、①「地域社会の民衆の歴史をつらぬく人民の歴史的成長の過程こそ、地域社会史の基軸である」として、はっきり郷土史・地方史から自己を区別したこと、②その主張が、たんなる主張に止どまることなく、十数年にわたる共同研究に支えられた実践と固く結合していること、③地域社会史を、諸科学による地域社会の科学的総合的研究の重要な一環としていること、にあったというべきであろう。

近代史文庫の視点を支持しつつ、山形近代史研究会もまた、地域の近代史研究は、「日本の『近代』ないしは『近代化』が地域に何をもたらしたかという問題」、つきつめれば、地域の労働者や農民の現状をどう把握し、その要請に研究者としてどうこたえるかということを念頭に「地域における変革主体の形成過程を明らかにするという基本姿勢がつらぬかれねばならない[14]」としている。こうした動向は、北海道の民衆史運動（地域民衆史の掘りおこし運動）の高まりの中に認められるし、秋田近代史研究会の活動にもみられるという。歴教協が研究の重点を「地域に根ざし人民のたたかいをささえる歴史教育」においた関係もあって、一九七〇年代に入ると、上記以外の地方でも、歴教協を中心にこうした活動が展開されるようになった。地域の掘りおこし運動がすすめられ、たとえば千葉の安井俊夫のように、古代史の授業の中で、大和の側から東国を見るのでなく、逆に東国から大和をみる授業実践[15]など、地域史研究にもとづくすぐれた教育実践もつぎつぎと生まれてきている。これらの運動は、北海道の民衆史運動のリーダーである小池喜孝もいっているように[16]、かつての国民的歴史学の運動を批判的に継承するものであった。私が旧稿の末尾で願ったことが実現に向かっているわけだし、そうした運動の中で私の期待した新しいタイプの専門家の現れてきていることを喜ぶものである。しかもそれらが、かつての国民的歴史学よりも、はるかに高い理論と研究体制（地域住民との共同研究組織、住民運動との結合）のもとにすすめられていることに注目しなければならない。

こうした近年の情勢をふまえて、これからの地域史研究において、検討されねばならない二、三の基本的問題について考えておきたいと思う。それは、歴史教育の場で、地域を取りあげる場合にも、見すごすことのできない問題だと思われる。

(1)　地域社会史と地域史

篠崎勝によれば、地域社会史はおよそ次のようなものとしてとらえられている。

ひとことでいえば、地域社会史は、階級的または体制的矛盾の貫徹の場である地域社会の民衆が、地域社会と民族と世界の課題を推進する主体としての人民になる過程を、地域社会が変革され創出され形成される過程のなかで究明することをめざすものである（『愛媛資本主義社会史』第一巻、序文）。

この矛盾の貫徹する場に生きる民衆が、この矛盾の貫徹する過程で、自らの客観的、主体的条件を変革し創造していく一すじの道程が一貫している。この一貫する地域社会の民衆の人民的成長の過程こそ、地域社会の矛盾の発展過程の基軸である。地域社会を動かし変革する主体としての人民が、この人民の歴史的成長の過程を軸として、この矛盾の貫徹する過程を分析し総括し（研究）、教育し、実践することによって、地域社会史が成立する（「地域社会史の理論と課題」[17]）。

地域社会史は、本来、地域社会の科学的総合的研究の重要な一環として成立する。……民族社会（国家）や人類社会（地域世界・全世界）の科学的総合的研究の基軸となるべき地域社会の科学的総合的研究の重要な根拠となる歴史的研究――それが地域社会史である（『愛媛資本主義社会史』第一巻、序文）。

正直いって私には難解だが、要は「地域社会の民衆の歴史をつらぬく人民の歴史的成長の過程こそ、地域社会史の基軸である」ということになるのであろうか。

地域を変革していこうとする実践的立場から地域社会史でなければならないというのであろうが、地域社会史になりかわらなければ、地方史・地域史の研究の存在意義がないとはいえないであろう。地域社会史の視点は、これまでの地方史に対するするどい批判として大切にしなければならないと思うが、自らを区別するために地方史を排除し、「自らの地域社会および民族の社会または地域世界の人民に成長していない教師や『地方史家』や『中央』の『学者』などは、地域社会史の研究・教育・実践の主体ではありえない(18)」ときめつけることには疑問がある。地域社会史だけが、地域史研究ではあるまい。限られた地域の個別的事象を閉鎖的に追求するような「好古的」な郷土史や地方史は批判されなければならない(19)としても、そうしたものが歴史学の広い裾野を形づくってきたことは認められてよいことではないか。生ぬるいといわれるかもしれないが、地域社会史はもとより、「裾野」をつくっているものも包みこんでこれを広く地域史研究ととらえ、その推進をはかっていくのが、私には望ましいことのように思われる。いま直ぐには地域の変革に役立たなくても、いつかはどこかで役に立つような研究もあるのである。地域史研究に限らず、研究や学問は、広い視野に立って長い眼で見られることを欲しているのではなかろうか。

（2）　地域をどう考えるか

近代史文庫の「地域社会」の概念は、『愛媛資本主義社会史』第一巻、序文に詳しいが、いま、篠崎の「地域社会史の理論と課題」によると、地域社会は、「基本的に一貫した階級的または体制的矛盾が貫徹する特定地域住民の社会的生産と闘争の場であり、その場における民衆の集団と意識連帯を根源として成立している」もので、「居住する場としての『地域』と、働く場としての『職場』（地域と職場が同一の場である場合も多い）とに生存し活動する多様な集団と意識連帯は地域社会を成立させる原点と拠点である」とする。そして「地域社会は、単一に固定して存在するものでなく、各時代・各時期に多様な諸領域を形成しながら存在し、しかも、つねに、歴史的に形成され、変革され、創出されるものである」というのだが、近代資本主義社会に適当する概念であるとしても、前近代にもあてはまるものかどうか、果して時代をこえて成立する概念かどうか、疑問がある。また近代史文庫の一人、玉上陸郎は「わたしたちが、子どもも年寄りも含めて『生き・住み・働き・学び・闘っ』ているここ、つまり、それぞれ『居住地域』・『職場』その他に形成されている社会集団、すなわち『地域住民社会集団』のことを、わたしたちは『地域社会』とよんでいる[20]」という。しかし、篠崎のいう「地域」また「職場」と「多様な集団と意識連帯」との関係、玉上のいう「ここ」というのと「社会集団」というものの関係が、もうひとつはっきりしない。のみならず、『愛媛資本主義社会史』第一巻における「集団」そのものについての規定も明確でない憾みがある。

すでに早く「地域の地方化」政策を批判し、地域住民の「自発性と内発性」において尊重されるべき価値として「地域」について論じた上原専禄は、地域はたんなる地理的概念でなく、「生活の実際的基盤に密着した地縁的な社会集団[21]」だととらえている。「地縁的な」と限定していた点を重くみたいと思う。地域住民運動に視座をおき、すぐれて実践的な立場から地域社会をみていこうとする地域社会史論が、部落解放運動や在日朝鮮人の運動組織体など、非地縁的な運動体にまで、地域社会の領域をひろげるのは、あるいは当然の帰結といえるかもしれない。しかし、地域史研究の立場からいえば、塚本学も説いているように[22]、対象とする地域は、地縁的な社会集団に限定すべきではなかろうか。

「地域住民の主体性の確立という意識変革の問題」として地域主義を提唱する増田四郎[23]は、「重層的に存在する大小さまざまな社会集団を『地域』の概念によってとらえ」る立場をとりながら、一六、七世紀までのヨーロッパに存在したのは、「大小無数の地域的なまとまりの複雑にして重層的な集合にほかならなかった」とし、「歴史的・地理的に、そしてまた経済的・文化的に形成された広狭さまざまな『地域』のまとまりを、政治的国境線に一応かかわりなく、いわば社会集団の営みの場として」地域をとらえようとしている。そして、「小さくは一つの村落や都市、ややひろめると一つの郷やラント、さらにひろめて郡や国、あるいは地中海世界や北欧、東欧といった具合に『地域』はいくらでもひろがって、ECさえもやはり一つの広い『地域』として、他地域との比較におけるその個性と特色を浮かびあがらせることもあながち不可能ではなくなる」（別のところで「東京もまた一つの地域と考える」といっている）し、地域は「研究者がさしあたり何を知りたいかに応じて、おのずから決まる問題だともいいうる」としている。地域史が対象とする地域は、およそ増田の所論にしたがって理解されてよいのでなかろうか。

ひとことつけ加えれば、民衆から郷土を収奪していった産業革命以後の時代と、民衆が郷土を持ち、地域が何ほどか独自の意味をもっていた産業革命以前の時代とでは、地域の取りあげ方に区別があるべきでないかと思われる。いわば日常の生活自体がそれぞれの地域で完結していた時代と、地域の封鎖性が過去のものとなった時代との差異は大きい。資本主義社会では、地域は、その土地の自然的・歴史的・社会的条件によって制約されているだけではなく、他の地域と深くかかわりあい、他の地域との関連において地域の生活が規定されている。それは、資本主義による商品の生産と流通の発展、それにともなう国内市場の成立の結果であり、社会的分業の反映である。「地理学における地域論が、経済学や経済史では常識であるはずの市場の理論と結びつけてとらえられていないから」、地域や地域性というものが、「実際の研究や教育の上に活かされないで空念仏におわっていた例が多い」[24]という見解もある。近代以降の地域史は、地域に内在する条件によりかかっているだけでは解明できないことも、十分認識しておく必要があるだろう。

(3)　民衆をどうとらえるか

さきに引用したが、篠崎は「体制的矛盾の貫徹の場である地域社会の民衆が、地域社会と民衆と世界の課題を推進する主体としての人民になる過程」、「地域社会の民衆の人民的成長の過程」と書いて、民衆と人民を区別しているようにみえる。保守的で臆病な民衆に対し、進歩的なたたかう民衆を人民というのであろうか。民衆は、そもそものように区別される存在ではなく、『民衆』的側面も「人民」的側面も合わせもつ複雑な存在ではないのだろうか。私は、はじめに紹介した旧稿の終りの部分で国民的歴史学の運動にふれ、次のように書いた。

地方史研究ともかかわりの深いことだが、国民的歴史学は民衆についての理解において弱点をもっていたように思う。国民的歴史学は、農村に史料調査に出かけながら農民の現実の生活とは無関係にその成果を学界に持ち帰るといった、これまでの研究のあり方についての正しい反省を含んでいたし、民衆の立場・観点というものを研究者と民衆との実際の結びつきのなかでたしかめ、研究者の自己変革を目ざすという正しい側面ももっていた。しかしながら、一方では、民衆のなかにはいりさえすればよいといい、他方では、歴史家は労働者や農民のなかできたえられねばならないとした時、混乱がおこった。民衆があたかも自然発生的に真理の具現者であるかのように錯覚し、民衆は常に前進して後退を知らない存在であるかの如く考えたところがあった。弱さや遅れを含む矛盾にみちた民衆の複雑な在りかたを正しくつかむことができず、歴史の発展段階を無視して民衆をかつぎまわるという傾向もなくはなかったし、民衆の自己解放の過程が、直線的な進歩ではなく、中断や停滞、後退や敗北を含む複雑な発展過程であった点の認識も十分でなかったようである。民衆の生活要求と、それに根ざす知的要求とを混同するような誤りもあった。そのため、大衆に学び民衆の要求にこたえるという形で展開されながら、民衆の要求なるものを正しく受けとめていたかどうか疑わしいふしもあった。「てっとり早く役に立つ歴史を」ということが、果してその時の農民の切実な要求であったのだろうか。

歴史は民衆がつくる、歴史をすすめ世の中を変えていく原動力は民衆である――それが正しい原則だとすれば、さきに引用した文章で石母田がいっているように、歴史を停滞あるいは後退させたのも、また民衆でなければならない。政治権力が存続するためには、その存続を許すような条件が、民衆の側にあったと考えねばならない。歴史における民衆は、そのようなネガティブな側面も含めて、全体的に理解されなくてはならないであろう。

権力をおそれてあきらめと忍従に生きているのが民衆であれば、気力をふるってたたかいに立ちあがるのも民衆である。強者に立ち向かいもすれば、弱者を見殺しにすることだってある。したたかさも備えていれば、弱さも持ち合わせている。失意と低迷の時期もあれば、希望をいだいて前進する時期もある。民衆は、矛盾に満ちた複雑な存在であるといえる。運動の高まった時期の民衆は、眼に入りやすい。眼ののどかないところまで及ばなければ、民衆の全体像はつかめないであろう。そして低迷から運動へ転化する。篠崎の言葉にしたがえば、民衆が人民になる、その弁証法を見つけ出さねばならない。

私たちは「たたかう民衆」だけに眼を向けすぎてきたのではないかと思う。かつて林基は、労働者や農民から「すばらしい大闘争を積み上げるまでの、日常の地道な苦労に満ちた筋道というものが明らかにされていないのではないか、これでは困る」という批判に対し、「当時の民衆の日常のたたかい、それはまず第一に生産の向上に向けられた、その結果、封建貢租の相対的な低下を導いた」のみならず、「裏作にだけ肥料を集中」するとか「坪刈りの収穫の検査の場合にこれをごまかして少なくして行く」とか、その外「さまざまの無数の形態の闘いがやられていっておるのであります」と答えている。[25]それはそのとおりだと思うし、そういう点に眼を向ける必要があるだろう。しかし、これもやはり、「たたかう民衆」の線上にある。非科学的と思われる迷信や習慣も含めて、民衆の日常の生活と生産の営みに、もっと眼を向けるべきでなかろうか。

その点で注目されるのは、北海道の「民衆史運動」であろう。小池喜孝によれば、[26]囚人労働やタコ労働など、

「底辺の民衆」に視点を移し、強制連行の朝鮮人、中国人、少数民族アイヌ・ウィルタ、開拓女性や冤罪関係者、白ろう病患者や季節労働者にまでその対象を広げて、新しい「民衆像」をつくり出そうとしているのだという。そして、「底辺民衆への人権無視や虐待を日本資本主義の汚辱とし、独占資本や天皇制を告発することにとどまった『民衆史』は、これを告発するだけでなく、底辺の民衆の人権と文化を守る視点に立って『弱者』を見殺しにした自分を含む民衆の精神構造までを分析し、自分の心の傷を掘るような痛みをもって遺骨を発掘・供養することで、住民運動になった」と書いている。言われていることの意味は、きわめて重い。

(4) 地域史研究の方法

はじめに紹介した旧稿にも書いたことだが、地域史研究の特質は、史料に基づいた事実認識の徹底性にあるといえる。武本竹生[27]は、「地域研究の比類のない典範として不動の地位を保ちつづけている」ジョルジュ・ルフェーブルの『フランス革命下のノール県農民』について、それがルフェーブルの二十年近い歳月にわたる古文書研究、二百以上の村落の当該時期の土地史料のほとんどすべてを克明に追求した成果であるとして、精緻をきわめた統計集の前提となった「史料の蒐集と整理、解読に費された計り知れない苦闘は想像を絶するものであったに違いない」といい、「事実認識の徹底性が地方史研究の生命であるとすれば、おそらくこれらの統計表はその極点に達しているように思われる」と書いている。そのうえで武本は、「ルフェーブルにあっては個別地域のなかに革命の基本的過程が見据えられており、個別史への徹底した沈潜を通じてフランス史の総過程＝全体構造が捉えられているのである。一個別地域史の考察のうちに事実の普遍的連関が凝縮して表現され、もはや地方史の枠組が消え去り、革命の一般史と区別がつかないまでに融合している」とし、ルフェーブルは、「既成の論理と方法を地方史に持ちこもうとしたのでなく、反対に個別地域を慎重に取扱うことによって、全フランスに共通する命題を発見し」「フランス革命研究の基本視座を逆転させたのであった」と述べ、「フランス革命の実体は、地方史のなかにこそ存在するのであって、地方の現実を拠点としてはじめて、革命政府の隠された反民衆的本性をえぐることができるのである」としている（それは旧稿でふれた石母田正の『中世的世界の形成』についてもいえることであろう）。

そして武本は、「ルフェーブルは、こうした一地精到の研究を一地域から全県に拡大しつつ、同時に思惟的上昇をなしとげ、革命の座標軸を転換したのであった」として次のように述べている。

　藺を煮る特有の臭気が体臭に溶けこみ、筬を打つ単調な響が生活のリズムの実感に支えられたとき、土地台帳に登場する村人の一人一人を具体的なイメージをもって捉えることができる。この生きた現実との接点を地方史研究のなかで常に確保することなしに民衆意識はもとより、住民の経済的、社会的生活構造をヴィヴィドに理解しうるであろうか。フランスの秀れた歴史家にとって、地方史は研究者を抽象論理の世界から絶えず引きもどし、問題意識や仮説の正当性を繰りかえし吟味する場となっており、歴史研究の根拠地の役割を果たしているように思われる。

地域史研究の意義、地域史の独自性、地域史研究の課題は、この武本の論稿にほとんど尽くされているといってよい。しかも武本は、「ルフェーブルが地方史を拠点として一般史に切りこんだとき、二重の意味で方法の転換が行われたと思われる」とし、地方史が社会経済史のウェイトを決定的にしたことと、民衆的立場、あるいは「下から」の視角が明確に設定されたことの二点をあげ、「下から」の視角の重要性について論じることを忘れてはいないのである。

蛇足かとは思うが、旧稿「地方史研究の反省」に書いた次の一文を加えておきたいと思う。

　ただ、地方史の一般史への高まり、歴史的法則への近づきを、安易に考えてはいけないと思う。おそらくは地方的事象が一般的法則に高まるためには、その間に多くの媒介と複雑な過程を必要とするであろう。一農村一経営単位の分析をただちにその地方の代表的形態であるとするかのような論議、一つの村の勢力関係をもってただちに全体制的な階級関係を云々するような態度、また一地方の歴史事象をそのまま日本全体の動きにあてはめてみようというような考え方はきびしくいましめねばならない。

3　歴史教育と地域

とりわけ七〇年代になってから、歴教協の教師たちによる地域史の研究、「地域の掘りおこし」運動が全国的なひろがりをみせている。のみならず、その研究成果が、歴史教育の場に生かされ、あるいは地域住民との研究の共同を通じて、自らの人間変革と住民の歴史意識の変革をもたらしてもいるという。地域の現実をふまえ、地域の教材によって子どもの生活意識・問題意識に働きかけ、教師自身の意識の変革を通じて子どもを変えていこうとしているのである。そうした地域史研究と歴史教育の高まりは、歴教協の「地域に根ざす歴史教育の創造」の運動の成果であるといってよい。

しかしながら、地域の教材を取り入れることが、歴史教育の内容と方法にどうかかわってくるのか、その点については必ずしも明らかにはなっていない。そのため一部に、地域の教材によらなければ歴史教育は本ものにならないとか、地域の歴史を教えさえすれば日本の歴史もわかるはずだとか、極端にいえばそういった傾向がないわけではない。地域の教材をぶっつければ、子どもの歴史の受けとめ方が変わるといった、単純な問題ではないはずである。子どもたちにとっては、地方政治が国の政治よりわかりにくいというようなこともある。地域の学習には、特有のむずかしさや一定の限界があることを認めておかねばならない。

かつて私に、「社会科教育と郷土学習」(28)という一文がある。一九六五年のものであるが、「郷土」というのを「地域」と置きかえて読んでいただければ、今日の地域学習にも十分通じる論旨を含んでいると思う。

その旧稿で、私は、教育の場としての「郷土」（＝地域）の特質を、次のようにとらえた。

（1）そこに住んでいる子どもたちが、直接経験できる具体的な素材であり、したがって子どもたちが興味をもって主体的に立ち向っていける。

（2）子どもたちの誰もが観察調査に参加することができ、ものごとの具象的な正しいとらえ方を通じて科学的な認識の基礎を養うための生きた資料とすることができる。

（3）観察や調査によって得られた結論、または一般的な知識や法則を自分の目と耳と手足でたしかめたり応用したりできる。

こうした考えは、高橋磌一が「歴史学習と郷土」[29]において説いていたところであり、のちに市川真一の『地域の歴史研究と歴史教育』[30]にひきつがれている。そのうえで私は、「社会科教育の立場から郷土を重視する意味を」その特質に照らして、次のように考えた。少し長くなるが、そのまま引用させてもらうことにする（「郷土」を「地域」と置きかえて読んでいただきたい）。

郷土の学習は、まず第一に、子どもの興味を呼びおこし、学習に実感をもたせ、問題意識をもって主体的に学習させるのに役立つ。ことわっておくが、子どもの興味や実感はたいせつにしなければならないし、主体的に学習させることを重んじなければならない。しかし、わたしたちは、何のためにそれをたいせつにするのか、よく考えておく必要があろう。社会科教育は、子どもの興味や実感をこえた、より高次な科学的な社会認識に導くことを任務としているのであり、むずかしい高度な理論的認識を身につけさせるためにこそ、興味や実感をだいじにするのである。実感や経験のたんなるよせ集めだけでは科学にならないし、実感や経験だけで科学的な認識に至り得るものでもない。郷土の学習だけでは、系統的な知識や理論をつかませることはできない。体系的な知識や理論を教える別の仕事があって、郷土に即した具体的な学習も生きてくるのである。

第二に、郷土の学習は、社会科の学習に具体的現実的な資料を提供することによって、科学的な社会認識の基礎を培うことに寄与する。すなわち、（1）国分一太郎氏が生活綴方についていったことばを借りていえば「教師が与えようとする系統的な社会についての知識を、きわめてたやすく受けいれさせる素地をつくる」のに役立つであろう。たとえば、「じぶんの家のあによめは、こうきゅうくつな生活をしている。五郎作の家の嫁も、三郎兵衛の家の嫁も、同じような気まずい思いの生活をしているというような事実の学級での集積は、教師が与えよう、気づかせようとしている〝日本の家族制度における婦人の非民主的な地位、嫁たちの前近代的な生活〟という一般的な知識・社会的認識を、容易に受けいれさせる素地をつくる」というようなことが、郷土の学習の場合にもいえるのだと思う。（2）郷土の事例を活用し、知識や概念を郷土の現実に即してとらえさせることは、科学的な社会の見方や考え方を育てるのに役立つ。つまり、社会の現実を事実に即してとらえ、事物の関係・運動・変化・発展の姿を分析総合して一般的な概念や法則を見つけだすという社会科学習の基礎的な方法を身につけさせるのに効果がある。固定的因襲的な概念にとらわれてぼんやり見すごしてしまう態度を打ち破り、偏見にとらわれないで事実に即して現実をみきわめる態度、問題を発見し自主的能動的に判断する態度、つまり科学的な見方や考え方の成長に貢献することができる。「もの識り社会科」を「考える社会科」にする上で、郷土学習のもつ意味はきわめて大きいといわねばならない。

郷土の学習は、第三に、「直接経験では学び得ない社会科学の知識や法則を学習するとき、あるいはした時、それがどのような一般性をもっているか、正確であるか、を郷土の身のまわりの具体的な事物事象によって検証」させるという意味をもつ。たとえば、教科書に書かれている一般的概念的な文面が、この村、この町ではどうなっているか、それがこの町、この村の現実に合っていないのはどうしてか、たしかめさせるのに利用できる（無着成恭の『山びこ学校』はそうした観点から実践された成果である）。それは、習得した知識を内容のあるものとして深めさせ、習得した法則についての認識を、現実を支配し生活に意味をもつ法則の認識として受けとめさせることに役立つであろう。

そして私は、国分一太郎の生活綴方教育方法についての所論[31]によりながら、郷土学習（＝地域学習）の限界について、次のように書いた。

　生活綴方教育の理論的指導者である国分一太郎が、その任務を明確にすると同時に、「生活綴方教育方法の限界性を謙虚にあきらかにし、これを同僚諸君に自覚させる」ことを重要と考え、生活綴方では、（1）究極において体系的な知識を子どもに獲得させるということはできない。（2）歴史や地理などの時間・空間にわたる広汎な学習を系統的にさせることはできない、といっているのは、そのまま郷土学習の限界として認めるべきものであろう。国分はさらに「生活綴方の限界」として六つの点をあげている中で、

（1）現実・事実はこうだけれども、自分はそう考えないとする考えが育ちにくい。

（2）生活綴方では、体系的・系統的な知識を与えていくことはできない。

（3）生活綴方では、典型的な教材について学習させる過程で、その教科を養うにふさわしい物の見方・考え方を養うことはできない。

（4）他教科のりっぱな実践なしに、生活綴方での物の見方・考え方・感じ方の向上は保障されない。

と指摘し、「生活綴方にばかりたよっていてはいけない」と結んでいることに耳を傾けねばならない。郷土にたよってばかりいるだけでは、つねに郷土に立脚しているだけでは、教育の仕事はじゅうぶんに果されないのである。近代地理学の祖といわれるカール・リッターが「未開・野蛮の民族でも、実は彼らの郷土（ハイマート）の知識（クンデ）はもっているが、しかし、地理学はもちあわせていない」と指摘したということであるが、わたしたちはこの際そのことばをよく味ってみたいと思う。

今日、地域に根ざした歴史教育をすすめる場合にも、顧みられてよい観点でないかと思われる。すでに明らかなように、当時私は、「郷土を学ぶ」のでなく、「郷土で学ぶ」という立場をとっていた。いま「地域を学ぶ」のか「地域で学ぶ」のかと問われれば、やはり「地域で学ぶ」という立場をとるべきだと答えるであろう。

一九五〇年代、教育において「郷土」を重視した郷土教育全国連絡協議会（以下、郷土全協）の運動があった。それは、「国際的な条件の中に置かれた日本の問題は、わたしたちが生活している最も身近な場である郷土にこそ、形はさまざまであるにしても、実に具体的に現われている」という立場に立ち、「具体的に深くものごとを考える場所」「自分で考えることのできる子どもをつくる最良の教室」を郷土に求めたもので、郷土全協は、そこから一歩すすんで郷土教育的教育方法を提唱し、「科学・学問の成果を教育科学的に選択し活用することによって、郷土への認識を深め、郷土への科学的認識を深めることによって、地理や歴史にかぎらず、あらゆる科学・学問の成果を、子どもの主体性において統一的に理解させよう」とし、「つねに郷土に立脚し」「学習の拠点を郷土に据える」ことの必要性と重要性を強調し、「社会科で郷土を重視するのは、……郷土そのもの、地域社会そのものを通して、科学的な社会認識を深め育てること」であると主張したのであった[32]。郷土がつねに立脚しなければならない学習の拠点とされ、あたかもつねに依拠しなければならない方法であるかのように、それを主張したところに問題があった。国分一太郎が「教育の各局所において必要に応じて大切にしなければならないいくつかの原則があるとすれば、その一つは〝郷土〟に即する原則だとわたしは思う[33]」といっていたように、教育方法の一つと考えられるべきものであった。それは、歴教協が郷土全協と袂を分つときの論点の一つだったはずである。そうして郷土全協は、一九五八年に創刊した機関紙『郷土と教育』を、翌年『生活と教育』と改称し、「生活現実の〝個々の具体〟を重視する」として「生活を学ぶ社会科」を主張するようになり、生活教育の方向に傾いていった。もしも地域に根ざす歴史教育が、地域社会史論をストレートに教育の現場にもちこんだりすると、郷土全協のかつての主張に傾いていくことにならないであろうか。「科学はあるが生活がない」という言葉も、受けとられ方によっては郷土全協の歩んだ道に近づいていくことになりかねない危険がある。

　高橋磌一は、「歴史教育と「郷土」」という論稿で、「郷土教育」を八つに分類してその最後に「⑧地域の封建性・地域にあらわれた現代社会の諸矛盾に取組む中ではじめて教育の仕事が果し得るとしてそれこそ郷土教育の任務であるとするもの」をあげ、それは、教師が社会の矛盾を感じれば感じるほど「地域社会を改造しなくては教育はできぬといい、親や教師が現実に社会人としてぶち当って親も教師も解決できずに悩んでいる問題を将来その解決のために準備しつつある子どもの上に性急に投げかけてその中で教育しようというかつて一時流行した傾向に走る」ものと批判している[34]。いま主張されている「地域に根ざす歴史教育」に、そうした傾向があるというのではない。しかし、受けとられ方によっては、そうなるおそれのある議論が、全くないとは言い切れないのではなかろうか。

　その高橋が一九五一年一月『歴史教育月報』二号に発表した、「歴史教育の出発点と帰結点」と題する一文がある。無署名の論文だったが、高橋の近著『歴史教育とわが人生[35]』でその筆になることがわかった。それは、その年の『世界』二月号に掲載された江口江一少年の綴方「母の死とその後」（無着成恭『山びこ学校[36]』に収録）をふまえて書かれたもので、高橋は次のようにいっている。

　日本の現実がここにある。日本の子どものおかれた世界と、そこから苦しみながらも立ちあがろうとする子供の決意、新しい力の芽生え。ここに示されているものこそ、歴史教育の出発点ではなかろうか。三反歩の畑における泥まみれの生活、この現実を土台としない限り、歴史教育は空に浮いたものとなるであろう。折角、子供が出した切実な課題も、勉強への意欲も、狭い経験の中に止まるならば、発展することはできない。これを正しく発展させるものが歴史教育ではなかろうか。一定の体系と理論とをもつ歴史教育は、この子供たちに、経済的な現実をこえた日本と世界の真実の姿、発展の方向を示さなければならない。……この道は困難な道ではあるが、歴史教育が真にその新しい社会建設の責務を果すためには、どうしても貫かねばならない基本的な方向だと思う。

歴教協によってすすめられている「地域に根ざす歴史教育」の原点が、すでに早くここに示されていたということができる。子どもの生活や地域の現実を土台としなければならない。しかし、それだけでは科学的な歴史認識に到達できない、子どもの経験をこえる必要があり、そのためには「一定の体系と理論をもった歴史教育」、系統的な歴史教育が必要である……そう高橋は主張していたのではなかったか。

たしかに体制的矛盾は地域でも貫徹している。しかしそれは、歴史的経済的諸条件が異なるにしたがって、それぞれちがった現れ方をしている。その認識は、特殊具体的なるが故に、かえってむずかしいということがある。地域を認識するためには、地域そのものをくわしく見るだけではいけないのであって、むしろいったん地域をこえてみて、改めて地域を顧みる必要がある。地域を理解するためには、地域をこえる立場が必要なのである。同様に、通史の学習なしには、地域の個別的事象について正しい理解を得ることはできないのである。

そのことは、歴史の研究においても、事情は同じである。名著『フランス農村史の基本性格[37]』の序で、マルク・ブロックは、次のように述べている。

ただ、限定された地誌学的な範囲のなかに慎重にとどまる研究だけが、最終的な解決にたいして実際に必要な史実を提供することができる。しかし、これらの研究は決して大きな問題を提起することができない。そのためには、錯綜した些細な偶然事の堆積のなかに根本的な特徴がまぎれこんでしまうおそれの決してないような一層ひろい展望をもつ必要がある。一国民の全体にまで視野をひろげてさえも往々なお不十分である。まず、フランスを一べつすることなしに、さまざまの地域に固有の発展をその特殊性においてとらえることがどうしてできるであろうか。

地域に即する原則は大切にしなければならない。だが、地域によらなければ歴史がわからないと思いこんだり、地域をとりあげさえすれば歴史がわかるかのように考えられてはならないであろう。歴史教育には通史学習が不可欠であり、それがあってこそ地域の歴史教材も生きてくるのである。地域に根ざした歴史教育を稔りのあるものにするためには、通史学習の意義がきちんとおさえられていなければならないのである。

通史学習の意義をふまえたうえで、地域をどのように教材化していったらよいか、いまそのことが問われているのだと思う。歴史学習のどのような局面で、どのような地域の教材を（何を学びとらせるために地域のどのような教材を取りあげるのか、どんな法則や真理を検証させるために地域のどんな歴史に取りくませるのかなどなど。掘りおこされた地域の歴史がそのまますべて教材となるわけではない）、どのようなかたちで（おはなしをつくって与えるのか、史料をわかりやすく要約して提示するのか、子どもに調査させるのか、見学だけですますのかなどなど）、どう生かしていくのが歴史認識をたしかなものにしていくことになるのか。そうした問題についての実践的な研究が深められなくてはならない。その際の大切な観点は、次のような遠山茂樹の指摘であろう[38]。

歴史認識を育てるために理解し考えさせるための少数の精選された史実と、歴史認識の基礎である歴史感覚（イメージをえがく）を養うための素材としての思い切って豊富な史実と、この二つは教材の性格もちがい、したがって与え方が異なるもので、はっきりわけて処理されなければならない。

注

（1）『史潮』八八。
（2）和歌森太郎「地方史研究の意義と方法」（地方史研究協議会『地方史研究必携』、岩波書店、一九五二年）。

(3) 古島敏雄「地方史研究の課題」(『歴史学研究』一三六、一九四八年)。
(4) 「国民のための歴史学おぼえがき」(井上清等編『現代史の方法』上、三一書房、一九六〇年)、九四〜九七頁。
(5) 伊藤書店、一九四六年。
(6) 『郷土科学』一三、一九三一年。のち羽仁『歴史学批判序説』に収録。本書、序章—一の注(26)参照。
(7) 『日本』一九六四年八月号。のち『宮本常一著作集』二(未来社、一九六七年)に収録。
(8) 拙稿「教育養成大学における歴史教育」(『歴史学研究』三〇六、一九六五年)の末尾で私は、一歩すすんで「国民的歴史学の復権を求めたい」と書いた。
(9) 村史編纂委員として分担執筆。
(10) たとえば「教育を国民とともに」(一九六七年度『民研レポート』)。
(11) (松山)近代史文庫。
(12) 三好昌文「地域社会の歴史教育」(『歴史地理教育』一一五、一九六五年)。
(13) 「地域史の生誕」(『歴史評論』二三六、一九七〇年)。
(14) 佐藤誠朗「地方における近代史研究の意義と役割」(『歴史学研究』三二〇、一九六七年)。同「山形県における地域人民のたたかいの歴史」(『歴史地理教育』一六〇、一九六九年)。
(15) 「なぜ地域の歴史を掘りおこすのか」(『歴史地理教育』一九五、一九七二年)。
(16) 『秩父颪』(現代史出版会、一九七四年)、一七三頁。
(17)〜(19) 『歴史地理教育』一五四、一九六九年。
(20) 「地域社会史論と近代史文庫会館建設運動」(『歴史地理教育』三〇一、一九八〇年)。
(21) 「地域における国民教育研究—地域把握の方法」(国民教育研究所『第一回共同研究集会記録』、一九六二年)。
(22) 「地域史研究の課題」(岩波講座『日本歴史』別巻二、一九七六年)。
(23) 『地域の思想』(筑摩書房、一九八〇年)、一三頁、四三頁、一二三頁、四五頁。
(24) 飯塚浩二「社会科教育の領域と内容—地理」(『現代教育学』一三、一九六一年)、一二五頁。
(25) 「百姓一揆をめぐって」(同『百姓一揆の伝統』、新評論社、一九五五年)、一二三〜一二九頁。
(26) 「民衆史掘りおこし運動と北海道歴教協」(『歴史地理教育』三〇一、一九八〇年)。
(27) 「フランスにおける地方史研究の方法」(地方史マニュアル一『地方史の思想と視点』、柏書房、一九七六年)。なお、ジョルジュ・ルフェーブル『フランス革命下のノール県農民』は邦訳が出版されていない。
(28)『歴史地理教育』一一五。
(29) 歴史教育者協議会編『歴史教育における指導と認識』（未名社、一九五八年）。
(30) 明治図書出版、一九七〇年。
(31)『生活綴方ノート』Ｉ（新評論社、一九五五年）。『生活綴方読本』（百合出版、一九五七年）。
(32) 注（28）の拙稿。
(33) 国分一太郎「ひとつの感想―郷土教育的教育方法に関して」（『歴史地理教育』三四、一九五八年）。
(34) 注（29）の『歴史教育における指導と認識』、一二九頁。
(35) 三省堂、一九八四年。
(36) 青銅社、一九五一年。
(37) 河野健二・飯沼二郎訳、創文社、一九五九年。
(38)『歴史学から歴史教育へ』（岩崎書店、一九八〇年）、四六頁。

第一章　近世大和の産業

一　近世における奈良晒の生産販売組織

奈良晒は、近世奈良を中心に生産された麻織物のことで、主に武士あるいは町人の礼服用または夏の衣料として用いられた(1)。表1のように、江戸時代中ごろまでは年々三十万疋から四十万疋の生産をあげ、いわば絹織物における西陣同様、麻織物において独占的地位を誇っていたが、享保以後近江麻布・越後縮等の他国布に圧倒されて徐々に衰退に向い、幕末には数万疋の生産にとどまり、明治維新の打撃をうけて一層衰えるようになる。従来奈良晒については、古く村井古道の「奈良曝布古今俚諺集」(2)が残されている以外に、ほとんど基礎的な研究がなされていないので、本稿ではまずその生産販売組織について少々立ち入って述べておきたいとおもう（従ってその発展過程や生産形態については必要な範囲でふれるにとどめ、詳細は本書、第一章―二に譲りたいとおもう）。

表1　奈良晒布生産高

万治元年（1658）	321,600疋
寛文8年（1668）	286,676
延宝5年（1677）	405,045
元禄元年（1688）	356,096
7年	401,866
11年	352,382
宝永5年（1708）	341,047
正徳3年（1713）	338,888
享保2年（1717）	353,937
元文元年（1736）	230,893
延享元年（1744）	188,964
宝暦3年（1753）	155,806
12年	142,412
天保13年（1842）	115,620
嘉永4年（1851）	68,040
明治元年（1868）	52,150
10年	45,000
15年	32,200

玉井家文書、前田家文書、明治17年「工務局月報」32等による。

1　変　遷

奈良晒の起源については史科を欠いているので充分これを明らかに出来ないが、応永十四年（一四〇七）奈良南市に布座のあったことがみえ、[3]『多聞院日記』にも晒のことが散見されるから、[4]室町時代、社寺の注文による生産がおこなわれていたものと推定される。おそらくそれを基盤として、慶長・元和のころに商品生産としての奈良晒業が成立する。その契機となったものは封建社会の安定にともなう武士階級あるいは富裕な町人の衣服欲の急激な増大であり、[5]慶長十六年（一六一一）家康の上意によっておこなわれた保護統制の措置がその指標となるであろう。[6]奈良晒業は幕府の保護統制のもとに封建貴族に対する奢侈的生産として出発したものといえよう。そうしてやや時代を下るが貞享三年（一六八六）の史料に[7]「当町中十ノ物九ツハ布一色ニ而渡世仕候、十ケ一ハ酒屋・米屋・刀屋其外色々商売も少之事ながら仕候者も有之候得共、其者共も妻子ハ布かせき致し、下々之駕籠かき・日用取申者共之女ニハ布おらせ或は苧うみ渡世仕候事」とあり、また「奈良町中一同仁暴（に曝）を以渡世仕来候御事」[8]といわれていることは、奈良晒業が、まず都市手工業として出発したことを説明するものである。

成立当初における奈良晒業の組織は、まだ極めて簡単なものであったらしい。史料によって知りうる最初の業者は晒屋である。奈良晒も他の織物同様、紡績・織布・加工の三工程をもつが、奈良晒の名の示しているように、加工仕上部門である晒工程がかなり重要な意味をもっていたと考えられる。晒屋はすでに『多聞院日記』天正七年（一五七九）の条に初見できるが、慶長末年には、般若寺・疋田両村において晒屋仲間の存在が認められる。晒加工は水という自然的条件に制約されて、佐保川流域の般若寺村と、西大寺西南の疋田村にまずおこるのであるが、それが特殊の設備と技術を要する関係で仲間の結成を早めたものとおもわれる。慶長十八年以後、晒屋「仲間」で晒布の尺幅検査をおこない、これに家康からもらった朱印を押すようになったのである。その年代は明らかでないがおそらく寛永を下ることとそう遠くない時期に、般若寺九軒、疋田一四軒の株仲間へと発展していったとおもわれる。

晒屋についで史料にあらわれるのは、「晒仕候人々」といわれる晒商人である。寛永十四年（一六三七）の「南

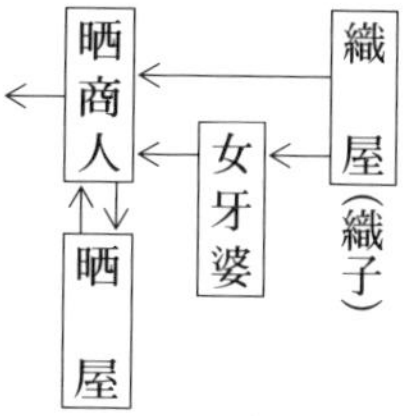

図1　慶長—寛永ごろの生産販売組織

都曝御改帳[9]」には三六〇人の名前がのせられている。彼らは、「晒布を仕入申候而他所江売出[10]」すことを業務とするもので、問屋的性格をもった晒商人と考えられる。これらは後にも述べるように、問屋と蔵方に分化するのであるが、まだその営業範囲の固定しない未分化の状態を示しているものであろう。そうしてこのころは「寛永年中比までは、生布、縷布共に織屋より直に、問屋・蔵方へ持来り、又は女牙婆など持来りしと也[11]」といわれているように、布は生産者より直接または女牙婆《すあい》を介して、これらの商人のもとにもたらされていた。晒商人の背後に多くの生産者の存在が推定されるわけであるが、さきにあげた貞享三年の史料によって、主に奈良町の婦女子によって副業的に織られていたものと考えられる。晒商人のもとにもたらされた生布は、晒屋に委託して晒してもらった上、「諸人の需に応じて売り、或は京都へ持行きて呉服所、染物屋等へ[12]」売られていた。こうして慶長—寛永ごろの組織は、おそらく図1のように簡単なものであったであろう。

慶長末年、ほぼその基礎を固めた奈良晒業は、幕府御用品としての名声によって、その後急速に販路を拡大し繁栄してゆくことになった。寛永以来五月の節句に式服として帷子を着用登城すべきことが定められたのも大きな刺激となったと考えられる。明暦三年（一六五七）、いままでの晒布の検査と朱印押に加えて、晒される以前の生布にも尺幅検査がおこなわれるようになったことは、生産の拡大にともなう統制強化の措置として注目される。橋本町に判場を設け、奈良町惣年寄が尺幅を改め、布の織初めに「極」の黒印と、織留に「奈良町惣年寄」の黒印を押し、黒印なき布は一切これを晒すことを禁止されるようになったのがそれである。これは粗製濫造の弊を改める意図から出たものであったが、それが生産の急激な上昇にもとづいていたことは、容易に推定されるであろう。翌万治元年（一六五八）、三二万一六〇〇疋という莫大な生産を示していることによっても明らかである。

その後奈良晒はほぼ三十万疋台の生産を維持しつつ、延宝五年（一六七七）には四〇万五〇四五疋の生産をあげるようになる。このような生産の増大は「晒之儀者奈良町中不残商売に仕渡世送り申候、織出し申候儀は当町中にかぎらず大和在々・山城・伊賀迄も織出し申候」[13]というように、奈良町中において「江戸酒屋ならでは布ニ而渡世不仕と申者は壱人も無御座候」[14]というような景況を現出したばかりでなく、織布工程の農村への拡大をともなったことに注意しておかねばならないであろう。近辺農村における農民の副業的生産を包括することなくしては、都市手工業の枠内では需要の増大に到底応じることが出来なくなったからである。

こうした生産の上昇と販路の拡大が、奈良晒業の組織に複雑な分化を招くことは必然であった。寛文十年（一六七〇）の「奈良町北方二十五町家職御改帳」上[15]（以下、「家職改」）において、晒問屋・晒布商売・晒布中買数合・生布中買数合・青苧問屋・青苧商売・かせ問屋・かせや・布織・苧うみ・晒荷持という風に多様な業者が見出されるし、更に下って貞享四年刊行の「奈良曝」によって、晒蔵方二八軒、晒問屋三二軒、青苧問屋六軒、曝屋般若寺一〇軒・疋田一四軒、布もみや六軒、曝数合（女性）三一人、ぬきがせ問屋一四軒の名前と、布中買六、七百人の存在を知ることができる。奈良晒の生産販売組織はほぼこのころに形をととのえたものと考えてよいであろう。

まず原料部門から見てゆこうとおもう。奈良晒も他の麻織物と同じく青苧を原料としている。古来、庶民の衣料として麻布が一般に用いられていたのであるから、奈良地方においても自給用として青苧の生産がおこなわれていたであろうけれども、商品としての奈良晒の原料は、多くの部分を他国に求めていたものと考えられる。小野晃嗣の研究[16]によって周知のように、室町時代、越後青苧座が三条西家を本所として青苧の販売を独占し、彼らによって多量の青苧が京都・大坂に送られ、京都に苧商人があり、天王寺には青苧座が存在していたのであるから、応永十四年奈良南市に存在した苧座[17]もあるいはこの越後の青苧を取扱っていたものかもしれない。近世における青苧の生産は、上杉氏の会津さらに米沢への転封によって、東北諸藩、特に米沢・最上・出羽・会津地方において盛んになる。(18) 奈良晒の原料としての青苧は、近世初頭以来これらの地方から移入されていたものと考えられる。

寛永以後の生産の急増は、当然原料である青苧の移入量を増大させ、ここに大きな資本をもった青苧問屋が出現することになった。同じ事情によって、青苧としてのみでなく、すでに紡績工程を終え綛纉《かせぬき》にとられたものを移入する場合も増え、これらの原料糸を取扱うものがかせ問屋ないし、ぬきがせ問屋としてあらわれてきたわけである。

青苧問屋に入荷した青苧は、青苧商人（「家職改」にみえる青苧商売）の手を経てうみ子（「家職改」にみえる苧うみ。青苧の繊維をよりあわせて糸にする）の手に渡り、綛纉（「かせいと」と「ぬきいと」）にとられた。うまれた綛纉は、「家職改」にみえるかせやに集められ（かせ問屋から入手した綛纉とも）、織子（「家職改」にみえる布織）の手に渡った。もちろん、うみ子から直接織子の手に渡る場合や苧うみのかたわら布織りに従う場合もあったとみられる。布織について「奈良曝布古今俚諺集」は、「或は」とことわりながら、寛永中ごろ以降生布中買商人（以下史料に従って中買の字を用いる）が「織屋に経緯を渡し誂へ織せ」る場合があったとしているから、一部で賃織りがあらわれてきていたとみられるが、このころはまだ賃織りよりも独立小営業が一般だったとおもわれる。苧うみ・布織とも婦女子の家内労働によって営まれていたことは、ことわるまでもない。

販売部門においてまず注目されるのは生布中買の台頭である。生産の増大にともなって中買商人のあらわれるのは当然であるが、この場合特に織布工程の農村への拡大を反映しているものとおもわれる。彼らはさきの女牙婆にかわって、広汎に存在する生産者と、後にのべる蔵方や問屋の間に介在する専門の仲介商人として台頭してきたものであった。寛文五年これらの中買を統制するものとして数合頭三人がきまり、数合頭に礼銭を出しその帳面に記載された上でないと中買の仕事に従えなくなった。中買仲間の結成を意味するものとみてよいであろう。

さらに販売部門において注意されなければならないのは、問屋及び蔵方の成長である。これはおそらく寛永十四年三六〇人を数えた晒商人の一部が問屋となり、他の大多数が蔵方になっていったものと考えてよい。明暦三年前後に問屋株二三軒が成立したと考えられるので、[19] この分化は寛永十四年以後まもなくのことであったとおもわれる。延宝三年蔵方二二四人を数えたという。[20] 蔵方は中買を通じて、または自ら中買を抱えて「当地幷在之分も生布買込晒させ置、女数合ニ相渡し問屋方江売渡し、尤望候者有之候得者無構他所に茂致持参売渡」[21] す仕事をしたものといわれる。これに対して問屋は、自ら生布を買集め晒させて商売することなく、専ら蔵方から女牙婆によってもたらされる生布、中買がもってくる生布を、他国から集ってきた商人に売捌くことを業とするもので、晒布・生布の取引に従って一定の口銭を得ていたものである。蔵方はいわば売問屋であり、問屋は買問屋であったといってよいであろう。

　こうして奈良晒業がほぼその組織をととのえる寛永―延宝ごろの生産販売組織を図示すれば図2のようなものであったかとおもわれる。

図2　寛永―延宝ごろの生産販売組織

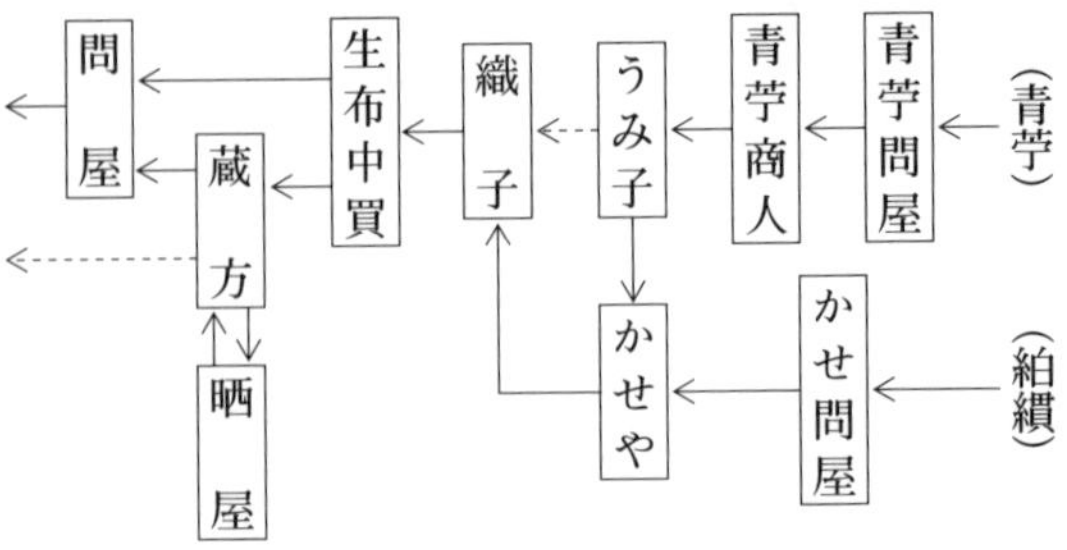

　その後享保頃まで、奈良晒布は三十万疋台の生産を維持しつつ繁栄をつづけるが、その間生産販売組織の上で重要な変化をともないながら、次第にその組織を整えていった。[22] 奈良晒の生産が都市の範囲をこえて農村にも展開されるようになり、さらに進んで農村手工業が都市手工業に対抗して独自の地位をきずくようになりつつあった事情を考慮にいれながら、これをみてゆきたいとおもう。

（1）貞享・元禄以後まず注意されるのは、蔵方の緩やかな消滅と、中買への転身並に新問屋株仲間の結成であろう。延宝三年（一六七五）、二二四人を数えた蔵方は、約半世紀を経た元文二年（一七三七）には全くこれを見出すことができない。蔵方消滅の事情について史科の語るところは、（イ）「諸国商人晒直段下直ニ付候様相考」[23] え、蔵方から晒を買わないで生布を買って問屋に晒させるようにしたこと、（ロ）問屋自体も延銀勘定の晒取引よりも現銀定の生布取引を喜ぶようになったこと、[24]（八）元禄以来嶋晒が流行して蔵方仕込晒が売れなくなったこと、[25]（二）京都・大坂に晒商家があらわれたこと、[26]の四点であるが、おそらく第一の理由が最も重要なものであったであろう。蔵方を排除して中間搾取を避けようとしていったものに外ならない。

こうして蔵方は、「問屋、蔵方晒を不買、各生布にて買調ふる時節に移変りて、蔵方晒商を止めて皆々生布中買・絈屋誂屋（これは後に説く絈屋中買にあたるものであろう）に転変せし故、益中買商人多くなれり」[27]といわれているように中買への転身を余儀なくされた。しかし蔵方は晒布商とともに中買的な仕事をしていたし、織布工程の農村への拡大が中買商人をますます必要としていたであろうから、このことは大きな摩擦なしにおこなわれたものとおもう。

このように蔵方から中買に転ずるものが圧倒的に多かったのであるが、中には問屋を営むものもあったらしい。彼らは中買から問屋に転じたものと共に、以前からの問屋株仲間の反対をおしきって元禄六年（一六九三）晒新問屋株仲間一八株の結成に成功する。[28]この間の事情は、「奈良曝布古今俚諺集」に「蔵方・絈屋或は中買等の人々、諸国商人に生布買入れては過分の徳用有る様に内証にて勧め、剰へ前々よりの古問屋は、生布買口仕廻等麁略なるように諌難じて、織屋の布、田舎等の布を直ちに買調へ遣すなど言立て、口銭も減少して生平現銀定めの代物をも、当分取替、勝手よく言なして、諸国商人を引請け[29]」と説明されている。思うに蔵方・中買の一部上層部が、販売過程における問屋の莫大な利潤にあずかろうとしたものであろう。蔵方の消滅によって、古問屋・新問屋ともに蔵方の晒商としての業務を引受け「自分に生布買置為晒商売」するようになったのは当然である。

そうして彼等は、揉屋・切晒屋などに新に本晒を認可させこれを御用化することなどの手段によって、晒屋仲間を圧迫し、かつては晒賃をめぐる争いに「芝止め」と称する一種の同盟罷業を以て問屋に対抗したこともあった[30]晒屋仲間を、自己のもとに隷属させるようになる。これは次に述べる、生産者が徐々に商業資本（＝誂屋）に支配されてゆく過程と照応するものと考えてよいであろう。

（2）　つぎに中買商人に眼を転じるならば、新しい性格をもった綛屋中買・在中買のあらわれてきたことが注意される。布中買台頭の事情はすでにのべてきたところで明らかであるが、その成長にともなって、（生布）中買・綛屋中買・在中買・抱方中買・問屋方抱中買・蔵方抱中買に分化していった。[31]この内、重要なのは綛屋中買で、彼らは「布誂致候而布売買候……綛續儀者当地在々他所よりも買取候而町中末々之ものに織せ申候」[32]といわれているように、原料糸である綛續を買集め、これを織子に供給して誂え織らせ、出来上った布の商品化を仕事とする。彼らはいわば機織しない織元として、町中末々のものに限らず、農村にも進出し、原料糸の前貸をおこなって副業生産に従っている農民を事実上の賃労働者として支配するようになっていったと考えられる。綛屋中買はこうして事実上の生産者、すなわち問屋制家内工業における「問屋」としてあらわれてきたわけである。綛屋誂屋・生布誂屋、あるいは単に誂屋とよばれ、後年「織屋」といわれるものがこれである。そうして綛屋中買の出現によっていわゆる中買も、次第に「織元」として布誂を兼ねるようになってゆく。

つぎに在中買は、農村手工業の展開につれて、農村に成長してきた在郷商人として注目される。享保五年（一七二〇）奈良市中の中買たちが、在中買の奈良入込の禁止を陳情し、翌年在中買札の取上方を願出ているのは、[33]彼らが、かなり大きな勢力になっていることを示すものであろう。在中買は後に在方誂屋とよばれるようになるが、彼らもまた農村における機織しない織元として、原料糸の前貸によって布誂に従うようになっていった。しかし彼らは、後にもふれるごとく都市の織元である生布誂屋に圧倒され、農村の織元として自由な農村工業を展開することができない。

（3）　原料部門における変化の著しいものは、青苧中買仲間の結成であろう。それについては直接の史料を欠いているが、元禄十一年（一六九八）にはじまる青苧屋中の「万覚帳」[34]がのこされていて、十三年、中買仲間への新規加入を原則として禁止しており、正徳二年（一七一二）の春日講の規約には名義を他に譲ってはならないとしていることによって推定される。彼らは青苧の購入及びその販売を独占し、絈屋中買＝誂屋及び奈良の漬苧屋に売るとともに、伊賀・山城・河内などに売って代りに絈纈を買付けていたようである。

このようにして奈良晒布の生産販売組織は、ほぼこのころ、元禄前後から享保期にかけて確立するものとみなしてよいであろう。それを図示すれば図3のようになる。

図3　元禄前後から享保期にかけての生産販売組織

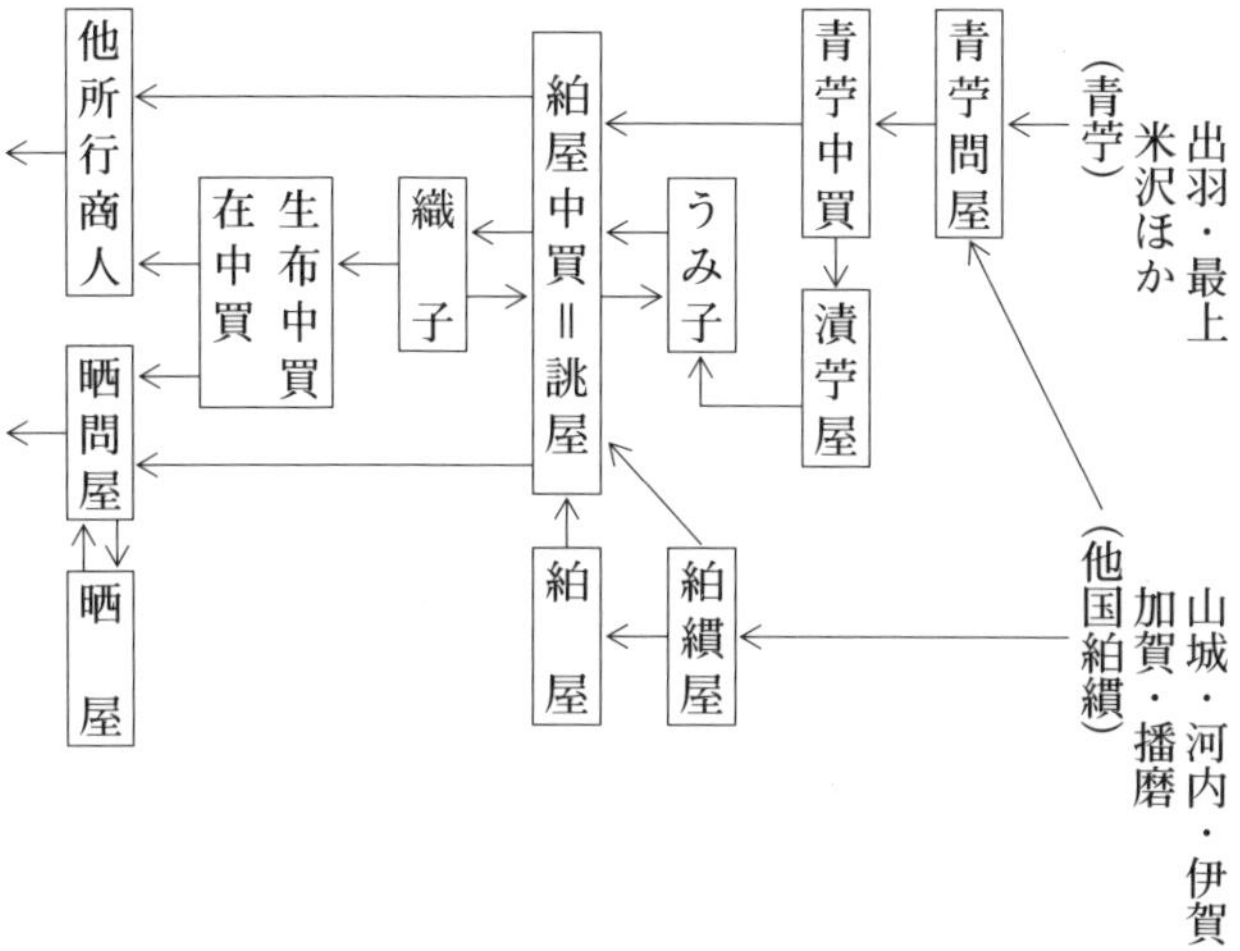

ほぼ享保期を画期として奈良晒は、近江麻布・越後縮などの他国布に圧倒されて次第に衰退に向うことになるが、その後において、（1）問屋制家内工業の形態が一般的になったこと、（2）青苧中買絈屋仲間の結成をみたことが注意される。

（1）奈良晒が衰退するにつれて、都市手工業がまず衰えをみせ、相対的に農村工業の比重が増大していったとおもわれる。さらに農村における生産地も、奈良の西方や南方の平坦部農村が木綿稼ぎに転向してゆくに従って、徐々に奈良の東方山間部農村から伊賀方面の農村へ移行していったもののようである。殊に一九世紀以降の史料[35]は、その地方における布晒屋や絈屋について語るものが多い。そうして農村における階級分化の進行は、多数の窮迫農民を生み出していたので、彼らを事実上の賃労働者として支配する問屋制家内工業の形態が、支配的になっていったものと考えられる。すでに早く延享三年（一七四六）「近頃生布中買方に

図4　寛政ごろから幕末にかけての生産販売組織

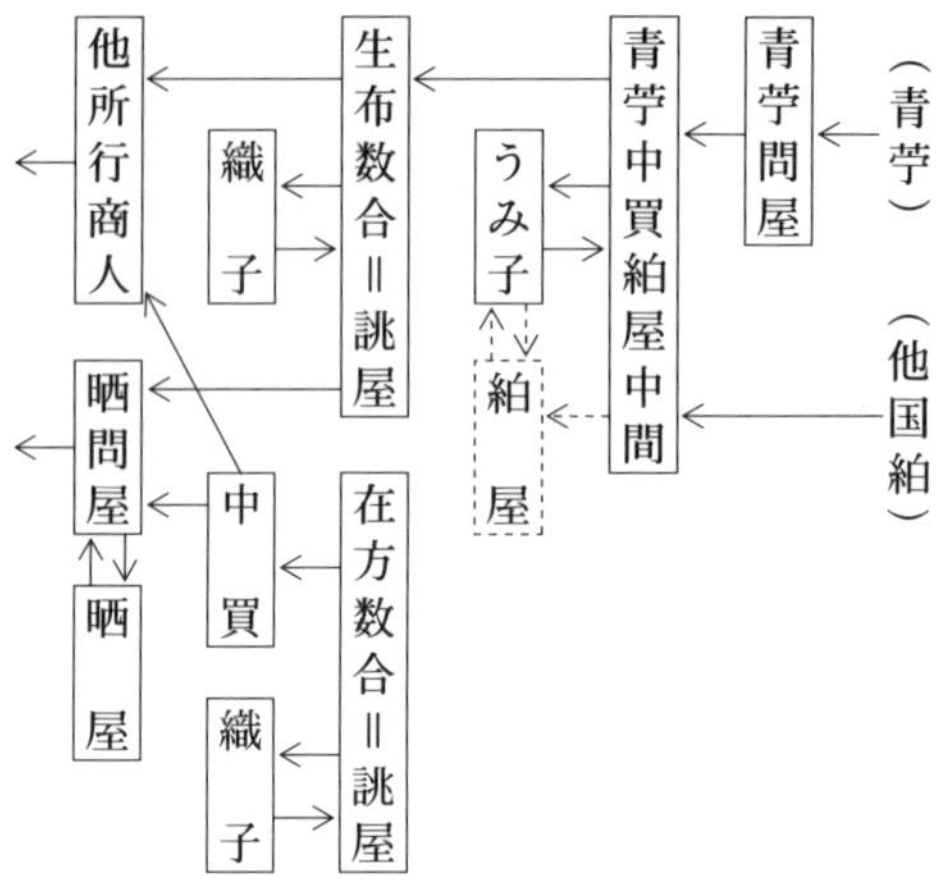

も生布誂仕両商売仕候者有之候ニ付」というのを理由に、中買はすべて生布数合と呼称することになったのは[36]、中買の大部分が今や誂屋として問屋制家内工業における「問屋」になったことを意味するものである。都市の商業資本が、生計補充のための農村手工業を自己のもとに従属させてゆく過程と理解してよいであろう。在中買も村誂屋として農村における機織しない織元となり、奈良町の生布数合に対して在方数合とよばれ、やがて在方誂屋と呼ばれるようになる。こうして中買は、生布数合＝誂屋と在方数合＝誂屋に整理され、事実上の生産者として農村手工業を支配する。

（2）　青苧中買絈屋仲間の結成については、次のような事情があった。すなわち「往古は当国において稼出し申候絈續多、元糸ニ取扱、他国ヨリ入込ミ申候絈續ハ畢竟纔計之儀ニ御座候……然ル所当国之儀、近来専木綿稼ニ相成、絈續之儀ハ前々トハ纔ニ拾分一ニモ行届不申候、依之伊州・加州・越州其外他国ニ絈續多買入候而、本草ニ取扱候儀ニ御座候」[37]というように、他国絈の比重を増すようになったことである。青苧中買はこれを理由に、青苧のみでなく絈の独占をはかろうとして、絈問屋仲間を出願、不許可となったが、寛政十一年（一七九九）青苧中買絈屋株仲間の結成に成功し、年頭・八朔に冥加金を納めて青苧とともに他国絈を独占するようになる[38]。こうして青苧中買絈屋仲間は、糸問屋として誂屋の自由な活動を著しく制約するようになっていった。彼らから青苧を受取ってうみ子に絈をうませる絈屋が、大和・伊賀国境付近の農村にあらわれてくるのもこのころからのようである。これは織布工程とともに紡績工程もまた、農村へ移っていったことによるものとおもわれるが、これら農村の紵屋は多く布誂を兼ねていた。

このようにして寛政ごろから幕末にかけての組織は、図4のような形であったと考えられる。

2　形　態

既にみてきたようにその変遷のあとをたどることによって、奈良晒布の生産販売組織はほぼ明らかであろうとおもうが、個々の業者についてさらに立ち入った考察を加えながら、その組織形態を統一的に把握しておきたい。(39)

(1)　原料部門

原料である青苧は、東北地方特に出羽・最上・米沢から移入され、これに商人苧と米沢藩の蔵苧の別があった。蔵苧は享保以来京都の町人板倉太郎左衛門を通じて奈良の大黒屋六右衛門方に送られ、年四度の入札販売がおこなわれた。商人苧は青苧問屋に買込まれ、青苧中買に売られた。はじめは青苧中買から直接生産者であるうみ子に売られたとおもわれるが、青苧仲間のつくられた元禄前後から紵屋中買＝誂屋または漬苧屋（青苧を白水で洗って干し、町方末々のものにうませて績をとらせる）に売られ、賃うみに出される形が一般的になり、近世後期になると農村にあらわれる紵屋にも売られた。原料糸である紵績の移入される場合もあり、これは青苧中買または紵績屋によって買入れられ、紵績屋あるいは紵屋中買＝誂屋に売られた。原料部門において特に重要とおもわれる業者は青苧問屋と青苧中買である。

青苧問屋　商人苧の取引をおこなうもので、出羽・最上・米沢から直買する場合と、仙台・会津・伊勢・近江・越後・加賀その他大坂・京都・堺の青苧商人の手を経て買入れる場合とがあった。貞享四年（一六八七）六人、元文二年（一七三七）四人の業者があり、年約千五百駄の取引があった。仕入れた青苧は青苧中買に売却し、中買以外の諏屋などに直売することは厳重に禁止されていた。寛政十二年（一八〇〇）の史料によれば、問屋の口銭は青苧一貫目に付き二〇目であった（一駄は三七貫二〇〇目）。

青苧中買(40)　元禄ごろから仲間をつくり、そのころ四一人、元文二年二二人の業者があった。春日講を組織し毎月の寄合の外、五月と九月に惣寄合をもっていた。新規加入は困難で、問屋との了解がついた上でなければ認められず、加入の際には祝儀金を必要とした。また名義を他に譲ることは許されなかった。青苧問屋に一駄につき一〇目の掛銭を納め、問屋との青苧取引を独占し、青苧を漬苧屋や諏屋に売るとともに（引替に絈あるいは生布をうけとることもあった）、山城・河内・播磨・近江・伊賀・加賀地方へも売却した（青苧代に絈をうけとることもあった）。後年大和絈が減少し、他国絈が多くなるにつれ、寛政十一年青苧中買絈屋株仲間の結成に成功し、事実上青苧及び絈を独占するようになる。

（2）　生産部門

紡績工程　青苧から絈または纉をとるもので、苧をうむといい、うみ子はその直接生産者である。主に婦女子の手間仕事であったといわれ、元禄以後は漬苧屋または絈屋中買＝諏屋、後には絈屋から青苧の前貸をうけて賃うみに従うのが一般的であった。

織布工程　奈良市中においては、色々商売に従うものも「其妻子ハ布かせぎ致し、下々之駕籠かき・日用取申者之女ニハ布おらせ或は苧ウミ渡世仕候事」(41)、農村においては「山城生平之儀者大小の百姓妻娘、耕作之間之稼ニ而、乍仮初此業を以て御上納御未進等迄相立、平常之渡世ニ仕候」(42)といわれているように、いずれにしても生計補充のための婦女子の副業として営まれていた。絈屋から絈纉を買って製織に従う独立小営業も存在したが、元禄以降は絈屋中買＝諏屋から原料糸の前貸をうけて賃織に従うのが一般的になっていった。生産者は織子とよばれ、機屋または織屋とよばれる場合もあり、各戸おおむね一機を所有していた。彼らを事実上の賃労働者として支配した事実上の生産者は、後にいうところの誂屋である。数台の手機をもった小資本家的織屋の存在はついにみられない。

加工工程　加工工程を担当したのは晒屋である。般若寺村に一二株（内、水門に一軒、市之井に三軒）、疋田村に一四株の株仲間があり、蔵方あるいは問屋から委託された生布を晒し、一定の晒賃をうけとっていた。二十～四十人の奉公人・日雇をかかえてマニュファクチュア経営をおこなっていたものである。(43) 外に揉屋六株（本来は生布の糊をおとす職業）、切晒屋五株（本来は尺幅不足の布・他国布・着領布・木綿などの晒をしていたもの）があり、元禄年中本晒を認められた。晒屋は、時代の進むにつれてほとんど問屋に従属するようになる。

（3）　販売部門

織られた生布は中買＝誂屋によって買集められ、問屋に渡される。問屋はこれを晒屋に晒させ晒布として、あるいはまた生布のままで、多くは三都の呉服問屋と取引をおこなった。はじめ中買＝誂屋と問屋との間に、売問屋的な性格をもった蔵方が介在していたが、元禄前後に消滅してしまった。生布はまた中買＝誂屋から他所行商人に渡り、多くは晒された上、全国各地に行商販売される場合もあった。なお生布は惣年寄の尺幅検査をうけ、「極」の黒判を得る必要があり、晒布についてはさらに「南都改」の朱印を必要としたことは、本稿1に述べた通りである。

中買→誂屋　寛永以後奈良晒布の生産が増大するにつれて台頭する。寛文五年（一六六五）仲間ができたらしく、数合頭三人の統制下におかれる。さらに宝永五年（一七〇八）数合頭に一札仰付けられ、仲間の人数増減は一カ年に二度奉行所に報告すべきこと、他国への抜布の吟味、生布協定価格並に現銀取引の実行を厳重にするよう命じられているのは、その統制の強化を意味するものであろう。遅くもこのころまでに、中買の制度が定まり、中買は数合頭に給銀を出し、数合頭より木の提札をうけ（この中買札は毎年九月にかき改められる）、営業に従うようになった。

元文二年（一七三七）の「布方一巻覚帳」[44]によれば、惣中買六二六人、内、中買三五二人、紿屋中買一三八人、在中買一〇〇人、抱方中買二三人、問屋抱方中買一三人とあり、中買・紿屋中買はそれぞれ二〇人の組頭をもち、在中買は西方と南方に分れ、前者は五人、後者は四人の組頭をもっていた。問屋抱方中買というのは、問屋が自ら生布を買集めるために文字通り問屋に雇われているもので（蔵方抱中買も同断）、抱方中買は自ら中買の業務にたずさわることなく、下人に中買の仕事をさせているものをいった。しかしこれらは人数も少なく大した重要性をもたない。

すでに述べたように、在中買は在郷商人の台頭として注目されるものであるが、特に紿屋中買は生産者を事実上の賃労働者として支配した機織しない織元、すなわち誂屋として重要な意義をもつものであった。元禄以後、中買はこうした誂屋を兼ねるようになり、延享三年（一七四六）からは、生布数合または在方数合と称せられるようになり、中買のほとんどが誂屋になって、問屋制家内工業における「問屋」となる。後年の史料には生布誂屋・在方誂屋あるいは織屋としてあらわれる。

問屋　古問屋二三株、新問屋一八株があった。前者は明暦年間、後者は元禄六年（一六九三）株仲間を結成した。元禄のころまでは蔵方から持込まれる晒布や中買が持込む生布を、他国の呉服商人に取引販売していたが、蔵方の消滅するにしたがって、中買から生布を買込み、晒屋にこれを晒させた上で販売するようになった。はじめはおそらく積極的に仕入れることはなかったようであるが、後には自ら中買を抱えて買込むものもあり、衰退するにしたがって江戸などに販路の開拓を試みている[45]。東武御公用御晒として年平均一千疋ほど幕府に納めるほか、三都の呉服問屋との取引を主としていたもののようである。「布方一巻覚帳」によれば、晒布については銀一貫目につき銀三五匁程度、生布は一五匁程度の口銭を得ていた。また代金の支払方法は、中買より買入れる生布は原則として現金払、蔵方から女牙婆によって持込まれる晒布については、問屋より預手形を出しておいて、正月朔日より三月二日までの分は五月節句払、三月三日より七月までの買入分は七月盆前払、盆後よりの分は極月払がその慣例であったという。

以上が奈良晒業の組織の大要である。

3　性　格

以上によって、奈良晒の生産販売組織の大要を明らかにしえたとおもうが、最後にその性格について若干の考察を加え、結論にかえたいとおもう。既にみてきた通り、奈良晒布の生産販売組織は、かなり複雑に分化し、それぞれ仲間をつくって多分に都市ギルド的な性格をもつものであった。そうしてそれが衰退に向うにつれてギルド的な制約を一層強めていったと考えられる。青苧中買絈屋仲間の結成はその顕著な例であり、青苧問屋・青苧中買が糸方として生布の生産販売に関与することを禁止されてゆき、問屋もまた中買を抱えていたとはいえ元禄以後問屋方抱中買札の増加を止められ(46)、徐々に織子との直接的な関係を絶たれていったのもそのことを示しているであろう。奈良晒が衰退しはじめた元文二年（一七三七）、「布方一巻覚帳」をかきのこしていることも何か象徴的である。天保の株仲間解散に際し、「誠に歎ケ敷事に御座候」としたのは当然であるとして、その反面「乍然跡は手広に商内出来宜敷と申仁」もあったことは(47)、このような奈良晒のギルド的性格を説明するものであろう。

一七世紀後半から顕著になる織布工程の農村への展開も、このギルド的制約を随伴しながら、都市の商業資本が農村へ進出していった過程と理解されるべきであって、新しい性格をもった自由な農村工業の成立を意味するものではなかった。農村工業としての奈良晒もまた都市のギルド的統制下におかれていたのであった。農村の織元として、独自の成長を期待される在中買＝在方誂屋が都市商業資本である中買＝誂屋の反撃にあい、延享二年（一七四五）「問屋江布売買罷越候儀不仕……人数も相増申間敷旨(48)」誓約を余儀なくされていることは、このことを証明するものといえよう。おそらくは、英国のように中産的生産者層を広汎に生みだしえなかった日本の農村分解の特質が、都市商業資本の前期的支配からの脱却を不可能にし、都市手工業として出発した奈良晒業のギルド的性格を――生産の重点が都市から農村へ移っていった後においても――ついに変えることが出来なかったものといえよう。

他方、農村において問屋制家内工業を展開させつつあった都市の織元である中買＝誂屋もまた、原料を青苧問屋・青苧中買に独占されて自由に購入出来ず、販売面においても「紿屋中買（＝誂屋）などは所詐問屋に随ひ内之者共にて御座候」[49]という言葉に端的に示されているように、問屋への従属を余儀なくされて、自由な発展を著しく制約されていた。ただ寛政以後生布誂屋が紿の直買を試み、青苧中買の原料糸の独占を排除しようとしてしばしば争論に及んでいるのは[50]、こうしたギルド的束縛を脱しようとする動きとして注目される。しかし、その希望は、天保の株仲間解散以後わずか一部が達せられたにすぎなかった。

このようなギルド的制約が奈良晒のその後の発展を阻み、封建社会の解体にともなう市場の変化に対応する弾力性を失わせ、近江麻布や越後縮など他国布の出現によって衰退を早める結果になったといえるであろう。そうしてこのギルド的組織はまた、業者をその特権の維持に汲々とさせ、ひいては封建権力に対する寄生的性格を形成させる要因ともなったであろう。後年奈良晒不況の対策として「京・大坂・堺等の町人、奈良布之外着用不仕様それぞれ御通達被成下」たく、また諸大名にもなるたけ奈良晒を用うる様通達してほしいと願出[51]、そこに衰運打開の道を見出そうとするような、露骨に寄生的な性格さえ示している。奈良晒が近世を通じて奈良の唯一の産業であったことを考慮にいれるならば、今日よくいわれる奈良の商工業者の保守的寄生的な性格の一面も、この辺から説明されるかもしれない。

注

（1）例えば『近世風俗志』一二に、「帷子、三都士・民ともに式正には奈良晒麻布の定紋付を用ふ」とあり、田村家文書には「諸大名様方・御旗本様方、御上下地・御帷子地・御幕地其外之品とも成丈奈良晒御用ひ被成下候様……」とある。

（2）奥書に「爾時延享戊辰歳林鐘吉旦」とあるが、戊辰は寛延元年。『徳川時代商業叢書』一所収。

（3）「三箇院家抄」。

（4）例えば天文七年五月朔日の条に「宿ヨリ白帷布調来、マヲノ代一斗五升、ヲリチン八升、サラシ五升此分自是遣之」とある。

（5）「慶長見聞集」（『改定史籍集覧』一〇所収）に、富裕な町人はもとより、「大名は申すに及ばず小名迄も、今日諸侍華美を事とし……形相をつくろひ領納する知行は皆衣装にかへ尽せり」とあり、天下の貧は武家の華美なる衣服欲より起るといっている。

（6）慶長十六年家康の上意を得て奈良奉行大久保石見守が、奈良の具足師岩井与左衛門に折簡を与え、尺幅検査の上、布の端に「南都改」の朱印を押すことを命じ、朱印なき晒の売買は、京都・大坂・堺においても禁じられることになった。なお朱印は同十八年から晒屋仲間で押すことになる。

（7）「楊麻止名勝志」（奈良市多門町玉井家文書）。

（8）「奈良曝由緒書」（奈良市疋田町前田家文書）。

（9）前田家文書。

（10）注（8）に同じ。

（11）（12）注（2）の「奈良曝布古今俚諺集」。

（13）（14）注（7）に同じ。

（15）奈良県立奈良図書館所蔵藤田祥光氏筆写本。

（16）「三条西家と越後青苧座の活動」（『歴史地理』六三―一、一九三四年）。

（17）注（3）に同じ。

（18）西脇新次郎『小千谷縮布史』（小千谷縮布史刊行会、一九三五年）。北島正元「越後山間地帯における純粋封建制の構造」（『史学雑誌』五九―六、一九五〇年）。

(19)～(21)　元文二年「布方一巻覚帳」(奈良教育大学所蔵田村家文書)。
(22)　奈良晒布の組織を説明する根本史料が注(19)の「布方一巻覚帳」である。これは元文二年にかかれたものであるが、元禄～享保ごろの事情を説明しているものとおもわれる。
(23)　「奈良佐良志」地(前掲藤田氏筆写本)。「布方覚書」(同前)。
(24)～(27)　注(11)に同じ。
(28)　注(19)に同じ。
(29)(30)　注(11)に同じ。
(31)(32)　注(19)に同じ。
(33)　「奈良佐良志」天(前掲藤田氏筆写本)。
(34)　田村家文書。
(35)　同前。
(36)　注(19)に同じ。
(37)　寛政九年「願書」(田村家文書)。
(38)　寛政十一年「口上書」(田村家文書)。
(39)　以下、特に注記しないかぎり、注(19)の「布方一巻覚帳」、注(23)の「奈良佐良志」地、明治十七年「工務局月報」三三、注(11)の「奈良曝布古今俚諺集」による。
(40)　「万覚帳」等(田村家文書)。
(41)　注(7)に同じ。
(42)　京都大学経済学部経済史研究室所蔵石井家文書。
(43)　『地方史研究』一(一九五一年)にその報告要旨がある。本書、第一章―二参照。
(44)　注(19)に同じ。
(45)　文政年間販路開拓のため江戸直売場を企てたが江戸十組呉服問屋の反対にあい、文政六年、江戸呉服問屋が年約千五百疋仕入れているところを五〇〇〇疋よけいに仕入れる約束で江戸直売場の願が却下になっている。なお江戸呉服問屋には、「京都元店」を通じて奈良晒が送られていたらしい。
(46)　注(33)に同じ。

(47)「永代録」(立命館大学史学研究室所蔵)。
(48) 注(19)に同じ。
(49) 注(8)に同じ。
(50)(51) 田村家文書中の史料。

二　晒屋におけるマニュファクチュア経営

ここにいう晒屋とは、奈良晒布業の仕上加工部門の経営を意味する。晒屋の経営形態については、かつて土屋喬雄が、服部之總の「幕末厳マニュ説」に対して、織物業における主要な生産形態が問屋制家内工業であったことを論証した「徳川時代織物業に於ける問屋制家内工業」(1)という論稿において晒屋の生産様式にふれ、「奈良曝布古今俚諺集」(2)(以下「俚諺集」)の「釜屋には大竈に大釜を数多並べ居て、朝暮これを焚き、家僕、下部、日庸の徒数十人を抱へて、騒々鋪家業也」という語を引用して、晒屋では「相当大規模なマニュ的形態が行はれていたものと思はれる」と述べたことがあった。しかし土屋は、論稿の性質上その実際について詳しい論証を試みたわけではなかった。以下、私は土屋がマニュ的形態がおこなわれていたとする晒屋の経営形態を、史料に即して出来るだけ具体的に明らかにしておきたいとおもう。

いうまでもなく戦後における幕末の経済発展段階の規定は、かつてのマニュファクチュアか問屋制家内工業かという課題から、マニュファクチュアか小営業かという問題に移され、藤田五郎はついに自らの「豪農マニュファクチュア段階」(3)を否定して、幕末―維新の段階規定の問題は従来と異った方法と史料操作の上にたてられなければならないとした。また周知のように戦後における明治維新史の研究は、維新史＝マニュ問題とされた問題意識をこえて、外圧に対抗する民族の形成と対抗という民族独立の観点からみなおされ、経済主義的な把握から高度に政治史的な把握へと高められてきているわけであるが、維新史の正しい理解のためには、それが幕末―維新の基礎的経済過程との統一的な把握においてなされねばならないと考えられる。従って資本主義成立史の研究においてはもちろん、幕末の経済段階の規定のためにも、維新史の正しい把握のためにも、個々の産業部門の実証的具体的研究が一層おし進められなくてはならない。この小論は、そういう意味での極めて限られた範囲の実証的研究にすぎない。

1　概観

奈良晒布の起源については充分これを明らかにすることが出来ないが、天正のころから一般に知られるようになり、慶長末年家康の保護奨励をうけて急速に発展しはじめた。主に幕府御用品をはじめ、武士や富裕町人の礼服用あるいは夏の衣料として愛用され、近世中期までは年三十万疋から四十万疋の生産をあげて麻布業界に君臨していた。享保以後他国布におされて徐々に衰退に向い、幕末には数万疋の生産にとどまり、明治維新によってその衰勢を早めるようになるが、近世を通じて「南都随一」の産業であったといってよい(4)。

晒屋は、いうまでもなくこの仕上加工工程を担当するものであるが、奈良晒布の名の示すように、晒加工がかなり重要視されていたものと考えられる。『大和人物誌』で、天正ごろ清須美源四郎という者が、晒法の改良に成功し「奈良晒の名誉、天下にきこえ、将軍家の用達を命ぜられたるは、実に源四郎の功なり」としているのも(5)、晒工程の重要性を暗示しているものといえようか。あるいは「俚諺集」が「然れども晒工業は世を追ひて、鍛煉精密になりて、皓白光沢に於ては、古へに増りて、他国に勝れたる名品、尤水土の天性、愛するに足れり」といい、あるいは「万金産業袋」(6)が「奈良晒、麻ノ最上トイウハ南都也……染テ色ヨク著テ身ニ纏ズ、汗ヲハジク、依テ知不知ノ人モカタビラトダニイヘバ、奈良々々トイウ、尤ソノ筈至極ノ事也、上麻ノ吉水ヲヱラミ紡績シテ由緒アル旧都ノ水ニ、数千ベンサラシアゲタル名品ナレバト覚ユ」といっているのも、晒工程になみなみならぬ関心のよせられていたことを示すものであろう。

さて晒業については、「俚諺集」が「南都七色名物記曰、奈良布ノ権輿未レ詳、古老曾云、般若寺辺佐保川水清、以二斯水一洗二瀑布一、敷二佐保山上一乾レ之、及レ経レ日布潔白、佐保山如二白雪一、婦人悉業レ之、粗在二旧記一、其後瀑布在二般若寺村一、諸人求レ之宝レ之、自二天正之比一而奈良布藉二甚于世一、添下郡疋田村亦相続業二瀑布一」と述べているように、室町末、佐保川の水を利用して般若寺村におこり、やがて疋田村（現奈良市疋田町）に及んだものとおもわれる。当初の晒業はおそらく「般若寺村、川上村などの賤の女の類ひ、其業を勤めて国布、麻布、手織の調布《てづくり》の差別もなく佐保川水に曝し、佐保山に干しけるとかや」と「俚諺集」にあるような状態で、時に社寺の注文をうけて晒業に従うこともあったのであろう、『多聞院日記』天文十八年（一五四九）五月二日の条に、「一白帷布来ル、マヲ一把百六十五文、七十文ヲリチン、卅文サラシチン、合二百六十八文入ル、三尺（文カ）ホト余リ了」という記載がみられる。

やや時代を下って天正十九年（一五九一）五月二十七日の条には「甚四郎般若寺サラシヤへ聟入了、女ハ廿一才甚四郎ハ廿四才、会性凶、金神大将軍ノ方也、如何」（傍点著者、以下同じ）とあり、明らかに晒屋の名称がみとめられることから、独立の晒業者の成立が想定できる。疋田村にいつどのようにして晒業が起ったかについては、さきにあげた史料の外、『大和人物誌』末尾「人物年表」の天正ごろのところに「前田喜右衛門　晒布業、添下疋田に移住す」とあるだけで、これを詳にしないが、おそらくはこのころから疋田村においても晒業が始ったものとおもわれる。

それはともかく、おそくも慶長年間には般若寺・疋田両村に晒屋仲間の成立をみていたと考えねばならない。何となれば、慶長十六年（一六一一）家康から南都の具足師岩井与左衛門に「南都改」の朱印が与えられ、与左衛門の江戸移住にともなって、同十八年以降、両村晒屋仲間の責任において、尺幅検査の上、晒布に朱判を押すようにきめられているからである。[7] こうした晒屋仲間の成立は、寛永十四年（一六三七）三百六十人余りを数える晒商人の出現[8]によって想定される。織布工程における商品生産のめざましい発展に対応するものというべきであろう。

そうして同年尺幅検査が強化され、両村に判押し役人がおかれることになり[9]、尺幅不足のものに朱印を絶対押さないこと、並に登録された三六〇人の晒商人の「もん」のない布は一切これを晒さないとの請状を出しているが[10]、これによって晒屋は、特定の商人（後に蔵方または問屋となる）[11]を通じて買い集められた布のみを晒し、彼らから晒賃をうけとる体制が整えられたとみるべきであろう。このときから晒賃は米値段に準じて、奈良奉行が定めることになり[12]、値上げについては晒屋の申立により（通常惣年寄を通じておこなわれる）奉行所が問屋の意向を下問して定め、値下げについては、晒屋・問屋両方の申立によって定められることになったという[13]。

つづいて明暦三年（一六五七）晒される前の生布の尺幅検査もおこなわれることになり、南都橋本町に判場を設け、奈良町惣年寄が生布の尺幅を改め、布の織初めに「極」の黒印を、織留に「奈良町惣年寄」の黒印を押し、黒印なき生布は一切これを晒すことを禁止されるようになった[14]。これは粗製濫造の弊を改める意図から出たものといわれるが、問屋＝商業資本が商品の独占化を策したものと考えるべきであろう。

そうしてこれを下ること程遠くない時期に、おそらくは延宝七年（一六七九）と推定されるが[15]、問屋株仲間二三株の結成に対応して、般若寺九株（水門村一株を含む）、疋田村一四株の晒屋株仲間が公認されたものとおもわれる。ここに晒屋が惣年寄の極印をうけた生布を問屋の委託によって晒し、一定の晒賃をうけとる体制が確立されたとみることができるが、このことは、晒屋が生産者からも市場からも遮断されるようになったことを意味するものとして注意されねばならない。さらに同七年、市之井に新たに三株の晒屋が認められ、般若寺村株仲間に編入されて、般若寺村株仲間一二株と定まり、こうして疋田村一四株と合わせて計二六株として幕末に及ぶことになる。なお晒屋の外に仕上加工部門には、生布の糊をおとす揉布及び半晒・玉子晒を本業としていた揉屋と、極印布以外の織損いの幅狭布・切布・他国布・着領布・木綿、都合五品の晒加工を業としていた切晒屋があり、前者は明暦三年六株

表1　奈良晒布生産高と晒屋戸数

	生布生産高	晒高			晒屋						揉屋	切晒屋	典拠
		疋田仲間	般若寺仲間	計	疋田仲間	般若寺仲間				計			
						般若寺	水門	市ノ井	計				
万治元年(1658)	321,600疋				?				(9)		6		「布方一巻覚帳」
寛文8年(1668)	286,676			270,159疋	17				(9)		(6)		6月18日「請状」
延宝8年(1680)	336,208?	127,570疋	208,638疋	336,208	(14)	(8)	(1)	(3)	(12)	(26)	(6)		「布方一巻覚帳」その他
貞享4年(1687)	370,301	128,250	179,989	308,239	14	6	1	3	10	24	6		「奈良曝」
元禄11年(1698)	352,382	127,363	164,296.5	291,659.5	(14)				(10)	(24)	(6)	5	「布方一巻覚帳」その他
宝永年間					12				9	21	6	5	宝永年間高木又兵衛「諸事控」
享保2年(1711)	353,937	95,238	212,412.5	307,650.5									
5年					10(イ)				11(ロ)	21			(イ)享保5年「疋田村明細帳」 (ロ)8月10日「大津へ差上候扣」
10年					9	15?	1	1			6		「奈良曝布古今俚諺集」
18年					6				10	16			享保18年「日記」
元文元年(1736)	230,893	31,557.5	154,033.5	185,591	5	7	1	2	10	15	6	4	「布方一巻覚帳」
寛保3年(1743)					5	7	1	2	10	15		8?	徳田勘兵衛「諸事控」
宝暦3年(1753)	155,806	53,687.5	102,119	155,806.5	6	6	1	2	9	15	5	4	同上
安永2年(1773)		61,473			6				9	15			7月4日「仲間定」
寛政4年(1792)					5								8月「仲間借金証文」
文政元年(1818)					1								文政6年5月問屋宛晒屋政吉「口上覚」
天保13年(1842)	115,620				1				6	7	2	1	「工務局月報」32
嘉永4年(1851)	68,040				1				6	7	2	1	同上
明治元年(1868)	52,150									4	1		同上

万治元年—享保2年の生布生産高及び晒高は「庁中漫録」(玉井家文書)による。
(　)はほぼ確実に推定されるものを示す。

認可、元禄十一年（一六九八）より本晒も許可になり、後者は元禄十一年五株認可、正徳年間一時本晒をおこなうことも認められた[16]。

奈良晒布業の盛衰は直ちに晒屋の隆替にひびくわけで、享保以後奈良晒布業が衰えるにつれて、晒屋の休株が増加していったのは当然である。いま幕末にいたるまでの奈良晒布の生産高と晒屋の営業戸数を概観すれば表1にみられるとおりである。

本書、第一章―一で論じたように、奈良晒布業の基幹工程としての織布工程においては、問屋制家内工業の形態が支配的であり、近世を通じてマニュファクチュア経営を検証することが出来ないのであるが、仕上工程としての晒業においては、後にのべるような技術的特性から、造酒業におけると同様かなり早くからマニュファクチュアがあらわれていたのでないかと想像される。

このことは、既に引用した「俚諺集」の言葉や、また「惣而晒家業ハ下人多ク集候ハねバ不勤職ナレバ[17]」といった言葉によってほぼ明らかであろうが、事実寛文八年（一六六八）疋田村の史料によれば（表7参照）、当時晒屋一七軒の内二軒を除く一五軒のものが五人以上の奉公人を雇傭し、一〇人以上の奉公人をもつものが半数に達し、その経営が自己の家族労働よりも雇傭労働の結果に依存している様子がうかがわれ、さらに日用労働を加えるならば、二、三十人の雇傭労働力をもつもの数軒を数えることが出来る。すなわち当時、既に資本家的協業あるいはマニュファクチュアの存在を確認出来るわけである。より古い伝統をもち、疋田仲間よりも大きな生産規模をもっていたとおもわれる般若寺仲間（このことについては後にもふれるが、表1の晒高と晒屋の数を比較すればほぼ推定出来よう）においては、この傾向は一層顕著であったものと考えねばならない。

おそらくは奈良晒布業が急速に発展する近世初期からマニュファクチュア経営があらわれていたと推定してほぼ間違いないであろう。残念なことに史料を欠いているので、いつごろからどのようにしてこのような資本家的経営があらわれてきたか、また彼らの社会的系譜がいかなるものであったかについてこれを明らかにすることができないが、本稿の目的は、それがいかなる過程によって上昇してきたものであるにしろ、このような「資本家」が現実にどのような姿をとっていたか、またその経営の実態がいかなるものであったかを明らかにする点にある。

以下疋田村前田家の史料を中心に、晒屋における経営の実際をみてゆきたいとおもうが、外ならぬこの前田家が、疋田村において明治初年まで晒業をつづけた唯一の晒屋なのである（史料は特記しないかぎり前田家のものである）。なお附言するならば、疋田村は左に示した享保五年の「明細帳」にみられるように、晒業一色の村であったことが注意されよう。

〔史料一〕

一高二百三十七石一斗五升

（中略）

一家数百四十二軒

内

隠居屋　四軒

医　師　一軒

酒　屋　一軒

生布商人　十一軒

奈良布織少々耕作仕渡世営申候者二十一軒

晒　屋　十軒

残九十四軒ハ晒屋奉公並日雇仕少々耕作仕渡世営申候

一人数合五百七十人　子ノ年改
　内　男　二百八十五人
　　　女　二百八十五人
　　　　内
　　　　百二十一人他所ヨリ来ル男女　女ハ奈良布織渡世仕候
（享保五年「疋田村明細帳」）

従って、また表2に示したように、奈良晒布の衰退につれて家数・人数の減少していったのは当然のことながら、慶応三年（一八六七）の「明細帳」に「但農業手透男晒屋働、女奈良布織半稼仕候」とあるように、晒業の村としての性格は、近世を通じてかわらない。なお表3にみるように、一般にきわめて零細な土地をもっているにすぎなかったことは、他村からの奉公人の流入を考慮に入れるとしても、右に引用した言葉につづけて「御高割合ニ人数多候ニ付右御稼仕候」とかいているように、農民を余業に追いやるものであり、疋田村における晒業の背景をなすものと考えられる。

表2　疋田村人口及び戸数

	家数	人数		
		男	女	計
享保5年(1720)	142	285	285	570
天保14年(1843)	90	212	242	454
万延2年(1861)	88	215	226	441
慶応3年(1867)	84	191	201	392

各年「明細帳」による。

2　生産の概要

(1)　技術

晒法について「呉服名物目録」[18]は簡潔に次のように述べている。

一晒様は初素水ニ而右ノ布苔をあらい落し、夫ゟ日にほし

表3　疋田村所持高

	人数
20石～10石	3
～ 5石	4
～ 3石	5
～ 2石	10
～ 1石	14
～ 5斗	14
5斗未満	39

寛政4年「名寄帳」による。

20石余りの村方仲地、5石余りの晒屋仲間所持地、伊勢講田その他を除いた。

候而一番あくと申ニつけ、一両日入置、夫ゟ釜へ入、あくにてたき申候、一日焼其夜は釜に入置うまし申候、夫より川辺ニ而うすニ入つき出し申候、水ニ而二三度も洗申候、何遍もつき申候而、又々日にほし、ひあがり申候を、あくを又何遍もかけ申候
一四月ゟ八月比迄は、釜へ入焼申候は二三度計、扨又冬ニ成申候而は、四五度ほど釜へ入焼申候節、右之通あくニ而晒上げ申候

これはおそらく享保のころの事情を説明しているものとおもうが、更に詳しくは明治十七年（一八八四）の「工務局月報」三二号によって知ることができる。一般に手工生産の段階においては技術的な進歩はいちじるしく停滞的であり、事実天正のころ清須美源四郎の晒法の改良以後、晒法の技術的変革についてふれている史料がないから、「工務局月報」の語るところは、そのまま近世を通じて変っていなかったと考えてよいとおもう。いま「俚諺集」に述べるところを若干考慮にいれながら（括弧に入れたのは「俚諺集」よりの引用）、立ちいってみておきたいとおもう。

第一　生平を水に浸し、糊を除《ヌ》き、灰汁を注ぎかけ、芝生の上に拡《ヒロ》げ、日光に曝すこと長日の中は三度、短日のときは二度、此の如くすること凡そ十四五日間、之を元付と云。
第二　右の生平を大釜に入れ、灰汁を加へて煮ること（一釜に六拾疋宛煮るを定法とす、釜の下、薪には藁を以てす、其灰を取りて灰汁《あく》に垂る丶故也）一時半若は二時間にして之を取出し、芝生の上に曝乾す、其乾きたるとき又前の如くすること六七度、之を釜入と云。
第三　釜入の済みたる者を木臼にて搗くこと三回とす（松の木の大臼を川際に居《（据）》えて、樅の木の槌にて布を搗きて晒し）、其二回までは澄みたる灰汁を注ぎて、日乾し、三回目に木臼に清水を盛り、布を浸し、杵の如き柄の長きものにて搗き、又之を日光に曝す（晒製して後、張干には大竹を二本宛高さ凡六尺計、左右に丸き穴を穿ち

て小竹を横に其穴に入れて車の巡る如くして、此棚に晒壱疋宛を引はへ、何疋も竹の間に通し重ねて乾す也)、これにて晒方終れるなり。

晒布を反物に仕立るには、先水霧を吹掛け、適宜の長さに摺み、之を木製の轅軸《ロール》に挟みて皺を延し(或は火熨斗をかけ)[19]、其反物の端に晒屋の姓名を印《オ》し、又別に長二寸五分巾一寸位に「南都奈良晒平大工曲尺長六丈七尺五寸巾一尺四寸」と彫りたる印を捺せり(口絵参照)。

奈良晒布の加工工程は、ほぼ右の史料によって明らかになったとおもうが、全加工工程に、ほぼ晴天数十日を要したといわれている。従って技術的にいってまず第一に、天候に左右されることの多い仕事で、雨天の際には休業を余儀なくされる事情にあったことが注意される。明和六年(一七六九)の「奉公人掟品之扣」において、雨天の際の奉公人の使用法について細かくのべ、また必要最低限の労働者の雇傭を強調しているのはこのためである。

第二に「暴之儀ハ天地之気を受、火と水とを以て暴立申候、依之不残無疵ニ出来仕候計ニ而も無御座、依時暴布に疵出来仕候物ニ御座候」[20]とあることが注意されよう。このため疵布ができてもできなくても一律に晒賃の中から一分引される定めになっていたし、[21]あるいは宝永三年(一七〇六)には疵引賃をめぐって問屋との間に出入があったり、[22]あるいはまた仲間の「掟」に「晒賃銀算用節者、御仲間え致持参改之上請取可申候、勿論疵引壱分外内証ニ而少しニ而茂引請取申間敷候」(寛政六年)とか、「疵布之儀得意先ゟ戻し被申候共、先達而申堅之通堅相慎請取申間敷事」(宝暦八年)という風に、疵布のことが仲間のギルド的制約の重要な一項ともなっているわけである。

第三に、宝暦前後とおもわれる史料「仕用覚」が、季節に応じての元付の仕方、灰汁かげん、干方の水の振り用などについて細かくのべているように、晒方に微妙な「手かげん」を必要としたことが注意される。従って技術がいきおい秘伝・秘法的な性格をもつわけで、めいめいの晒屋の技術が他に盗まれることを極度に警戒しなければならなかった。寛文八年(一六六八)六月十八日付の史料に、一今度御公儀様ゟ奈良町中迄被為仰付候通、般若寺・疋田晒屋ニ奉公仕候、隙もらい罷出候以後他所之晒屋へ参り申事御法度之旨慥ニ可届(カ)、如此判形仕申候、此上ハ他所へ参り晒屋ハ不及申ニ奉公ニも又ハ日用にも参り申間敷候、若他所の晒屋へ参り申候においては、如何様にも御穿鑿可被成候、其時一言之子細申間敷候、

為後日依如件

とみえ、後年の「仲間掟」にも、しばしば「奉公人幷日雇御仲間ニ而相勤候内を内証ニ而雇申候儀堅無用之事」という文字がみえ、享保四年（一七一九）の「掟之事」には、これに背いた場合五〇目の過料たるべき連判決議がみえることは、これを明白に物語っているというべきであろう。中世的な手工生産にしばしばみられる技術の秘密主義が、ここにも強く働いているといってよい。

(2)　労働手段

では右にみたような加工工程がおこなわれる対象的諸条件として、どのような施設を必要としたであろうか。生布の糊を洗いおとすための池、布をほすための干場（芝方とも称されている）、生布を灰汁につけておくための湿蔵、灰で煮るための釜場、木臼で搗くための搗場、及び仕立部屋などがその主なものであったと考えられる。この内、池・搗場・干場が仲間の共有であったことが注意されねばならない。このことは、寛政四年（一七九二）晒屋仲間として五反二畝一四歩、高七石七斗四升七合五勺の土地を所持していたことによって推察されるところであるが、池と搗場についてはなお次に示したような記載のあること、

〔史料二〕

晒屋仲間

西川サイメン池

一上九畝十歩　　高一石四斗九升四合
　　　　　　　　　ｲ一石一斗六升五合四勺
同ツキハ
一上畠十八歩　　高七升九合
　　　　　　　　　ｲ四升七合
同ツキハ
一上拾二歩　　　高七升
　　　　　　　　　ｲ四升三合
同
一同八畝十三歩　高一石三斗五升
　　　　　　　　　ｲ八斗三升七合
同西方
一下四畝歩　　　高三斗六升
　　　　　　　　　ｲ二斗二升六合八勺

（以下略）

（寛政四年「疋田村名寄帳」）

更には「仲間用さいめん池つき場其外之用事人足月行事より触遣候ハバ、早速無間違差出し可申上事」[23]とあることによって明らかである。干場に関しては他にこれを裏付ける史料を欠くが、前田安道氏母堂からの聞取によって、おそらくは仲間共有地の内、池と搗場を除いた土地または村方仲地が利用されていたのでなかろうかとおもわれる。このように生産施設の一部が仲間の共有であったことは、仲間の共同体的規制を強めるのに効果があったものと考えねばならない。

従って個人の所有にかかる生産施設は労働用建物としての湿蔵・釜場・仕立部屋になるが、後にも示すように（史料三）、この外、藁小屋・柴小屋・灰小屋があり、生布や晒布の保管のための晒蔵と、搗場における若干の建物なども必要としていたであろう。これらの内、藁小屋は、生布を煮るためにも、また灰汁をとるための藁灰をつくるためにも、藁が大量に用いられた関係上重要な施設の一つであったと考えねばならない。

つぎに労働要具としては、表4の第Ⅲ群に示された釜・木うす・杓・桶・きね・竹などが数えられよう。これらが機械的な労働手段でなく、一般に化学工業において重要な役割を演じるといわれる装置的な労働要具であることは、加工業としての晒業の特性を示しているといえるであろう。いうまでもなく釜は布を煮るための大釜、木うすときねは布をつくためのもの、杓と桶は灰汁を運び布に注ぎかけるのに必要なもの、竹は晒した布を張り干すのに用いるものである（この外仕上げのためのロールや火熨斗が含まれて当然であろう）。この内表4に桶木・きね木とあり、つづいて大工手間・桶屋手間とみえていることは、少くも桶・きねなどの生産要具が晒屋自らにおいて製作されていたことを意味するものと考えられる。

（3）　労働対象及び労働力

表4として示した、正徳二年（一七一二）「布一万疋晒上ケ申候諸色入用覚」は、このとき晒賃上げ要求の資料として、般若寺・疋田両村晒屋仲間から奉行所に提出された生産費の明細であるが、晒屋の経営を概観する上で重要な史料とおもわれる。

何となれば一万疋という数字が恣意的なものでなく、後に説くように一万疋の晒高が晒屋の標準的な生産規模を示していると考えられるからである。表4はほぼこの「入用覚」の記載順に従って、第Ⅰ群は労働者に対する賄費、第Ⅱ群は労賃、第Ⅲ群は労働手段、第Ⅳ群は生産要具の一部の製作あるいは作業場の修繕のための人件費、第Ⅴ群は荷造費、第Ⅵ群はその他、第Ⅶ群は加工材料費という風に分類してみたものである。

これによって労働対象からみてゆきたいとおもうが、労働対象としての固有の意味における原料は、いうまでもなく問屋から委託される生布である。従って原料である生布は生産費の中には入り込まない。加工生産費の観点からいえば、原料に附加される補助材料としての藁及び藁灰が（第Ⅶ群）、労働対象として最も重要なほとんど唯一のものであったといってよく、それが全生産費の四〇・二パーセントを占めていることによってもこのことは明白である。前にも述べたように藁は布をたくのに用い、出来た藁灰で灰汁をつくったのであって、藁灰はその不足を

表4　晒生産費の明細

	品目	数量	只今直段 単価	只今直段 価格	比率（%）
第Ⅰ群	飯米	65石4斗	石 90匁	5貫886匁	
	麦	20石	同 60	1 200	
	餅米	3石	同 90	270	
	味噌	1石5斗		240	
	糠味噌	3石		44	
	醤油	1石		90	
	塩	3駄		60	
	茶	3本		51	
	柴	1640荷	4束ニツキ 3匁1分	1 804	(6.4)
	塩□	3駄		320	
	酒	3石		360	
	油	2荷	1荷 83匁5分	187	
小計				10 512	37.1
第Ⅱ群	高請奉公人	4人	1人前 250匁	1 000	
	中請奉公人	6人	同 180	1 080	
	下請奉公人	7人	同 120	840	
	下女	2人	同 100	200	
	日用年中二千人ノ手間	2000人	1人ニツキ 7分	1 400	
小計				4 520	15.9
第Ⅲ群	釜	1ツ		145	
	木うす			60	
	杓	70本	1本 7分5厘	52.5	
	桶木	2駄		80	
	きね木	10駄	1駄 4匁5分	45	
	竹	300本		300	
小計				682.5	2.4
第Ⅳ群	大工手間年中	30人	飯料賃銀共 3匁	90	
	桶屋手間	年中40人	同 2匁7分	108	
小計				198	0.7
第Ⅴ群	延紙	2本	1本 55匁	110	
	半紙	3〆	1貫 16匁	48	
	青苧	2連	1連 35匁	70	
	莚	100枚	1枚 6分	60	
	縄	50疋		35	
小計				323	1.1
第Ⅵ群	朱			30	
	布駄賃	25駄	般若寺村1匁5分ずつ疋田村2匁3分ずつ	47.5	
	鋤鍬	5丁	1丁 15匁	75	
	干場御年貢	5石	1石ニ付90匁	450	
	得意方江七夕・歳暮祝儀			120	
小計				722.5	2.6
第Ⅶ群	藁	5250荷	1荷 2匁1分	11 025	
	藁灰	24駄		384	
小計				11 409	40.2
総計				28貫367匁	100

原史料においては、第Ⅰ群中の塩□・酒・油が第Ⅱ群の次にあり、第Ⅵ群中の朱が第Ⅰ群餅米の次に記載されている。

補うためのものであった。第Ⅴ群に示したものは、荷造その他に用いられたもので直接生産に関係がなく、またその生産費に占める比率もわずかに一・一パーセントに止どまっている。

労働力については、本稿3において詳しくふれるが、ここでは布一万疋を晒上げるための労働力として、奉公人一七人、下女二人、外に日用として年二〇〇〇人を必要としていたことに注意しておきたいとおもう。いま日用すなわち日雇を常傭と仮定して、旧暦一年三五四日と計算すれば一日五・六五人、閏年一年三八四日とふめば五・二人となり、少くも五、六人の日雇労働をもっていたことがわかる。つまり、そこにいくらかの誇張はあるにしても、布一万疋を晒上げるためには、下女を含めて二十四、五人の雇傭労働に依存していたこと、従ってかなり大規模な協業が必要であったことが推察される。つぎに雇傭労働に奉公人と日雇の二種別があったことも注意されよう。享保十九年の「□(虫損)仕付覚帳」に、年季明けの三人の奉公人について「是ゟハ日雇ニテ両人共相勤、是迄ゟハ大切ニ諸事相勤呉候ハネバ此方家立不申候(中略)他(マヽ)少ニ不限一ケ年之間三十日、五十日、百日相勤候共、書付之銀子ハ相渡し申候、併明年ゟ何時ニ不限中とニテ茂呼ニ遣次第罷帰リ、其方内ニハ日雇仕置候テ成共此方之仕事大事ニ掛ケ候様(下略)」とあるから、日雇には奉公人の年季明けのものがなっていたものとおもわれる。

(4) 生産費について

表4は、晒加工のための諸経費を示しているのであるが、晒賃値上げのための資料である関係から、それが過大に見積られているとおもわねばならない。翌六月、晒賃が平布二匁五分、ヨリ布二匁四分と値上げされたと考えられるのであるが、今試みに一疋の晒賃二匁五分とならして一万疋で銀二五貫目となり、なお赤字三貫三六七匁という勘定になっている。しかし生産費の割合に関しては、ほぼこれを信用することが出来ようし、近世を通じてさほど大きな変化はみられなかったであろう。生産費において最も大きな比重を占めるものが、人件費と加工材料費で

あることは一見して明らかである。第Ⅰ群は燃料費としての柴代六・四パーセントを含めての賄費であるが、労働者の賄はすべて晒屋の負担において供されていたのであるから、[24] この賄費三七・一パーセントは当然人件費の中に含めて考えねばならない。これを第Ⅱ群の労賃一五・九パーセントに加えるならば、人件費は五三パーセント（大工手間、桶屋手間を加えると五三・七パーセント）と生産費の過半を占めることになる。これと第Ⅶ群の藁などの加工材料費四〇・二パーセントを合すと九三・二パーセントとなり、全生産費のほとんど大部分がこの両者によって占められていることになる。晒賃値上げの要求が（晒賃が米値段に準じて定められる規定であったから米値段の高値を理由としているのは当然として）、例えば「人夫・灰・藁等多分入増勘定詰引合兼、困窮彌増甚迷惑仕候間」[25] とあるように、常に人夫賃、特に藁の高値を理由にしているのは根拠がないわけではない。

なお文政初年前田家における生産費の明細が明らかであるが、残念なことにこの時期の晒賃を明らかにする史料を欠いているので、加工利潤について知ることが出来ない。しかしながら加工工程が天候に左右されやすい作業であること、また「私共職分之義ハ、春三ケ月、秋三ケ月重之職分ニ而」[26] といっているように季節的に作業量が一定していなかったこと、さらにはまた生産費の四〇・二パーセントを占め、「惣而瀑屋元入之義ハ、銀子拾貫目入申候ヘハ七貫目ハ藁ニ入申候儀偽り無御座候」[27] といわれる藁の値段、また「去年出来之藁以之外悪ク、大分燃増候得共毎々之通ニあく出不申」[28] といわれる藁の品質並に米価の変動がいちじるしかったこと――これらの事情に加えて本稿4で述べるように、収入の源泉である晒賃をめぐって問屋の圧力に悩まされねばならなかったことを考慮に入れるならば、晒屋の経営はそれが小資本のものであればあるほど、いちじるしく不安定であることを免れなかったとおもわれる。このため「一昔ゟ于今至迄見聞及候事如左、疋田ニ而ハ又右衛門・四郎兵衛・仁兵衛……宗十郎〆十六軒今勤居候六人也、般若寺ニ而ハ新右衛門・大和越前……一ノ井清三郎此外ニも有之候様ニ承候得共、存候分凡五六十年之内ニ弐十壱軒、疋田ニ而ハ右之衆中身上三度仕舞名も消子孫迄不知人多し、右人数何れも大家ニ而二代三代繁栄ニ御座候得共、只今ニ而ハ右衆中ニ壱弐軒なして居る人ナシ、其外ハ何方共行方不知、名も消劣テ形チナシ」[29]というようなはげしい隆替を余儀なくされたのもむしろ当然であったかもしれない。

3　マニュファクチュア経営

以上の考察によって、晒屋の経営がマニュファクチュア形態をとっていたことは、ほぼこれを想定できるわけであるが、以下その経営の実態を明らかにしてゆきたいとおもう。

(1)　生産手段の集中

マニュファクチュアの成立のためには、まず資本家の直接所有のもとに生産手段の集中がおこなわれていることが必要である。これについては、イギリスにおける資本主義成立史の上で、ヒートンの著書からしばしば引用されるリーズの一織元の財産目録のような適切な史料を見出すことができないが、前田家にのこされた文政初年の史料によってほぼ推察することができる。おそらく文政四、五年の頃の史料とおもわれるが、晒屋政吉が「晒株道具共、家・土蔵・建物不残売切証文にて、銀八貫目利足年一割にて」問屋仲間より借金するための抵当物件として、左に示したものをあげている。

〔史料三〕

一晒株並諸道具一式
一惣瓦家一ヶ所
一藁ふき四方庇瓦隠居　一ヶ所
一晒しめし土蔵　一ヶ所

一晒　搗　場　　一ケ所
一二階付土蔵　十 十六　　弐ケ所
一瓦柴小屋　三間ニ四間　　一ケ所
一同藁小屋　四間ニ七間　　一ケ所
一同灰小屋　一間半ニ三間　　一ケ所
一同 長屋　　一ケ所

これは晒屋の所有にぞくする労働手段を示していると考えられるが（但し隠居はこれを除かねばなるまい）、享保八年（一七二三）疋田村惣十郎の「借屋一札」、文政六年（一八二三）の般若寺徳田庄兵衛「差入一札」においてもほぼ同様のものが認められる。この内、生産要具としての晒諸道具一式が明白でないが、徳田庄兵衛の一札に「布搗場建物一ケ所　但し搗臼数十から共」とあるから、数十の臼を含んでいたであろうこと、またやや時代を遡るが享保六年「釜目録」[30]として次のような記載のあることによって、十個前後の釜をもっていたであろうことが推定される。

〔史料四〕

一十二　才　五　郎　八つニ成
　十二　三　四　郎　八ツニ成
一十一　宇右衛門　八ツニ成
一十　孫　八　郎　七ツニ成
一六　与　兵　衛　四ツニ成
一四　伊　八　郎　三ツニ成

一七　孫四郎　五ツニ成
　　　弥兵衛
　　　清三郎
一八　弥五郎　六ツニ成
　　　甚七

（正徳二年「晒上下之覚」）

この外、晒道具の中には、杓・桶などがあるわけであるが、その数量を明らかにすることができない。

以上は文政初年晒屋政吉が所有していたと推定される固定資本を示すものであるが、彼の所有に属する流動資本を示すものとして次の史料がある。

〔史料五〕

文政四巳年七月改有物

一銀凡百五拾五匁五分　白米黒米餅とも三石壱斗一升
一同凡弐百廿五匁　ワラ弐拾五貫文
一同凡弐百目余　木　柴
一同五貫七百目三分八厘　巳春中賃盆後入高
但し右之外ニ三百拾弐匁壱分八厘布七滞
　弐百六拾四匁壱分六厘口　不算〆高
一銀四匁弐分五厘　有銭四百六拾九文
一同弐百五拾九匁五分　灰百七拾三俵俵ニ付一匁五分

一同壱貫百八十三匁六分三厘　奉公人日雇 先かし口々
一同六拾四匁五分　灰屋太兵衛かし
一同凡弐百四拾目　失疵布拾弐疋
一同六拾目　菅原甚四郎 金壱両かし
〆銀八貫九拾弐匁七分七厘
　外味噌・木・竹・麦・大豆
　巳七月
文政五午年七月改有物
一銀六百弐拾三匁七分　米九石九斗
但し餅　残米ナシ
一同凡弐百弐拾五匁　残ワラ代 凡廿五貫文
一同凡百目　割木廿駄 松枝廿荷
一同五貫九百拾三匁九分九厘　午春中賃 盆後受取高
一同八匁三分五厘　有銭九百廿七文
一同八百八拾八匁　灰遣残 五百九拾弐俵
一同壱貫弐百五拾八匁七分五厘　奉公人日雇 先貸之口
但し金拾三両三歩五朱百六拾目廿六貫五百文
一同七拾六匁九厘　奉公人かし越
一同凡弐百拾匁　疵布　拾弐疋

一同百三拾九匁五分　　　　　　　甚　四　郎
但壱両壱歩　灰　　　　　　　　　灰太かし
壱　両　　　　　　　　　　　　　甚　四　郎
〆銀九貫四百四拾三匁三分八厘
外ニ味噌・醤油・塩巳年ゟ多シ紙・杉板沢山ニ有ル
午　七　月
（文政四巳年「万事留」）

以上によって、晒屋における生産手段の集中の状況をほぼ察することができ、相当の経営規模をもっていたことが想定されるであろう。

(2) 協業と分業

いうまでもなく、資本制生産の成立・存在のためには、資本の価値増殖を可能にする一定の賃金労働者が必要である。従ってマニュファクチュアの実態を明らかにするためには、労働形態——協業の規模・分業の組織・雇傭条件等々——について検討しなければならない。

（イ）協業の規模　まず雇傭労働の人数が問題になるであろう。「家僕、下部、日庸の徒数十人を抱へて、騒々鋪家業也」[31]とか、「五七人ニテ出来候職ニ無之多人数抱へ候」[32]という言葉が端的に示しているように、晒屋の経営が多数の雇傭労働に依存しており、相当の協業規模をもっていたことは明らかであるが、現実に一体どれ程の労働者を抱えていたのであろうか。既に本稿2で、一万疋の晒上げのために、一九人の奉公人と数人の日傭労働を必要としたことを、正徳二年（一七一二）の「諸色入用覚」によって知ることが出来た。従って晒屋の生産規模、すな

表 5　晒屋 1 カ年晒高

（単位疋）

	疋田仲間							計	般若寺仲間	内市ノ井	
	喜兵衛	治右衛門	惣十郎	治左衛門	次郎兵衛	忠四郎	理兵衛			孫四郎	利兵衛
元文 3 年(1738)	12,600	6,707	5,293	5,093	5,094	4,942		34,634	198,785.5	9,786	7,059
延享元年(1744)	11,999		10,749		5,150.5	5,115	9,174	42,187.5	146,766.5	10,394.5	9,535.5
寛延元年(1748)	12,663.5	10,408	13,517	799	8,370	6,009.5		51,767	154,127	8,927	13,569
宝暦 3 年(1753)	10,703	3,717	11,899	13,063	7,819	6,486.5		53,687.5	102,119		
7 年	11,971.5	7,993.5	10,842.5	13,843.5	7,203	8,994		60,848	103,051		
12年	7,127.5	9,059.5	11,640	12,117	9,911	8,415.5		58,270.5	84,141.5		
明和 3 年(1766)	8,462	8,453.5	11,839	14,481	12,605	8,935		64,775.5			
7 年	8,638	7,323.5	10,385	14,643	13,010.5	7,977.5		61,977.5			
安永 2 年(1773)	7,945	9,186	8,296.5	13,060	14,333.5	8,652		61,473			
4 年	7,363.5	10,000	9,702	13,273	15,280	9,048.5		64,667			
8 年	5,540.5	5,646.5	8,364	11,037.5	10,880.5	6,830.5		48,299.5			

前田家「大福帳」による。

延享元年から安永 8 年にかけて毎年の晒高記載があるが数年ごとに選んで表にした。

喜兵衛は前田家であり、宝暦11年より喜三郎となり、惣十郎は宝暦12年より宗十郎とある。

わち一年にどれほどの生布を晒していたか、まずこの問題から考察をすすめてゆきたいとおもう。表1によって試みに貞享四年をとってみると、疋田村晒屋一四軒で一二万八二五〇疋の晒高であるから、平均一経営当り約九一六〇疋、この年般若寺仲間一〇軒の晒高一七万九九八九疋の内、市ノ井三軒の晒高一万一九四三疋であったから、般若寺村七軒（水門一軒を含む）の晒高一六万八〇四六疋となり、般若寺では平均一経営当り約二万四千疋、市ノ井約四千疋となり、かなりの晒高のあったことが知られる（但しこの前後、特に般若寺村の晒高が多く市ノ井が少ない）。

やや時代を下るが一八世紀の史料を整理すると表5のようになり、晒高についての具体的な数字が得られる。すなわち平均一経営当り、疋田村においては数千疋から一万五千疋、大体一万疋前後を上下していること、般若寺村（水門一軒を含む）においては、元文年間なお二万疋をこえる晒高を示しているが、その後は一万疋前後に落ちていったらしいこと（元文三年市ノ井二軒を差引いて晒高一八万一九四〇・五疋、このとき晒屋八軒であるから平均二万二七四二・五疋、宝暦三年般若寺仲間九軒であるから平均一万一三四六・五疋）、市ノ井二軒においても一万疋前後であることがわかり、一八世紀には一万疋前後の晒高がほぼ標準であったと考えてよいかとおもう。なお文化末年文政初年前田家の晒高は表6のようである（文政元年より疋田村晒屋は前田家一軒となる）。こうして、さきの正徳二年の「諸色入用覚」によって、疋田村晒屋においては、一般にほぼ二、三十人の雇傭労働による経営がおこなわれていたこと、般若寺村においては、盛んなときには数十人にのぼる労働者を

表6　前田家年々晒高

文化12年(1815)	9,552 疋
13年	8,410
14年	8,396
文政元年(1818)	9,117
2年	13,113.5
3年	13,177.5
4年	13,073.5
5年	15,272
6年	15,293.5

文政4年「万事留」による。

表7　疋田村晒屋奉公人人数

久左衛門	31
九郎兵衛	27
八右衛門	18
六右衛門	15
仁兵衛	13
吉兵衛	13
助右衛門	12
九左衛門	12
五左衛門	10
加右衛門	9
善兵衛	8
六兵衛	7
孫左衛門	7
仁左衛門	5
久左衛門	5
喜兵衛	2
孫兵衛	1
他に日用ノ分 14人	

寛文8年奉行所宛「連判請状」による。

表8　雇傭労働者数

	晒屋	奉公人	日雇	計	典　　拠
宝永6年(1709)	新次郎	19	12	31	5月8日「一札之事」
元文ころカ	喜兵衛			23	「奉公人掟品之扣」
明和6年(1769)	喜兵衛	10？	7？	17	同　　上
文政2年(1819)(7月～12月)	政　吉	12	15	27	「毎年勘定帳」
文政3年(1月～7月)	政　吉	12	13	25	同　　上
同　年(7月～12月)	政　吉	12	19	31	同　　上
幕　　末	政吉カ			15～25	「出勤表」カ

もち、近世後期においては二、三十人の協業規模になっていったと考えてよいであろう。

その具体的な数字についてはまず表7に示した寛文八年（一六六八）の史料があげられるであろう。このとき既に疋田村の晒屋においては、かなりの協業規模をもち、自己の家族労働力よりも雇傭労働の結果に依存するところの資本家協業あるいはマニュファクチュアの形態があらわれていた様子を認めることができる（より晒高の多かったと推定される般若寺村においてはさらに大きな協業規模をもっていたであろう）。この時には、その経営の規模にかなりの偏差のあったことが注意されるわけであるが、奈良晒布の生産が徐々に停滞下降するなかで、本稿2に引用したような激しい隆替をくりかえしながら、次第に小規模の経営が駆逐され、享保以降五軒から六軒の晒屋に整理されて、ほぼ一万疋前後の晒高をもち二、三十人の協業規模をもつものに落着いていったものとおもわれる。断片的であるが、具体的な史料について一経営当りの協業規模を示したのが表8である。

協業規模がこのようなものであったとするならば、協業における組織的な作業分割＝分業の存在は当然推定されるところであろう。

（ロ）　分業　次に示す「覚」は、正徳二年（一七一二）のものであるが、部分的分業のおこなわれていたことを明白に示しているであろう。

〔史料六〕

覚

辰ノ六月六日より　但壱疋ニ付六分五厘増

一平　晒　賃　弐匁五分

一より布　弐匁四分

一半　晒　賃　壱匁三分弐厘五毛

一振　出　し　五　分

一幅　広　弐匁七分

一同反物壱疋ニ付　弐匁九分

一常平反物壱疋ニ付　弐匁七分

一半晒反物壱疋ニ付　壱匁五分弐厘五毛

奉公人給銀之事

一お　も　給銀壱石八斗

たはこ代弐拾五匁ヲ　二月晦日　八月晦日

拾五匁　七月十五日

三拾匁　六月晦日　極月十日

いゑ〳〵ノかくしきそてノ下あるべし

一町　行　同　断

一釜　焼　同　断

一仕立之者　同　断

一おも代り　給分壱石八斗
たはこ代廿五匁　二月廿日　八月廿日
拾五匁　七月十五日
弐拾匁　六月廿日　極月十日

一干場平奉公人〔上〕　給分壱石七斗
たはこ代廿五匁　二月廿日　八月廿日
拾五匁　七月十五日
弐拾匁　六月廿日　極月十日

一干場年季之者〔上〕　たはこ代廿五匁　二月廿日　八月廿日
拾五匁　七月十五日
弐拾匁　六月廿日　極月十日

一同〔中〕　たはこ代拾五匁　二月廿日　八月廿日
七匁五分　七月十五日
拾　匁　六月廿日　極月十日
但し見はからい

一灰汁屋之者　同　断　但し家の格式見計イ

一野　男　給分壱石七斗
たはこ代廿五匁　二月廿日　八月廿日

拾五匁　七月十五日
弐拾匁　六月廿日
　　　　極月十日

日雇賃銀之事

一おも　五分弐厘　五分七厘
　二月三月四月五月　弐分増
　残テ八ケ月ハ　壱分増
一町行　同断
一仕立師　同断
一釜たき　同断
一干場　四分弐厘　五分弐厘
　二月三月四月五月　弐分増
　残テ八ケ月ハ　壱分増
　是より外見はからひ
一日之出申さす候内ニみな〳〵不残罷帰り朝干（カ）二度ツ、可仕候事
一朝の義壱ケ月ニ三度ツ、宥免可仕、其上朝にても不参仕候ハ、一日ニ五厘ツ、奉公人・日用とも引可申候
一暮方仕舞之義入相限リニ働可申候
一請取之義停止可仕候
一張場日之短キ時ハ夜なへ可仕候
一野男朝キ右之同前入相限り働可申候

一作病仕候者有之候共飯遣ハシ申間敷候、飯時分ニ罷出たへ可申候
一私晒之義先年ゟ停止之通リ相守リ可申候、若其者之着用之義ハ此方へ相断候者さらさせ可申候、壱反ニ而もかくしさらし申候ハヽ、中間へ取上可申候
一不叶用事有之候ハヽ、此方へ断候ハヽ、其上ニ而隙遣ハシ可申候、若無断我儘ニ私宅ニ居申候ハヽ、右之増銀ニ而引渡シ可申候
一作物並ニ竹ノ子何ニよらす盗取さい物ニ致シ申間敷候事
　正徳二年辰七月十九日

すなわち加工工程の各段階に照応して、釜たき・灰汁屋の者・干場労働者（芝方ともいい布搗にもあたる）・仕立師（張場のものともいう）の区別があり、さらに問屋から生布を受取り晒布を問屋に届ける町行と、農業に従う野男のあったことが明らかであるが、このことは明和六年（一七六九）の「奉公人掟品之扣」[33]（以下「扣」）によっても裏付けることができる（諸部分労働の量的比例性については的確な史料を欠くが、「人数下女共子共一人大男十人〆十二人干芝出所予共十二人也」とみえるから、釜焼き・灰汁屋の者・張場仕立の者など屋内で作業をするものと、布をついたり干したりする、主に屋外での作業労働者の比率はほぼ半々であったと考えてよいかと思う）。さらに注意すべきは、おも及びおも代りの存在であって、これは、「扣」に「惣支配覚役市左衛門儀、去亥十二月十三日ゟ子十二月十三日迄丸一ケ年給銀定四百三十目也」とある「惣支配覚役」に該当するものと考えるべきであるから、一般労働者を指揮監督する職人頭＝作業場長に外ならない。そうして同じ「扣」に、元灰汁役人、干場役人という表現がみえるが、ここに役人というのは、「張場役利助」、「張場勘四郎」という記載がみえ、また別の史料[34]に寛保三年（一七四三）十月改雇賃として「下七分、中八分、役人九分」とあるから、いわゆる職長と考えるべきであろうか。とすればある程度、資本家—作業場長—職長—一般労働者といった編成が成立していたといえるかもしれない。いずれにしろ分

業の成立とともに、一定の労働の編成がおこなわれていたものと解すべきであろう。また正徳二年の「覚」（史料六）は、部分労働の熟練度に応じて等級的賃銀の成立していたことを暗示しているが、このことは次の史料によって一層明白であろう。

〔史料七〕

元文三午九月廿一日後
日雇人数ゟ賃銀之義段々願申ニ付
一七　分　　はまり中ゟ下
此値段尤下成物ハ是ニ不限相対之下直
但シ秋ハ惣而壱分下ケ
一八　分　　はまり中
右　同　断
一九　分　　上
右　同　断　　町　行
張　場
釜　屋
あくや
一壱匁八厘　　中《より》
右　同　断
一壱匁壱分弐厘　　上《より》

右　同　断

一壱匁弐分弐厘　　上《より》上

右　同　断

（中　略）

奉公人給銀覚

一百　　目

一百弐拾目

一百五拾目

一百七拾目

一弐　百　目

（「仲間万覚帳」）

一般に協業規模の拡大、指揮監督機能の強化とともに、労働規律が強化され、諸種の労働規則として具体化されるといわれている。正徳二年の「覚」が、簡単ながらそれにふれているのは興味の深いことであるが、さらに具体化された労働規則を示すものとして、明和六年の「扣」があるわけで、「一奉公人日雇抱候事、一顔付悪物云いつこどう成者殊片一向之者抱置候事、一元灰汁役人之事、一釜燃役人込燃《元灰汁》此内ニ入候事、一町役働仕用之事、一干場役人諸事仕用之事、一子共役人勤方仕用之事、一農方奉公役人勤方之事」と分類して各部分労働に応じて、詳細にその「仕事格式の儀」や「式法」を規定している。そうしてこれは「旦那分之者ハ早朝ゟ夜分ハ皆々仕舞片付休候ヲ見而休候事、昼之内ハ晒農方ニ不限間有時ハ一日半日寸心之間ニも無懈怠両家業共気ヲ付見廻リ候得ハ、縦隙時ニ而も見廻之徳分天気雨天ニも工封仕事ハ大分仕事之見落有之者ニ而候、此段鍛錬可致候ヘ者何迚《イットテ》も隙ト云事有（間脱）敷候也」といった指揮監督の強化を反映しているものであった。

以上によって、晒屋におけるマニュファクチュア的分業が、かなり高度に組織されていたことをみてとれるわけであるが、元灰汁役人について「早ク仕舞候時ハ春布ニ而も何方ニ不寄相働申積リニ、抱候時ニ堅ク契約可致候」といい、釜燃役人之事の項には、昼は干場へ出て芝方の勤むべきを説き「其役計ヲ功ニして何事ヲ申付候ても右様ニハ得不勤ト申者有之時ハ、米舂ニ而も為致候て」と記しているように、一定部分労働への労働者の緊縛はそう強固でなかったとおもわれる。なおここでは、商品別分業のおこなわれていたことを示す史料は全く見出すことができない。

（3）雇傭関係

本稿2―（3）で若干ふれたように、労働者は奉公人と日雇に大別されるが、正徳二年の「覚」（史料六）に、干場平奉公人と干場年季之者という区別があるのが注意される。年季之者について給分の記載がないのは、明和六年の「扣」に「張場勘四郎　年季仕着セ両度ニ定七十二月為仕着之外来春じゆばん手拭二尺五寸渡ス」とある「年季仕着セ」の者であることを示し、晒屋に住込みの奉公人を意味するものであろう。平奉公人とは、一年限りの給分を契約の上奉公するもので、おそらくは通勤の奉公人を意味したとおもわれる。このことは、例えば「扣」に、

惣支配覚役市左衛門儀、去亥十二月十三日ゟ子十二月十三日迄丸一ケ年給銀定四百三十目也
飯 百セミノ 造　内弐百目者亥十二月渡ス
又百目者子ノ盆前ニ渡ス
又百目ハ子暮ニ渡ス
引残而三十匁ハ年々幾計ニ不限勤ル間之約束ニ而此三十目ヲ預リ置也、勤ル間一ケ年之間ニ一日ニ而も引日有

之不勤事候ハヽ、一ケ(年脱)之給銀渡銀之内ニ而指引算ニ及給銀日割以引可渡候」とあることによって察することができよう。日雇には「但常詰也」とある常勤のものと、「急ケ敷時計ハ雇トミノ(ママ)約束也」というような臨時雇のものとがあり、賃銀はすべて日割勘定であった。

給銀の支払形式は、「年季仕着也」の者を除いていずれも時間払であった。このことは加工仕上業としての作業の性質上出来高払いが困難であった事情にもとづくが、その作業が雇主の仕事場において、雇主あるいは職人頭の指揮監督の下におこなわれていた事実と照応するものと考えられよう。なお奉公人の給銀について、正徳二年の「覚」では、給銀壱石八斗、給分壱石八斗という風に、現物で支給された形跡がうかがわれるが、明和六年の「扣」では、明らかに現銀で支給されていて、雇傭条件の上で一定の進化のあったことが認められよう。特に日雇の雇傭条件に関していえば、晒屋で食事が賄われたことを除いては、ほとんど近代的な賃銀労働者に近づいているようにみえる。宝暦二年（一七五二）には日雇賃の値上げをめぐって、日雇層と晒屋仲間の間で争議がおこなわれている事実[35]も、このことを裏がきしているとおもわれる。

しかしながら、「扣」に「奉公人なれハ請人ヲ慥成ル者吟味シテ銀子相渡時ハ格式半給渡、日雇ニ候へハ少借、是も可成事なれバ請人ヲ立候ハヽ、少多貸候而も不苦哉」とみえ、事実文政初年奉公人・日雇への先貸賃が毎年銀一貫二百目前後あること（史料五）、さらに右の市左衛門の給銀中三〇目の預り銀について「預ケ置候銀子者、不奉公致さぬ様之引当ニ預置也、万一不奉公御座候得者此方ゟ申合有之候格式ニ不背様之引当銀ニ預リ置候者也」としていることは、預り銀または前銀の形で労働者の雇主への人身的隷属を強制しているものと考えねばならない。このことは「専門家の養成はかなり永続的な訓練を要し、従って従弟制度がマニュファクチュアの自然的随伴物となる[36]」という事実と無関係でないようにおもわれる。「仲間掟」に「奉公人等日雇、御仲間ニ而相働候内を内証ニ而雇申候儀堅無用之事」とあるように、時には他の晒屋からの職人の引抜きがあったにしろ、微妙な「灰汁かげん」

「晒あんばい」が必要であった限り、従弟制度がおこなわれていたことは容易に推察されるところであろう。従って、一見資本制的な雇傭関係を示しながら、なおそこには預銀や前銀の形で人身的隷属の存在していたことを無視してはならないとおもう。

なお明和六年の「扣」が、「又長雇致候へ者仕事ゆるやかに成り行也、尤日和続ニハ廻りかね候事有之候得共、雨天抔続候へ者右ニ而仕事も不足ニ相成物ニ候得者、冬〆リ随分不足ニ人抱置候事」という風に出来るだけ雇傭労働を少くし、その代り「奉公・日雇ニ不限給銀・雇賃共格別高値ニシテ増銀遣」すならば「早朝ゟ夜分ニ至迄随分挊候へ者、各々我等迄失墜有間敷」「挊次第ニ銀設《モウケ》可有事必定也」と、くりかえし高給で雇うこと並に増銀を与えることを強調しているのは注目される。増銀とは「その設銀次第を其人々之挊善悪ヲ見届定置、給銀之外日雇・年季・子共ニ至迄働之功次第ニ甲乙して其人々」に与えようとするものであって、能率給の考え方を示している。すなわち高賃金や増銀によって労働の強化をはかり、より多くの剰余労働を収取しようとしているものに外ならない。事実このような政策をとることによって、仲間に二、三貫宛の損銀があり三軒の晒屋が没落を余儀なくされた際にも、三貫目余りの延銀をのこすことが出来たという。そうしてこの「扣」自体、この方針を貫徹するための強化された労働規則を示しているものに外ならない。

(4) マニュファクチュアと農業

一般にマニュファクチュア段階においては、工業の農業からの完全な分離はおこなわれていないわけであるが、晒屋の土地所有、晒屋マニュファクチュアと農業の結合については、充分明らかにすることが出来ない。「もとより晒屋なくては家業なき者共ニ而御座候[37]」といわれているが、正徳二年の「覚」に野男についての賃銀の規定を示していること、並に明和六年の「扣」に「農方奉公人・役人勤方」の規定がみえることは、彼らが農業を兼営していたことを充分想像させるものである。前田家中興の祖として前田家における晒業の基礎を確立したと考えられる喜兵衛芳秀（明和六年没）は、さきの「扣」において「四十四年以前ゟ三十ケ年来、此書之通急度相勤、其間拵出シ銀子弐百貫目余設出シ、田地買・同普請・諸道具買・娘兄弟婚礼等家土蔵ヲ建、右入用ヲ致」といっている。また、明和年間の「田地内作宛覚帳」によれば、その子喜三郎分とあるのを含めて高一四三石六斗七升の田畑をもち、その内、約半分に近い七一石四斗八升を自作し、七三石三斗四升を小作に出している（数字が合わないがそのままにした）。藤田五郎のいわゆる「豪農」としての性格を強く打出していることが注意されよう。そうして彼は、宝暦七年（一七五七）の「式方支配方之扣」において、「右之通り相心得、晒家業・農業共兼帯ニ相勤候事を相心得出精有之候ハ、世話之筋ニ候へ共兼帯役之功有之、右之格式相守候へ者子孫繁昌相定候事」と晒家業と農業の兼営を強調しているのである。

　これはもちろん、労働者の飯米年数十石を必要とした関係上、農業を兼ねていることが、その経営の安定をはかる上で、大きな役割を果したことを意味すると考えられるが、ともかく、晒屋喜兵衛が、家業の方針を農業からの分離の方向にではなく、かえって農業との結合の方向に向けていることに注意しなければならない。そうしてこのような方向にその姿勢をとっていた前田家が、疋田村における唯一の晒屋としてのこり、明治維新直後晒屋をやめて寄生地主に転化してゆくことになるのである（寛政四年の「名寄帳」によれば、晒屋治左衛門が一四石八斗四升、治郎兵衛が八石四斗五合、庄三郎が七石七斗二合一勺の高を持ち、表3によって疋田村においてはかなり上層の高持であることがわかるのであるが、疋田村以外での土地所有が不明なので、彼らの農業経営について知ることができない）。

　なお明和六年の「扣」に「四五年以来ゟ勤方次第〳〵ニ悪敷成、家来共何れ共私用多ク下作仕、日雇共抔一ケ年之間相勤候者凡三百日計も相勤、其内ニテ米三四石作取、それゟ一年〳〵ニ私用よく強く相成、二三年以来者五六石宛作取ニよつて」とあるのは、労働者の側においてもまた奉公人の一部や日雇などで農業を兼営していたもののあったことを示しているものであろう。

4　産業資本と商業資本――晒屋と問屋――

最後に、産業資本と商業資本の関係を考えておきたい。一般に「商業資本と産業資本との間の最も緊密且つ不可分の聯関は、マニュファクチュアの特徴的な特殊性だ[38]」といわれているが、「買占業者は殆ど常にここではマニュファクチュア経営主と絡みあっている[39]」といった事実は、ここにはみられない。むしろ商業資本と産業資本は、問屋と晒屋の対立としてあらわれ、両者が絡みあう道は閉されていたといえる。このことは、本稿1でふれたように、明暦三年（一六五七）惣年寄による生布検査制度の成立によって、晒屋が問屋から委託された生布の晒加工をおこない、一定の晒賃を受取るという体制が確立され、商業資本である問屋が生布の買入れ並に晒布の販売を独占支配し、晒屋が生産者からも市場からも完全に遮断されていたという事情にもとづくものであったことはいうまでもない。しかしながらマニュファクチュアの経済構造に特徴的であったとされる「小営業におけるとは比較にならぬほどの深い営業者の分化[40]」あるいは「多数の小経営と併存する少数の大規模な経営[41]」が、晒屋マニュファクチュアにおいてあらわれてこなかったことを考慮にいれなければならない。何となれば、一つには晒屋株仲間の成立によって晒屋の数が固定され、その特権的な独占によって私晒の名のもとに小生産者の出現が絶えず排撃され、二つには次に述べる事情によって、その経営規模の拡大が阻止されていたからである。

まず晒屋の利潤の源泉である晒賃が、米価に準じて公定されるたてまえであったが、問屋＝商業資本の圧力のために、実質的にもまた時期的にも晒屋に不利に決定され、資本の蓄積を困難にしていた事情が考慮されねばならないであろう。「元来両問屋共ゟ両村仲間ヲ悪ミ申候訳ハ、往古より晒賃之儀御公儀様ゟ御定被下、問屋共ハ口銭之外ニ亦々両村之賃銀の内を引、徳用有之様ニと無限慾心を仕候[42]」とか、晒屋の賃上げの願に対して「其後問屋仲ケ間幷組頭方へも度々参リ、何分勘弁之義頼入候処、他役人も在之旁ニて評定難相成而巳申立、取締評議も不致呉[43]」といっているのは明白にこのことを物語るものである。その上、「布商売不景気ニ候間、願之義暫く御見合候へと被申[44]」というように市場の動揺（奈良晒布が奢侈的生産品の性格をもっていたこと、また主に夏の衣料であるため長雨とか涼しい夏とか、気候に左右されて売行不振に陥る事情もあって市場が非常に不安定であったことが注意されねばならない）が、晒賃に「しわよせ」され、晒屋を苦境に追い込む構造になっていた点も無視出来ない[45]。

従って晒賃をめぐって問屋仲間と晒屋仲間の抗争がおこなわれ、史料にみるかぎり、抗争は米価変動のはげしかった元禄―享保期に顕著であったようにみえるが、しかし晒屋仲間の主張が充分に実現出来たとは考えられないのである。さきにものべたが、明暦三年の生布検査制度の成立は、問屋の生布並に晒布の独占支配の強化を意味し、問屋に対する晒屋の地位をいちじるしく弱めたものであったが、晒賃をめぐる抗争において、問屋は次のような策をとって晒屋を抑圧してゆく。晒屋は「寛文年延宝年比、晒屋工業繁多に募り、問屋、蔵方仕方に鬱憤有る時は、晒場の芝止《とめ》とて、問屋、蔵方より預り置く布を晒さず、日を渉りて工匠を打捨て置きける、是を時の俗芝止と云へり[46]」とあるように「芝止め」をもって問屋に対抗するわけであるが、これに対して問屋は奉行に願出て、両村以外に新たに晒業を始めさせることによって、晒屋を圧迫しようとする。

延宝七年（一六七九）市ノ井における新晒屋三株の出現、元禄十一年（一六九八）揉屋に対する本晒の認可（享保八年一時不許可になるが十一年再び許可される）、正徳三年（一七一三）切晒屋に一時本晒御免、享保十八年（一七三三）新法の晒株五軒の願出[47]といった事実は、晒屋が「問屋共当前之迷私欲ニ両村仲間を悪ミ、もミや共を生立申候而、私共を潰し申候方便仕候故、千万迷惑至極ニ奉存候[48]」といっているように、問屋仲間が両村晒屋を圧迫するための「方便」に外ならない。また晒屋仲間の方で、正徳六年正月の例にみるように、「廿九日ゟ布請取不申候、夫共増銀ノ出申候の者請取申候[49]」といった手段もとるが、問屋仲間の方では、享保十八年の例にみるように「二月廿八日已来、惣而両村仲間に暴布無数指越、家業難勤様ニ両問屋ゟ仕成候(50)」、また「ならさらしも例年に違無数候、其無数御座候内を大分もミや江指遣、私共仲間江者至極無数渡世相立不申候様ニ仕成シ申候(51)」といったわけで、もミやを利用して両村晒屋に生布委託を削減または停止する手段に出ている。

特に享保十八年の晒賃値下げをめぐる抗争は深刻であったらしく、「所詮問屋江随ヒ内之者共ニ御座候」といわれる問屋資本の支配下にある絈屋仲買百人余りを動員して両村晒屋へ対談申掛けさせるとともに、「別而古川大和大椽江者格別ニ無数指越候条、大和大椽義者必至と勤リ不申候故五月ゟ家頼共江暇を遣候、如此家業被指留候ニ付、両村仲間寄合致談合候処、問屋之仕方者、先大和大椽を潰し、夫ゟ柳原弥兵衛次ニ徳田越前大椽其後誰々と指留、畢竟次第ニ両村仲間を為致沽脚可申方便ニ、もミや共江内証ニ而賃銀増遣し、京・大坂江茂両村を様々と悪ク申成シ」とあるような強行策をとっている(52)。ここでおそらく晒屋仲間の決定的な敗北がきたのであろうか、その後の史料には、晒賃をめぐる争いについて物語るものがなく、かわって数多くの晒屋仲間掟が残され、後述のように問屋に対する屈従的態度が認められる。これは上にみたような問屋の圧迫のまえに、晒屋が屈服を余儀なくされ、もはや問屋と抗争するエネルギーを失っていったことを意味するものでないだろうか。そうしてこのような晒屋の問屋への従属は、織布工程において享保以降問屋制家内工業の形態が支配的になってゆく過程と照応するものとおもわれる。ともかく上述のような問屋＝商業資本の圧力のまえに、晒屋マニュファクチュアの拡大は、いちじるしく阻害されていたと考えられねばならない。

つぎに生産者からも、販売市場からも遮断されていた晒屋が、その経営規模を拡大していくためには、「原料」である生布を、より多く問屋から委託されることが何よりも必要である。しかしこの点に関して、仲間内の競争を排除するためのきびしい仲間掟の制約があって、寛永から寛政にいたる残された十数通の仲間掟を通じてみる限り、得意先である問屋からの生布の委託を集中独占することを禁じた規定が圧倒的に多いのが注意される。

いまそれらから若干引用するならば、「一晒賃銀之儀、先規ゟ定之通、得意方或者紺屋向其外何方ゟ請取候共、御公儀様御定之内壱厘壱毛ニ而も、内々ニ而相対致引請取申間敷候事」、「一得意先之手代衆相招之儀、堅無用之事」、「一問屋并紺屋へ仕立師致候者遣候儀ハ、先規より而無之事ニ候、万一張違御座候而仕立直し候様申候ハ、此方へ取寄仕立直し遣可申候、其外折込抔致呉候様申参候共、一切人遣申間敷候事」となし、また「得意方へ音物之義定之外一切遣し申間敷候」として「一音物之事、般若寺方ハ年暮祝儀・七夕祝儀・両度の鮎・竹子、疋田方ハ年暮祝儀・七夕祝儀・竹の子・初茸・九月神事餅、右之外一切音物堅致間敷候事」と規定しているなど、問屋へのサービス競争を排除し、あるいは得意先廻りについて、年礼・大三十日・七月十四日・三月二一日・九月二一日ヅツ「右之外得意先へ相廻候事、一切致申間敷候事」、また「町廻り候者得意先ニ而内々之相対ヲ以、猥ニ我勝成仕方致候者有之候ハ、、仲間ゟ差止メ可申候」といった制約を設けて、問屋と特殊な関係を結ぶことを排撃し、生布の委託を集中独占することを相互に警戒している。

従って仲間に内証で新規に得意をつくることは、もちろん禁止されており、何事によらず仲間を出し抜く様な行為は、「仲間互にたおし合候趣段々候而、甚有之間敷事ニ候故、此度急度相慎」むべきものとされているのは当然である。このためには「一万事之儀仲間及相談、其上ニ而仲間衆中了簡次第守リ申事大切成事ニ候、自分之仕事ト存、聊の事ニ而茂不及相談、一分ニ而取計ひの義有之候而者落戸ニなり、その品により御朱判取上ケ可申候」とされ、「一曝賃銀前銀又ハ算用仕来リ候節、仲間江披露致、御改之上ニ而得意方へ請取遣シ可申事」、「年中に晒申員数、無相違書付、仲間へ出シ可申事」という風に、経理の内容も仲間に公開されていなければならなかった。このように、晒屋の自主的な経営と活動を制限し、自由な競争を抑えるギルド的制約が存在する限り、晒屋の経営規模の拡大は到底期待出来ないであろう。したがって本稿2でみたようなはげしい隆替にもかかわらず、近世後期には一万疋前後のほぼ平均した生産規模に落着き、大規模な集中がみられなかったものとおもわれる。

右にみてきたような事情によって、晒屋の経営規模の拡大は阻止され、マニュファクチュア経営主である晒屋が、家内労働あるいは小経営を自己に従属させつつ買占業者＝商業資本となる道は閉されていたものと考えられる。まして晒屋マニュファクチュアが、奈良晒布業のギルド的な諸制約を破って、販売と直結して商人＝経営主となってゆくことは到底不可能であったといわねばならない。

以上基礎的史料の分析を通じて、晒屋の経営形態はほぼ明らかになったこととおもう。そうしてそこに、二、三十人（般若寺の盛時にはおそらく数十人）の労働者を雇傭し、分業にもとづく協業の技術的組織にたつマニュファクチュアをみることが出来た。このような仕上工程におけるマニュファクチュアの存在が、基幹工程としての織布工程において問屋制家内工業が支配的な形態であったことと矛盾するものでないことは、資本主義成立期のイギリス毛織物工業の史実に徴しても明らかなところである。すなわち、ドッブがいうように、「家内生産とマニュファクチュアとは、多くの場合において、同一産業の異った段階において密接に結合していた」のであり[53]、矢口孝次郎が「織布工程に関しては家内工業形態が多く見られたのに対して、仕上（縮絨）工程に関してはマニュファクチュアが支配的であった」といっている通りである[54]。また矢口が「限りなく工程の分化している織物工業においては、家内工業が原則であったが、仕上工程―染色・縮絨・艶出―においてはそれと結びつく半工場状態（マニュファクチュア―矢口注）が中世においてすら、普通考えられるほどの例外ではなかった」というネフの所説を引用して説いているように[55]、仕上工程において集中のおこなわれるのが一般的で、仕上工程がその技術的条件からいって半工場状態に最も適合していたのであり、晒屋マニュファクチュアがそういう意味でのマニュファクチュアであったわけである。

従って、晒屋マニュファクチュアの存在をもって直ちに奈良晒布の発展段階を考えることは、もちろん許されないわけであるが、晒屋におけるマニュファクチュア自身において、商品別分業のおこなわれていた証拠がなく、雇傭関係において預銀や前銀の形で人身的隷属がおこなわれていたこと、またその営業方針において晒屋喜兵衛についてみたように農業兼営の方向への傾斜が著しいことなど、なお非近代的な要素を含んでいたことが顧られねばならないであろう。

さらにまた晒屋マニュファクチュアが、奈良晒布業全般の、また晒屋仲間のギルド的制約のもとにおかれ、問屋＝商業資本の制圧をうけて、自由独立なマニュファクチュアとして発展することが出来なかったことも注意されねばなるまい。こうして晒屋マニュファクチュアは、織布工程を自らの資本のもとに組織することが出来なかったばかりでなく、資本家的家内労働あるいは小経営を自己のもとに従属させて買占業者＝商業資本としてたちあらわれることも不可能であったのである。従って、イギリス毛織物工業の史実について、「仕上工程におけるマニュファクチュアの存在は、その意味において、生産者が商人になる途の前提でもあった[56]」といわれるような、「生産者の商業への上昇的推進」の前提すらも、そこには存在していなかったといわねばならない。

注

(1)『経済』一九三四年七月、八月号。のち、土屋『日本資本主義史論集』(黄土社、一九四七年)に収録。
(2)『徳川時代商業叢書』一所収。
(3)『封建社会の展開過程』(有斐閣、一九五二年)、「序文」。
(4) 本書、第一章―一参照。
(5) 奈良県、一九〇九年、四八〇～八一頁。
(6)『古事類苑』産業部二所収、一一八頁。
(7) 注(2)の「奈良曝布古今俚諺集」(以下「俚諺集」)。「奈良曝由緒書」(享保十八年「日記」所載、奈良市疋田町前田家文書)。「布方一巻覚帳」(奈良教育大学所蔵田村家文書)など。
(8)「南都曝御改帳」(前田家文書)。注(7)の「奈良曝由緒書」。

(9) 注（7）に同じ。
(10) 注（8）に同じ。
(11) 注（4）に同じ。
(12) 享保五年「疋田村明細帳」（前田家文書）に「寛永十四丑ノ年ヨリ当寅ノ年迄百十年ニ成、南都御奉行中坊飛騨守様御時ヨリ晒賃、奉行定ニ被成申候」とある。
(13) 注（7）の「布方一巻覚帳」。明治十七年「工務局月報」三二など。
(14) 注（7）の「布方一巻覚帳」。なおこの時以後奉行交代ごとに、両村晒屋に対して次のような「定書」が与えられ、銘々の晒屋では、これを写して板にかき（掛板と称した）作業場に掲示すべきものとされた。

定

一平之布晒立　大工かねにて　巾　壱尺壱寸　長　六丈七尺五寸
一より布晒立　大工かねにて　巾　壱尺五分　長　六丈七尺五寸
右定之通晒立候而如此相極、晒屋中印判を押出すべし
一極印無之布勿論不可晒、毎年極月中にさらし候員数可書上之事
附　極印に少しにても不審成事知出候者、奉行所江早々持参可仕事
右之通堅可相守者也
年　号　月
（明和三年酒井丹波「定書張紙」、前田家文書）

(15) 注（7）に同じ。
(16) 注（4）に同じ。
(17) 宝暦六年「家督譲り目録」（前田家文書）。
(18)『古事類苑』産業部二所収。この史料の末尾に「町年寄四人右之役人」として石井九郎兵衛・徳田勘兵衛・西村庄左衛門・清水源蔵の四人の名をあげている。「庁中慢録和州志」（奈良市多門町玉井家文書）によれば、享保三年、こ

の四人が惣年寄であったことが明らかであるから、この「呉服名物目録」は享保頃のものと考えてよいであろう。
(19)　宝暦六年の「奉公人掟品之控」に「張場役人之儀ハ別而仕場第一なれば至極勘要也、善悪無之様ニ随分細ニ幅熨斗第一ニ可気ヲ付候」とみえる。
(20)～(23)　注（7）の「奈良曝由緒書」。
(24)　元禄十一年二月十八日奉行所宛「仲間訴状」に「惣て晒之いとなみと申候ハ、大勢の人足を以仕立申儀ニ御座候へハ、大分之飯米ニたべ上ケ申候」とあり、前田安道氏母堂からの聞取によっても明らかである。
(25)　年代不詳問屋宛（カ）「口上之覚」。
(26)　年代不詳奉行所宛（カ）「願状」。
(27)　貞享二年二月十八日奉行所宛「訴訟状」。
(28)　享保十八年二月十五日惣年寄宛「願状」（注（7）の「日記」所載）。
(29)　明和六年「家督譲り目録」。
(30)　享保六年般若寺仲間から、疋田村の釜数が多いので減らすように申入れて来たときの記録で、一二釜のものは八釜に減らしたものとおもわれる（正徳二年「晒上下之覚」所載）。
(31)　注（2）の「俚諺集」。
(32)　文政四年五月二十三日晒屋政吉「両問屋仲間へ出候古前銀年賦延年願之扣」。
(33)　これによると釜焼・元灰汁・干場・張場・町役・農方の区分がみられる。
(34)(35)　晒屋仲間「万覚帳」。
(36)　岩波文庫『ロシアにおける資本主義の発達』中、二五一頁。
(37)　元禄十一年二月十八日奉行所宛「訴状」。
(38)～(41)　注（36）の『ロシアにおける資本主義の発達』中、二六七、二五八、二六六頁。
(42)　注（7）の「奈良曝由緒書」。
(43)　年代不詳奉行所宛「願状」。
(44)　注（7）の「日記」。
(45)　「永代録」（立命館大学史学研究室所蔵）。
(46)　注（2）の「俚諺集」。

（47）注（7）の「奈良曝由緒書」。なお本稿1を参照されたい。
（48）享保十八年五月十六日「口上書」（注（7）の「日記」所載）。
（49）正徳二年「晒上下之覚」。なお「前方布請取不申候、全たいに年かさ之分両村十人閉門被為仰付候」とある。
（50）～（52）注（7）の「日記」。
（53）M. Dobb, Studies in the Development of Capitalism, 1951. P. 144. 本稿執筆後、『資本主義発展の研究』I、II（岩波書店、一九五四年、五五年）として翻訳出版された。
（54）～（56）矢口孝次郎『資本主義成立期の研究』（有斐閣、一九五二年）、八八頁、七七～七八頁、八九頁。

三 奈 良 晒

1 奈良晒の成立

奈良晒《ならざらし》は、近世奈良を中心に生産された麻織物のことで、おもに武士や町人の礼服用あるいは夏の衣料として愛用されたものである。

その起源については、史料を欠いているので充分これを明らかにできない。「奈良曝布古今俚諺集」[1]（以下「俚諺集」）は、鎌倉時代のはじめ、南都寺院の僧尼の麻衣や布袈裟《けさ》用に、法華寺の尼衆や西大寺の民家の婦人が青苧《あおお(そ)》をつむいで織出してから広まった、という説をかかげている。中世、南都の社寺の需要に応じて、婦女子の副業として麻織の行われていたことを暗示するものであろうか。応永十四年（一四〇七）奈良南市に布座があったといい、『多聞院日記』には、天文七年（一五三八）五月朔日の「宿ヨリ白帷《かたびら》布調来、マヲノ代一斗五升、ヲリチン八升、サラシ五升、此分自是遣之」という記載をはじめに、二、三類似の記事を散見する。おそらく室町時代には、社寺の注文によるギルド的生産が行われており、江戸時代における奈良晒の興隆を準備したものと思われる。

奈良晒が世にあらわれるようになったのは、あるいは松永久秀の滅亡後とも羽柴秀長の郡山在城時代ともいい、あるいはまた天正年間徳川家康にしたがって戦功のあった清須美源四郎なるものが、奈良で晒をはじめ晒法の改良に成功してからだともいわれるから、一六世紀末葉のころのことである。

そして「俚諺集」が「とかく当代流布の曝布《さらし》は、慶長寛永年中より織屋商売人さかんになりし也」と書きとめているように、商品生産として奈良晒業がその基礎をかためるのは、一七世紀に入ってまもなくのころであった。慶長十六年（一六一一）家康の上意によって朱印の与えられたことがその指標になるであろうし、そのころすでに般若寺村（現奈良市般若寺町）と疋田村（現奈良市疋田町）に晒屋仲間の成立をみていたのである。晒屋についてはすでに早く『多聞院日記』天正十九年（一五九一）五月二十七日の条に「甚四郎般若寺サラシヤへ聟入了」という記事がみえるが、それが特殊な技術を必要としたために専門の業者の出現と仲間の結成を早めたものと思われる。ついで寛永十四年（一六三七）の「南都曝御改帳」(2)によれば、三六〇人の晒商人を数えることができる。彼らは、「晒布を仕入れ申し候て他所へ売出す」ところの問屋的商人であった。したがってその背後に、多数の直接生産者が予想されるわけで、寛永のころにはもうさかんに製織されるようになってきていたのである。

やや時代を下るが貞享三年（一六八六）の「楊麻止名勝志」(3)に「当町中十の物九つは布一色にて渡世仕り候、（他商売のものも）妻子は布かせぎ致し、下々の駕籠《かご》かき・日用取り申す者共の女には、布おらせ或は苧《お》うみ渡世仕り候事」とあるように、奈良晒はまず都市手工業として出発したのであった。そして幕末にいたるまで、奈良の人々は「ただ布を以て土地一商売と唱え来り、末々のものは綛纉《かせぬき》・苧績《おうみ》・布織を稼《かせぎ》にいたし其日を凌《しの》」いでいくことになる。(4)

ところで奈良晒業の成立とその後の発展をうながした要因として、およそ二つの事情が考えられる。その一つは、慶長十六年七月、家康の「上意」によって、大久保石見守長安が奈良の具足師岩井与左衛門に書状を与え、奈良晒の尺幅検査の上、布の端に「南都改」という朱印を押すことを命じ、朱印のない晒の売買を禁じたことであった（与左衛門の江戸移住にともない、同十八年以降朱印は晒屋仲間の責任において押すことになる）。家康のお声がかりで朱印があたえられ、幕府の御用品としての栄誉をうけたことは、奈良晒の名声を全国的にし、その需要の拡大と晒業の発展をうながす上で大きな役割を果したとみなければならない。ところで奈良晒がこのような幕府の保護統制によって発展の第一歩をふみだしたことは、奈良晒に寄生的な性格を植えつける結果になった。その後、業者は朱印をうけたことを最大の「冥加」と考え、事あるごとに幕府の権威によりすがろうとするようになるのである。

一七世紀になって奈良晒が隆盛におもむいた第二の事情として、封建社会の安定にともなう武士や富裕な町人の衣服欲の増大をあげねばならない。「慶長見聞集」(5)に、富裕な町人はもとより「大名は申すに及ばず小名迄も、今日諸侍華美を事とし……形相をつくろひ、領納する知行は皆衣裳にかへ尽せり」と述べるような有様となったのである。奈良晒は、これら封建貴族の奢侈的需要に応じるものとしてあらわれたといってよい。事実、奈良晒は「帷《かた》子《びら》、三都士・民ともに式正には奈良晒麻布の定紋付を用ふ(6)」といわれているように、なかでも「東武御公用御納戸《おなんど》晒布」をはじめ「諸大名様方・御旗本様方、御上下《かみしも》地・御帷子地・御幕地(7)」として、すなわち封建貴族の礼服用あるいは夏の衣料として用いられたのである。農村市場がまだ充分な展開をみせてはいず、国民大衆の衣料が麻から木綿や絹・紬《つむぎ》に移りつつあった段階において、商品生産としての奈良晒は、いきおい都市市場を対象とする奢侈的商品としてあらわれざるをえなかったということができよう。

2　奈良晒の発展

一七世紀のはじめ、ほぼその基礎をかためた奈良晒は、さきに述べたような事情に加えて、寛永以降、武士の式服として五月の節句には必ず帷子を着て登城するようになったことも一つの理由として(8)、一七世紀の中ごろから、急速にその販路を拡大して繁栄して行く。明暦三年（一六五七）これまでの晒布の尺幅検査に加えて、晒される前の生布についても検査を行い、橋本町に判場《はんば》を設け、奈良町惣年寄が生布の尺幅をあらため布の織初めに「極」、織留《おりどめ》に「奈良町惣年寄」の黒印を押し、黒印のない布は一切これを晒してはならない、ということになった(9)。これは粗製濫造の弊を改める意図から出たものといわれるが、生産の増大とそれに伴う統制の強化を意味するものと考えねばならない。翌万治元年（一六五八）には三二万一六〇〇疋（一疋は二反）という生産をあげているのである。その後享保期にいたるまで、三十万疋から四十万疋の年産を示し、[10]奈良晒の最盛期を迎えることになった。西鶴が「何国にても富貴人こそ羨しけれ。商売の晒布は、年中京都の呉服屋に懸け売りて、代銀は毎年大暮に取り集めて、京を大晦日の夜半から我前《われさき》に仕舞ひ次第に、松明《たいまつ》点《とも》し連れて南都に入込む。晒布の銀何千貫目というも限もなし」（『世間胸算用』）と書いたような景況を呈するにいたったのである。

しかしながら、貞享三年（一六八六）の「楊麻止名勝志」に「晒の儀は奈良町中残らず商売に仕り渡世送り申候、織出し申し候儀は当町中にかぎらず、大和在々・山城・伊賀迄も織出し申候」とあるように、奈良晒の繁栄は、当然生産地域の農村への拡大をともなったものであった。農村手工業を包括することなくしては、とうてい増大する需要に応じることができなかったからである。のみならず、その製品が都市の商人を通じて取引されるかぎり、農村への産業の拡大は、都市の商人にとっても望ましいものであった。農村における低賃銀を理由に、奈良晒の生産もしだいに農村工業を基礎に進められるようになっていったと考えねばならない。

すでに慶安のころから、南山城木津村に晒屋があらわれてきていたが、貞享三年には布問屋の出現に脅威を感じた奈良の業者が、木津の晒屋と問屋の禁止方を幕府に陳情するなど、生産者の支配をめぐって抗争がおこったりしているのである。[11]これよりさき寛文五年（一六六五）、三人の数合《すあいがしら》頭を決定して布中買にたいする監督と統制にあたっているのも、[12]織布工程の農村への展開とそれにともなう中買商人の台頭を意味するものであった。さらに田舎中買・在中買と称される在郷の商人が成長し、元禄十五年（一七〇二）には数合頭の統制下におかれる。享保期に布の取引をめぐって奈良の中買と在中買の争論がみられるのも、[13]奈良晒が農村工業として確固たる地盤をきずきつつあったことを物語るものである。事実、各地の「村明細帳」に、婦女子の農間稼《のうまかせ》ぎとして苧《お》うみないし布織りをあげているものが多い。

やや時代を下って宝暦三年（一七五三）の南山城の史料に「山城生平《きびら》の儀は、在々惣百姓の妻・娘・下女等、耕作の間の稼にて、仮初《かりそめ》ながら此業を以て先年より御上納御未進銀等迄相立て、並に平常の渡世仕り候」といった記載がみえる。(14)農村においては、生計補充のため、農家婦女子の農閑期の家内労働として、奈良晒の生産が行われていたことを示すものである。奈良晒が農村に拡大していったのは、何らかの副業に従事しなければ貢租の納入はもとより「平常の渡世」さえ不可能であった封建的小農民の存在にもとづくものであった。

3　流通過程

奈良晒の生産の上昇と販路の拡大は、当然その生産販売組織に複雑な分化を生み、商業資本の台頭をうながすことになった。寛文十年（一六七〇）の「奈良町北方二十五町家職御改帳」(15)には、晒問屋・晒布商売・晒布中買数合《すあい》・生布中買数合・青苧《あおお》問屋・青苧商売・かせ問屋・かせや・布織・苧《お》うみ・晒荷持といった多様な業者が見出されるし、貞享四年（一六八七）刊行の「奈良曝」によれば、晒蔵方《くらかた》二八軒、晒問屋三二軒、青苧問屋六軒、曝屋《さらしや》二四軒、布もみ屋五軒、曝数合（女性）三一人、ぬきがせ問屋一四軒の名前と、布中買六、七百人の存在を知ることができる。奈良晒の大要を説明した元文二年（一七三七）の「布方一巻覚帳」によって、おもな商業資本と流通過程についてみておくことにしよう。

麻織物の原料である青苧《あおお》の生産は、江戸時代、上杉氏の会津さらに米沢への転封によって、東北諸藩とくに米沢・最上・出羽・会津地方においてさかんになる。奈良晒の原料としての青苧も、近世当初からこの地方に求めていた。寛永以降の生産の急増は、原料である青芋の移入量を増大させ、ここにその荷受問屋として青苧問屋の出現をみるのは当然の結果である。

「布方一巻覚帳」によれば、青苧には米沢藩の蔵苧《くらお》と、出羽・最上・米沢の商人苧の別があり、前者は年五百駄、後者は毎年千四百駄ほど入荷されていたという。青苧は、一駄につき一〇銭の口銭を納めて青苧中買が独占的に購入し、奈良の漬苧屋や紿屋中買あるいは布誂屋《ぬのあつらえや》などに売りさばかれ、奈良および近在の婦女子によって紿《かせ》糸や纉《ぬき》糸にされたわけである。青苧のほか、山城・伊賀・河内をはじめ近江・播磨・加賀などから、他国紿の形で原料糸も入ってきていた。奈良の青苧中買からこれらの国々へも青苧が売りさばかれており、青苧代とひきかえに紿纉を受けとることもあった。さきに示したかせ問屋・ぬきがせ問屋というのは、青苧中買のことと考えられる。他国紿は青苧中買のほか、紿屋中買・布誂屋のもとに買取られる部分もあった。これらの青苧中買は、おそくも元禄十一年（一六九八）四一人の仲間をもち、正徳四年（一七一四）春日講と名づけて株仲間組織を強化している(16)（ただし、後年の史料によれば、正式に認められたものでなかったという）。

これにたいし、販売部門では、晒問屋および蔵方《くらかた》の成長が注目される。寛永年間三六〇人を数えた晒商人は、その一部が問屋となり、他の大部分が蔵方になったらしい。延宝三年（一六七五）蔵方二二四人を数えたといい、同七年には問屋株仲間二三株の結成をみている。ここに蔵方というのは、中買を通じて「当地並に在の分も生布買込み晒させ置き、女数合に相渡し問屋方へ売渡」すことをおもな仕事にしたもので、問屋はみずから生布を買集め晒させることなく、一定の口銭を得て、蔵方からもたらされる晒布または中買がもってくる生布の販売にあたったものである。いわば、蔵方は売問屋であり、問屋は買問屋であったといってもよい。

しかしながら、おそくも元禄前後には蔵方のほとんどが中買に転じ、こうしたしくみはくずれてしまっている。元禄六年には晒新問屋株一八株の結成をみており、新旧晒問屋が蔵方の業務をひきうけ、中買から生布を買集め、これを晒屋に晒させて販売することになるのである。問屋は東武御公用御晒として年平均一万疋ほど幕府に納めるほか、おもに江戸・京・大坂の呉服問屋と取引したのである。このほか奈良晒の販売にあたったものとして、「中買並に布誂屋より銘々手前に生布を買入れ、晒に致させ、国々所々へ罷《まか》り越して」晒商売にしたがった他所行商人（元文二年七九人）があった。

「俚諺集」は「寛永年中ごろまでは、生布、縷《より》布共に織屋より直に、問屋・蔵方へ持来り、又は女牙婆《すあい》など持来りしと也」と書いている。奈良晒のごく初期には、製品は生産者から直接、あるいは女牙婆と呼ばれる女子の仲介者の手を経て、問屋や蔵方にもたらされていたのである。ところが、奈良晒の興隆、とりわけ農村への生産の拡大によって女牙婆は消滅し、資力をもった中買商人が台頭してくる。生布は中買を通じて問屋に運ばれることになったのである。

貞享四年六、七百人におよぶ布中買を数え、寛文五年には中買仲間を結成、三人の数合頭《すあいがしら》を選んで統制にあたった。宝永五年（一七〇八）からは、木の提札をうけて営業するようになり、数合頭は、他国への抜布の吟味、生布協定価格ならびに現銀取引の監視にあたった。奈良晒が衰えはじめた元文二年、（生布）中買三五二人、絈屋中買一三八人、在中買一〇〇人、抱方中買二三人、問屋抱方中買一三人、合計六二六人を数えることができる。あとで述べるようにこれらの仲介商人は、その地位を高めるにつれて生産の支配に向って動き、問屋制資本として活動することになる。

これらの業者は、在中買をのぞいてすべて都市の商人であり、それぞれ強固な仲間を組織し、そのギルド的制約のもとに活動していたわけである。

4　生産形態

奈良晒の生産は、大きく分けて苧うみ・織布・晒の工程にしたがって行われるが、あとで述べる晒加工をのぞく主要作業は、婦女子の家内手工業として営まれた。苧うみは、青《あお》苧《お(そ)》を三日程水につけ、一たん水気を去って後これを指先で細くさき、その末端を二股にして唾液でしめしながらかたくひねってつなぎ、桶にたぐり込むのである。これを捲車《へそ》にかけて緯《ぬき》をとり、あるいは縷《より》をかけて綛《かせ》にたばねたわけである。

　織布には「南都布機も、絹布の高機を模して造り、高く居て織る故、上機《かみはた》と名付し也」と「俚諺集」に記されているように、高機が用いられていた。一疋を織りあげるのに一週間から一〇日を要し、一冬で一五疋から二〇疋を織るのがふつうであったという。一機ないし二機を備える「町中末々のもの」または小農民のもとで、婦女子の家内副業として織られていたわけである。ことわるまでもなくそれは、「南山城惣百姓共の耕作の間、女の職少しの織賃にて生平織出し、御上納の足し銀又は渡世の経営に仕来り候」[17]といわれているように、貢納ないし家計補充のための家内手工業であったことはいうまでもない。苧うみについても、もちろん事情は同じであった。

　このことは、このような副業に従事しないかぎり、生活のなりたたない多数の零細農民ないし都市貧民の存在していたことを裏書きしている。ここに商業資本がその触手をのばすことは当然であった。青苧中買・布中買の台頭は、これら零細農民や都市貧民の生産者を原料市場からも販売市場からも断ち切ることになる。そうしてこれらの中買商人の中から、たんに綛や布を買集めるだけでなく、原料の前貸によって、都市および農村の手工業者の生産を支配するものも現われた。

　「俚諺集」は、寛永以後「織屋、綛屋を巡りて買出し、或は通町の小店などに早朝中買同士三五人、二三輩宛待居て、田舎辺より持来る壱疋二疋の布を買出し、或は織屋に経緯《たてよこ》を渡し、誂へ織せ、近き田家を廻りて買出しなどして、問屋・蔵方の店へ売商ふ」中買があらわれてきたと説いているが、「経緯を渡し、誂へ織せ」るもののあったことを指摘しているのが注意される。その最初のものは、「布方一巻覚帳」が「綛緯の儀は、当地在々・他所よりも買取り候て、町中末々のものに織せ申候」としている綛屋中買であったろう。彼らは、農家や町中末々のものに綛緯を前貸しし、織りあがった布を問屋へ売却したのであった。いわば機織しない織元であり、布誂屋・綛屋誂屋、あるいはたんに誂屋と呼ばれるのはそのためである。

一七世紀中葉以後、この傾向はいよいよ進み、綛屋中買のみならず、もともと「当地並に在々生布買取り当地へ売買」していた生布中買もまた機織しない織元として布誂えを兼ねるようになっていった。延享三年（一七四六）「近頃生布中買方にも生布誂《あつらえ》仕り、両商売仕り候者これ有り候に付」というのを理由に、中買はすべて生布数合《すあい》と呼称することになっている。おそくもこのころまでに、中買商人のほとんどが前述の誂屋に転化し、事実上問屋として生産者を支配するようになったことを示している。したがってこの後は生布中買と称しても、「生布綛纘誂職」に外ならず、機織しない織元＝誂屋であったと考えてよい。

こうした都市の織元にたいし、田舎中買・在中買の中から農村の織元ともいうべきものが成長した。在中買は、やがて布誂職を兼ね、在方誂屋と呼ばれ、あるいはまた村々織屋と称されるようになる。彼らもまた「私共渡世筋、南山城にて織出し候生平の儀は、其仕草かせぬきは、南都其外所々より買取り、織屋（直接生産者である農民の機屋を意味する）へ遣し織布に仕立てさせ候て、問屋は又南都中買其外国々へ先年より売来り候[18]」といわれるように、農村における機織しない織元であった。

ところで、零細農民や都市貧民が、婦女子の家内副業として、年貢上納や家計補充のための生産にしたがっていたかぎりでは、かれらがその資力を増大して成長していく望みはなかった。では都市の織元である中買＝誂屋はどうであったろうか。つぎのような事情で、彼らもまた自由な発展を約束されたものではなかった。彼らは「他所・他国の生布買に参り候共、他所・他国にて売買申さず、南都へ持帰り商売仕候様、急度《きっと》申付くべく候」と、奈良の晒問屋をさしおいて生布を直買することは、抜荷として禁止されていた。販売面においては「綛屋中買（＝誂屋）などは、所詮問屋に随い内の者共にて御座候[19]」といわれるような立場におかれていたのである。

また、原料の青苧については、青苧《あおお》問屋・青苧中買の独占するところであり、綛纘に関しても糸問屋としての青苧中買の制約をうけることが多かった。のみならず、寛政十一年（一七九九）青苧中買は青苧中買紵屋仲間の結成に成功、他国紵について集荷販売の独占権を獲得する。[20]しかもこの頃には、中買＝誂屋が自由に買集めることができた大和紵が、木綿稼ぎがさかんになるにつれてその生産を減少し、大和紵一、二分、他国紵八、九分というふうにその比率が逆転してきていたのである。[21]したがって中買＝誂屋は、独占価格として押しつけられる紵の高値とその入手難に悩まねばならなかった。もちろん中買＝誂屋は、生布販売の自由と他国紵購入の自由を要求してしばしば争論に及んだが、[22]こうしたギルド的制約をうちやぶることはできなかった。

農村の織元としての在方誂屋＝織屋の場合も同様であった。彼らがはじめ在中買として台頭してきたとき、布の取引をめぐって奈良の中買商人と対立したことがあった。しかし農村の織元といっても機織しない織元であったことにはかわりなく、その経営様式や資本の性格は、都市の織元と基本的に異なっていなかった。農村の織元として独自の成長をみせるというよりは、しだいに都市の織元に圧倒されていったようである。はじめ在中買は、買集めた生布を問屋へも中買へも自由に売渡しができたが、延享二年（一七四五）には問屋への布の直売すら禁止され、「（都市の中買誂屋が）村々織屋方へ現銀にて紵売渡し、生布織立てさせ買入れ申候儀に候」とあるように、都市の織元に従属していった。

このように、都市の織元も農村の織元も、原料糸の入手や製品の販売についてギルド的な制約の中におかれ、自由に成長していくことを妨げられていたといってよい。生産者との直接的な結びつきを禁止されていた晒問屋や、糸方として布の生産販売に関与できなかった青苧問屋や青苧中買にとって、そうしたことはいっそう期待できない事柄であった。したがって奈良晒は、都市手工業と家内的・農村的副業の拡大という背景をもちながら、マニュファクチュアに前進する条件は、ほとんどなかったといってよい。

5　晒屋の経営形態(23)

しかしながら、仕上加工工程を担当した晒屋においては、早くから雇傭労働による経営がみられた。すでにみたように、慶長年間般若寺と疋田に晒屋仲間があり、寛永十四年（一六三七）両村に判押し役人がおかれて尺幅検査が強化され、三六〇人の特定の晒商人の「もん」のない布は一切これを晒さないことになった。またこのときから、晒賃は米値段に準じて奈良奉行が定めることにきまった。延宝七年（一六七九）般若寺方一二株（市之井三、水門一を含む）、疋田方一四株の株仲間が認められ、惣年寄の極印をうけた生布を（明暦三年から、生布の尺幅検査も行われることになった）問屋の委託によって晒し、一定の晒賃を受けとる体制が確立された。

晒加工は、まず水で洗って糊をおとした布を芝の上にひろげ、灰汁《あく》をうちながら十日余り日光にさらし、こんどは大釜に入れて灰汁でたき日にほす過程を数回くりかえし、最後に木臼でつき水で洗い、棚にならべて張りほすという過程をとった。晴天数十日を要する作業であったという。

こうした技術的特性にもとづいてすでに寛文八年（一六六八）のころ、疋田村の晒屋一七軒の中、一五軒のものが五人以上の奉公人を持ち、一〇人以上の奉公人を持つもの九軒、最も多いものは三一人の奉公人を抱えていた。正徳二年（一七一二）の「布一万疋晒上ケ申候諸色入用覚」によれば、布一万疋を晒しあげるためには、奉公人一七人、下女二人、他に日用として年に延二〇〇〇人（常傭とすれば五人ないし六人となる）の雇傭労働が必要だとしている。元文元年（一七三六）に例をとれば、般若寺方晒屋では平均二万疋余り、疋田方では一万疋前後の晒高を示しているから、一般に二十人ないし三十人、多いところでは数十人にのぼる協業規模をもっていたと推定される。事実、疋田の前田家では、文政のころ奉公人一二人、日雇一三人ないし一九人の雇傭労働による経営が行われていた。

したがって、協業における組織的な作業分割＝分業の存在も当然予想されるところで、正徳二年の「覚」によれば、加工工程の各段階に照応して、釜たき・灰汁屋の者・干場《ほしば》奉公人（芝方ともいう）・仕立師（張場《はりば》の者ともいう）・町行きなどに分かれていた。のみならず明和三年（一七六六）の史料によれば、作業場長ともみられる惣支配役、職長とみられるべき元灰汁役人・干場役人などの名もみえる。

　このような経営形態は、いわゆるマニュファクチュア経営とみなされようが、その経営内容には非近代的な要素が含まれており、たとえば雇傭関係をみても、それが「自由な関係」にあったとはとうてい認められない。「年季仕着せ」であった年季奉公人はことわるまでもない。通勤の奉公人を意味すると考えられる平奉公人の場合でも、明和ごろには現物給から現金給にかわってきているものの、給銀の多くが先貸賃として与えられていたのである。しかもその一部を「不奉公致さぬ様之引当に」「格式に背かざる様の引当銀に」雇主が預って置くといったことが行われていた。前銀ないし預銀のかたちで、何ほどかの人身的隷属の存在していたことを暗示している。

　一般に仕上工程がその技術的条件からいって半工場状態に適合しており、造酒業などと同様、古くから集中の行われるのが普通であるが、この晒屋の経営形態にも共通するものが認められる。そして、晒屋は問屋から委託された生布についてのみ晒加工を行うたてまえになっていて、問屋が生布の買入れおよび晒布の販売を独占し、晒屋は生産者からも市場からも遮断されるというギルド的制約のもとにおかれていたのである。

　また、利潤の源泉である晒賃は、米価に準じて公定されたが、問屋の圧力のために実質的にも時期的にも晒屋に不利に決定され、晒屋の資本蓄積を困難にしていた。元禄—享保期に晒賃をめぐって問屋と争ったこともあったが、問屋仲間は両村晒仲間以外に新規の晒屋を認めさせたり、仲間で申し合わせて特定の晒屋に布をやらないでつぶそうとはかったりしたので、晒屋はかえって問屋への従属を余儀なくされてしまった。その上晒屋仲間にはきびしい仲間掟があって、晒屋の自主的な経営と自由な競争を制限していたので、晒屋の経営規模の拡大はとうてい期待できない状態におかれていた。したがって、晒屋は織布工程を自己の資本のもとに組織できなかったばかりでなく、販売と直結して商人＝経営主となっていくことも不可能であった。

6　奈良晒の衰退

奈良晒はほぼ享保のころから衰退に向い、その産額も、元文のころ二三万疋、宝暦のころ一五万疋、天保のころ一〇万疋前後、幕末には数万疋というふうに減少していくことになった(24)。それはまず越後縮《ちぢみ》・近江麻布（野州晒）・能登縮・薩摩上布など「他国布」の台頭にともなう独占的地位の喪失、市場の狭隘化によるものであった。奈良晒の生産が十万疋余りに減少する天明のころ、越後縮が十万疋、二十万反の生産をあげてきていることが(25)、これを端的に示している。

このような市場の狭隘化に対して、文政五年（一八二二）江戸に晒布直売場の設置を試みたり、武士や町人に奈良晒以外麻布を用いないように奈良奉行から工作してほしいと願出たりしているが、もちろんみるべき成果をあげていない(26)（江戸直売場開設計画は、江戸呉服問屋が旧来より五〇〇〇疋買増すことで結着し、実現しなかった）。『世事見聞録』などには、百姓も「帷子《かたびら》も奈良・近江・越後縮など高料なる品を用い」るようになったとしているが、もともと奈良晒は、武士や町人の奢侈的需要に応じる高級衣料品で、都市とくに三都を市場にしていた。久しく独占的地位に甘んじてきていたので、新しく展開しつつあった農村市場に対応して、品質の大衆化をめざすような弾力性はもっていなかった。新しい嗜好に投じるような織方の工夫はほとんどなされなかったし、ギルド的制約がそうした試みを妨げた（たとえば天保三年、五助の新儀織方にたいし、中買＝誂屋《あつらえや》がこれを排撃している）。

その上、「生布織方、殊の麁末に、経糸の度数を減し、横緯も如レ前打寄せずして、網のやうにならべて織なす故、生布にては見分よろしけれ共、地合薄く……」と「俚諺集」に指摘されているように、不正品の横行が市場の狭隘化に拍車をかけた。天保二年（一八三一）業者自らが奈良晒にくらべて他国布の品質の良さを認めざるを得なかったし、奈良の人でも奈良晒を着用しないという現象さえもみられたのである。

さらに奈良晒にとっての困難は、原料青苧《あおお》の高値であった。それは中買＝訛屋が主張したように、たんに青苧中買の独占だけがその理由ではなかった。遠隔地取引であった事情に加えて、他国における布紵生産の発展によってもたらされた、奈良晒全体の問題であった。これにたいし天保二、三年宇陀郡で青苧の試植が計画され、同七年には奈良奉行所の指示で、業者から基金を集めて宇陀・吉野両郡でその植付けをくわだてているが、成功をみることなく終っている。

それとともに、大和の農民が紵うみから木綿稼ぎに転向した結果、大和紵の不足を招いた事情が物語っているように、副業収入の機会の多かった奈良地方と、冬期の家内副業として紵うみや麻織りにしたがうよりほかなかった越後とでは、うみ賃・織賃その他生産コストにかなりの差異を生じていたと考えてよいだろう。幕末、奈良晒不振の打開策の一つとして、うみ賃や織賃を高くして「紡績人」や織子を多くしなければならない、と考えられたりしているのである。こうした事情は、奈良晒の高値をよび、他国布におされる原因の一つになったと考えられる。

こうして奈良晒が衰えていくと、そのギルド的な制約はいっそう強められる。青苧中買の他国紵の独占強化はその代表的な例であった。仲間はギルドの特権を盾にたがいに他を牽制して奈良晒の復興を妨げた。業者は、特権の維持に汲々としては、その寄生的性格を濃くし、京都・大坂・堺の町人に「奈良布の外着用仕らざる様、それぞれ御通達成し下され度」くと願出、そこに衰運打開の道を見出そうとさえするのである。

しかもこの場合、独占的地位を維持しようとしてよりすがったものが、幕府権力であって、国産の奨励に積極的な関心を示しつつあった藩権力でなかったことが注意されねばならない。たとえば能登縮の場合、藩が織布工場の経営を助けて江州流麻布の製織を伝習させたり、あるいは製布資金を貸下げてその発展策を講じているが[27]、奈良晒の場合、そのような積極的な保護は全く与えられなかったのである。そうした点にも、奈良晒が衰退する大きな理由がひそんでいたといわねばならない。

明治維新で、武士階級という最大の顧客を失ったことが、奈良晒にとって決定的な打撃となった。その後も奈良県東北部山間地帯で、「宮内省御用」「神宮御用」ということを誇りに、旧幕時代の生産形態のまま命脈を維持したが、もはや昔日のおもかげは失われてしまった。大正時代、奈良の問屋N家が、その地方の福住・田原・月瀬の三カ村にマニュファクチュア工場を経営したこともあったが、奈良晒は、ついに近代産業への転換をみることなく没落してしまうのである。

注

(1)『徳川時代商業叢書』一所収。
(2)奈良市疋田町前田家文書。
(3)奈良市多門町玉井家文書。
(4)慶応二年「口上書」(奈良教育大学所蔵田村家文書)。
(5)『改定史籍集覧』一〇所収。
(6)『近世風俗志』一二。
(7)田村家文書中の史料。
(8)『奈良麻布蚊帳同業組合三十年史』(同同業組合、一九二九年)。
(9)「布方一巻覚帳」(田村家文書)。
(10)本書、第一章―一参照。
(11)注(3)の「楊麻止名勝志」。
(12)(13)「奈良佐良志」(奈良県立奈良図書館所蔵藤田祥光氏筆写本)。
(14)京都大学経済学部経済史研究室所蔵石井家文書。

(15)　注（12）の「奈良佐良志」所載。
(16)　青苧中買仲間「万覚帳」（田村家文書）。
(17)(18)　注（14）に同じ。
(19)　「奈良曝由緒書」（前田家文書）。
(20)～(22)　青苧中買関係文書（田村家文書）。
(23)　くわしくは、本書、第一章―二を参照されたい。なお、特記しないかぎり引用史料は前田家文書による。
(24)　本書、第一章―一参照。
(25)　西脇新次郎『小千谷縮布史』（小千谷縮布史刊行会、一九三五年）。
(26)　田村家文書。以下、特記しないかぎり、これによっている。
(27)　『能登部町誌』（能登部神社社務所、一九三六年）。

四　北山郷の木年貢制度と林業

1　北山郷の概要

北山郷は、奥吉野の山中、北山川に沿う谷間《あい》の村々、近世には上組と下組に分かれ、明治二十二年（一八八九）の市町村制施行で上組は上北山村、下組は下北山村となる。

天領の村

古く北山郷は、北山七村と呼ばれ、上組三カ村と、下組四カ村から成っていたらしい。北山七村の呼称は、江戸時代のごくはじめごろまで使われていたらしいが、すでに一六世紀の終わり秀吉の時代には、上組五カ村——西野村（いまの西原）・小瀬村・栃本村（この二カ村が合併して現在の小橡となる）・川合村・白川村、下組七カ村——池原村・大瀬村・池峯村・寺垣内村・浦向村・佐田村・桑原村の成立をみていた。一七世紀の終りごろに、池原・桑原の両村がそれぞれ上・下に分かれ、下組は九カ村になる。

近世の北山郷の村々は、江戸幕府の直轄領、天領に属し、預地になった時期を除いて代官によっておさめられた。はじめ大津代官所の支配を受けていたが、寛文四年（一六六四）から元文二年（一七三七）までは南都代官所の支配下におかれた。翌三年から藤堂和泉守の預りとなり、その出張所の古市役所の支配下にはいり、明和元年（一七六四）からは織田丹後守の預りにかわったため芝村役所の支配を受けるようになった。寛政六年（一七九四）から翌年にかけていちじ京都代官の支配にかわったが、同七年に五條に代官所が設けられたので、この年から明治のはじめまでは、ほとんど五條代官所の支配下にあった。

村のようす

近世の北山郷は、願状などの冒頭のいわばきまり文句になっている「嶮《けん》岨《そ》之谷合、極山中の儀に付」といわれるのにふさわしい土地柄であった。延宝七年（一六七九）の「訴状」には、つぎのように記されている（『上北山村の歴史』所載）。

西は大峯山前午（後カ）の高山を抱え、東は紀州領境の高山、北は大だい（台）伯母ケ峯をささえ、南はすりこ山高根を相抱き、此の如く四方八方共かくれこれ無き大山を引請け、其間の谷合に村数漸く拾弐ケ村御座候、家職は山かせぎを仕り、其日〳〵の身命をつなぎ申す杣《そま》百姓にて御座候、往古より土性は嶮岨巌（岩）石原計《ばかり》にて大悪所の場所故、たとえ雑穀等まき付け申し候ても、大概《たいがい》鹿猿の餌に罷成《まかりな》り、取身（実）も曾てこれ無く候

幕末の史料だが、慶応四年（一八六八）の「下組由緒書」（注）（上桑原区有文書）は、さらに詳しく村のようすを伝えている。

北山郷発端の儀、極深山嶮岨の悪所、年々十月上旬より翌二月中旬迄雪降積《つもり》、山稼等出来難く都《すべ》て作物実乗《みのり》宜《よろし》からざる土地柄、然る処、往古諸方より立越堀込程の小屋掛《こやがけ》等にて住居致し、此の深山谷間へ銘々追々畑地切開き耕作渡世を専《もっぱ》ら致し（中略）食物は、栃の実・樫の実・木の芽等の類多分取入貯置き、穀類食用の足《たし》合致し当日を相凌《しの》ぎ候極《きわめ》て難渋の場所に罷《まかり》在り、諸色売買の場所へは行程廿五六里相隔《へだた》り、紀州浜筋へは難所二日路これ有り、都《すべ》て不弁理（便利）の場所にて、自然と田畑を開発、丹誠を尽し候得共、当時の人家の割合に候はば耕作格外の不足いたし、尤《もっと》も、当所の産物、木材並びに茶類を専《もっぱら》とす

北山の地は、交通の不便な山間の僻地、田畑が少ないうえ作物の出来もよくないので、木の実などを拾って食糧の補いにあて、山かせぎによってわずかにくらしをたてているというのである。

残されている「明細帳」をみても、家数・人数に比べて耕地はいかにも少なく、その生活を支えたのは、あとで

詳しくふれる「御材木」の生産を中心とする山かせぎであった。

（注）　表題は「北山下組由緒書」。なお、ほぼ同内容で同じく「北山下組由緒書」と表記された史料が、倉谷家文書・寺垣内区有文書にもある。

検地と村高

こうした僻遠の、耕地の乏しい「嶮岨の悪所」にも石高制の原則は貫徹されていた。検地が実施され、村高にもとづいて年貢がかけられ、天領に特有の高掛三役もかかってきた。免状の形式も、平坦部の農村などと全く同じであった。

北山郷の検地は、文禄と延宝の両度に行われている。文禄の検地は、いわゆる太閤検地で、北山郷では文禄四年（一五九五）に施行された。延宝の検地は、幕府が延宝元年（一六七三）と、同五年から七年にかけて畿内の天領に実施したもので、北山郷では同六年四月下旬から五月上旬にかけて行われ、「検地帳」は翌七年八月八日付で作成されている。文禄検地を古検と称し、延宝検地を新検と呼んだが、両検地によって確定された村高は、表1のとおりである。延宝検地によって確定された北山郷の総高は一四一五石七斗四升六合、古検に比べて四七〇石三斗七升三合増加となり、どの村の村高も大幅に増えている。この後江戸時代を通じて村高に変更はなく、明治に及ぶことになる。

表1　文禄・延宝両検地の村高

	文禄検地	延宝検地
西野村	25石805	56石881
小瀬村	36 357	41 614
栃本村	46 204	53 655
川合村	45 483	74 500
白川村	74 990	120 475
池原村	131 488	243 977
大瀬村	33 070	46 128
池峯村	101 821	134 607
寺垣内村	77 525	128 637
浦向村	107 030	165 568
佐田村	101 030	149 223
桑原村	164 570	200 481
計	945 373	1415 746

延宝検地後まもなく（おそらくは新検地帳によって年貢の徴収が始まる元禄4年ごろか）、池原村と桑原村が上・下に二分される。その村高は次のとおりである。

上池原村　161石563　下池原村　82石414
上桑原村　110　778　下桑原村　89　703

延宝検地で村高に大幅な増加をみたことについては、古検で六尺三寸の間竿が使われたのに新検では六尺の間竿が用いられ、田畑面積が古検より広く算定されたこと、新開地が高請地へ編入されたこと、田畑の位付《くらいづけ》が上中下の三段階から上々と下々を加えた五段階になりこれまでより上位にランクされる田畑もみられたうえ（ただし、上々田はなかった）、斗代も平坦部同様高目に決められたことなどがあげられる。検地後の「嘆状」に「国中同列の御位付・斗代に御盛りなされ、大分高増し申し候」とある。

村高が大幅に増えたうえ、新たに山手銀もかけられることになった。これではたちまち生活は立ちゆかなくなる。検地の結果に驚いた郷民たちは、位付・斗代・小物成・山手銀を「谷中嶮岨大悪所場相応に」手直ししてもらいたいと願い出ている。その後のいきさつは明らかでないが、郷民の抵抗が強かったためであろうか、新「検地帳」による年貢の徴収は、一三年後の元禄四年（一六九一）まで延ばされ、以後これまでよりも租率が下げられるなど、郷民の負担はかえって軽減をみている。なお、享保十年（一七二五）からは定免になるが、たとえば寺垣内村のその年の高免は二分九厘七毛余、毛付免が三分一厘二毛余、その後毛付免は三分四厘をこえることなく幕末に及んでいる。

2　木年貢と拝借銀

木年貢制度

年貢は、検地によって定められた村高を基準にかけられた。免状によってその年の年貢高が伝達されると、村ではこれを持高に応じて個々の本百姓に割付け、村の責任において上納した。一部で貨幣で納める場合もあったが、年貢は米で納めるのが原則であった。ところが北山郷では、年貢は材木で納めた。これが木年貢制度である。

江戸時代、木年貢制度がとられた地域に、北山郷のほか、伊那・木曽・飛驒・木頭（徳島県）があった。いずれも有数の林業地帯であった。このうち木曽と飛驒では江戸時代の中ごろ廃止されるので、江戸時代を通じて木年貢制度が存続したのは、北山と伊那・木頭の三カ所だったことになる。

年貢に納める木材は、杣役を負担する本百姓に割当てられたが、材木のことであるから、その持高に応じてきちんと割り当てるわけにはいかない。持高に対し過分になる年もあり、逆に少ない年もあるので、過不足の帳尻を明確におさえて調整する措置がとられていた。年貢木の上納時期は、筏の流送に好都合な六月であった。免状では、年貢の納入期限は、米年貢の場合同様極月二十日以前となっているが、これは通例の形式にしたがったまでのこと、実際には次の年の六月に納めたのである。

こうした木年貢制度がとられたのは、本稿1でみたような自然条件のもと農業生産が貧しかったからであり、森林資源が豊富だったことによる。延宝七年（一六七九）の「訴状」に「（文禄検地の）御水帳は頂戴致し候へども、何を以て御年貢に差上げ申すべきもの曾て御座なきに付き、御材木を以て御年貢に召上げ候」とある。それに、幕府の方でも、さまざまな造営事業に備えて用材を確保する必要があった。右の引用箇所に続いて「権現様（徳川家康）御代に、北山は御吉例の所にこれある旨御上意なされ、御材木杣取り仕る杣飯米料として、御銀拝借仰付けさせられ候」とあるように、毎年拝借銀を下付し、これに見合う材木を木年貢と合わせて上納させたことによってもうかがえる。あとでふれるように、じつは、拝借銀による上納材木の方が、木年貢による納入材木よりも数倍多かったのである。

木年貢制度のはじまり　「上組由緒書」（表題は、上組「北山御由緒書」、奥村家文書）によると北山材の上納は、文禄三年（一五九四）に始まる（「下組由緒書」にはこの記載はないが、上桑原東家文書の「北山郷記録帳」にはのっている）。豊臣秀吉が伏見城の普請《ふしん》のため北山郷に「御用木」を命じたとある。翌年、太閤検地が実施されるが、その時点で木年貢制度のしくみがととのったわけではないようである。上組では「御つまみ」として材木を上納することになったといい、下組では「諸役《しょやく》掛り物の儀、御免許所に罷在《まかりあり》候」（「北山郷記録帳」）といい、木年貢制度が決まるまでは「御用御材木上納仕り候」と記しているからである。おそらくは必要に応じて用木の上納が命じられる程度のことであったのだろう。

慶長九年（一六〇四）幕府の代官大久保長安によって吉野地方の検分（視察）が行なわれ、そのあとで吉野郡の支配のしかたがきまったようである。そして四年後の同十三年、北山郷の木年貢制度が定まったとみられる。たとえば「吉野郡北山郷記録帳」（神林家文書）に「慶長拾三申年より、御代官小野宗左衛門、大津役所木戸又兵衛 杉田九郎兵衛、伏見役所竹村市左衛門此節より御物成米（年貢米のこと）御材木を以て上納仕来り申し候」とあり、下組の「由緒書」にも「是れより始て御材木を以て上納仕来り申し候御事」とある。検地による北山郷の総村高九四五石三斗七升三合（上組二二八・八三九石、下組七一六・五三四石）に対する年貢が、材木によって上納されることになったのである。そして同年、池原に陣屋が設けられ、上納材木の改め（木品・寸間・員数などの検査）が行なわれることになった。「由緒書」によると、木年貢のことは、村民から願い出て認められたということだが、幕府としても江戸城の増築や江戸の建設のためたくさんの用材を確保する必要があって、これを認めたものであろう。

慶長九年大久保長安の検分が行なわれたあと、吉野郡中に対する貢租徴収のしくみがととのったとみられるが、その内容は、吉野・北山・十津川の三地帯でそれぞれ異っていた。川上・黒滝を中心とする吉野地方については、移出材に対する口役銀（移出税）十分の一税の徴収を川上・黒滝の両郷に請負わせ、年間百両を冥加銀として納めさせることにし、超過分は両郷の収入とする定めとなった。この地帯の林業がすでにかなりの発展を示し、大量の木材が吉野川（紀ノ川）を経て大坂へ移出されていたためである。これに対し、樹木の育成条件が悪く、木材の流送が困難であった十津川郷には、五九カ村の総高一〇〇〇石に対し、年貢米のかわりに北山郷から出材する筏二五〇艘分（米にして百二十石余）の出役義務が課せられた（本稿3—「十津川筏役」参照）。そうして、樹木が豊富であるが吉野地方に比べて材木の商品化の進んでいなかった北山郷には、木年貢制度がとられたわけである。

筏道と材木役所

江戸時代の初め、北山の林業は、吉野や熊野に比べてその発展が遅れていた。材木を伐り出しても、それを運び出すことが困難だったからである。古くから北山郷と尾鷲・木ノ本・新宮との結びつきが深かったのだから、あるいは山越えに、あるいは河川を利用して、この方面へいくらかは北山材が運び出されていたであろう。しかし、新しい運材の方途が整えられないかぎりは、北山林業は小規模なものにとどまらざるを得ない。北山林業の発展のためには、北山川―熊野川を利用して新宮へ材木を流送できる「筏道《いかだみち》」の開発が、何よりも必要であった。

豊臣秀吉から、伏見城の普請のため御用木として檜の大材の上納を命じられた文禄三年（一五九四）には、熊野への「筏道」はまだついていなかった。そのため材木は「伯母ケ峰を引越し、吉野川を下し、檜垣本村より芦原坂（芦原峠）を引越し、夫《それ》より木津川へ引出し、筏下し仕り候て、淀より登」らせたのだという（「上組由緒書」）。

江戸幕府は、大量の材木を必要とした事情もあって、木年貢制度を認めるとともに北山林業の開発に積極的な姿勢をとった。いつどのようにして「筏道」がつけられたかは明らかでないが、慶長十一年（一六〇六）、江戸城増築のための用木の上納が命じられ、「御注文通り仕出し、新宮着の上」、船積で江戸へ送ったというから、木年貢制度が定まる同十三年前後には、新宮への「筏道」が通じたのでなかろうか。それから三十年ほど後の寛永十六年（一六三九）、「御用御材木段々と仰せ付けられ杣《そま》取り仕り候、遠所の川筋熊野・新宮迄川下し仕り候」とあって、洪水で流出した材木の木主を確認するため、木主の黒印二六五挺を認可されたということだから、すでにこの頃には、相当量の材木が流送されていたことが認められるのである。

木年貢制度の実施とともに、材木収納のための役所が池原に設けられた。これが池原役所また池原陣屋と呼ばれたものである。五月二十八日から霜月（十一月）の上旬まで、収納役人が詰め、材木の改めその他の用務にあたった。はじめ、収納役人二人、手代二人の四人が勤めたが、のち二人の役人の間に争いがあって役人一人ずつの交代となり、役人一人、手代一人、小者一人、飯たき一人の四人が詰めることとなったという。ついで藤堂藩古市役所の支配のときは、役人・手代・横目・小者の四人、芝村藩預りのとき役人・足軽・小者の三人となったが、程なく足軽が二人となり、もとの四人詰に戻っている（「北山郷記録帳」）。そして、上組と下組から村順に各一人の年番が選ばれ、収納役人を補佐するとともに、材木や上納について諸般の事務をつかさどった。

あとで述べるように、北山郷から上納される材木には、木年貢のほかに拝借銀の下付を受け、その見返りとして上納する材木が多量にのぼった。収納役人や年番が、拝借銀による上納材についても、木年貢同様にその管理にあたったことはいうまでもない。

幕府は、これら御材木＝上納材を一方的に江戸へ廻送させた。そのためには、新宮へ流送された御材木を、その統制下におく必要があった。池原陣屋とともに、新宮にも御材木を管理するための役所が設けられることになる。新宮寛永十七年、代官小野宗左衛門の手代竹村市左衛門が新宮に赴いて、上納材木の統制組織をととのえている。新宮池田の飛鳥社を移し、その境内地に「北山御用木御蔵」を設けたのがその一つで、これがつまり池田御蔵（池田役所）と呼ばれたものである。ついで市左衛門に同道した下市の材木商吉野屋覚右衛門（のちに覚兵衛）が、正保元年（一六四四）から御材木問屋＝御用商人として池田御蔵を預り、北山の御用材を一手に取扱うことになった。これまで材木問屋嘉田勘左衛門が関係していたが、材木の検査にあたるだけで、御蔵をまかされるようなことはなかったという。吉野屋は、御殿印などを託されて池田御蔵の管理をまかされ、役人（池田奉行、また新宮御材木奉行という）の指示を受けて、御材木の検査から保管・船積まで一切の仕事を取りしきることになったのである。

北山郷から新宮までは約八十キロにおよぶ「長川筋」のため、筏で流送中に痕《きず》のできるものがあり、これは刎木《はねぎ》として上納材からはずされる。ところが、その代木の手当は年内にできないので、「本手形」もきまらず、代官の江戸勘定も延引するし、池原の収納役人も北山で越年しなければならない端目《はめ》になるうえ、百姓も筏乗りも迷惑する。そこで代木のことは吉野屋が請合って年内に本手形がとれるよう、吉野屋に池田御蔵を預け、差配をまかせることになったのだという。こうした体制がととのえられた背後には、北山からの出材量の増大、ひいては北山の林業生産の発展のあったことが推察される。

吉野屋覚右衛門は下市の津越村の生れ、もと岡田氏を称し、下市で材木商として活躍していた。覚右衛門が新宮へひっぱり出されるについては、新宮の役人に材木の知識がなかったからだという伝えもあるが（『十津川郷』）、新宮にも材木商がいたことでもあるから、下市役所に勤めていた竹村市左衛門と覚右衛門との交誼によるものであろう。吉野屋は、その後御用材だけでなく商人材も手広く扱い、新宮材木商仲間の有力者になる。

なお、この吉野屋に対し、北山郷から年の暮れに銀五〇〇目の「問料銀」を渡すことになっており、御用材の船積が終わると、上組・下組の年番が新宮に赴き、吉野屋に付添われて池田役所の役人・手代衆に挨拶、役人衆へは茶二袋、手代へは金一〇〇疋と茶一袋を贈るならわしであった（「北山郷記録帳」）。

拝借銀制度　北山郷から上納される材木は、木年貢だけではなかった。木年貢のほかに、拝借銀制度によって毎年多量の御用材が上納された。

拝借銀制度というのは、幕府から杣《そま》飯米料として毎年銀子を借り受け、翌年その拝借銀に見合う材木を上納してこれを返済するしくみで、木年貢といっしょに納めるきまりであった。「下組由緒書」によると、そのおこりは元和年間にさかのぼる。元和元年（一六一五）、代官小野宗左衛門が自ら下市へのりこんで、前年におこった北山一揆の後始末にあたったが、そのあとで毎年夫食《ふじき》（農民の食糧）を支給してそれに相当する材木を上納させることにしたのである。当時北山郷では、一揆による人心の動揺があり、大坂の役のあおりで材木の注文がなく生活物資の流入もとだえるなど、郷民の生活は窮地に追いこまれていた。材木を上納することを条件に、毎年米銀が下付されるということは、郷民にとって大きな福音であったといわねばならない。拝借銀の制度は、郷民の生活の救済と安定をはかるという意味をもっていたということができる。しかし、それだけが拝借銀制度のもつ意味ではなかった。江戸の町づくりのために、まだまだ大量の材木を必要としている時期であった。幕府はその用材を確保する必要もあって、拝借銀制度を始めたとみることができる。

はじめ「斧一丁につき米一石」の割で拝借したというが（後述のように北山郷全体で斧二八三丁の定めであった）、程なく銀で拝借することになったらしい（寛文四年から、全額を銀で拝借することにきまった）。田間家「旧記」によると、正保三年（一六四六）、「是より以来銀六十貫宛御定め、例年下し置かさせられ候」とあるが、それはおよその目やすだったらしく、当時は毎年の拝借額は一定していなかった。「時々の様子を見合い」貸渡されることになっていて、百姓からの願出にしたがって余計に貸される年もあった。万治二年（一六五九）から寛文三年（一六六三）までの五カ年分として二八〇貫目の拝借銀があり、これを少い年で四七貫目、多い年で六八貫目に割りふりしている（『上北山村の歴史』）。その後享保十六年（一七三一）から、拝借銀は七〇貫目と定められ、一〇年ごとに継続願を出すことになる。

さきにも述べたように、拝借銀の制度は、郷民の救済ないし生活安定と幕府の用材確保という二つの意味をもって制度化された。拝借銀は、いわば材木代の前渡金にあたり、郷民はこれによって毎年一定の生産と収入を保障されることになったわけである。食糧の三分の一しか自給できない北山の農民にとっては、それは大きな救いであったということができる。ところで、一七世紀の半ばを過ぎると、幕府は大量の材木を必要としなくなるし、全国的な規模で江戸の木材市場も成立する。それに、北山からの上納材も品質が低下してきていた。用材の確保という第二の意味は失われて、拝借銀の制度はもはや「御救」としての意味しかもたなくなった。

すでに裏木曽では、寛文四年、木年貢制度さえ廃止になった。拝借銀制度をそのまま存続すべきかどうか、幕府としても当然これを問題にせざるを得ない。その検討の資料を得るためであろうか、貞享四年（一六八七）、幕府は北山の材木についての調査を行なっている。郷民の方では、「北山の儀御年貢御赦免《ごしゃめん》、仮令《たとい》作取《つくりどり》に仰付けさせられ候ても」（かりに年貢が免除になったとしても）、年貢がわずか三百石のところ、拝借銀のおかげで「毎年二千石余り北山谷中へ入込」んでいる状況のもとでは「御拝借相止《や》み候ては相立ち申す間敷《まじ》く」「亡所（村がつぶれてしまうこと）に仕るべき様存じ奉り候」とその存続を要望している（「上組由緒書」）。延宝の検地にもとづき、元禄四年（一六九一）から山年貢をかけ、耕地から切りはなして山林を課税の対象としたのも、北山材に対する幕府の態度の変化をあらわしている。ついで享保八年には、幕府は拝借銀廃止の方針を打出した。「御代官会田伊右衛門様御支配の節、御材木代米石に付き三拾目替定御直段弁御材木致し候義取上げ、銀納に致すべきの趣仰せ渡され候」とある（「北山由緒書覚」、倉谷家文書）。拝借銀がなくなっては、郷民の死活の問題である。早速、上池原村九郎兵衛・下池原村治郎右衛門・池峯村小左衛門の三人が、上組代表二人とともに奈良に赴き、南都御役所に拝借銀の存続を訴えている。幕府も事情やむを得ないと判断したのであろう、翌年これまでどおり拝借銀の制度を存続させることに決定をみた。それから七年後の同十六年から、拝借銀が毎年銀七〇貫に固定されるのは、拝借銀が幕府にとってただの「御救」になったことの端的なあらわれとみることができる。

この前後、上組では宝永五年（一七〇八）、下組では享保十二年、それぞれ「由緒書」を作成して「往古よりの御救」の意義と由来を説いたのは、幕府に対し、木年貢と拝借銀の制度の存続を主張する根拠にするためだったとみられる。それは同時に、木年貢と拝借銀が歴史的に獲得された権利であることを、郷民に認識させる役割を果したということができよう。その後私領預りになった折など、事あるごとに「由緒書」を持ち出してその継続を訴えている。こうして拝借銀は、明治にいたるまで存続することになる。

あとでふれるように、拝借銀による材木の上納は木年貢の上納といっしょに行なわれた。両者を区別することなく、年貢と拝借銀を合計し、その合計額に見合う材木を上納している。それからみても、木年貢制度と拝借銀制度は、不離一体のものであったということができる。

斧役

拝借銀は上・下両組で二分したうえ、斧数《よき》（斧役数）にしたがって各村に割りふりされ、配付された拝借銀に相当する材木を木年貢とともに上納した。この斧数の由来について、「上組由緒書」は、慶長元年（一五九六）の大地震で伏見城のほとんどがこわれたのに、二年前北山材でつくられた柳の御殿だけが難を免れたので、「北山木は名木たるのゆえ」だと深く感銘され、その褒美として北山を御材木所と定め、斧百挺、上組五カ村百人御杣役《そま》がきめられたのだとしている。下組の場合、田間家「旧記」には、その年名木のおほめにあずかり、「右名木なる御材木仕出し、御用相違し候に付、此節始めて斧役仰せ付けられ、御杣百姓と罷成り《まかりな》候」とあるが、「由緒書」にはこの記載がなく、「北山郷記録帳」には、同十一年江戸城普請の用木を上納した際、杣役二八三人が命じられたとある。おそらくこのころは、杣役を課せられたといっても臨時的なもので、材木の上納だけでなく普請や警固の仕事も果していたようである。杣役が恒久的な意味をもって確定されるのは、元和年間拝借銀制度が定まった直後のことと考えられる。「上組由緒書」にも、元和元年（一六一五）北山一揆の後始末がすんだ直後、代官小野から「先規の如く御杣役仰せ付けられ、……都合上組にて百挺の斧御定め仰せ付けられ候間」とあり（この年に再確認されたのであろう）、下組の「由緒書」は、次のように書いている。

寛永元子、御代官小野宗左衛門様御壱人御支配、此節大坂・二条両所御城普請御用木仰せ付けさせられ、檜御材木を以て御注文の通り仕出し差上げ申し候、猶又《なおまた》、御杣《そま》百姓御用の儀仰せ下され、北山谷中として弐百八拾三人帯刀御免にて罷出《まかりいで》、御城内にて御用相勤め申し候、是より始て御杣百姓に仰せ付け下され候、之によって北山谷中鐇数《よき》（斧数）弐百八拾三丁にて村々鐇数何拾丁とさだめ、御拝借銀割符の儀も右鐇数に割付け、諸事鐇数に仕来り申し候御事

寛永元年（一六二四）、大坂城と二条城の普請のため御用木を上納した際、御杣百姓を命じられ、北山谷中の斧

表2　北山郷の斧数

上　組	100丁
西野村	19
小瀬村	12
栃本村	12
川合村	23
白川村	34
下　組	183
大瀬村	13
池原村	51
桑原村	34
池峯村	13
寺垣内村	19
浦向村	29
佐田村	24

数二八三丁と各村の斧数がきまったというのである。上組の方が数年早かったかもしれないが、遅くもこの年には、北山郷各村の斧数が確定したものとみられる。

杣《そま》はもと樹木の生い茂った山をいったが、のちに材木を伐採する山ないし伐木・造材作業を指すようになり、転じて伐木・造材に従う杣人《そまうど》を意味するようになったのである。杣に課せられた伐木・造材・出材の夫役が杣役で、杣役をつとめ材木上納の責任を負うのが御杣百姓というわけである。杣役はまた斧役といわれたから、斧数というのは斧役の数のことである。杣役＝斧役は御材木上納の義務であるとともに、材木を伐採する権利でもあった。「立合の山へは仲間吟味仕り、他杣壱人も入れ申さず」（寛文五年「覚」）とあるように杣役を負担しないものは、村持山に入ることができなかったのである。

北山郷での斧数（斧役数）二八三丁は、上組一〇〇丁、下組一八三丁の定めで、村々の斧数は表2のとおりで、明治にいたるまでその数に変化がない。

近世の初め、村々の斧数（斧役数）は何を基準にしてきめられたのだろうか。村高をもとにきめられたと考えられそうだが、たとえば寺垣内村より村高の多い池峯村の斧数が少なく、池峯村とほぼ村高を等しくする佐田村が、倍に近い斧数をもっているといった具合で、村高とは関係がなさそうである。また、桑原村の斧数は、文禄「検地帳」の名請人（田畑の保有を認められた年貢負担者）七四人に対してははるかに少なく、寛永二十一年の寺垣内村の高持百姓四七人に対し、その斧数は一九丁と少ない。桑原村の場合、斧数は文禄「検地帳」の屋敷名請人（屋敷所有者）三五人に最も近いのだが、寺垣内村の場合は延宝六年（一六七八）の屋敷持が四三人ないし四五人で（延宝七年「検地帳」では三〇人）、そのへだたりが大きすぎる。斧数と年貢負担者である高持百姓との間にも関連がみられないし、屋敷所有者と関係があるとも断定し難い。つまるところ、斧数は村々の間での上納材木の負担基準であったというほかはない。田畑に相当する木年貢よりもはるかに多量の材木が上納されていたわけだから、村高や高持百姓と関係なしに斧数がきまっていたとしても、さして問題はなかったのである。こうして斧数は、村々への上納材の割付けや拝借銀の分配の基準に用いられ、諸入用の勘定なども斧数にしたがって行なわれたのである。

表3　拝借銀の配分

<table>
<tr><th></th><th>斧数</th><th colspan="2">計　算　方　法</th><th>配分比</th></tr>
<tr><td>大瀬村</td><td>13丁</td><td colspan="2">$A\times\frac{1}{2}\times\frac{6}{10}\times\frac{1}{4}=\frac{3}{40}$</td><td>$\frac{510}{6800}$</td></tr>
<tr><td>池原村</td><td>51</td><td rowspan="2">$A\times(1-\frac{3}{40})\times\frac{1}{2}$
$=A\times\frac{37}{80}$</td><td>$A\times\frac{37}{80}\times\frac{6}{10}$</td><td>$\frac{1887}{6800}$</td></tr>
<tr><td>桑原村</td><td>34</td><td>$A\times\frac{37}{80}\times\frac{4}{10}$</td><td>$\frac{1258}{6800}$</td></tr>
<tr><td>池峯村</td><td>13</td><td rowspan="5">$A\times(1-\frac{3}{40})\times\frac{1}{2}$
$=A\times\frac{37}{80}$</td><td>$A\times\frac{37}{80}\times\frac{13}{85}$</td><td>$\frac{481}{6800}$</td></tr>
<tr><td>寺垣内村</td><td>19</td><td>$A\times\frac{37}{80}\times\frac{19}{85}$</td><td>$\frac{703}{6800}$</td></tr>
<tr><td>浦向村</td><td>29</td><td>$A\times\frac{37}{80}\times\frac{29}{85}$</td><td>$\frac{1073}{6800}$</td></tr>
<tr><td>佐田村</td><td>24</td><td>$A\times\frac{37}{80}\times\frac{24}{85}$</td><td>$\frac{888}{6800}$</td></tr>
</table>

Aは拝借銀の$\frac{1}{2}$（$\frac{1}{2}$は上組分）。池原村・桑原村が上・下両村に分れたのちは、それぞれ上・下で等分となる。

斧役と拝借銀

拝借銀は各村の斧数に応じて配当されたが、下組の場合その割り方は少々厄介であった。それについて寛文五年（一六六五）の上・下両組の「覚」は次のように書いている（小橡区有文書。西川善介「林業経済史論」四、『林業経済』一三八）。

一杣飯米料銀割符の事、上組・下組と半分に割り申す事

一上村組にて村わりは、よき数に割付申し候、西野村拾九丁、小瀬村十二丁、栃本村十二丁、川合村二十三丁、白川村三十四丁、以上百丁にて御座候、村々にて小割は役人数当分に割符《わりふ》仕り候

一下四村組割符は、おかし銀（拝借銀）高二つに割り、一分を四分六分にわり、六

分の内、四分の一大瀬村へ渡、残る所を一つに仕り、又二つに割り、壱つ分を六分池原、四分桑原、今壱つ分は池峯・寺垣内・浦向・佐田四ケ村の鐇数（斧数）に割付申し候、村々小割は役人当分に割り候、池峯十三丁、寺垣内四十九丁、浦向廿九丁、佐田廿四丁、以上八十五丁

上組の斧数が一〇〇丁、下組のそれが一八三丁と大きくちがっているのに、毎年の拝借銀がまず上・下両組で二等分されるのは、上組が下組に比べて山林が広く耕地が少なかった事情によるものであろう。上組の各村への配分が、斧数にしたがっているのに、下組が複雑な計算方法をとっているのは、池原と桑原が筏流しをしていた関係からである。その配分方法は表3のとおりになる（大瀬村を特別扱いしている事情はよくわからない）。

なお、各村に配分された拝借銀は、「村々にて小割は役人数当分に割符仕り候」とあるように、次に述べる「役人」の間で等分され、各人が拝借銀に見合う材木を上納することになっていた。

表4　役人数　（単位戸）

		戸数	本役(本百姓)	半役	小役(無役)	水呑
寺垣内村	元禄10年(1697)	38	21		17	
	13年	37	20		15	2
	寛延4年(1751)	41	13	14	14	
	明和8年(1771)	34	21	7	6	
	安永5年(1776)	36	19	10	7	
	天保2年(1831)	52	17	12	23	
上桑原村	享保17年(1732)		26	6	?	
	宝暦6年(1756)	42	25	11	6	0
	明和5年(1768)	40	25	10	5	0
	文政5年(1822)	57	21	18	18	0
	天保6年(1835)		21	19	21	
	明治5年(1872)		9	13	35	(下地3)

本役・半役

百姓のうち斧役＝杣役を負担したのが役人である。これがもともとの本百姓で、一人前の百姓とされたのである。ふつう農村でも、江戸時代の初期には、検地帳に登録されて年貢を負担する百姓のうち、屋敷地を持ち一人前の夫役を負担するのが本百姓であり、役家《やくや》・役人であった。北山の場合、役人である本百姓は、杣役を

つとめるかわりに拝借銀の配分を受けることができ、村持山への立入りや伐木の権利なども持っていた。

寺垣内村では、元禄十年（一六九七）の「飢人帳」に、総戸数三五戸、うち本役一八戸、無役一七戸とみえ、同十三年の「指出帳」によると、「家数三拾七軒、弐拾軒本百姓、拾五軒小役隠居、弐軒水呑百姓」とある。ここに本役また本百姓とあるのが、役人である（小役隠居については後述する）。その後、半役（半役百姓）というのがあらわれるが、明細帳などによって役人数を拾ってみると、表4のとおりである。

もともとは、杣役をつとめる役人が斧一丁の権利をもっていたはずであるが、時代とともにそれが細分化され、不完全な役家である半役などを生むことになったのである。上組には小半役（本役の四分の一）、小半々役（本役の八分の一）といったものもみえる。負担の観点からいえば、最小の負担量で杣役を引受け、できるだけ多くの者でこれを負担するのが村としては得策だったし、拝借銀にあずかろうとする要求も百姓の間に強かったからであろう。半役は、本役の半分の拝借銀を受け、その負担も本役の半分であった。

半役も本役同様役人であるが、小役は、役の字がついているものの実際は無役であって、もちろん拝借銀の配付にもあずかっていない。小役は杣役をつとめないけれども、田畑を持たない無高の水呑百姓とはちがう。小さいながらも高持《たかもち》百姓（田畑を持ち、年貢負担の責任をもつ）であり、宗門改帳でも独立した家として扱われている。同十四年の上桑原村の「拝借銀割付覚書」によると、前年冬の拝借九二四匁九分七厘と庄屋借二〇〇目、当年春の拝借六九三匁七分五厘、合計一貫八一八匁七分二厘の拝借銀を二四人の百姓に各六六匁二分九厘ずつ配分しているが（内、春銀二七匁七分五厘、庄屋惣兵衛のみ二〇〇目増し。ほかに春から役人になったのか、安之丞の春銀二七匁七分五厘）、「外ニ拝借得不仕者覚《えつかまつらざる》」八人の名があがっている。これが無役（＝小役）の者である。いずれも高持百姓で、北山では持高の多い層に属する四石八斗六升九合、三石九斗七升三合、三石四升一合といった高持もみえる。拝借できない理由は、大工をしているからというのが一人、三年前父親を亡くしたからというのが二人、年をとったからというのが二人、病気だから、けがをしたからというのが各一人、そして「女子無是」としているのが一人ということになっている。これでみると、個人的な事情で本役であったり無役であったりしていたようにみえる。したがって江戸時代の初期はいざ知らず、当時は役人数がかなり流動的だったことが想像される。

ところで、さきの寺垣内村の「指出帳」に「小役隠居」とみえることに注意したい。北山地方では、長男が一人前になると、両親は家督をこれに譲り、次、三男を連れて別居するならわしがあり、これを隠居と称している。小役隠居はこのようなかたちで分家（＝隠居）したものをいったのであろう。そして、杣役は本家がこれを果し、「隠居」である小役はこれを負担しないということもあったと考えられる。享保期以降、無役の字にかわってほとんど小役という字が用いられているのは、こういう意味での無役層が多くなってきたことを示しているのではなかろうか。しかし、「隠居」したものが必ずしもすべて小役だったわけでなく、本役や半役になっている例も多い（天保六年「上桑原村名寄帳」）。

本役と半役の人数が、年によって異っていることからもうかがえるように、役人の数は斧数のように固定されたものではなかった。幕府にとっては、材木の上納が斧数にしたがって村の責任で果されていたわけだから、斧数がきまっているかぎり、杣役＝斧役の負担者が何人であろうと幕府のあずかり知らぬところであった。それは村の内部の問題であった。小役が半役になったり半役が本役になったり、また、役人をやめたりした事例がみられる。寺垣内村の「山御年貢帳」は、付箋をつけて役入り・役引きの事実を明らかにしているし、上桑原村では文政五年（一八二二）の正月、小役の平吉が半役になり、六月、半役の吉之丞が本役になおっており、その年の取極めでは、庄屋一代を三カ年とし、その間二人に限って役入りを認めるとともに、役引きの場合のきまりも定めている（後述）。その取極めが、役入りの希望者が多くなってきたことに対処するための措置であったことをみれば、役入り・役引きについて、きびしい制約はなかったものと思われる。したがって、役人と無役（＝小役）層の間に、身分

表5　役人と持高　（単位戸）

	安永5年(1776) 寺垣内村			天保6年(1835) 上桑原村		
	本役	半役	小役	本役	半役	小役
10〜6石	4			1		
〜5	4			2		
〜4	3			3		
〜3	3			1		
〜2	4	3		8	5	1
〜1	1	4	1	4	5	5
1石未満		3	6	2	8	15

的な差別や隷属関係はなかったとしなければならない。

役入役引相定

表5にみられるように、一般に本役層の持高が多く、半役・小役となるにしたがって持高が少ない傾向にあるが、持高によって役が格付けされているわけではない。安永五年（一七七六）の寺垣内村の場合でも、小役の最大高持は藤七の一石六斗九升、それよりも持高の少ない本役一戸、半役六戸があり、天保六年（一八三五）の上桑原村の場合にいたっては、小役の最大高持は半蔵の二石六斗余、それよりも持高の少ない本役が一三戸、半役が一七戸も存在している。

ただ、役人であるものが本来相応の高持だったことは、次に掲げた文政五年（一八二二）の上桑原村「役入・役引相定」（「御拝借仕出帳」所載）によってうかがうことができるし、そこでは役入りの希望者をその持高によって制限しようとしている。

一右役入の儀数多相成り候て、庄屋表寄合の節度々長評議に相成り、諸究《きめ》の障《さわり》にも相成候に付、此度相改決談の上後年(の脱)ため左に委敷記し置き候

一役入の儀得《とく》と勘弁致し候処、御用役相勤め候故、軽々敷儀にてもこれ無く候間、是迄の儀は譬《たと》い如何程の下高にても、先年は御高相応に所持古く役儀も相勤め候え共、段々不仕合にて下高に相成候間、当時可正におよばず、其儘《まま》に差置申すべく候、尤《もっと》も諸人足廻り物差届等まで差支《さしつかえ》に及び候えば、評議の上役儀取上げ申すべく候

一此年より以後小役より半役入の儀は、本高壱石五斗より壱合にても少く候ては、役入相成り申さず候、半役より本役入の儀は、高弐石五斗より下高にては相成り申さず候、尤も譬いいケ(か)程高多くこれあり候ても、小(半カ)役・本役共五

ケ年小役・半役相勤め申さず候内、堅く役入相成り申さず候
一凡《およ》そ庄屋一代を三ケ年と相定め、右三ケ年に弐人より相成り申さず候、猶《なお》又先願・後願これあり候ても、右五ケ年相勤め候上は、壱合にても多高の者役入致すべく候、相高持（持高の同じもの）は壱ケ年にても久敷相勤め候者役入致さすべく候、右小役・半役共役入先キ争い致し候共、多高のもの差入申すべく候
一右役入に付半役にて金弐歩、本役にて金壱両出し入の儀、此処へ記し申すに及ばず、右此帳平吉役入の場所に記しこれあり候(注)
一役入・役引の儀は、文政五年御拝借仕出し帳に委敷記しこれあり候間、入用の節は相尋《たず》ね申すべく候、尤も小役・半役役入致し候て三ケ年相勤め申さざる内は、役人山払木致し候ても割符銀わり当《あて》申さず候、尤もうへやらひは役入の年より致し申すべく候

（注）　此度評議の上出し入に相究め、半役にて金弐歩、本役にて壱両出金致させ、是を割合取ル、若《も》し役(カ)や相立たず除《の》き申す時は右の出金にて入用を引き、過銀・不銀共勘定に申すべく候、猶又此帳面前後に拘《かかわ》らず、已来役除きの者は残らず、半役へ金弐歩、本役へ金壱両、役人より出銀致し、右同断相救い申すべく候

役人の数がふえることは、一人当りの拝借銀の分け前が少なくなることを意味する。ところが、近年小前の者で、拝借銀の「利分」を目あてに役入りを希望するものがふえ、これをむげに拒否することもできないので、役入りについて一定の制限を設けようとしてつくられたものがこの「定」で（文政四年の「役人究書の事」にはそういう理由を述べている）、これまでの

（1）　今後、半役入りの場合は持高一石五斗以上、本役入りの場合は持高二石五斗以上を条件とするが、これまでの役人については、それより持高が少なくなっていてもあえてこれを問わない。

（2）　たとい持高が多くても、小役・半役とも五カ年間役を勤めていないものは、半役・本役にはしない。

（3）　三カ年に二人以上の役入りは認めないことにし、（2）の条件を満たしたものは少しでも持高の多いものから

先に役入りを認める。

（4）半役になるときには金二歩、本役になるときには金一両を役人連中に出す、ただし、役引きの場合はこれを返却する。

（5）役入りして三カ年たたないうちは、役人山の木を売ってもその収益の分配にあずかれないが、植林には役入と同時に参加しなければならない。

というのがそのあらましである。本役・半役は、身分というよりは「株」と同じようにみなされていたことがわかる。なお、年代はわからないが、この「定」より以前のものと思われる「村中役入義ニ付極書之事」によると、半役になる場合も、半役から本役になおる場合も、金二歩を出すことになっている。

黒印

上納材木は、池原陣屋の川原で材木改（木品・寸間・員数など、材木の検査をすること）を受け、検査がすみ次第、木鼻の両端に「御殿印」を打たれることになっていた（西川筋の分については役人が村に赴いて材木を改めた）。「御殿印」は二挺あって、今一つは新宮池田御蔵の吉野屋覚右衛門が預り、北山役人の材木改を経ないで新宮に直送される材木の検査に用いられた（「上組由緒書」）。文化元年、新宮へ直着する材木に規格にあわないものが多くなったため、直着をやめ吉野屋の「御殿印」を引上げる議がおこったが、北山郷民の願いでこれまでどおりということになっている）。

上納材木には、さらに、木主を明らかにするための黒印（極印）が打たれた。「下組由緒書」によると、黒印を打つようになったいきさつはこうである。寛永期を迎えて「御用御材木段々仰せ付けられ候」ということで、北山からの出材が多くなるにつれ、川下しの途中、洪水のために熊野灘に流出する材木のことが問題になった。何の目印もないと、流木がどこの誰のものかわからない。そこで、北山材の木主がわかるように、黒印を打つことが考えられたわけである。寛永十六年（一六三九）、代官小野からの上申にもとづいて、幕府から二六五丁の黒印（極印）

表6　北山郷黒印数

	黒印数
西野村	39丁
小瀬村	24
栃本村	25
川合村	53
白川村	55
上組計	196
上下池原村	40
大瀬村	8
池峯村	10
寺垣内村	5
浦向村	6
佐田村	1
上下桑原村	4
下組計	74
計	270

が認められることになった。そして、万一材木が流出した場合、川筋はもちろんのこと、東は伊勢の大湊から西は紀州の古座の大島にいたる間の流木については、新宮の役人立合の上「何《いず》れの所へ流寄り候とも、北山の者共請取り申し候」ということにきまったのである。ただし、この年には帳面に黒印をいただいたのであって、北山に黒印が渡されるのは、五年後の正保元年（一六四四）九月のことで、代官小野の家来竹村市郎左衛門がこれを持参したのだという。すなわちこの年から黒印を打つことが始ったのである（「北山郷記録帳」）。ちょうど吉野屋覚右衛門が池田御蔵を預けられた年にあたる。

次頁に掲げたものは、元文三年（一七三八）の「黒印帳」である（倉谷家文書）。当初、黒印二六五丁のうち、上組は一九五丁、下組は七〇丁だったというが（「上組由緒書」）、右の「黒印帳」によれば、北山各村に割当てられた黒印数は表6のとおりで、上組小瀬村で一丁、下組では合計四丁の増となっている。

文化年間のものと思われる「覚帳」（上桑原西家文書）には、上・下両桑原村の黒印五丁が記載されているから、時代とともに少しばかり増加する傾向にあったのだろう。

なお、各村とも村の木であることを示す村極印をもっていた。村名の上の(北山六)（両池原村）などと番号の付いたものがそれである。佐田の黒印というのは、その村極印で、どういうわけか佐田の場合個々の木主の黒印がない。各村の黒印数は、斧数とも大きくちがっていて、何を基準にしてその数がきめられたのか、よくわからない。

元文三年北山谷中「黒印帳」

ここには下組分のみを掲げた。

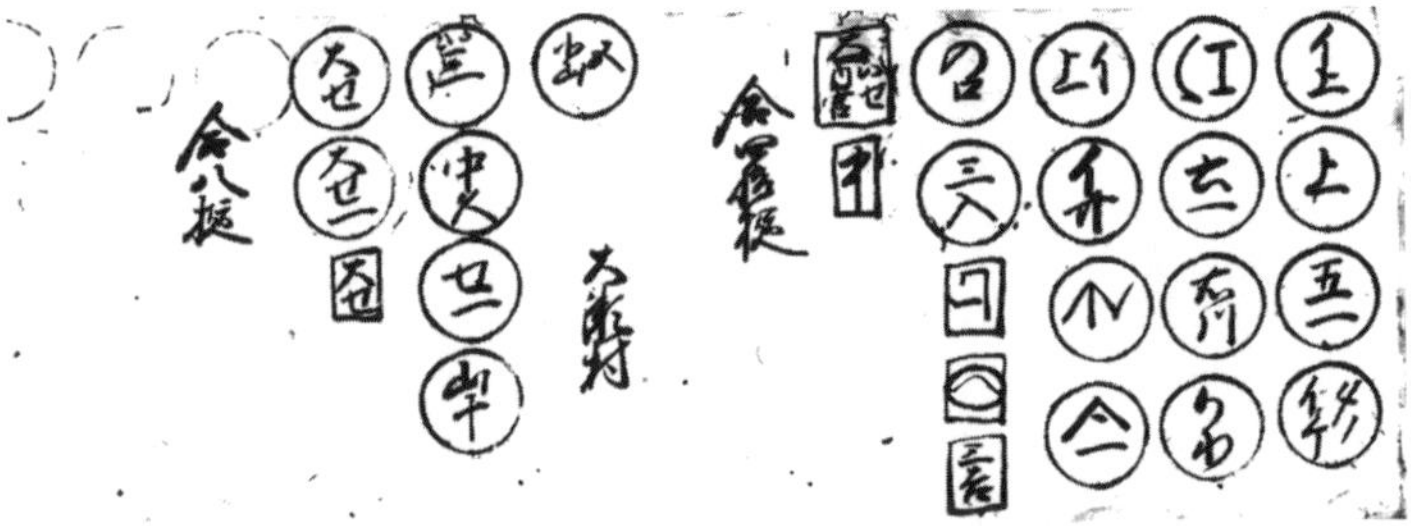

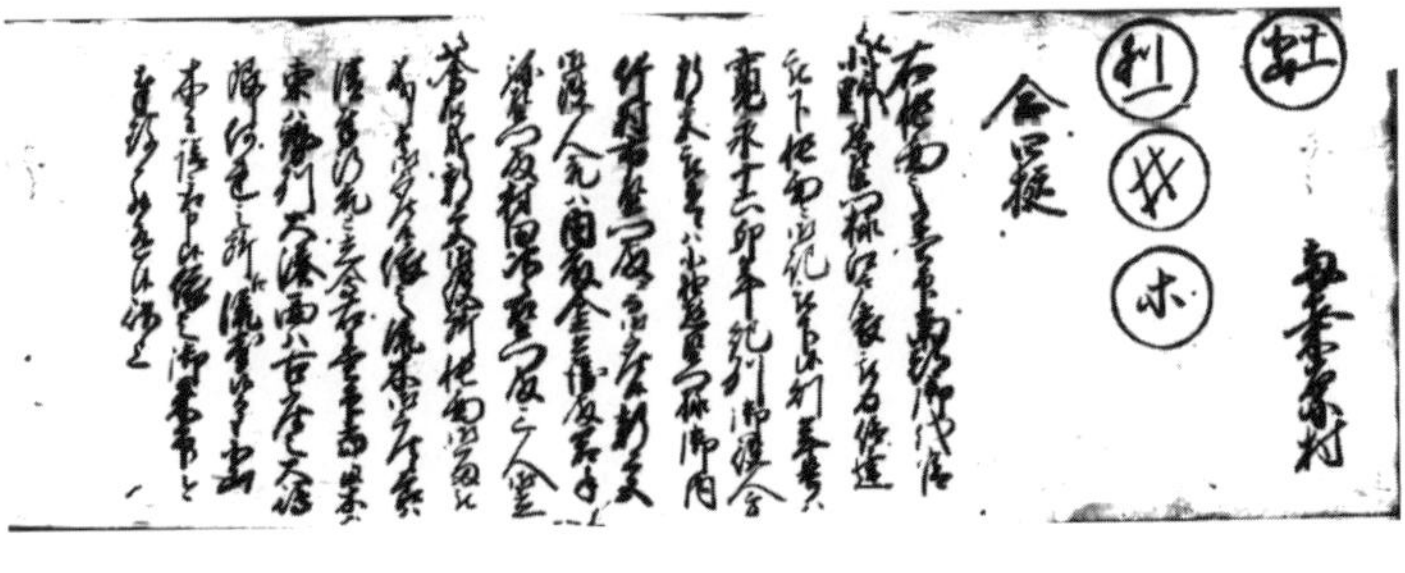

3　御材木の上納

山林の所有形態　幕府は、用木の保持のため、はじめ檜を御留木《とめぎ》の取扱いにして、公用以外にこれを伐採することを禁じた。寛永八年（一六三一）代官小野から出された「掟《おきて》」に、

公儀御用の外、檜御材木壱本も出し申す間敷《まじき》由、度々申渡し候、弥《いよいよ》かたく法度（禁令）に申付け候、自然右旨に背《そむき》出候もの候はば、後日聞出し候共《とも》、当人の儀は申すに及ばず、杣年寄・組頭、曲事《くせごと》（違法につき処分すること）に申付くべく候

とある。しかし、いわゆる御林山（幕府直轄の保護林）は設けていない。明細帳なども「御林御座無く候」と記している場合が多い。寺垣内村の享保九年（一七二四）の「書上帳」に「御林これ無く、百姓林七拾町歩程御材木雑木山」とみえ、同十九年の「差出帳」には「御材木山・雑木薪木山・芝かり野、惣村中百姓林にて銘々に所持仕る、但、山年貢銀五拾七匁宛年々上納仕り候」とある。林野はすべて百姓持山だったことがうかがえる。

百姓持山は、村持山・組持山・持合山（仲間山）・個人持山に区別されていた（寺垣内村、上桑原村の「山手銀割帳」）。村持山は文字通り村の共有山ではあるが、村民のすべてがその用益権を持ち、全村民がその年貢（山手銀）を負担していたわけではない。無役（小役）のものは、山年貢を負担しなかったかわり、村持山に入って樹《き》を伐ることはできなかった（ただしそれは、御材木や売木になる大木のことで、自家用の薪・炭材の伐採は許されていたであろう）。村持山とはいっても、それは役人の共有山だったのであって、史料にもしばしば「役人山」としてあらわれる。文化七年（一八一〇）、上桑原の弥介が、田戸谷の杉山「地木山壱ケ所」を代金四両で「当村役人中」に売渡した「売券」が残されているが、買得によって村持山に加えられたものもあった。山年貢の負担については、寺垣内村の「山年貢帳」に「役人割」と明記されているし、文政五年（一八二二）上桑原村の「拝借銀割賦帳」をみて

表7　上桑原の組

	人員
深瀬組	6
田戸組	8
地原組	7
同組	8
裏宝組	7
正及組	7
同組	7
岡宝組	11
大庄屋本組	3
計	64

も、小役の一八人には村持山とみられる京乱山の年貢がかけられていない。山年貢は、本役一に対し半役〇・五の割合で課せられたが（寺垣内村「山年貢帳」など）、同年の上桑原村「御拝借仕出帳」によると、「当年は本・半、来年は本役計《ばかり》」とあって、本役は毎年、半役は一年おきという風なかけ方をしている。寺垣内村四ノ川《しのごう》の役人山の一部を代金二八両で下池原村の安右衛門に売却している例があるが（天明二年の「売券」）、そうした場合の収益とか、村持山の木を売却した代金とかの分配も、本役と半役の間で、一対〇・五の割合で配分されたと考えてよいだろう。

組持山の組が、どんな性格のものだったかは明らかでない。幕末のことになるが、弘化三年（一八四六）の上桑原村の文書によると、上桑原村は表7にみられるように九つの組に分けられている。この文書は、上桑原村の百姓が、紀州領七色村一郎谷の山林に入り、根松や薪を過分に伐り荒したことに対し、七色村から強硬な抗議を受け、詫《わび》を入れるため「已来（今後）童女たりとも一切立入り申さざる様、組合を以て堅く相究《あいきわ》め申候、若《もし》万一心得違いを以て立入り伐り荒し候者これ有るに於ては、組合吟味もって其者名前相認め、紀州領山奉行方へ差出し申すべき様、村一統相極《きま》り申す処件《くだん》の如し」と申合せたもので、組毎に村中の百姓が連印している。したがってそこには、無役（小役）のものも含まれている。組は、山仕事にかかわって編成されていたのかもしれない。その組の百姓の共有林が組持山で、無役のものも共有権を持っていたと考えられる。

持合山は、いく人かによる共有山で、たとえば元禄五年（一六九二）の寺垣内村「山手銀割帳」に、

一水くみ谷　拾五歩

此山手銀弐匁壱分

此割壱人ニ付七分七厘宛

市郎右衛門
善右衛門
桑原 文兵衛

とあったり、文政十一年の「売券」に、

売渡申山之事

一字《あざ》文しゅう山壱ケ所　但し境目　下もハ中尾山続、上みハ弥平次山続、高ハ尾通し

三人持也

代金三歩也

右之山我等持分壱歩、此度慥《たしか》に売渡し申す処実正ニ御座候、則ち代金慥に受取申候（下略）

とみえたりするのがそれである。中には一〇人をこえる持合山もみられる。持合山に対する権利は「歩（分）」と呼ばれたが、各人の持分が均等でない場合もあった。「歩割の儀は弐ツ割に仕り、下池原村伊平・金七弐人として壱歩、上池原村拾四人として壱歩」といった例や、「五人半持」として、五人が「壱分」、一人が「五厘」としている例がある（享保期の「出入済証文」、倉谷家文書）。

さきの売券にもみられるように「歩」は株として売買された。「持合山壱ケ所　右之山歩高四歩之処、我等持分弐歩、代金弐両に売渡」（天保四年「売券」、西村家文書）というような場合もある。伐木や売買については、すべて仲間と相談のうえ合意を必要としたことはいうまでもない。なお、天保七年（一八三六）の寺垣内村の「山年貢帳」に「一字隠日谷《あざおんじのたに》　銀三厘五毛　持合山ノ内三挺半分　山子中持」（山子中というのは、小役層を中心とした集団とみられる）といった記載がみられるから、無役（小役）のものも持合山に加わる場合があったと思われる。

白谷山は十二人の持合山であった。「山御年貢銀　谷中」として各村の山手銀を書きあげた史料（倉谷家「記録帳」）に、

一同百弐拾四匁六分五厘　池原村上下

七拾目　上池下池山年貢弐ツ割

内　五拾四匁　白谷山年貢　拾弐人持所　但し白谷山ハ桑原村水帳ニ有之候事

六分五厘　藪年貢　内弐分弐厘　上池原分
　　　　　　　　　四分三厘　下池原分

と、白谷山だけを特記している。また、享保十三年、「白谷山売り申候て（立木を売るのであろう）。五穀成就祈願のため商内《あきない》相応の護摩《ごま》焼《たき》申候様に」村中から求められ、銀一貫目に付一二匁の護摩をたくことをきめ、その銀子を差出した史料も残っている。

なお、山林のほとんどが百姓持山だったが、大峰山の尾根つづきのところだけは、修験道の修行の場所として特別の扱いを受けていた。峰つづき七五里の間は「七十五靡《なびき》」といって、峰入りの道筋「左右へ八町宛の内にては、御用木にても御伐取《きりとり》遊されず、厳重の御定法これあり候」（安永四年「一札之事」、倉谷家文書）とある。その部分の所有権は必ずしも明らかでなかったようで、明治七年（一八七四）奈良県庁は、「前後峰通り左右村々ニ於テ靡《な》ヒキト唱ヘ来ル箇所々ハ、自今各村々ヘ支配申付け候条、各村々共峰道限境界ト相心得へき事」と、関係二二カ村へ通達している（上桑原区有文書。下組の池原・佐田・浦向・桑原・寺垣内・池峯・前鬼の各村がそれに含まれている）。

『吉野林業全書』によれば、北山郷の植林は寛永年間に始るとされ、上組には正徳二年（一七一二）杉を植えた史料が残されているが（『上北山村の歴史』）、下北山村では直接植林について物語る史料を得ることができなかった。

北山郷から上納される材木には、木年貢と拝借銀によるものがあったわけだが、毎年それがどれくらいの量に達したか、ちょっとみておくことにしよう。

上納御材木

史料の関係で、寛文元年（一六六一）について考えてみることにする。この年の拝借銀は八八貫目余であった（『上北山村の歴史』）。寛永八年（一六三一）以来、北山では、御材木米一石につき銀三〇目替と定められていたから、これを米に換算すると二二六六石余になる。いっぽう長さ三間半・一尺二寸角の檜一本の代米（後述）が四石一斗だったから（『上北山村の歴史』）、拝借銀全額をこの類の材木で納めたとすると五五二本余になる。この年の北山郷の年貢高はつかめないが、かりに免が平均七ツだったとすると（この年、寺垣内村の免は八ツ七分、桑原村の免は五ツ九分四毛だったから、中をとって七ツとして計算する）、総村高九四五石余の七割、六六一石余がこの年の年貢上納高である。この分が同様の計算で一六一本強となるから、合わせて七一三本の檜が、この年北山全体から上納されたことになる。このうち拝借銀の分は上組と下組で等分であり、村高がおよそ一対三の割合なので、年貢分の四分の三を下組の負担とすると、下組からの上納材木はざっと三九六本（拝借銀分二七六本、木年貢分一二〇本）の勘定になる。

また、貞享四年（一六八七）のこととして、「上組由緒書」は、北山郷の年貢が三〇〇石のところ、拝借銀によって「毎年二千石余谷中へ入込み申し候」と書いている。上納材が、檜にかわって栂《つが》と樅に改まって六年後のことである。白川村の「代米覚」によると（『上北山村の歴史』）、当時は栂一本長三間半・一尺二寸角の代米が二石二斗五升だったというから、全部をこの規格の栂で納めたとすると、年貢三〇〇石分が一三三本余、拝借銀二〇〇〇石分が八八八本余となり、ざっと一〇二一本余がこの年の上納材木だったわけになる。さきのような計算でいくと、下組分は五四三本ということになる。もしこれを、元禄三年（一六九〇）の栂二間・一尺角の代米五斗六升ということで計算すると、北山谷中で四一〇七本余、下組で二一八七本余という大きな数になる。

いずれにしても、木年貢に数倍する材木が拝借銀の見返りとして上納されていたわけである。北山郷の材木生産と郷民の生活にとって、拝借銀がきわめて重要な意義をもっていたことがうかがえる。

表8　文政4年上納御材木木数

	年貢	拝借銀（米に換算）	上納材木
上池原村	43石272	169石355	126本
下池原村	31 408	159 351	84
大瀬村	9 070	88 730	56
池峯村	47 589	88 396	69
寺垣内村	42 442	121 708	96
浦向村	51 962	171 005	101
佐田村	37 839	146 690	105
上桑原村	31 144	110 382	67
下桑原村	15 139	111 050	75
計	309 865	1,166 667	779

文政4年「上納御材木仮帳」による。

なお、江戸時代の後半の下組についてみると、文化十三年（一八一六）には、栂一本（二間半・八寸角）、樅一四四本（三間半・一尺角～二間・五寸角）、檜六六五本（三間半・九寸角～二間・五寸角）、合計八一〇本の上納となっており（佐田家文書、中岡家文書）、文政四年（一八二一）の場合は、表8にみられるように、合計七七九本が上納されている。

御注文材

北山郷から上納された材木には、このほか幕府から臨時の注文があって上納したものがあり、また、飢饉《ききん》や米価の値上がりの折、通常の拝借銀以外に夫食料として特別の拝借を願出て、その返済のために上納した材木があった。いま、「由緒書」・田間家「旧記」・「北山郷記録帳」などによって、拝借銀制度がととのった元和年間以降についてこれを列記してみると、およそ次のとおりである。

寛永元年（一六二四）　二条城と大坂城の普請のため、注文通り檜御材木を上納した。

同　八年～九年　飢饉《ききん》のため郷民から夫食料銀を願出て、すでに商人へ注文済の江州（滋賀県）瀬田の橋の用木を、契約を破棄して北山へまわしてもらい、銀一〇〇貫目を拝借してこれを納めた。なお、松の角材一〇〇〇本もあつらえた。

承応二年（一六五三）～寛文三年（一六六三）　六郷の橋（六郷川＝多摩川の下流、東京都と川崎市の境）の普請のため、前借して注文通り三間半、三間・一尺二寸角の檜と松を納めた。

明暦三年（一六五七）　江戸に大火があったため、三間三方節なしの松（檜ともいう）と割木七五〇本を納めた。

万治元年（一六五八）　前年の大火のため、杉木目二万丁の用木を命じられ、注文通りこれを納めた。

延宝元年（一六七三）　御所に火災があり、その普請のため、銀二〇貫目を拝借して、注文通り檜の角を上納した。

同　三年～四年　　飢饉のため夫食を願出て銀八〇貫目を拝借、檜・樅・栂の用材を四カ年賦で上納した。

天和二年（一六八二）　米の高値で困窮のため、銀二〇貫目（一五貫目ともある）を拝借した（これに見合う材木の上納があったとみられる）。

正徳四年（一七一四）～五年　正徳四年樅材二間半以上三間、三間半の上納を願出て許され、同五年には飢饉のため銀一〇貫六〇〇目を拝借した。

享保四年（一七一九）　米高値のため困窮、夫食料として銀四八貫目を拝借、五カ年賦で上納した。

同　十七年～十八年　大飢饉につき夫食を願出て銀一〇貫目（または四貫目）を拝借、一〇カ年賦で材木を上納した。

史料の上では十分明らかでないが、その後もしばしばこうした臨時の注文があった。たとえば、安永二年（一七七三）江戸大火のため材木を上納、天明八年（一七八八）京都大火のあと、御所の普請のため用木を上納、天保十四年（一八四三）檜の用木の上納などのことがあり、弘化元年（一八四四）には、江戸城本丸が焼けたため、その再建の用材を求められ、檜・樅・栂を上納している。しかし、寛政七年（一七九五）の五條代官所の新建や天保十一年の江戸城西の丸の普請の際などには、用材でなく上納金の献上を命じられているから、御用木の注文はしだいに少なくなっていったものと察せられる（倉谷家「記録帳」）。

上納材の木品　右にみたように、臨時に注文があって上納される材木には、檜をはじめとして樅・栂があり、時に松や杉もあった。しかし、年々かなりの量にのぼった「上納御材木」には松はみられず、檜・樅・栂・杉の四種にかぎられていた。その規格については「御材木前々は（延宝以前は）檜長弐間より三間半迄の角物、杉長七尺・幅壱尺弐寸原（腹）六寸の木目、二品御材木を以て上納仕り候」（「上組五ケ村由緒書帳」）、「樅・

栂長弐間・五寸角より三間半・壱尺弐寸角、同平物弐間・五寸丁より三間半迄仕出」（倉谷家『記録帳』。享保六年「北山下組委細書上扣」、倉谷家「諸事控」所載）という記録がある。檜は角物、杉は平物（杉木目という）で、樅と栂は角物の場合と平物の場合があった。右の大きさの範囲内で、それぞれ檜角物二〇品、栂角物三〇品、同平物一一品、樅角物二五品、同平物九品という規格に分かれ、合計して九五の規格があった。史料によれば、杉・樅・栂の平物の上納は少なく、檜・樅・栂の角物の上納が圧倒的に多い。しかし、江戸時代を通じて毎年檜・樅・栂の三種の材（ほかに少しばかりの杉平物）が上納されたわけではなく、初めは檜、ついで樅・栂となり、一八世紀の半ばすぎから、檜・樅・栂三品で上納することになっている。

幕府がまず目をつけたのは檜で、当初これを御留木の取扱いにしたことはすでに述べた。しかし、檜の立木にはかぎりがある。一七世紀の半ば過ぎには、早くも檜の上納が困難になってきた。延宝四年（一六七六）夫食銀の返上納にあたって、「檜を伐りつくした」と訴え、檜のほか樅・栂で上納することを許されている。これを機会に樅・栂の上納が認められるようになり、つづいて天和元年（一六八一）からは檜の上納が免じられ、樅と栂で上納するようになった。

「御用木成るべき木立の儀は、先規より御停止御高札に御座候」（元禄元年寺垣内村「惣百姓連判手形」）という規定からいえば、樅・栂の上納が認められた延宝四年以後は、樅や栂もいちおうは御留木の取扱いを受けるようになったと考えられる。しかし、あとで詳しく述べるように、それは「むやみに伐採してはいけない」といった程度のことで、一七世紀の末元禄ごろからは、民間の材木取引を妨げるような統制はもはやなくなっていたものとみられる。

ただ時には、売木の報告を求めたり、立木の調査を命じることがあったようである。前者については、元禄十六年（一七〇三）の上桑原村の「午年売木帳」が残されており（後述）、後者については、寺垣内村の「覚帳」と倉谷家「諸事控」に、享保十六年（一七三一）南都御役所へ差出した杉・檜と松・槻の調査結果が書き留められている。表9と表10がそれで、いずれも遠山なので（費用の関係で人夫を入れて精細に調べるわけにいかないので）、「大積《おおづもり》」（およその見積り）を書上げたに過ぎないとことわっている。ずいぶん低い見積りだったようで、あるいは再調査の命があったのか、杉・檜の場合同年五月の報告では、「杉・檜高壱万弐千八百拾本　組中惣高也」とあって、二月

表9　享保16年2月　杉・檜立木覚

	杉		内　檜	
上池原村	900本	3尺廻り 4尺5寸廻位	50本	2尺5寸廻り 3尺5寸廻り
下池原村	800	2尺5寸廻り 4尺5寸廻り位	30	2尺廻り 3尺廻位
池峯村	800	2尺廻り 4尺廻り位	45	2尺廻り 3尺廻位
寺垣内村	700	同	40	同
浦向村	900	同	45	同
佐田村	900	同	40	同
上桑原村	850	2尺廻り 3尺廻り位	30	同
下桑原村	850	同	0	
大瀬村	250	2尺廻り 4尺廻り位	槻70	3尺廻り 7尺廻位
計	6,950		檜280、槻70	

表10　享保16年7月　松・槻立木書上

	松		槻	
上池原村	130本程	2尺廻位ゟ 4尺廻位迄	20本程	4尺廻位ゟ 7尺廻位迄
下池原村	100	同	10	同
池峯村	100	同	30	4尺廻位ゟ 6尺廻位迄
寺垣内村	100	同	10	4尺廻位ゟ 7尺廻位迄
浦向村	100	同	23	同
佐田村	100	同	10	同
上桑原村	130	同	10	4尺廻位ゟ 5尺廻位迄
下桑原村	100	同	10	4尺廻位ゟ 7尺廻位迄
大瀬村	100	同	30	4尺廻位ゟ 8尺廻位迄
計	960		153	

のそれよりは二倍に近い数をあげている。村毎の本数は示されていないが、寺垣内村についていえば、杉・檜一三三〇本（二尺廻り四尺廻位迄）とあって、やはり二倍に近い数があがっている。許されるかぎり控え目に報告しようとしたことがうかがえる。なお、寛保四年（一七四四）には、北山谷中の槙の立木調査も行なわれている（倉谷家「諸事控」）。

したがって北山郷の樹木のおもなものは、樅・檜・栂・杉・松・槻・槙だったということができる。このうち槻と槙は、史料によるかぎり、それが上納された記録はない。

上納材の木品について、注文のつけられることもあった。たとえば、藤堂藩の預りになり古市役所の支配下にあった宝暦九年（一七五九）、樅角物を減らして栂を多くできないか、樅・栂七五品の木品を六寸角ばかりにできないか、と下問されている。これに対しては体よくことわることができたが、芝村藩の預りにかわってまもなく、樅・栂のほかに檜もあわせて上納するように命じられたときには、これを受け入れざるを得なかった。明和四年（一七六七）正月のことである。この年、上納材の三分の一を檜で上納、翌年さらに「檜多分取交《とりまじ》え仕るべき旨」命があり、これ以後は檜・樅・栂の三品で上納することになった（「北山郷記録帳」）。

明和四年からの檜の上納については、郷民の方ですんなりこれを受け入れたのではなかった。檜の苗木の手入れをしていないし、檜の立木が少ないので、かんべんしてほしいと訴えている。また、芝村役所で檜の概数を書上げるよう命じられた庄屋たちが、村に帰って調査の上必要があれば申上げるとこれを拒否し、「杣取り・川出し」の際どれほど損木が出るかわからないから、見積りの木数より減ることを含んでおいてもらいたい、とことわってもいる。それに、檜を上納する条件に、その高い代米を要求してもいる。檜の上納をしぶったのは、栂・樅が御用木となって檜が御留木からはずされ、檜を売って利益をあげるようになっていたからであろう。

その後も、たとえば安永元年（一七七二）「檜・栂・樅三品の内、榑《くれ》に木取仕り相納め候儀相成らざるや」と要求され、樅・栂は長六尺、厚三寸から七寸、幅四寸から一尺位、檜は「末口五寸から一尺三、四寸口」まで二つ割にして、上納材の一分ほどはこれで上納していることもある（『上北山村の歴史』）。また、弘化二年（一八四五）には、長さ三間半の上納木をなるべく減らすように命じられ、これを減らすのは今年限りにしてほしいと願い出ている（上桑原区有文書）。郷民にとっては、上納材の規格について注文をつけられるのは迷惑なことだった。年代は明らかでないが、長さ二間半までは角九寸より一尺まで、長さ二間半、三間は角六寸から八寸までに仕立てるよう求められたのに対し、そうした規格の材は「深山幽谷へ立入り申さずては相調いがたく」、かつまた出材にも筏下しにも経費がかさむから、これまでどおり「栂・樅・檜九拾五品」のうちなら上納材の規格は自由にしてほしい、と申出ている（上桑原区有文書）。

御材木の上納

いま、（A）寛文十二年（一六七二）寺垣内村の「御材木請取通」と（B）宝永六年（一七〇九）上桑原村の「御材木上納目録」について、御材木上納の実際をみると次のとおりである。

（A）　寺垣内村亥（寛文十一年）御年貢米幷杣飯米銀御材木ニ而請取通

寛文十二子六月

小日権左衛門㊞

出井理兵衛㊞

一高七拾七石五斗弐升五合

此取六拾壱石弐斗四升　直渡（年貢米を御材木代として村に渡す形式をとっている）

一米七拾八石九斗四升六合　銀渡

此銀弐貫三百六拾八匁三分七厘（銀三〇目が米一石の計算で七八石九斗四升六合となる）

内　五拾九匁弐分　小物成

（村は此銀高から小物成分を差引いた二貫三〇九匁一分七厘を実際に拝借銀として受け取る）

米合　百四拾石壱斗八升六合（直渡高と銀渡高の合計で、この年の総納高）

此納方

一檜寸立壱本　三半　壱尺弐寸（長さ三間半の一尺二寸角）
一同壱本　三半　壱尺壱寸
一同八本　三半　壱尺
一同拾八本　三半　九寸

（中略）

一同五本　弐半　六寸
一五枚　下　長七尺　は、壱尺弐寸 正五寸　杉木目（長さ七尺、幅一尺二寸、厚さ五寸に造材）

六月八日ゟ同廿四日迄

〆木数七拾五本
内　五枚　杉木目
代米　百六石壱斗六升九合（木数七五本に対する米値段。後述）

一檜寸立三本　三半　壱尺
一同弐本　三半　九寸

（中略）

一同五本　弐半　六寸
一壱枚　上　長七尺　は、壱尺弐寸 正五寸　杉木目
一壱枚　中　同尺寸　杉木目
一弐枚　下　同尺寸　杉木目

六月廿五日ゟ同晦日迄
〆木数四拾四本
内　四枚　杉木日
代米　三拾四石壱斗五升弐合
惣木数　合百拾九本
代米　百四拾石三斗弐升壱合
内　壱斗三升五合　過上（この分だけ余計に納めた勘定になる）

（B）和州吉野郡上桑原村丑年（宝永六）御材木上納目録

米　弐拾六石五斗　子年（宝永五）御物成
一米四拾六石七斗五升三合　拝借代米（宝永五年冬の拝借銀代米高）
此銀　壱貫四百弐匁六分三厘　但定直段石三拾目
一米三石四斗六升七合　拝借代米（宝永六年春の拝借銀代米高）
此銀　百四匁弐厘　但定直段石三拾目
合七拾六石七斗弐升
内三升四合　過納
此納方
栂弐本　長三間半　九寸角
代米　弐石三斗四升四合（一本の代米、一石一斗七升二合）
同壱本　長三間半　八寸角

代米　九斗弐升五合
同壱本　長三間半　七寸角
代米　七斗壱升四合
（中略）
同壱本　長弐間　五寸角
代米　壱斗三升八合
樅四本　長弐間半　九寸角
代米　弐石壱斗四合（一本の代米、五斗二升六合）
同七本　長弐間半　八寸角
代米　弐石九斗壱升九合
同六本　長弐間　八寸角
代米　壱石五斗三升六合
（中略）
同五本　長弐間　五寸角
代米　五斗壱升五合（一本の代米、一斗三合）
栂壱挺　長三間半　幅一尺弐寸 厚六寸
代米　壱石三斗六升壱合
木数合　九拾八本
此代米　三拾五石八斗八升壱合

外　四拾壱石七斗九升八合　筏米
米合　七拾七石六斗七升九合
内　九斗五升九合　過納
右者去子年御物成米并為杣飯米料去子冬当丑拝借銀共、御材木を以令上納請取所仍如件
宝永六年丑八月　梶川利助㊞
和州吉野郡北山
上桑原村
庄屋
年寄中

（A）は池原役所収納役人の請取であり、（B）はおそらく代官所の請取であろう。御材木は、その年の十一月に免状によって申渡された年貢高と同年冬の拝借銀の合計高に相当するものを翌年の六月中に納めたのである。六月に上納するのは、筏流しの季節にあたるからである。（A）の場合は拝借銀は一度に渡されているが、（B）の場合は一部翌年の春にまわされていて、別記されている。その時期を明らかにしないが、おそらくは延宝検地にもとづく年貢の徴収が始った元禄四年（一六九一）以降、拝借銀は（B）のように二度に分けて渡されるようになったものと思われる。（A）・（B）いずれも木品と規格を詳しく記しているが、（B）の方にはそれぞれの代米がいちいち明記されている。材木のことであるから、年貢高・拝借銀の合計額と、材木の上納高との間に毎年過不足が生じる。（A）の方では「過上」、（B）では「過納」として、末尾の方に示されているのが余計に納めた分で（不足の場合は未納または不納）、次年度に繰越され差引勘定されていくことになっていた。

（B）上桑原村の上納目録の終わりの方に、「外四拾壱石七斗九升八合　筏米」とあるのは、上・下両桑原村が西川筋の上納材を新宮まで流送する義務をもっていたので、その労賃として与えられた筏米のことである。拝借銀の

うち、この筏米分の材木上納は免除されたわけで、両桑原村では年貢高分の材木と拝借銀から筏米を差引いた分の材木を上納すればよかったわけである（上・下両池原村の場合も、上組および両村の材木の流送にあたったので、両桑原村と同様の取扱いを受けた）。毎年上納材木の木品・規格・員数に変動があるから、筏米の額も一定していなかった。

なお、「北山郷記録帳」によれば、まず陣屋もとである上池原村の御材木が納まってのち（これを御蔵附と称した）、下池原ほか各村の材木を初納・二納・後納の三度にわたって納めるきまりになっており（ただし、（A）の「請取通」にみられるように、寛文のころは二度であった）、また、両池原村の場合は「木主勝手に御改を請け」、西川筋の村々については、収納役人が直接出向いていって材木改めを行なったという。

材木代米

ここで材木代米のことにふれておこう。材木の上納にあたっては、拝借銀をいったん米に換算したうえ、上納すべき材木の本数がきめられた。北山では、寛永八年（一六三一）以来、米一石につき銀三〇目替の定めであった。いっぽう材木についても、檜長さ三間半・一尺二寸角のもので、米四石一斗という風に（ただし、寛文元年ごろ）、材木一本について米との交換比率がきまっていた。これが材木代米で、米であらわされた材木の値段だと考えてよい。したがってこの方は、米価などを考慮して適宜にきめられ、年によって変動があった。また、（B）の史料にみられるように、材木の木品・規格などによって（杉木目の場合は同規格のものでも上・中・下の三段階に分けられていた）、材木代米にはいくつもの段階があった。田間家「旧記」の記するところによると、元禄ごろの栂二間・一尺角の代米は、およそ表11のとおりである。なお、材木代米には、筏米が含まれていて、元禄三年（一六九〇）の代米五斗六升のうち、四斗九升九合が木代、六升一合が筏米ということになっている。

拝借銀を材木購入の前渡金と考えれば、材木代米はいわば材木の売値にあたる。したがって、代米が高ければ百姓にとって有利になるわけだから、百姓の方は増米を要求して代米を引上げようとする。これに対し、幕府の方は代米をできる

表11　栂2間・1尺角の代米

	代米	備　　　考
元禄3年（1690）	5斗6升	1石に付5合増し
6年	5　9	元禄3年の代米に 1石に付5升4合増し
13年	6　0　4合	同 1石に付7升9合増し
宝永3年（1706）	6　1　9	同 1石に付1斗5合増し
正徳3年（1713）	6　4　1	同 1石に付1斗4升5合増し

だけ低くおさえようとするから、代米をめぐって、百姓と幕府の利害がするどく対立した。元文二年（一七三七）五月、代官久下を通じて勘定所に代米の引上げを願出た文書に、次のように記されている。

享保三年（一七一八）までは、栂二間・一尺角の代米が六斗四升二合であった。この年、金銀の吹替《ふきかえ》があり、新銀で拝借銀を下されたので、代米一石に付一斗五升四合の減（栂一本に付八升五合の減）となり、同四年から九年間は、代米五斗五升五合の勘定で材木を上納してきたのだが、だんだん遠山になり出材に入用がかさんで難儀なので、同十三年お願い申上げて翌年から代米一石に付二升増し（栂一本に付一升一合増し）ときまり、同二十年まで代米五斗六升六合の勘定で上納してきた。しかし、七、八里も山奥で伐り出すため、山出しの費用がかさむ一方なので、元文元年から代米を引上げられるよう願出たのだが、享保十三年二升増しになったばかりだということで許可がおりなかった。去年（元文元年）の夏金銀の吹替があったから古銀の割増しに応じて拝借銀の増額を求めたが、銀七〇貫目の定めだということでこれも取上げてもらえなかった。ところが、去年秋まで一石が五十四、五匁から六十目だった米価が、今年春から八、九十目にはねあがり、それにつれて諸物価も値上りしたので、代米を以前の六斗四升二合にしてもらいたい。

これにつづいて代官久下の、「遠山で山出しの入用がふえているのは事実だし、新銀で拝借する以上百姓は難儀するに相違ない、今年から七年間は百姓の求めるとおりの代米にしてやってほしい」という意見が書き添えられている。六月、勘定所から向う七年間代米一石に付一斗三升四合増しの許可がおり、栂一本の代米が六斗四升二合となった。百姓の要求が認められたわけである。

その七年の年季の明ける寛保三年（一七四三）、百姓の方からさらに増米の要求が出るが、従前通りの代米で二年間継続される。そして延享二年（一七四五）十一月、当時北山郷を預った藤堂藩が幕府にいいところを見せようとしたものであろうか、百姓の要求をおさえて向う五カ年間代米一石に付五升減、栂一本六斗一升一合の代米とすることを上申する。幕府は翌年四月、一応年季を三カ年としてこれを認可したが、寛延二年（一七四九）これを二カ年延長している（倉谷家「記録帳」）。

その後宝暦五年（一七五五）、幕府は代米変更の年季を一〇カ年と定め、時々の百姓の要求を封じる措置に出ている（「北山郷記録帳」）。

忠兵衛の場合

個々の百姓については、材木の上納はどうなっていたであろうか。文政五年（一八二二）の上桑原の忠兵衛の場合をみてみよう。

ところで、この年村から納入すべき総額は、物成（年貢）三二石一斗四升二合と拝借銀（三貫三二一匁四分六厘）一一〇石三斗八升二合、合計一四一石五斗二升四合であった。これを材木八〇本で納めた。その代米が一四七石五斗八升五合、これに前年余分に納めた計算になっている九石一斗五升五合を加えた計一五六石七斗四升が、この年の総納高となり、差引一五石二斗一升四合が余分に納められた勘定になっている（「上納帳」が納入すべき額を一四一石五斗二升六合としているので、二合の誤差がある）。

さて、「免割帳」は、忠兵衛分について次のように記載している。忠兵衛は、この年の上桑原村の本役二一人（ただし、六月に半役の吉之丞が本役に加わる）のうちの一人である。

忠兵衛

一高弐石八斗壱升七合　地方
　此取米
　七斗八升九合　御物成（持高に対する年貢）
三石三斗四升六合　御銀代（拝借銀、本役一人分。注（1））
壱斗八升八合　給米（筏給米、本役一人分。注（2））
〆四石三斗弐升三合　納（忠兵衛の上納責任額）
　　内
　七石五升弐合　木揚木四本（上納した材木四本分の代米）
　壱斗八合　筏米取（拝借銀のうち筏米として上納を免除される分）
小〆七石壱斗六升　（本年の上納額）
残弐石八斗三升七合　過（上納責任額と比べて納め過ぎになった分）
　　内
　壱斗壱升七合　去未り共（前年の上納不足分、利子とも）
残弐石七斗弐升　過（右の不足分を差引いた過納分）
　り（利）四斗弐升弐合　（右の過納分の利子）
合三石壱斗四升弐合　過（右の利子を加算した本年の過納分）

注（1）　拝借銀　この年の村の拝借銀は庄屋借り三〇〇目を差引いて三貫一一匁四分六厘。これを本役二一人、半役一八人に分割すると本役一人分が一〇〇目三分八厘となり、米に換算して三石三斗四升六合となっている（半役は一石六斗七升三合）。

注（2）　給米　延享四年（一七四七）、両桑原村の筏下しの費用がかさむというので、池峯・寺垣内・浦向・佐田の四カ村に両桑原村を加えた六カ村の拝借銀のうちから一貫目を引残し、これを両桑原村に拝借させ、この分を両桑原村が材木で返上納することになった。これが給米で、その総額は明記されていないが、庄屋分四石五斗と年寄分一石を差引いた残りを本役一人に一斗八升八合ずつ配分している（半役は九升四合ずつ、なお、小役一八人にも一升ずつ配付している）。

上の史料で明らかなように、この年の忠兵衛の納入責任額は、物成・拝借銀分・給米分（両桑原村以外にはこれがない）を合わせて四石三斗二升三合である。これに対し忠兵衛は、材木四本で上納しているわけだが、「木揚勘定帳」によると四本の材木は、長さ三間・七寸角の檜三本と二間半・六寸角の檜一本となっている（後者の檜一本は、「佐田次平より入」と注記されている。次平が忠兵衛から借りていたのであろうか）。この代米が七石五升二合、これに拝借銀のうちから筏米として免除される分一斗八合（本役・半役とも同額。もちろん小役にはこれがない）を上納したものとしてこれに加え、合計七石一斗六升がこの年の忠兵衛の上納分となっている。上納責任額に対し二石八斗三升七合の過納となるが、これから去年の不足分を差引き、残額についての利子を加えて、結局三石一斗四升二合の過納という勘定になっていて、これが次年度に繰越されるわけとなる。

この年忠兵衛は、本役の一人として一〇〇目三分八厘の拝借銀を受けたことになっているが、「拝借銀割賦帳」によると、これから口役や口銀・山年貢・高掛三役、村入用や寺入用掛それに頼母子の掛金など九〇目六厘が差引かれて（「当銀返納」―拝借銀から借用した分の返済金も含まれているし、役人全員に共通しない祠堂割などもあるので、その額は百姓によって若干異っている）、忠兵衛の取分はわずか一〇目三分二厘にとどまっている。しかし、公的な費用の負担は、すべて拝借銀によってまかなわれるわけだから、実際の取分が少なくても、拝借銀が百姓にとってかけがえのない「御救」であったことにかわりはない。

伐　出

文政五年（一八二二）の「拝借銀割賦帳」や「御拝借仕出帳」によると、当時上桑原村には、きやふらん山（京乱山）という村持山と、摺河山という持合山（仲間山）があったことがわかる。京乱山の山年貢が三分九厘、摺河山のそれが五匁八厘で計五匁四分七厘、村の山年貢が一〇目九厘だから残る四匁六分二厘の部分が個人持山だったとみられる（組持山はなかったらしい。山林所有については本稿3—「山林の所有形態」参照）。忠兵衛は、本役の一人として一厘の山年貢を負担しており、七人の持合山である摺河山についても、仲間の一人として二分一厘の山年貢を出している。忠兵衛は、村持山のほか持合山にも権利を持っており、このほか若干の私有林も持っていたであろう。

御材木の上納は、各村民の責任によって行なうのであるから、忠兵衛は、村持山・持合山、および自分持山のどれかから出材したにちがいない。しかし、忠兵衛のような役人は、拝借銀に見合う御材木を、まずもって役人山である村持山から出材したであろう。寛文五年（一六六五）五月の「覚」（小橡区有文書）に「立合の山へは中間吟味仕、他杣壱人も入れ申さず候」とあり、文政四年の「役人究書《きめがき》之事」（上桑原区有文書）には「当時と違い村山（村持山）は御材木引当て山のみに致し」といった文字もみられる。村持山に上納すべき適当な立木がない場合に、それぞれの持山から出材することになったものと思われる。

しかし、無役（小役）のものも、高持百姓である以上は木年貢を納めねばならない。自分の持山のない場合、持山があっても適当な立木のない場合は、他の山から材木を購入して納める必要があった。寛文五年七月の「覚」に「北山組の内にて、杣（この場合は役人）をも仕らざる候者は、同じ組にて御座候えば、木壱本に付何程、よき一丁に付何程、と直段を定めきらせ申し、他領の者には売り候義は一円御座無く候」とあることからも、そのことがうかがえる。役人の場合でも、役人山から出材できないときは、同じような方策がとられたことであろう。幕末になるにつれて、林野の集中が進み、持山を持たないものが多くなるから、他人の山から材木を購入するケースがふえる傾向にあった。

御材木の生産される山については、およそ右のようなことがわかるが、山林労働がどういうかたちで行なわれていたか、これを直接に知る史料はない。ただ、さきの寛文五年五月の「覚」が参考になる。そこにはこう記されている。

上組下組山わかり御座候、上・下共立合の山（村持山・組持山・持合山を指す）御座候、自分に持山も御座候、自分持山は其主勝手に杣を入れ申し、立合の山へは中間吟味仕り、他杣壱人も入れ申さず候、山出しの人足は日用やとい入れ申し候事

これによれば、立合山については他杣を入れないということだから、村持山については役人、組持山については組員、持合山については仲間の者で、それぞれ伐木に従っていたのであろう。明細帳の類には、たとえば、

一作間のかせぎには、男は御材木、末木□□にて少々材木仕り候（元禄十三年寺垣内村「指出帳」）

一農業の間、男は山かせぎ、女木の実を拾い草刈申し候（享保九年寺垣内村「書上帳」）

一男は御材木杣取出し方の間には末木・雑木の拵《かせぎ》、山方一辺にて渡世仕《し》来《きたり》申し候（享保十七年「上桑原村明細帳」）

一耕作の間、男は山稼《かせぎ》筏乗、御材木の末木弁雑木等仕り売代替（宝暦六年「上桑原村明細帳」）

などとある。当時は村民の階層分化が進んでいず、山林所有と山林労働が分化していなかったから、役人層でもそのほとんどが山林労働に参加していたとみることができる。上組のことになるが、宝暦七年（一七五七）小瀬村の久兵衛が、かざをれ地下山で売木の杣取の際、他杣を入れたことがわかり、その詫《わ》び状を庄屋に差出していることからみると（『上北山村の歴史』）、寛文のきまりは、江戸時代を通じて生きていたものと察せられる。ただ、持合山（仲間山）などについては、時代が下るにつれ、個人持山のように他杣を入れる場合も生じたと思われる。なお、

伐木を終ったのち、材木は、すでにふれたような規格に造材された。適当な長さに玉切りしたうえ、「はつり」を行なって角材に仕立てたり、木挽《こびき》して平物に仕立てたりしたのである。

出材については、「山出しの人足は日用やとい入れ申し候」とあったように、日傭を雇うことが行なわれていた。出材は、造材された材木を、修羅《しゅら》・肩びき・木馬《きんま》・管《くだ》流しなどによって、山から出し、土場に集積する仕事で、古くから集団労働によっていたからである。出材に日傭を雇うといっても、個々の百姓が銘々でこれを行なうことには、技術的にも経済的にも多くの困難があるから、出材は専門の業者に請負わす方法がとられていたであろう。寛延四年（一七五一）日浦谷八人の仲間山の御材木九〇本の仕出しに、徳二郎というものがこれを請負い、桑原まで運搬している例がある（前掲西川論文）。

この出材労働には、役人層も参加したであろう。寺垣内村の「指出《さしだし》帳」に「御年貢御材木仕舞《しまい》申し、耕作の間は他所へ少々日用に出で申し候」（元禄十三年）とあり、上桑原村の「願状」には、「当両村にて村役相勤め候者四十八人の内に十六人ならでは筏乗候もの御座無く候、残り三拾弐人は、杣方・出し方・荷持・諸挊《かせぎ》等仕り村役相勤め」（寛延三年）とみえる。

もちろん、無役（小役）のほとんどのものが、日傭に雇われて伐出の仕事に従っていたものと思われる。かれらは、出材の仕事のほか、時に伐木・造材の仕事に雇われることもあったであろうが、北山ではかれらのことを山子と呼んでいた。寺垣内村の元禄十三年（一七〇〇）「山御年貢歩割寄帳」に、山林を「山子へ売」「山子仲間へ売渡」といった書きこみがある。また、天保七年（一八三六）の「山御年貢帳」にも「一字隠日谷《おんじのたに》　銀三厘五毛　持合山ノ内三挺半分　山子中持」とあって、二〇挺のうち三挺半分を飯貝村の治右衛門から山子仲間が買いとったことがみえる。その場所が、明治十一年（一八七八）の「反別取調帳」に「山林五反五畝　小役山」と記載されているところであることからみて、山子仲間が無役（小役）層を中心とするものであったことがうかがえる（前掲西川論文)。

なお、出材賃金については「御材木運賃銀、先規より壱肩七分五厘にて御座候え共、右卯の年（貞享四年）北山御材木御破損方に御引合御吟味の節、七分に罷成《まかりなり》候」とあるように一定のきまりがあり、木品に応じて一本について何肩という風に定められていた。「御材木壱本ニ付肩附之覚」（倉谷家「記録帳」、享保ごろのものか）によると、栂角二九品、同平物一一品、樅角二四品、同平物九品、合計七三品の一本宛の肩数があげられている。最大と最小の数字を示すと、およそ次のとおりである。

栂一本　長三間半・一尺二寸角　四七肩～長二間・五寸角　三肩

樅一本　長三間半・一尺角　二一肩半～長二間・五寸角　二肩半

栂一挺　長三間半・八寸丁　四一肩～長二間・五寸丁　七肩

樅一挺　長三間半・七寸丁　二三肩半～長二間・五寸丁　六肩

流　送

材木は筏に組んで新宮へ流送された。秀吉のころは、まだ新宮への筏道がついていなかったので、伯母ケ峯を越えて運ばれていったが、江戸時代の初め筏道がついてからは、もっぱら新宮へ流送されるようになったのである。

御材木の流送について、享保六年（一七二一）の「北山下組委細書上扣」は、その大筋を次のように伝えている。

御材木川下しの訳、西野村・小瀬村・栃本村・白川村・両池原村・大瀬村御材木、池原村川原にて御改を受け、筏米の内百弐拾石七斗五升十津川御役筏、新宮へ乗下し申し候、残筏米の儀、御定の筏賃米にて両池原村より乗届け申し候、又は直着にも下し申し候、池峯村・寺垣内村・浦向村・佐田村・両桑原村御材木の儀、村々にて御改を受け、桑原村風呂渕へ差下し、則ち御定の賃筏米にて両桑原村より新宮へ乗下し御上納仕り候、又は直着仕り候材木も仕り候北山郷で筏の流送にあたっていたのは、池原村と桑原村の人たちであった。池原村筏方・桑原村筏方という風に呼ばれている。上組五カ村では杣取りを専業にしていたので、上組五カ村の材木は、もっぱら池原村の筏師によって池原まで運ばれた。右の史料にあるように、上組五カ村のほか、大瀬村・両池原村など大川筋の御材木は、いったん池原陣屋前の川原に集められ、材木の改めを受けたのち、新宮に流送されたのである。新宮への流送については、一二〇石七斗五升の筏米に相当する御材木が十津川村の筏役（後述）によって運ばれ、残りの分が両池原村の責任で乗届けられることになっていた。

　これに対し、西川筋六カ村の御材木は、両桑原村の筏師の手によって新宮まで流送された。池峯・寺垣内・浦向・佐田の四カ村は杣取りを専業にしていたのである。材木改めは、池原陣屋の役人が各村に出向いてこれを行ない、材木改めの終わった御材木は、木主が銘々で桑原村の風呂渕に差下し、そこから筏に組まれて新宮まで乗下されることになっていた（「北山郷記録帳」によると、桑原村の御材木については川口迄の間で改めを受けたという）。

　さきに掲げた「北山下組委細書上扣」にみられるように、御材木流送の主要なものは以上のとおりだが、このほか二、三の特例があった。その一つは四ノ川《しのごう》の御材木で、ここで材木改めを受けたものは、木主の方で紀州領の下野上村まで川下しをし、大川との合流点で筏方に渡すことになっていた。ここに筏方というのは、桑原村の筏師を意味するが、時には筏賃を支払って大沼村の筏師に流送を委託することもあったという。

　いま一つは白谷山の場合で、この山からの御材木は、木主の責任で十津川村に出し、十津川村の筏師に委託して新宮に運ばれた。これがさきの「書上扣」にいう「直着仕り候材木」のことで、材木改めを受けないで直接新宮に送られたので、「直着」といったのである。白谷山以外でも「御改不勝手の処にて仕出し候分は、木主勝手に直着」することが認められていた（寛文五年七月「覚」。「北山郷記録帳」）。

さきに少しふれたように、大川筋の御材木のうち、筏米一二〇石七斗五升に相当する分は、十津川村の責任で新宮まで乗届けられることになっていた。これが十津川筏役である。それは、次のようないきさつから生まれたものである（「北山郷記録帳」。田間家「旧記」）。

十津川筏役

文禄検地の折、十津川村は「山川計《ばかり》」なので竿《さお》入れ（検地を行なうこと）が行なわれず、およその見当で村高一〇〇〇石ときめられた。しかし、年貢を納めることができないので、四五人の人足を出すという条件で、年貢の上納はご赦免《しゃめん》になった。江戸時代になって、四五人のうち二〇人は中坊左近の支配（上組四三〇石分）、二五人は小野宗左衛門の支配（下組五七〇石分）になり、二月三日から十二月十三日まで、人足延一万五七五〇人、一人一日五合ずつとして扶持米七八石七斗五升、四六匁替として銀三貫六二二匁五分を下付されて、それぞれ夫役をつとめることにきまった。ところが、人足に出ても特別の仕事がない。いっぽう北山では、池原村と桑原村が筏賃米を受けて御材木の流送にあたっていたが、全部運びきれないでいた。そこで両村で運びきれない分を十津川村のものに運ばせてはということになったのだという。銀三貫六二二匁五分は、北山郷の一石三〇目替で計算しなおすと、一二〇石七斗五升となる。差引四二石の出目《でめ》（余分）となるので、これを北山御材木出目米と称した。

これが十津川筏役で、銀三〇目替の北山値段で一二〇石七斗五升分の御材木の流送は、十津川の責任で果されたのである。筏米は、材木代米に含まれ、年々変動があったが、寛文期の長三間半・一尺二寸角の檜一本の筏米三斗五升で計算すると、十津川筏米百二十石余は、右の規格の檜で三四五本になる。元禄六年（一六九三）の梅二間・一尺角の筏米は六升五合だったから、この場合だと一八五八本という数にのぼる。上組の史料によると、筏にしておよそ百四十艘になったという（『上北山村の歴史』）。これをこえる御材木は、池原村の責任において新宮へ流送され、池原村は筏賃として所定の筏米を受けとったわけである。

十津川の筏役である以上、本来は十津川村から筏乗りが池原に出向いてきて、直接新宮まで乗下すべきものであった（これを直乗《じきのり》といった）。しかし、池原村でこれを請負って乗届ける場合が多かったようである。遅くも寛文期には、池原村の筏問屋の請負いになっていたようで、延宝元年（一六七三）池原の板屋九郎右衛門から小原村七郎兵衛・五左衛門に宛てた、筏三八艘半乗届代金八五七匁の請取状が残されているし（『十津川郷』）、「北山郷記録帳」にも「然れ共、十津川より勝手に付、池原へ頼み、賃銀にて池原より乗届け申し候」とみえる。ところが、どんな事情があったのか、享保三年（一七一八）から本来の姿に戻ることになった。下池原村治郎右衛門の「差上一札」（田間家「旧記」）によると、「北山御材木十津川御役筏新宮迄乗り候儀、今年より十津川筏乗りの者共当村に相詰め致し、直乗《じきのり》に候に付、私、宿仕り候」とある。そして、十津川村から庄屋二人、筏乗一四人が治郎右衛門方に泊っている。北山で四人雇入れたとあるから、その人数で筏役をつとめたのであろう。治郎右衛門はそれまでおそらく十津川筏役を請負っていた者であろう。その後また治郎右衛門の請負いになったらしく、「前々は十津川より右（筏役）人足参り筏下し仕り候処、近年は当両村に十津川筏支配人（請負人）を相頼み、相対近年の銀高何貫目と支配人掛合にて相頼み候」とある（倉谷家「記録帳」）。ついで寛政三年（一七九一）、治郎右衛門から上池原村の西元与助の請負にかわり（与助が十津川村に掛合って請負人をかえたという。田間家「旧記」）、文化九年（一八一二）からは、またも「十津川郷より罷《まかり》出《いで》直乗《じきのり》致す」ことに改まった（倉谷家「記録帳」）。

池原・桑原筏役　池原・桑原の両村とも、流送した御材木について、それに相当する所定の筏米が与えられることになっていた。筏米は直接手渡されるのでなく、村から上納すべき御材木からその分だけ免除されることになっていた点は、さきに上桑原村の材木上納についてみたとおりである。

寛延三年（一七五〇）の両桑原村からの「願状」によると、池原村の筏米のことについて、

弐拾八年以前（享保八年）より上組五ケ村賃銀下しに罷成り、御公儀様仰せ付けさせられ下され候通り、筏米

の儀は五ケ村上納に相立て、筏の儀は両池原村乗り下し、則賃銀の儀は壱艘に付き弐拾三、四匁にて前年乗り下し申候

と書いている。これによると、両池原村に与えられるべき上組五カ村筏米は、享保八年（一七二三）から上組五カ村の上納に役立て（筏米相当分の材木を差引いて上納する）、両池原村は筏米を受けないかわりに上組五カ村から筏一艘につき二十三、四匁の筏賃を取ることに改められたらしい。そして、この筏賃に加えて新宮池田御蔵への揚賃も五カ村から支払われているので、筏米一石につき四十六、七匁の割りになり、両池原村の筏方は有利になったといっているのだが、他にこれを確かめる史料を欠くので、真偽のほどは十分には明らかでない。

筏役の村方、池原・桑原両村にとって大きな悩みは、不時の洪水によって材木が流失することであった。大川筋の御材木については、池原陣屋前の川原で材木改めを受けるまでは、流木があっても筏方は一切その責任をとらなくてよかったが、材木改めを終わった時点からは、流木があった場合、十津川筏役の分については十津川村から、池原筏役の分については池原村から、それぞれその替木を上納するきまりになっていた（享保十三年「上組五ケ村言上書」、『上北山村の歴史』所載）。西川筋についてもほぼ同様で、流木については桑原村の責任でその替木を上納していたが、享保八年、このことで両桑原村と池峯・寺垣内・浦向・佐田の四カ村との間で紛議がおこっている（材木改後桑原で筏に組まれる間の流木の処置について、明確でなかったことも手伝っていたのかもしれない）。流木の替木を桑原村の責任で納めることになっているため、村の犠牲が大きい、これでは村が立ちゆかないので四カ村の御材木の乗下しはことわりたい、今後は四カ村で乗下してもらいたい、と申出たのがことのおこりである。吟味の結果、代官会田の判決で、「流木の分多少に限らず、上納木員数に応じ高割に仕り弁木（替木）相納め申すべき旨」つまり納高に応じて各村で責任を分担することに改めるとともに、流木は各村から人足を出して新宮までの川筋を探索することにし、ひきつづき桑原村が四カ村の御材木の筏役にあたることで落着をみている（「為取替証文之事」、上

桑原区有文書）。

ついで延享四年（一七四七）にも両桑原村から年々失費が多く四カ村の筏役まで勤められない旨の訴えがあり、古市役所の命令で両池原村の庄屋が仲に立って、次のように取極めている。

（一）　四カ村の御材木の筏下しには費用がたくさんかかるので、六カ村の拝借銀のうちから一貫目を残し、これを両桑原村で拝借してその分の材木は両桑原村から上納すること。ただし、一貫目の拝借銀の六カ村への割りふりは斧割にすること。

（二）　御材木の筏下しは、これまでどおり両桑原村が行なうこと。

（三）　万一御材木が流失した場合には、その木代・筏米とも納高に応じて六カ村の分担とすること。

（二）・（三）の事項は、これまでのところを再確認したものだが、（一）は全く新しい取極めである。一貫目の拝借銀は上・下両桑原村で折半され、それぞれの村で役人に配分された。本稿3―「忠兵衛の場合」の材木上納において、「給米」として出ていたのがこれである。四カ村が譲歩したのは、「杣方計《そまかたばかり》仕り筏乗り候儀御座無く候」というわけで、新宮への流送は両桑原村の筏方に依存するほかない弱味を持っていたからであり、両桑原村の流送拒否が御材木以外の商人材に及ぶことを恐れたためであろう。四カ村から新宮へ売出される材木の流送がとめられれば、四カ村の死活の問題になるからである（「済状之事」、倉谷家文書）。

これで万事おさまったかにみえたが、二年後の寛延二年またまた問題が再燃している。筏米定直段一石が三〇目のところ、筏下しの入用は一石に付き四十七、八匁から五十二、三匁もかかるので、このままでは村がつぶれる、風呂渕から大川まで小川内の筏流しは、六カ村から八人ずつ筏乗りを出すことにし、都合四八人で乗下すことにしよう、両桑原村の筏師が一人か二人筏に乗ることにすれば筏下しに心配はあるまい――これが両桑原村の言分である。

再三にわたって両桑原村からこの件についての会談を申入れるが、四カ村は取りあわない。翌年両桑原村から古市役所へ訴願に及ぶことになるが、これ以後も上桑原村で延享四年の取極めによる「給米」を受けている事実があるから、この件は却下されたものとみられる。

刎木と代木

新宮の池田に着いた御材木は、北山年番（上組・下組から村順に各一人ずつ選ばれた）・池田役人・吉野屋らの立合のもとに検査を受け、いったん池田御蔵に納められた。その際、御材木新宮揚賃として、「弐間弐間半角・平物共壱本に付銀七厘ずつ、三間三間半角・平物共壱本に付銀壱分五厘宛、其年の暮拝借銀を以て吉野屋へ渡す」ことになっていたという（「北山郷記録帳」）。

筏で流送中、筏痕《きず》や岩すれなどのため損傷のあった材木は、「御蔵へ納り申さず」、不適格品としてはねられた。これがはね木（刎木）である。はね木になった分については、北山年番から池田役人へ一札を出し、その代木（代り木または替木）を上納しなければならなかった（翌年、上納材といっしょに流送した）。黒印によって木主の明らかなものについては、木主から代木を納めたが、木主のはっきりしないものは、郷中受といって北山谷中の責任において代木を上納した。これを池田代木と称し、陣屋があったためか、上池原村が引請けて上納していたものらしい。

文化元年（一八〇四）、このことについて争いがおこっている。上池原村を除く一三カ村から、池田代木を村ごとの割当てにしてほしいと五條代官所へ申出たためである。拝借銀は村割りになっているし、先例もあることである、それに小前百姓も難渋している、というのがその理由である。これに対し上池原村の庄屋仁兵衛は、池田代木は古来より上池原村の引請けになっており、当村で引受けなくては、江戸への船積の御用に差支《さしつか》える、今年に限って小前百姓の難儀をいうのは理解に苦しむ、自分が庄屋のときにそんなことになっては、あとあと村方へ申訳けが立たない、と主張して承知しなかった。代官所では、代木の船積に差支えてはというので、とりあえずその年の分は村々から差下すことにしたうえ、五條代官所の御用達宗八が仲にたって和談をすすめた。その結果、翌文化二年の二月、(一) 池田代木のうち一五石までは上池原村が引請け、それをこえる分については郷中一四カ村へ割付けて村ごとに上納する、(二) 去年の代木は上池原村ですでに用意していたためずいぶん損害も出た、それで郷中から銀一五〇目を取曖《あつかい》人の宗八に渡し、礼金の残りを取曖人から仁兵衛に渡す、ということで和談が成立したという(上桑原村庄屋忠兵衛「願書控」。「済証文控」)。はね木になった材木は、上納材には不適であっても商品価値は十分あった。池田代木を引請ければ、はね木の売却代金が収入となるので、それが目当てでこんな争いもおこったのであろう。

なお、船に積まれるまで貯木中に、下づみになってくさる材木や上の方へ積まれて割れ目のできる材木が出ることがあった。それらも船積の折にはね木とされ、翌年木主からその替木(代木)を納めることになっていた。

船積

当年の上納御材木が全部新宮へ到着、検査その他の手続が終わると(御材木の請取手形は池田役所から出された)、いよいよ船に積まれる。秋十月から十一月にかけての頃であった。「紀伊殿御支配にて船積、江戸へ御積廻し成され候」とあるように、江戸への廻送は紀州藩の新宮役人衆(池田奉行衆、新宮御材木奉行、池田役人ともある)の指図で行なわれた。池田役人の方で「廻船宜敷を見立て、何艘積分と積《つも》り、舟壱艘に付き木品・寸間取受け肩積弐千肩宛」ということで、廻船を手配したという。船積の知らせがあると、北山から年番が新宮へ出向き、池田役人衆や吉野屋とともにこれに立合った。なお、時には一部大坂へ廻送されることもあったらしく、享保十二年(一七二七)の記録に「御材木木数五百本、此肩弐千肩、大坂へ御積廻し成され候、運賃銀壱肩に付四分弐厘」とある(倉谷家「記録帳」)。

御材木が無事江戸に着いて御蔵に納まると(「江戸御蔵にいなり宮これ有り候、是を北山稲荷と申伝え候由」とあるが、真偽不明)、江戸御蔵奉行衆から請取証文が和歌山へ届く。そこから新宮役所→廻船問屋→代官所と順に渡ったという。運賃銀は、「船積残らず江戸着の上」渡されるきまりだったが、廻船問屋から願出があって元文五年(一七四〇）から新宮で船積のときに半銀、江戸海着の証文によって半銀と、二度に分けて渡されることに改まっている。当時は藤堂藩預り古市役所支配の時代だったが、運賃銀の請取りには北山年番が出向き、郷継人足を以て上池原村まで運び、それから下組が人足を出して新宮まで送り届け、年番・吉野屋覚兵衛・新宮奉行衆立合のもとに、廻船問屋に渡したという（「北山郷記録帳」）。

江戸へ廻送中、時に船が難破することもあった。その早い例として、享保十七年「新宮那知屋八右衛門船へ御用木積み、松浦にて破船、此時運賃銀半分に減じ候」とみえる（倉谷家「記録帳」）。当然のことながら、その損害は「北山へ相掛り候儀御座無く」、駿州（静岡県の東半）から江戸までの間については、「公儀御損」という先例であった。寛延元年（一七四八）のこと、北山御材木樅・栂三四六本を積んだ新宮請川屋新太郎の船が、十月六日の夜、駿州松永浦で破船、二八七本は引上げられたが、五九本が流失するという事故があった。流出木は「公儀御損」、取揚げられた二八七本は駿州の金兵衛の船で江戸へ送られ、松永村へは、材木の取揚賃として二八七本の松永村材木値段の二〇分の一にあたる一二六匁七分二厘三毛が、先例に従って下付されている（倉谷家文書）。その後宝暦八年（一七五八）十一月にも、北山御材木を積んだ新宮本町伝四郎の船が破船したことがみえる。

4　商人材

統制の緩和

江戸時代、北山郷における林業は、御材木の生産にかぎられていたわけではなかった。かなり早い時期から、販売を目あてにする伐出、つまり商人材の生産も行なわれていた。史料には、商《あきない》木《ぎ》・売木・売材木などとみえる。

寛永八年（一六三一）の「御代官小野宗左衛門御掟《おきて》御目録」によれば、

一公儀御用の外、檜御材木壱本も出し申す間敷由、度々申渡し候、彌《いよいよ》かたく法度に申付け候、自然右旨に背《そむ》き出で候もの候はば、後日聞出し候共、当人の儀は申すに及ばず、杣年寄・組頭曲事《くせごと》に申付くべく候、但し、雑木・すへ木は、杣飯米の程の儀は、少しずつ出し申すべき事

一材木之儀は申すに及ばず、其の外何にても、手代共幷下々者へ売買仕る間敷き由、右より堅く申付け候、彌《いよいよ》　其の通り仕るべき事

とあって檜を御留木の扱いにするとともに（『上北山村の歴史』によれば、松・杉についてもその取扱いをしたらしい）、手代・下々の者との材木取引など一切を禁止している。また元禄元年（一六八八）の「惣百姓連判手形」（寺垣内区有文書）にも「当村百姓山の儀は、先々より御赦免にて、売木伐出し候えども、御用木成るべき木立の儀は、先規より御停止御高札に御座候通り、彌《いよいよ》堅く一切伐取り申す間敷候」とあって、この二十年余り前から御用木に認められるようになった樅・栂も、御留木の扱いになっていたことが推定される。

しかし、元禄十三年の寺垣内村の「指出」をはじめ、それ以降の明細帳の類に御留木の記載はみられない。のみならず、すでに代官小野の掟でも、公用以外の檜の伐採を禁じ、かつまた材木取引を禁止しながら、生活の必要上雑木・末木を売出すことは許しているし、さきの「連判手形」でも、御用木以外ならば売木を伐出すことは認められている。また、寛文五年（一六六五）五月の「覚」には「自分持山も御座候、自分持山は其主勝手次第に杣を入れ申候」とあって、個人の持山については、持主の自由な裁量を認めていたようである。現に元禄十六年の上桑原村「午年売木帳」が残されていて、その前年樅・栂合わせて三五五本が売却されている事実がある。また、上桑原村には正徳五年（一七一五）の檜山の売券が残っているし、享保二十年（一七三五）には、池原村九平吉の杉・檜の山が上市の半兵衛・又左衛門二人の手に渡ってさえいる。さらに上組には、銅山の開掘にかかわって「村方領の内は、山林竹木自由に伐出し、其跡切畑等に切広げ申し候得共、何方へも古来より少も御断《ことわ》り申上げ候事一同御座無く候」と記した、享保十三年の史料もある（前掲西川論文）。

こうした事実は、遅くも元禄期には、材木伐出に関する具体的な統制なり、材木取引についての禁止ないし制限が、ほとんどその効力を失っていたことを思わせる。元禄以降は、せいぜい「山林竹木猥りに伐取り候儀仕らざる儀、是れ又古来御定に候」（宝暦九年寺垣内村「一村限御請一札」）程度のことで、御材木の上納に差支えのないかぎり、伐出も取引きも村民の自由にまかされていたとみられる。

売　木

上納御材木の資源を確保するため、幕府は当初御留木を設けて伐出に統制を加えたが、そのころでも雑木や末木についてはその販売を禁止してはいなかった。元文二年（一七三七）の「訴状」にも「北山の儀は、御材木所に御座候に付、先々より、末木・雑木・かま木（たきぎ・まき）等御免し仰付けさせられ、是迄御材木飯料の差加えに杣取り仕り、世渡り仕来り申し候」（倉谷家文書）とみえ、明細帳などにも「男は御材木杣取り出し方の間には、末木・雑木の拵《かせぎ》」（享保十七年「上桑原村明細帳」）「作間には御材木の末木又雑木抔をひろい小杣仕り」（宝暦十年「寺垣内村明細帳」）とある。雑木や末木、また、かま木などの伐出・販売については、当初から何ら制約がなかったのである。郷民は早くから「末木・雑木、売木にいたし、紀州新宮に下し」（「北山下組委細書上扣」）ていたわけである。

これとならんで、上納にあてるべき用材も、新宮池田御蔵における「はね木」をもって販売にあてていた。上納材としては不適格であっても、一般の用材としては十分商品価値を持っていたし、翌年代木を上納しさえすれば、はね木はおおっぴらに売ることができたからである。「はね木に罷《まかり》成り、商売に仕り候へば、大分損米御座候に付て、御材木に事よせ悪木を仕出し、はね木に成り候様に仕り候儀は、毛頭御座無く候」（寛文五年七月「覚」、小椽区有文書）とわざわざことわっているところをみても、計画的に「はね木」を出材してこれを売ることがあったのだろう。文化元年（一八〇四）池田代木のことで争いがおこっているのをみても（本稿3—「刎木と代木」）、「はね木」の売却はたといその額は少なくても、郷民にとってうま味のある「商法」だったともいえそうである。

やがて幕府の統制がなくなるにつれ、「雑木や末木の拵《かせぎ》」というのは、たんに表向きのことになってしまったであろう。元禄前後からは、上木や角物も売りに出されることになった。それを示しているのが、次に掲げた元禄十六年（一七〇三）の上桑原村「午年売木帳」であろう。前年の売木の員数を、代官所の役人宛に報告したものであるが、御材木に指定されている樅・栂の上木三五五本が売られている。

覚

一木数八拾四本　樅栂壱丈角　但壱本ニ付壱匁三分宛
　代銀百九匁弐分
一木数弐拾壱本　同弐間大小　但壱本ニ付三匁宛
　代銀六拾三匁
一木数弐百五拾本　三間丸太　但壱本ニ付壱匁宛
　代銀弐百五拾目
木数合三百五拾五本
　代銀四百弐拾弐匁弐分
右之通、去午年売木如此ニ御座候以上
元禄十六未八月
　上桑原村庄屋　惣兵衛㊞
　同村年寄　市左衛門㊞
中井要右衛門様

また、この前年、寺垣内村から代官辻に宛てた「巳之年売木員数覚」も残っていて、それによると「木数弐百五拾本　内百九拾本壱丈大小 六拾本弐間大小　壱匁壱分替 弐匁弐分替代弐百九匁」が巳年分売木となっている。

材木商人

材木は、おもに新宮の問屋に売られたが、材木取引きがさかんになるにつれて、材木商人（史料では「材木方木主」とあらわされている場合もある）もあらわれるようになった。白川村古代の甚蔵などはその有力な一人であった。「此節（寛政元年頃）材木商売専《もっぱら》相挊《かせぎ》候」といわれていて、寛政四年（一七九二）には、前鬼の持監の持山から栂角尺〆千本余りを仕出したとある（田間家「旧記」）。他方、無高の下層農民で、ひともうけしようと一時的に材木に手を出す者もあったらしい。甚蔵が活躍していた前後のこと、上桑原村の無高源右衛門（上納未進銀や借金もあったという）が、「紀州尾鷲村へ材木商《あきない》内取組みに」出かけたまま行方不明になってしまった、というような史料がある（「願状」、上桑原区有文書）。しかし、材木商人といっても甚蔵のようにこれを専業とするような商人や源右衛門のような泡沫商人はまれで、御材木生産のかたわら、時に材木を商《あきな》う御杣百姓がその大部分であった。

これらの材木商人は、早くから戎《えびす》講と唱える仲間をつくっていた。それは、「山方材木仕出し賃、筏川下げ賃銀」などを申合せたり、新宮問屋との取引方法を統一するために必要な組織であった。

材木商人は、大きな山持ちから立木を買う場合が多かったであろう。江戸中期以降、山林の集中がかなり進んでいたものと察せられるからである。すでに有力な山持ちであった蔵屋（倉谷家）のような場合、村内の材木商人にさかんに立木を売っている。いま天保年間について、それを摘記してみるとおよそ次のとおりである。

（1）天保六年（一八三五）二月、田戸山にて伊丹味《いたみ》（清酒を容れる四斗樽の製造に用いる杉の大木）木数二一本、代金一五両三歩で寺垣内村の栄右衛門に売渡す。

（2）同年二月、かたぶち山の内にて杉柱木八本、代金三〇両で向の後岡左助に売渡す。

(3) 同年九月、田戸山の内にて樅一本、代金五両でヒラの清之丞へ売る。足木《たしぎ》として伊丹味の末木五本を添えてやる。
(4) 同年、伊丹味木二〇本、代金九両で寺垣内村の永右衛門へ売渡す。
(5) 同七年、おんじ山の内にて杉柱木三本、足木を添え代金一〇四両二歩で後岡佐助に売渡す。
(6) 同九年七月、満菜巳瀬山にて杉・樅・栂など計一九本、代金六〇両で上池原の久左衛門に売渡す。
(7) 同十年二月、おさき山の立木全部（杉柱・檜・松・栂など）を、代金七五両で小井の更屋文右衛門に売る契約をしたが、異議の申立てがあったので、他の山から杉・伊丹味など一六本を入木して七七両で売渡す。
(8) 同年三月、高畑山にて杉・檜一五本、代金四七両二朱で小井の久吉に売る。
(9) 同年三月、大瀬の植□山の立木全部を、代金五五両一歩で小井の皿屋文右衛門に売渡す。
(10) 同十二年三月、高畑山の内にて杉柱・檜など五本、代金二五両で小井の半平へ売る。

もちろん個人の持山だけでなく、村持山や持合山（仲間山）の立木も売買されている。たとえば村持山（役人山）の立木の売買について、次のような証文が残されている。

ひかへ　　売渡申材木山之事

一字四ノ川役人山壱ケ所之内　但し柿木ハ除キ
　但し境目之義ハ、口ハ浦向村山続大鋸谷《木屋》すぐニ見通し、奥ハ佐田山村山続、本川限り行せん之ふに切へすぐニ見通し、高ハ峰中山之間八丁除キ申筈也
　代金弐拾八両也　　但し諸木不レ残五寸以上
右之代金慥《たしか》ニ請取売渡し申処実正明白也、且又小屋物・小屋道具・下タ木・損木不レ苦、尚又杣人出し道筏場

迄御勝手次第ニ可レ被レ成候、則年季之儀ハ当年寅年ゟ《より》辰年迄三ケ年限り也、此山之儀ニ付何方ゟ違乱妨ケ申もの無二御座一候、万一妨ケ申もの有之候ハヽ、役人として埒明《らちあけ》貴殿少茂御難儀相懸《か》ケ申間敷候、為二後日一売証文依而如レ件《くだんのごとし》

天明二年寅四月十五日（一七八二）

寺垣内村庄屋　次左衛門
年寄　茂右衛門

下池原村
安左衛門

（寺垣内区有文書）

安左衛門は材木商人の一人であろう。柿の木を除いて五寸以上の立木を、三カ年の年季で売却したわけだが、伐出のための山小屋や道具類、また、出し道や筏道を自由に利用してもよいとことわっている。

郷内の材木商人が買う山は、郷内に限っていたわけではない。幕末のことになるが、寺垣内村の繁右衛門が、安政六年（一八五九）紀州流谷領小坂村（現三重県熊野市飛鳥町小阪カ）から檜材を仕出した例がある。

時代が下るにつれ、他国の材木商人もはいりこんでくるようになった。寛延元年（一七四八）、池明神の造営のため、氏神山の杉六本が代金六貫目で大坂松屋吉兵衛の手代藤兵衛に売渡されている。

寛政十一年には、肥驒（飛驒）高山から押上平右衛門と高木某の二人が、栃木を買いに村にやってきている。山は池原のとふよう山、山主は下池原村の大畑覚右衛門で、この山の栃木はもと覚右衛門ら四〇人に株分けされていたのだが（「四十歩也」とあって、享保九年当時の四〇人の名前があがっている）、その後株の売買があって当時の株主

は三〇人以下だったようである。買人の二人が山を見分し、栃木持連中も寄合って、いったんは栃木三五八本を売ることになったが、出し道の地代などのことで話が折り合わず、結局この商談は不成立に終わっている。その後弘化三年（一八四六）には、こんどは尾張の材木商材宗の手代宇吉らが来て材木を出している。「備後川ノ奥塔谷と申所尾鷲山より出候材木尾張の者仕出し申し候」とあり、杣方には尾張辺の者も入込み、出しの日用には飛驒や木曽からも人が来て、これに北山の者も加わって、材木八千本ばかりを新宮の㊎の黒印を入れて川流ししたという。他国からの日用人は両池原村・大瀬村に泊ったが上池原だけで四十人余り、米・塩・味噌・わらじなども尾張から舟で運んできたとあり、この材木の川流しのため、北山の材木が大沼から川下しができず、大沼で囲い置いたところ出水のため筏百五十艘ばかりが流失した、というおまけまでついている（倉谷家「記録帳」）。

しかし当時は、山持（山林所有者）と材木商人（素材業者）と杣《そま》や出し（山林労働者）の三者が、まだ必ずしも明確に分化していなかった。右にみたように、山持である蔵屋が、その立木を村内の業者に売っている例が多いが、他方、業者を介することなく直接新宮や大坂の問屋と取引きする場合もあった。寛政六年セト山から檜・杉板などを新宮へ出しており、安政二年五月には、門さ山の杉柱を伐って九人の出しを入れ、土場まで出したところで雨のため出水、一四人の人足とともに当主自らもそこへ出向いて対策を施し、結局筏方八人、弟子一人の九人で新宮へ流送しているし、翌三年には船板一二枚を新宮へ下したが、下値のためこれを大坂へ売付けている。また、文久三年（一八六三）の春にも、筏九艘分を新宮へ出したところ、大水のため五艘流失、井田ノ浜へ揚がった檜を大坂の新長へ積送ったとある。もちろんこれらは特別の場合を記載にとどめているのであって、新宮の問屋との間にしばしば直接の取引のあったことは、蔵屋が新宮に指定の問屋をもっていたことからも明らかである。天保八年「我々の問屋にこれ有り候」ところの新宮御幸町の吉野屋新二郎が店仕まいになったため、以後切目屋と富士屋に切替えたという記事がある（倉谷家「記録帳」）。たとえ他所から立木を買うことはなかったにしろ、蔵屋もまた、材木商人の一人とみなされるべきものであろう。

出材と筏

杉・檜・樅・栂の角物や平物のほか、杉柱・船板・伊丹味木などが売られ、時には松や栃なども出た。伊丹味木は、伊丹・灘などの清酒を容れる四斗樽（伊丹樽）の樽丸（酒樽の用材）に用いる杉の大木（八十〜百年生）を指すもので、香りのよい吉野杉が重宝《ちょうほう》されたが、伊丹・灘を中心に樽丸の需用がふえるにつれ、北山にも及んだわけである。これらは、筏で新宮に流送されたが、「桶木抔《など》仕り、木ノ本へ歩行持仕」るようなこともあった（「北山下組委細書上扣」）。

　材木商人は、山持ちから立木を買うと、杣を入れて伐木・造材を行ない、出しのショウヤに請負わせて出材した。土場に集められた材木は、筏に組んで流送されることになるが、これは池原村と桑原村の筏乗《いかだのり》（筏師）の仕事であった。賃銀を払って新宮までの流送を託したのである。御材木同様、川筋の区分にしたがって、大川筋は池原村の筏師、西川筋は桑原村の筏師が、それぞれ分担していた。

　ところで御材木は、両村の筏方の手によって新宮まで乗届けるのが原則だったが、商人材については、いつのころからか、池原・桑原両村の筏師が七色まで乗下し、そこから新宮までは大沼村の筏師が乗継ぐことになったらしい。享保三年（一七一八）、池原村の筏役で流送中の御材木四百石分が流失したことにかかわって、「紀州領大沼並びに木津呂と申す所筏乗りに相渡し、隙《ひま》入れ申すに付き、こんなことになった。御材木は、新宮まで乗届けるよう命じてあるのに、勝手に途中で渡したりするから流失したのだ」（享保十三年「上組五ケ村言上書」）とがめられていることからみて、すでにこのころには商人材の一部は大沼村で中継ぎされていたものと思われる。大沼村が「筏乗次場」となり、大沼村筏師の「中乗」が一般化するにつれて、筏賃をめぐって大沼村の発言が強まる。川下げをしてもらえないと、その間に新宮の木材値段が下がったりして、みすみす損をすることもおこるからである。天明八年（一七八八）大沼村から、たとえば杉板七尋《ひろ》六枚で一艘のところを、四枚で一艘にするなど筏の「艘を直」すよう申出があり、池原村筏師の中にも二、三これに同調するものがあった。右のようにすると筏一艘分の材木が少なくなり、筏一艘当りの賃銀が実質的にあがることになるからである。その要求は実現しなかったが、米や材木の価格の変動によって筏賃が増減されることになっていたから、この後もしばしば筏賃の賃上げ要求があったようである。幕末の史料になるが、大沼村筏方の不当な要求に対し、北山郷から訴訟に持ちこんだ結果、慶応元年（一八六五）七色村の甚右衛門が仲にたって、北山郷一四カ村と大沼村筏方の間で筏賃の増金について話がつき、たがいに証文をかわしている。にもかかわらず、当時の物価高を背景に大沼村筏師が筏の川下しを止めて「存外の高賃」を要求、やむなくこれを入れて新宮まで筏を出すことができたが、このままでは立ち行かないというので、ついに同三年正月、北山一四カ村の材木惣代と筏乗り職人惣代との間で、今後は大沼村の筏乗人には乗下しをことわり、「郷内筏乗り職人（池原村・桑原村筏師）を以て新宮港迄乗下し候様」取極めるにいたっている（上桑原区有文書）。大沼村からいかなる申出があっても取り合わないとしているが、その後の動きについては、これを知ることができない。

北山の郷内でも、時に材木方（材木商人）と筏方（池原村・桑原村筏師）との間で、筏賃をめぐるもめごともなかったわけではなかろうが、直接それを物語る史料はない。ただ、いささか特殊なケースとして、寛政元年（一七八九）と四年に次のようなことがあった。

さきにあげた古代の材木商人甚蔵は、筏賃を「気儘に引下げ」、そのため上組の筏賃が下値になって両池原村の筏師が困っていた。たまたま古代の下《しも》のところで「筏水戸石返し」の必要があって甚蔵に綱を借りにいったところ、甚蔵がこれをことわったので、証文をかわして甚蔵の筏に乗らないことにきめてしまった。困った甚蔵が、人をたてて再三詫びを入れたので、筏仲間は以後甚蔵の筏に乗ることにした。寛政元年のことである。ところが同四年、甚蔵が前鬼山の栂角尺寸千本余りを仕出すにあたって山持の持監が両池原村の庄屋のところへきて、さきの証文を戻してくれるよう申出た。両村ではもちろんこれに応じなかったが、上池原村庄屋庄右衛門が馳合《なれあ》い、ひそかに庄右衛門の一家が甚蔵の筏を組み始めた。

「筏中間六拾弐人」が出向いて抗議したが、庄右衛門の兄与助が、自分らの勝手だといって取りあわないので出入《でいり》（もめごと）となり、芝村役所へ双方が訴え出るにいたった。甚蔵が一五両の賄賂《わいろ》を出したため、「御賢慮もこれ無く」庄屋たちの間で然るべく解決するようにというようなことで、筏仲間の願いは無視されたという。「委細は筆に懸《かか》り難く、前代未聞に候」と記されている。その後も、筏賃を安くして筏の仕事にありつこうとする者があったらしく、文化八年（一八一一）筏仲間で極書をつくったという（田間家「旧記」）。

なお、材木商人にとって一番頭の痛いことは、洪水による材木の流失であった。かりに、川筋や海浜で見つかるものがあったにしても、それを探索したり引揚げるための人足の費用が大きかったし、筏賃はもちろんこれを支払わねばならなかった。たとえば天保六年（一八三五）五月の大水で、蔵屋は新宮に届けた筏五艘分の材木、杉角七九本のほか多数の杉板を失い、上組の久左衛門は二百両ばかりの大損、他のものも一貫目、二貫目、三貫目とそれぞれ損失が大きかったと記されている（倉谷家「記録帳」）。

新宮問屋との取引　新宮へ着いた材木の取引きは、どのように行なわれていたのだろうか。天保五年（一八三四）北山郷の庄屋中から出された五條代官宛の答申には、「往古より材木売捌仕《うりさばきし》来《きたり》」について、およそ次のように述べられている。

（一）新宮の材木問屋二十軒余りのうち（『新宮市誌』によれば、文化年間以降は二一軒の問屋が株仲間をつくっていたとある）、「銘々問屋相定め置き」、送り状を添えて材木を問屋へ送る。問屋にかけあってその値段をきめる。そのうちから問屋の口銭や諸掛物を差引いた金高を「仕切手形」に認めて木主に渡す。これを手渡した以上は、売損とか破船があっても、それは問屋の損失であって木主の関知するところでない。

（二）新宮の問屋で材木値段が引合わず、材木を和歌山や大坂の材木問屋へ廻送する場合は、船積を新宮問屋にたのみ、「積仕切」をもらうことになっている。和歌山または大坂の問屋へ着くと、その代金は木主が直接受けとる。廻送中破船があった場合は、売主の損失となる。

㈢　新宮問屋で値段が折り合わないときは、中買や「他郷の者」と取引する場合がある。中買に売った場合は、問屋から「仕切手形」を渡し、代金も問屋から受取る。売損とか破船の場合の損失は中買の負担である。

㈣　問屋にしろ中買にしろ、材木代金の現金払いのできない場合は、すべて問屋の責任で手形を出すことになっている。その決済のすまないうちに何かの損失があったとしても、それは木主の負うところではない。

これは、同三年池峯村の権兵衛が、前鬼山から伐り出した栂・檜角六八七本を新宮の材木問屋山賀屋源左衛門に売渡し、代金の一部一八両を現金で受取り、残り一七五両を手形で受取っておいたところ、源左衛門がその材木を和歌山へ廻送中破船したことを理由に手形の決済に応じないので、ついに訴訟沙汰となり、代官所から「材木売捌方」についての下問があってこれに答えたものである（倉谷家「諸事控」）。

この権兵衛の場合、問屋から資金を借りている様子はなく問屋とは全く対等の立場にある。しかし、問屋から「仕込金」を借りて、材木の仕出しにあたった材木商人もあった。寺垣内村繁右衛門の場合がそれである。万延元年（一八六〇）の「済証文控」（寺垣内区有文書）に「寺垣内村繁右衛門儀、近年貴殿方（新宮の問屋）へ材木取引相始め、仕込金借用之上、仕出し材新宮着木之節時之相場に売捌き、仕切金表仕込借用筋返金におよび候へ共」とあり、つづいて「去安政六未二月、紀州流谷領小坂村之内にて檜材仕出し方に付、亦々貴殿方にて仕込借用致し、右材木大泊り村着岸の砌《みぎり》、貴殿方へ引渡しに相成り」とある。ついでながらこの史料は、繁右衛門の借入金がたまっているが、この檜材の代金二五両の支払いを受け、とりあえず一〇両を入金、一五両を受領したことの指入証文である。繁右衛門のように、新宮問屋から仕込金を借入れて材木を出した場合、郷内材木商人の新宮問屋への従属は避けることができないであろう。材木商人にとって、資金のやりくりが何よりも大きな問題であった。年とともにこうしたケースがふえ、郷内材木商人の新宮問屋への従属が深まっていったものと思われる。なお、安政六年（一八五九）の「新宮口銀歎願書」によると、「材木・諸品共紀州新宮へ差下し、同所紀州様御口前へ御見取弐分口銀相納め」とあるから（倉谷家「記録帳」）、紀州藩に対しおよそ二分ほどの口銀を納めることになっていたらしい。

5　木年貢制度の終焉

明治維新は、北山郷の林業に画期的な変化をもたらした。明治五年（一八七二）、江戸時代の木年貢制度が廃止され、これまで材木をもって上納してきた年貢は、これを金納することに改められた。その存続を望んで北山郷の村々から歎願に及んだが、政府の許すところとならなかったのである。木年貢の廃止と同時に、北山郷民にとって「御救」であった拝借金制度もなくなった。いわば上納御材木の前渡金にあたる拝借銀によって保障されていた、年々の生産と収入の道がなくなったわけである。御材木上納によりかかっていた林業は、根本的な転換を余儀なくされることになった。

すでに本稿4でみたように、北山郷では材木上納のかたわら、商人材の生産と取引きも一定の進展をみせていた。これといった産業をもたなかった村々のことである。御材木の生産がなくなった以上、もっぱら商人材の生産、つまり民間の需要を目あてにする材木の伐出と販売に、郷民はその生活の方途を見出さねばならなかった。いっぽう、同四年、移出材に課せられていた木材口銀が廃止され、七年には新宮の材木問屋や木材卸売業者の株仲間制度が廃止されるなど、封建的諸制度が撤廃されて林業の自由営業への道も開かれた。

こうして北山郷の林業も新しい歩みを始めることになり、第一次世界大戦直後まで、木材価格がほぼ一貫して上昇するという好条件にも恵まれてほぼ順調な発展をみせる。

五　大和売薬の成立と展開

1　近世の医薬と大和の売薬

（1）近世の医学と薬学

江戸時代を迎えて、日本の医学・薬学は大きな前進をみせた。中国の医薬が実質的に広く行われるようになったのもこのころからのことである。医者（儒者を兼ねる者が多く、儒医と呼ばれた）や流派がふえ、医薬書の出版もさかんになるとともに、薬物についての本格的な研究もすすめられるようになる。

江戸時代の初めには、曲直瀬道三の流れをくむ金元医学がさかんだったが、儒学における古学派の台頭にともなって、漢・唐などの医書の古典、とくに「傷寒論」に依拠しようとする古方派がおこってきた。古方派は、名古屋玄医によって興され、後藤艮山を経て一八世紀半ば香川修庵・山脇東洋・吉益東洞らによって大成される。彼らはこれまでの権威を認めず、実証主義を重んじたが、宝暦四年（一七五四）東洋が京都で日本最初の人体解剖を行なって「蔵志」を著わし、六腑説の誤りを指摘したのは、その明証といえよう。

また、薬学の面でも、元禄期の実学の台頭を契機に薬学研究が本格化した。貝原益軒が「大和本草」を著わして薬物の学問としての本草学の基を開き、つづいて稲生若水が「庶物類纂」を著わして本草学を大成した。幕府も薬草の栽培を奨励し、自らも薬園を経営したが、将軍吉宗は小石川薬園を整備拡張するとともに各地の薬草調査にあたらせたりした。しかし、近世の本草学は、薬物の名称（名物学）と真偽の鑑別（弁物学）を重視し、薬物の生産や製造（製薬）についてはあまり研究の目を向けなかった。

他方、織豊期にアルメイダらによって南蛮医学が伝えられたが、鎖国のために中絶、その後は長崎のオランダ通詞がわずかにこれを理解するにとどまった。明和八年（一七七一）、杉田玄白・前野良沢らがオランダの解剖書を翻訳して『解体新書』を出版、これを契機に蘭学がおこり、西洋医学が台頭した。文政六年（一八二三）、オランダ商館医師としてシーボルトが来日、長崎に鳴滝塾を開いて西洋医学を指導し、蘭方医もふえてきた。このため伝統的な漢方医との間に勢力争いがおこり、幕府はいちじ医官が蘭方を用いることを禁止したりした。しかし、嘉永二年（一八四九）以降、ジェンナーの牛痘接種法が実効をみせたこともあって、蘭方の優位が認められるようになった。安政四年（一八五七）幕府は、オランダの軍医ポンペを長崎に迎えて医学伝習所を開き正式な医学教育を始め、翌年蘭方医伊東玄朴を奥医師に採用、文久元年（一八六一）には西洋医学所を開設するなど、明治政府による西洋医学の採用を準備した。

（2）売薬の発達

医学の興隆にともない、薬業も隆昌に向かうことになるが、その胎動はすでに室町時代末にみられ、京都あたりでは、寺社のほかに公家や医家、富裕な商工業者の中にも製薬にたずさわる者があらわれた。「洛中洛外図」にも薬種商が軒を並べているさまがえがかれている。奈良にもいろいろの合薬や薬屋があらわれていたことは、『多聞院日記』に記されている。

江戸時代のはじめには、医術同様に曲直瀬道三の調薬の方法が一世を風靡したといわれる[1]が、マクリ・センブリ・ゲンノショウコなど、のちに薬の原料となる民間薬も用いられ、やがて現代の家庭薬のもとになる薬の製造・

販売も始った。正保二年（一六四五）刊の「毛吹草」によれば、諸国の名物として、山城では洛中の龍脳丸・延齢丹・蘇香園ほか一一種と善峯の目薬や山科の金屑丸、大和では西大寺の豊心丹、河内では産薬、和泉では返魂丹、摂津では道修谷の延命散、伊賀では目薬、伊勢では神仙丸、相模では透頂香《とうちんこう》、近江では昆元丹や天隈の膏薬、紀伊では待乳膏薬と目薬などの薬があげられている。このうち相模の透頂香のことは「鎌倉九代後記」にみえ、すでに北条氏綱のころ小田原外郎《ういろう》として往来の人々にも迎えられ、わが国売薬のもっとも古い例とされるものである。(2) なお、洛中の名産にも外郎透頂香がみえる。

その後、大坂天下茶屋・近江梅木村の和中散のほか、京都の蘇命散・肝涼園・奇応丸・井上目洗薬・無二膏・速康散、富山の反魂丹、江戸の実母散、近江の万病感応丸などが知られるようになるが、(3) 近江梅木村（現栗東町）の和中散については、元禄三年（一六九〇）長崎に渡来したオランダ東インド会社の医師ケンペルが、翌年の江戸参府の途次これに目をとめてその詳細を『江戸参府紀行』に記している。のちに来日したオランダ商館医師シーボルトも、安政六年（一八五九）再渡来した折の江戸参府のときこの和中散に興味をもち、神勢丸・芰草・万金丹・天真膏などの薬も購入したという。(4)

他方、大坂道修町、江戸の本町などが薬種の問屋町として繁昌するようになるが、都市を中心に薬屋（薬商）も現れてきたであろう。奈良町でも貞享四年（一六八七）のころ、一三軒の薬屋を数えることができる。(5) ただし、これらの薬屋が、製薬や薬種商を兼ねていたものかどうかは明らかでない。

しかし、売薬業が本格的に展開するのは享保期以後のことで、富山の売薬業が大きく発展するのも一八世紀後半になってからのことである。『日本薬業史』(6) も「享保前後ヨリ幕末ニ至ルマデハ売薬発育ノ時期ニシテ、此期ニ於テ生レタル売薬ハ維新以後ニ至ルマデ一般ニ賞用セラレタルモノ甚ダ多シ」として、京都・大坂・江戸のほか山城・水戸・近江・美濃・金沢・熊本・紀伊・信濃・佐賀・阿波・下野・尾張・大和など、各地の有名薬四三種をあげている。大和の売薬としては、米田の三光丸と藤井の陀羅尼助の二つが取りあげられている。

こうした薬は、薬屋のほか、行商人や香具師の手で市や縁日でも売られ、富山や大和の売薬のように家庭に配置されるものもあった。

西洋医学の興隆にともなって、西洋の薬物も輸入されるようになり、化政期からは「蘭方ウルユス」をはじめ蘭方を称する薬もあらわれるが、(7) その使用はごく一部にとどまった。

(3) 大和の売薬

「毛吹草」にも特記されていたように、大和では早くから西大寺の豊心丹の名が知られていた（後述）。元禄五年（一六九二）三月の東大寺大仏の開眼供養には、諸国から大勢の人が集り、奈良晒（麻織物）や団扇などとともに豊心丹がよく売れ、豊心丹は売切れてしまったという。正徳三年（一七一三）刊の『和漢三才図会』にも、大和国土産として豊心丹があげられている。

享保二十年（一七三五）の「大和国細見絵図」には、豊心丹とともに今井（現橿原市）の保童円があげられており、翌元文元年の「大和志」には、大和の薬として豊心丹のほか、添下郡矢田村（現大和郡山市）の万病丸、葛下郡大屋村（現新庄町）慶雲寺の桑山丸、宇智郡真土村（現五條市）の松脂膏（待乳膏薬）がみえる。また、明和六年（一七六九）の「大和国奈良幷国中寺社名所旧跡記」に、「ならのめいぶつ」として、具足・晒・油煙墨などと並んで「西大寺ほうしんたん、三秀亭のしんたんぐわん」が記されている。三秀亭は依水園の三秀亭をさすのであろうか。幕末嘉永元年（一八四八）の「大和国細見図」所載の「国中名産略記」には「豊心丹西大寺　香砂丸添下郡七条村　保童丸高市郡今井町　薬種　陀羅尼助」とある。

このほか、『日本薬業史』があげる葛上郡今住村（現御所市）米田家の三光丸や中嶋家の蘇命散が知られるようになり、長谷寺への参詣や伊勢まいりがさかんになるにつれ、街道筋の黒崎村（現桜井市）の元祖庄八郎のケゾク（解毒丸）も旅人に迎えられたという。

『大和売薬史』[8]によれば、西国七番札所岡寺の門前の「くすりや旅宿」で瑠璃園を発売しており、高取藩主が参勤交代の際一行に持病丸を携行させ、他藩の家中にも分与して良薬の評判を得たとある。また、宇智郡上野村（現五條市）に桜井家の順栄湯・止痛丸のあったことが知られている。

また、吉野郡下市村（現下市町）の中嶋寿玄方の寛政七年（一七九五）「家伝名薬集」[9]によれば、和中散・懐気丹・木香丸・枇杷葉湯・活寿丹・万能膏・奇応丸・五香湯・万金丹・浮石丸・銘神仙丹・蘇命丹・金紅丹・龍脳丹・安泰湯のほか、しゃくりの妙薬・痰コフトレル妙薬・口中ふくミ薬・チ多キ妙薬・子ニコリカタマリ妙薬・瘡薬・ワキガ薬・腹イタムニ大妙薬・インキンカフレ妙薬・アト産ヲリヌ大妙薬・魚類アテラレタル大妙薬・ヒゼンクスべ薬・セキノ大妙薬・フクヒヤク薬・はやくすり・口中アレ薬・頭痛カタツカヘ妙薬・風セキ・積（癪カ）ツカヘ薬・しゅのつむ満し薬・乳ノタル薬又出ル薬・万ノ目薬・たむしの妙薬・ひびしもやけの妙薬などの処方が書きとめられている。ついでながら、口中歯磨（寒水石・白檀・丁字各壱匁、右等分粉ニシテ用ゆれハ妙也とある）や屠蘇・洗い粉や「匂ひ」の処方もある。これらの薬のすべてが、寿玄方でつくられていたわけでもないだろうが、看板薬である安泰湯（「さんぜんさんご冷血の道諸病によし」）をはじめ複数の薬が製造・販売されていたことは確かであろう。今住の中嶋家でも、蘇命散（天狗そめい散）のほか一粒千金丹・藤本目薬、さらには人参延寿丹の製造が行われていたことが知られる。天明元年（一七八一）大和には、奈良で一三人、在方で九八人の薬種屋・合薬屋があったという。当時大和の各地では、名の知れた薬のほかさまざまな薬がつくられていたものとみられる。

（4）　陀羅尼助

大和の名薬として早くから世に知られ、広く世に迎えられたのは、陀羅尼助と豊心丹であった。『紀伊続風土記』は高野山の産物として陀羅尼助をあげ、

　此は大峰の陀羅助とて諸州に名高し、此山にても古く製せり、具名は陀羅尼助なり、古老伝に此薬を製時は、精進潔斎して口に秘密陀羅尼を誦持して手にて薬品を加持す、よりて陀羅尼の不思議力をもて他を助る故に中略して陀羅助と習俗せしならん、大和当麻寺其外にも此陀羅助あり

と記している。(10) 高野山の陀羅尼助は弘法大師の創製と伝えるが、大峰のものは役行者（役小角）が創始したと伝える。安政年間の洞川村（現天川村）の「明細帳」に、

　私方村方往古ゟ弘メ来り候霊薬御座候、乍恐申伝ヘノ趣、神変大菩薩（役行者）御神伝ニ而私共先祖ノ後鬼江御授ケ被下候処、辱くも人皇四十五代聖武天皇天平十七年始メ而右御神伝ノ霊丹を陀羅尼数計と唱候御勅命を蒙り候由ニ而、今ニ御陀羅尼助と称ヘ連綿と諸国参詣人江弘通仕り来り候

とあり、紀州藩士畔田伴存の「和州吉野郡名山図志」（弘化四年）にも「此地ニ而陀羅助とて黄皮を濃く煎し、膏のことくなし竹皮にのへて諸方に出て売る（中略）此薬ハ往古役行者百草を取煎し薬となし世を渡るへしと後鬼之者洞川ニ在教へ置玉ひし薬方也ト云」とみえる。

陀羅尼助は、修験の山伏や高野聖などによって各地に伝えられるが（所によっては煉熊・百草などとも呼ばれる）、大和では洞川のほか当麻寺（中之坊）や吉野山でもつくられるようになった。当麻寺は役行者の修業の地と伝えられるところで、吉野山の陀羅尼助としては、『日本薬業史』が近世後期の代表的な売薬の一つにあげる藤井の陀羅尼助が著名であった。

はじめ陀羅尼助は、山伏たちの持薬・施薬として用いられたとみられるが、売薬として市場に出まわるようにな

るのは、他の売薬同様、商品経済の発展する近世中期以降のことであろう。やや時代を下るが、延享四年（一七四七）初演の「義経千本桜」に「幸い此村（下市）の寺の門前に、洞呂川の陀羅助を請売人がござりますれば、お供の前髪様（元服前の少年）つい一走り」（三段目椎の木の段）とみえ、宝暦元年（一七五一）の「役行者大峰桜」の第四に、陀羅助という男が薬の陀羅尼助を売り歩く次のような口上が載っている。

歌奇妙な名方（すぐれた薬の処方）。名方は陀羅助。此薬と申すは。唐土の天照皇太神。我朝のお釈迦様。若後家の腹の上にて三日三夜さのやりくりで。こしらえたてたる名方。詞ハヤメ先第一の調合には（中略）以上合してとろりだらりと煉合せたるは嘘の八百薬は六文（中略）家内がにくむ番頭の顔よりにがい薬の名方。頭痛目まい立くらみ上気たんせき。小児の虫気五かんかたかい奇妙にフシなおると地だら助が我名をすぐに薬の名。

竹の皮と箱わりがけ在々所々をフシ売り歩く

陀羅尼助の請売人（小売商）や薬箱を背負って陀羅尼助を売り歩く行商人の出ているのが注意されよう。ついでながら陀羅尼助について「大峰御夢想」の「根元だらすけ薬」と記した広告があり、

しよくしやう　はらのいたみ　しやく　つかへ　はらのはり　たんせき　づつう　小児ごかん　むし　ねつ
はらのいたみ　ち(乳)をあまし夜なきニさゆニて御もちひ　にがきをきらう御方の　しやく　つかへ　或は病
なうしていたむ所へ　ゆニてとき付る　やみ目　突目　かすみ　たゞれ　いたむニは　水にてとき付てよし

と、その効能を並べたてているという。(11)

また、川柳などにも陀羅尼助を詠んだ句を散見する。(12)

だら助は腹よりはまず顔にきき
花を見し土産に苦し陀羅尼輔
だらすけをのんで静は癪をさげ

だらすけを呑むようによむ無心状

近世後期になると、陀羅尼助は家庭薬として庶民の生活にとけこむようになっていたことがうかがえる。

江戸の文人大田南畝が洞川を訪れたことがあったのか、その随筆集「一話一言」（巻一三）に

ここに陀羅尼輔といへる薬あり、そお調じぬる所へいたりみるに、黄蘗のなまなましき皮を煉りつめたるもの也、大峰に焚けむ香の煙のたまれるに百草を混じへ加持したるものなどいへるはよしもなきことなり

と書き残している。

いつの頃からか洞川の陀羅尼助屋が、鐘掛ケ行場下に小屋を建てて出店をだすようになった。吉野山から洞川を経ないで山上詣りをする人たちを目当てに、陀羅尼助を売ろうとしたのであろう。陀羅尼助小屋がふえるにともない、宝暦の初め修験道当山派の三宝院の先達がこれを取払うよう命じたため、洞川村との間に紛議がおこった。洞川村から渡世に差支えると陳情をくりかえし、明和三年（一七六六）にいたって、鐘掛ケ下に建っている小屋の上方には、今後一切小屋掛ケはしないということで落着をみた。十数年後の天明年間には二五軒の陀羅尼助小屋があったという(13)。

山上詣りの人たちは、たいてい講社をつくっており、毎年泊る宿も土産に陀羅尼助を買う店も決まっていた。宿屋と陀羅尼助屋は互いに結びついており、冬場に陀羅尼助をつくる宿屋も多かった。宿屋も陀羅尼助屋も固定した得意先をもっていたので、陀羅尼助屋の得意帳は、宿屋の客帳ともども一種の財産とみなされ、質入れされたり売買の対象にされたりした。寛政十年（一七九八）洞川村から、同じ天川郷の中越村や吉野山村・下市村での陀羅尼助の製造販売を中止するよう願出たりしているが、当麻寺の中之坊との間では、本家争いがおこったこともあったらしい。真偽の程は定かでないが、双方相譲らず裁判沙汰になり、大岡越前守が当麻寺中之坊のは陀羅尼助、大峰のは陀羅尼助と呼ぶことにして決着をつけたという伝えがある。

（5）　豊心丹

陀羅尼助と並んで名薬の誉が高かったのは、西大寺の豊心丹であった。豊心丹は、仁治三年（一二四二）四条天皇の命によって疫病退散の祈願を行なった西大寺の叡尊が、満願の夜に神明の感応があって創製したものと伝えるが、異説も多い。天正六年（一五七八）の「金瘡秘伝」によると、

人参二朱白檀一分沈香一分三朱畢撥《ひはつ》二分樟脳三朱縮砂一分丁字三朱木香三朱川芎《せんきゅう》二朱桔梗二朱麝香二朱無上茶二両
梹榔子《びんろうじ》一分二朱金箔五十枚藿香《かっこう》一分三朱

を調合するとある。これらを原料にして寒晒粉で練って丸薬にしたのである。豊心丹の名は『多聞院日記』の天正十七年十月晦日、同十八年三月四日の条などにみえ、贈答に用いられていたことがうかがえる。ついで『舜旧記』慶長十七年（一六一二）八月十六日の条に「於当寺豊心丹調合丸之事、爰許《ここもと》衆五、六人計雇也」、元和五年（一六一九）十一月二十日の条に「権少副奥州下向ニ付、紫帯一筋弁蘇香円・鳳髄丹・丁子丹・西大寺薬五十粒遣也」とみえ、『本光国師日記』慶長六年六月十四日の条にも「二郎兵衛へ状遣ス、西大寺豊心丹二包遣ス」とある。

近世の早い時期から需要が高まったとみられるが、その効能として痢病・泄瀉《くだりばら》・渋腹《しぶりばら》・風気《かぜけ》をはじめ暑気あたり・頭痛・二日酔・心気の疲れ・吐血・下血・小児の虫その他万病にきくとうたい、用法・用量として大人は一回一包、一日二回、白湯を用いて飲むと指示している。「南都西大寺豊心丹趣意」は、「其効速ニ其能著シキコト世人ノ善ク知ル所ニシテ世ニ無二比類一良薬也」[14]と自賛しているが、近世中期の奈良の文人村井古道も「良薬なるの功能ハあまねく知る所なれはいふにやおよふ」とたたえている。

豊心丹は、『大和名所図会』に「坊中ことことくあり」とあるように、寺中の各子院でつくられており、包紙の端に院名も記して発売されたのである。西大寺では、正月七日から十四日まで製薬呪法を厳修し、禁裏と幕府へ献上していたという。元禄五年（一六九二）の大仏開眼供養の節、大仏参詣の帰途西大寺愛染堂に立寄って豊心丹を

買求める人が多く、一日三〇貫文のもうけがあったが、やがて売切れてしまったという。その人気の程が察せられる。

豊心丹の評判が高まるにつれ、これをまねた似せ薬がつくられるようになったらしい。宝永二年（一七〇五）西大寺から奉行所へ、似せ薬が横行すると名声が落ちるから、きびしく取締まってほしいと願い出ている。これに対し奈良奉行妻木彦右衛門から興福寺・東大寺および町方に対し、所々で似せ薬を調合して「西大寺号并院号迄も似せ候而商売候段、兼々相聞江不届之仕形ニ候、向後少も似せ薬仕間敷候」と布達している。[15]しかし、享保十八年（一七三三）の「呉服名物類纂」に「西大寺かぎり申候、併只今ニ而者方々似せ多ク仕候而もうれ申候」とあるように、豊心丹を称する似せ薬の製造販売が絶えなかったようである。

安永七年（一七七八）豊心丹をめぐって、西大寺の竜池院・一ノ室と奈良の薬の老舗菊岡家との間に争論がおこっている。西大寺側は、菊岡家の豊心丹は似せ薬であるとしてその差留めを要求、これに対し菊岡家は、豊心丹の創製者とされる西大寺の叡尊はもともと当菊岡家の出で、これに由来する製薬は当然であると主張した。七月裁判があり、菊岡家の豊心丹は古くからつくってきた伝来のもの故差留めはできない、ただし「西大寺豊心丹菊岡」の商標はこれを禁止し、以後は寺号を除き「伝来豊心丹菊岡」とすることで落着をみた。[16]ここに菊岡家の豊心丹は、奉行所の公認を得ることになったわけである。菊岡家では他国への販売を心掛けていたようで、このあと京都をはじめ阿波・淡路への売弘めに関する史料が残されている。[17]

なお、奈良の伝香寺でも豊心丹の製造販売を行なっていたらしく、豊心丹の由来や効能を記した版木が保存されている。[18]その由来によれば伝香寺の豊心丹は、後奈良帝の享禄二年（一五二九）管領畠山義忠の求めに応じ明から鄭舜功が来朝して豊心丹の薬方を伝承、これが義忠と親しかった筒井順昭に伝えられて筒井家の「家方」となり、「代々是を衆民に」施与してきたが、順慶が母の本願によって伝香寺を再興した際、この豊心丹の薬法が同寺に授けられ、「代々調合いたし衆人に得さしむる者也」とある。

2　薬種生産

(1)　植村政勝の採薬行

大和とりわけ吉野・宇陀地方は、古くから薬草に恵まれた土地として知られていた。正徳三年（一七一三）の「和漢三才図会」は、大和の土産を並べたあと「此外薬草多、出二於金剛山一者良」と記しており、享保二十一年（一七三六）の「大和志」には、宇陀・高市・宇智・吉野など南大和の諸郡で地黄・当帰・人参・大黄などを産出するとある。

売薬業の興隆にともなって、薬草の栽培もしだいにさかんになるが、大和では、幕府の採薬使植村左平次の採薬調査、その結果としての森野・下市両薬園の開設が大きな刺激になった。

実学を奨励した将軍吉宗は、薬草にも強い関心をもち、小石川薬園を拡張整備するとともに各地に採薬使を派遣して薬草の調査と採集にあたらせたが、採薬使の中でもっとも大きな足跡を残したのが植村左平次政勝であった。左平次は享保五年から三四年間にわたって、八六回も各地を踏査したといわれる。大和へは、享保十一年と十二年にも足をふみ入れていたが、同十四年「伊賀・伊勢・紀伊・大和・山城・河内六ケ国御用」として大和を中心に行なった調査は、一五〇日間にわたる大旅行として著名である[19]。この調査に、宇陀郡松山町（現大宇陀町）の森野藤助（初代、諱は通貞、号は賽郭）のほか吉野郡下市村（現下市町）の畠山□（栄カ）長・岡谷喜右衛門・井上孫左衛門、天川郷中谷村（現天川村）の畠中藤左衛門らが、薬草見習として左平次に随行した[20]。図1のように、藤助らは、この年四月三日伊賀から大和に入った左平次に宇陀郡室生で合流する。一行は倶留尊山（現曽爾村）に登ったあと御杖村を経て東吉野村から川上郷に入り、十九日から三日間雨天のためもあって下多古で滞在、大台山麓を見分のあと吉

図１　享保14年植村左平次政勝・森野藤助採薬行路略図

注 -------------- 森野藤助の玉置山から上野地への経路

○は宿泊地。地名は現行の表記による。大久保信治「森野賽郭と薬園の成立」所載の「森野賽郭採薬経路略図」を参考にした。

野川沿いを下って五月四日吉野山に達し、六日から下市に滞在して薬園の場所を決定している。十日朝下市を出発、山上ケ岳を越えて十三日北山郷に入り、前鬼から釈迦ケ岳に登ったあと下北山村を南下して六月二日紀州北山村に入り、十津川郷竹筒を経て、四日玉置山で一泊した。その後、左平次らは下・上葛川をまわり、小川から武蔵を経て風屋で三泊、花瀬・栗平をまわって上野地に向かう。一方、藤助らは西進して上湯川から北上、神納川沿いを調査して六月十六日上野地で合流した。ついで野迫川村大股を経て二十五日高野山に到着、翌日大塔村阪本に下り、二十七日から天川郷を見分して七月五日下市にいたり、二十日まで滞在して下市薬園の開設にあたった。二十一日下市を出て（藤助の「御薬草御見分所控」では、出発は二十日、以後一日ずつ繰りあがっている）河内に入り、石見川・東坂を経て二十三日金剛山を越え、名柄（現御所市）に下って北上、王寺で泊って奈良に向かうが、南郊の下永井（北）から南下、初瀬を経て伊勢街道を東行、二十八日伊賀の名張で藤助らは左平次一行と別れた。大へんな強行軍だったが、多種多様の薬草を採取してその成果は大きかった。

左平次はその後も享保十七年・十九年・二十年の三たび大和を訪れる。このうち十七年・二十年の採薬行には森野藤助も同行した。藤助はまた、寛保三年（一七四三）の伊勢・美濃・近江の採薬行にも左平次に随行している。

（2）下市の薬園と森野薬園

さきに少しふれたように植村左平次は、享保十四年（一七二九）の採薬行の折、二度にわたって下市に逗留し、薬園を開いた。彼の「諸州採薬記」によれば、五月六日から薬園の場所選定にあたり、八日に入札、九日に「堀池薬園場所地改ル」とある。堀池はいまの堀毛、薬園は堀毛神社の裏山中腹あたりでなかったかという(21)。ついで七月六日から十九日まで、ふたたび下市に滞在して堀池薬園の普請にあたり、さきに願行寺に仮植していた薬草を移植するなどして、十七日には薬草の植付を完了している。しかしこの堀池薬園は、その後いつの頃にか廃絶、いまはその跡をとどめていない。

いっぽう森野藤助は、享保十四年の採薬行のあと、幕府から唐薬草木六種（甘草・東京肉桂・烏臼木・天台烏薬・牡荊樹・山茱萸）を拝領、自ら採取した薬草類とともに自家背後の台地上の畑に栽培した。これが森野薬園のおこりである。藤助は早くから屋敷内に薬草類を栽植して本草の研究に従っていたが（同七年には和薬の真偽を確かめた「和薬御改扣」を著している）、植村左平次の採薬行に同行して知見を広めるとともに多くの薬草を採集したのである。同十七年には植村左平次が藤助宅に立寄っており、十九年藤助から左平次に大棗《なつめ》を贈り、翌二十年左平次から藤助に山茱萸・鬱金・莪蒁・肉桂の種苗のほか、枳殻一本・附子二根が贈られている。また同年に九種、元文二年（一七三七）に一八種の薬草木の種苗が下付され、同五年にも朝鮮人参種一〇〇粒の下付も受けている。左平次の励ましもあって、薬園は着々と整備充実され、同年の目録によると、当時栽培されていた薬草は一二八種にのぼっていたことがわかる。

藤助は、寛延二年（一七四九）家督を武貞（二代目藤助）に譲り、薬園の一隅に書斎兼薬草研究所「桃岳庵」を建てて本草の研究に励み、その集大成ともいうべき「松山本草」全一〇巻を著した。藤助の子孫も代々本草学に通じ、三代目藤助好徳が家訓に「三十四十におよひてハ、商売の方を家に老たる人に予《あらかじめ》つとめさせ、自身は薬草を心がけ、薬園をまもりてめつらしきを増、たえたるをおぎなひて草木の繁茂を愛し、年老てハ草木の図状をも拾遺して品多くあらはすを切とすへし」と書きとめたように、薬園の拡充整備に努めた。そのためこの森野薬園は、数少ない民間の薬園として、今日にいたるまでよくその命脈を保つことができたのであった。[22]

（3）薬種生産

植村左平次の採薬行と下市・森野両薬園の開設は、大和における薬草の栽培と薬種商の台頭を促すことになった。

森野家の三代目藤助好徳の筆になる「大和国出産之薬種御尋ニ付奉二申上一候書付」[23]というのがある。一八世紀末から一九世紀初めのころのものとみられるが、そのころ大和のどのあたりでどんな薬草が作られたり採られたりしていたか、およそのことをうかがうことができる（当時宇陀郡は、大半が幕府領、一部が旗本領・藩領になっており、筆者の好徳が幕府領松山町に住んでいた関係で、「当御支配所」、「当御支配所幷当郡村々」と使い分けしているが、以下両者を一括して宇陀郡とし、その大要をみることにする）。

これによると、地黄・川芎・当帰・紅花（ただし少々）は宇陀郡村々及び大和の所々で、白芍薬・赤芍薬は宇陀郡其外所々で少々宛、白芷・黄芩はもっぱら宇陀郡の村々で（其外近辺でも少々）、牛膝は宇陀郡の村々で少々宛（其外近辺で）作られており、赤芍薬と牡丹皮・白朮は吉野郡下市奥で多く作られ、直根人参（吉野人参）は吉野郡で作り出されているほか（伊勢川俣谷・伊賀・紀伊・山城などでも作るとしているものもあるが省略）、延胡索・貝母・烏薬・玄参・隠羊藿などの唐種が、森野薬園で独占的に栽培されていたようである。また、山野に自生するものとして、羌活・独活・前胡・龍胆・桔梗・天花粉・沙参・天麻・桑白皮・遠志が宇陀郡で掘出され、山芍薬は宇陀郡と吉野郡山中、葛根は宇陀郡と金剛山、直根人参は宇陀郡の深山で少々、吉野郡中で多く掘出されるほか、草烏頭は金剛山、細辛は大峰山中、大乙余糧は生駒山中、石南葉は大峰と吉野山にあるとしている。

また、大和国御料私領惣代から、和薬株・油株・質株・古手道具古鉄屋株など株仲間の統制に反対して、文化十一年（一八一四）営業の自由を求めて出された「歎願状」[24]に、「当国惣百姓共手作之和薬（和薬種のこと）等百姓共心儘に京・大坂表江心儘送込売捌候」などとある。近世の後半薬種の栽培あるいは採取がさかんになってきたことがうかがえる。ちなみに弘化四年（一八四七）の「和州吉野郡名山図志」によれば、天川郷について「人家吉野人参を作る、又草芍薬・当帰・川芎・前胡をも作る……或は芍薬を掘て渡世す」とある。

薬種の生産や採取がさかんになるにともなって、薬種屋もあらわれてきた。その多くは「私共義農業手透之時節ハ、少々ツ、薬種商売仕候所」[25]とあるように、農閑期の副業として営んでいたとみられる。さきにあげた「大和国出産之薬種御尋ニ付奉申上候書付」によれば、森野家でも薬園を経営するかたわら（カタクリ粉の製造にも従っていた）薬種を商っていたようである。地黄・白芍薬・赤芍薬・前胡・葛根・天花粉・紅花・直根人参（吉野人参）・牡丹皮・沙参・桑白皮・白朮について「取扱罷在候」とあり、薬園で栽培している延胡索・貝母・烏薬・玄参を「売弘罷在候」とある。

薬種屋は、天明三年（一七八三）合薬屋とともに薬種合薬屋組合株仲間を結成するが（後述）、今住組（葛上郡・高市郡）では、幕末の安政七年（一八六〇）と文久三年（一八六三）に、それぞれ薬種屋九人と一〇人、和薬種屋一三人と二二人を数えている（表3参照）。これらの薬種屋は、集荷した薬種を薬剤の原料として地元の合薬屋に供するとともに、その多くを大坂道修町の薬種問屋に送ったものとみられる。

表1　明治7年府県別薬種・製薬生産額(各1万円以上)

	薬　種	製　薬
新川県	5,462円	86,456円
京都府	3,560	45,003
奈良県	30,670	3,560
大阪府	671	165,603
鳥取県	75,840	—
若松県	44,026	1,322
長野県	25,548	—
栃木県	21,725	—
堺　県	10,526	—
度会県	11,694	8,303

明治7年、勧業寮編「府県物産表」による。

(4) 薬種の生産状況

薬種の生産状況について物語る江戸時代の史料はないが、明治初年については若干の史料が残っている。幕末とそう大差はなかったとみられるので、これによって幕末の状況を察することにしよう。

明治七年（一八七四）の「府県物産表」によると、表1にみられるように奈良県（大和）の薬種生産額は三万六七〇円で、鳥取県（七万五八四〇円）、若松県（明治九年福島県に合併、四万四〇二六円）についで第三位を占めている。幕末の大和は、すでに全国

表2　大和の明治前期薬種生産地

薬　種	生　産　地
川　芎	室生・龍門
白　芷	曽爾・多武峰・龍門
当　帰	宇太・宇賀志・高市・阪合部・南芳野・秋野・下市 白銀・宗檜・大塔
防　風	宇太
茯　苓	神戸
葛	宇賀志・宗檜
地　黄	城嶋・香久山・安倍・多武峰・坂合・高市
百合根	多武峰・阪合部・龍門・秋野・下市・白銀
牡　丹	阿田・南芳野・秋野・下市・白銀・賀名生
芍　薬	阿田・大淀・南芳野・下市・白銀・賀名生・宗檜
桔　梗	高見
呉茱萸	下市
山茱萸	白銀
木　香	下市
莨茱萸 （茱萸）	白銀

『大和国町村誌集』による。

有数の薬種生産国だったといってよいであろう。『大和国町村誌集』[26]によって明治十五年ごろの大和の薬種生産地をみると表2のとおりで、宇陀・吉野・高市の三郡を中心に二三カ村に及んでいる。宇陀郡については同十二年の詳しい「産物調書上帳」[27]があり、これによると当時宇陀郡では、川芎・白芷・当帰・防風・葛・芍薬・桔梗・呉茱萸・木香のほか、大黄・黄芩・爪棲根・羌活・独活・前胡の生産があり、地黄については地味不適、高値のとき臨時に作ることがあるとし、龍胆については原野に自生するも掘ること少しとしている。このうち白芷の生産が圧倒的に多く二万九五五〇斤、六四七戸・一〇五五人がその栽培にたずさわっている。ついで川芎の七五六〇斤が多く、「産業戸数」八五戸、「産業人員」六四八人とある。以下五〇〇斤以上の生産高のあるものを拾うと、その栽培戸数と人員は、芍薬六九戸・二七〇人、呉茱萸四八一戸・六四五〇人、当帰九六戸・五四五五人、前胡二七六戸・一四〇〇人、桔梗三一七戸・一四〇〇人、黄芩二六二戸・四〇〇人を数えている。これらはいずれも明治前期の状況を示すものであるが、幕末においても、薬種生産がさかんだったことをうかがわせるに足るものといえよう。

期にこれを求めることができるであろう。

天明元年（一七八一）薬種屋合薬屋株設立の願出があったとき、すでに奈良町で二三人、在方に九八人の業者があり、寛政二年（一七九〇）には在方の仲間は一一七人に増加している。[29]一八世紀の後半、大和の売薬業はかなり広汎な展開をみせていたといえよう。

薬種屋合薬屋仲間は、地域別にいくつかの組に分かれていたとみられるが、葛上・高市両郡の業者が属していた

表 3　今住組薬種屋・合薬屋数

		薬種屋	和薬種屋	合薬屋	計
嘉永 4 年[1]（1851）	高市郡	1		4	5
	葛上郡	3		27	30
	計	4		31	35
安政 7 年[2]（1860）	高市郡	1	1	9	11
	葛上郡	8	12	46	66
	計	9	13	55	77
文久 3 年[3]（1863）	高市郡	1	2	13	16
	葛上郡	9	20	47	76
	計	10	22	60[4]	92

(1)　嘉永 4 年 6 月「今住組薬種合薬渡世人印形帳」（米田家文書）による。
(2)　米田家文書 1 による。
(3)　米田家文書 2 による。なお、葛上郡の合薬屋 6 人が脱落している。
(4)　他に吉野郡 1 人。

3　売薬業の展開と配置売薬

（1）売薬業の展開

さきにみたように『日本薬業史』は、享保期以後の大和の名薬として、米田の三光丸と藤井の陀羅尼助をあげているが、三光丸と並んで同じ今住村（現御所市）の中嶋の蘇命散も著名であった。三光丸の創製は鎌倉末元応年間と伝えるが、『奈良県南葛城郡誌』[28]は安永年間の創製とし、『大和売薬史』によれば、蘇命散の創製は元禄二年（一六八九）としている。その他の薬については創製年代を明らかにしないが、豊心丹や陀羅尼助を別にすれば、大和売薬業の一般的な成立時期は、大和における薬種生産の発展や全国的な薬業の展開の動向からみて、江戸中

今住組については、幕末の状況をうかがうことができる。表3は今住組の仲間人数を示したものだが、株仲間の再興令（天保の改革で株仲間の解散が命じられた）が出た嘉永四年（一八五一）以降急速に増えているのが目をひく、おそらくは配置売薬の興隆とかかわってのことであろう。なお、万延元年（一八六〇）当時高田組では一二〇人の薬種屋合薬屋のあったことが知られる。[30]

いま文久三年（一八六三）の今住組に属する業者（吉野郡大岩村の一人を含めて九三人）の分布を示すと、図2のとおりである。

図2　文久3年今住組の業者分布

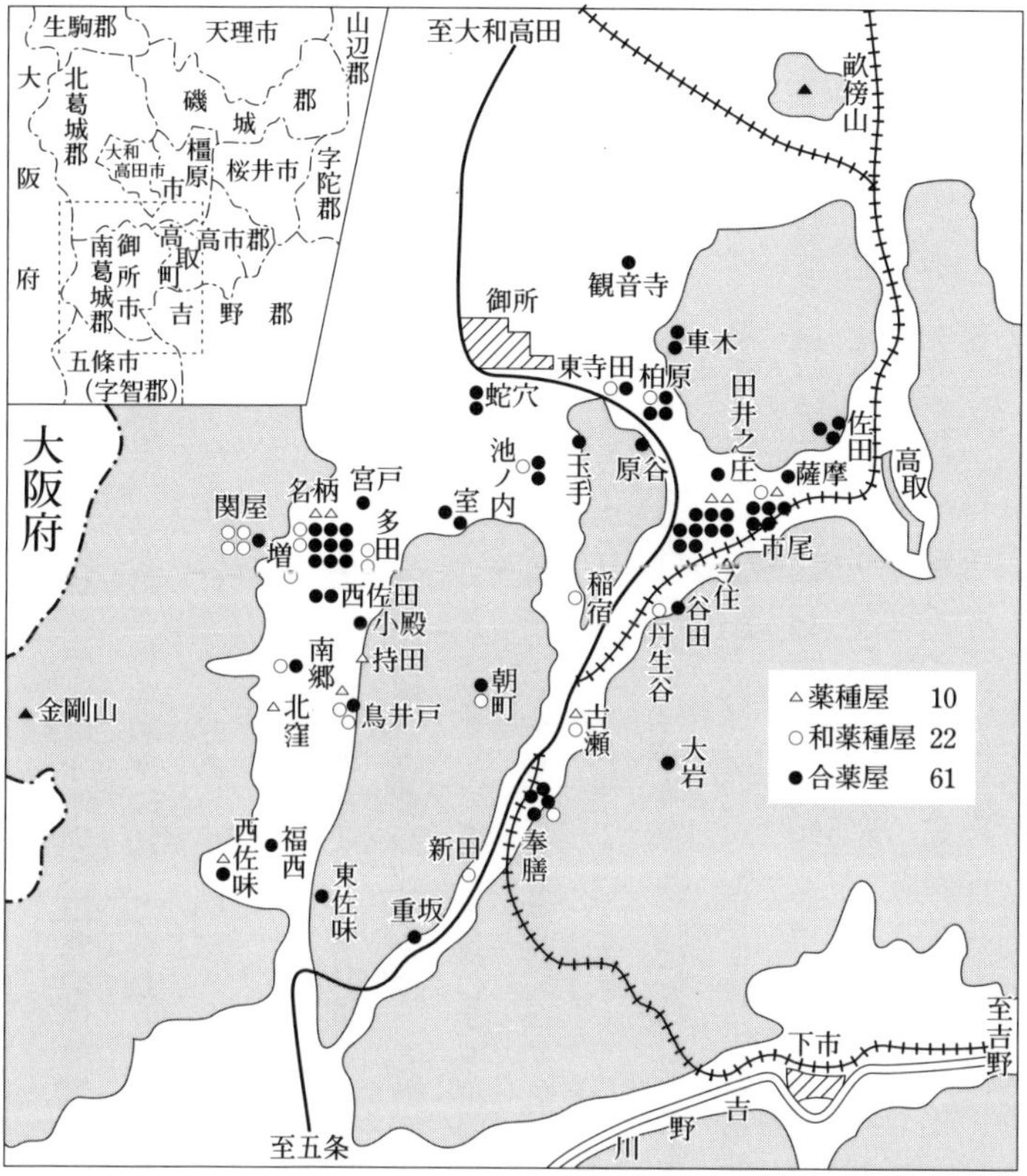

文久3年8月「組合取極連印帳」による。奥田修三「大和の売薬」収載図を一部補訂。

(2) 合　薬

薬剤の調製にあたったのが合薬屋だが、中には今住の米田家や中嶋家のように薬種屋を兼ねる場合もあった。しかし、多くの合薬屋は、薬種屋から原料を得て製薬に従っていたと思われる。薬種屋は、国産の薬種のほか、大坂道修町の薬種問屋から唐薬なども仕入れていたであろう。国産の薬種のみを取扱う者をとくに和薬種屋と呼んで区別している。

合薬屋は、のちの史料に「私儀（中嶋太兵衛）先祖より百姓作間に合薬商売仕り[31]」「私儀（越部村要助）御高二十五石余所持百姓相続罷り在り、先年より作間稼に合薬商売仕来り[32]」とあるように、農家の副業として始めたものがほとんどだったとみられる。さきにみたように多くの場合複数の薬を調製したが、若干の奉公人を使用する合薬屋においても、製薬は家内手工業の域を脱せず、生産要具も薬研・臼・乳鉢・押板・篩《ふるい》・製丸器などごく簡単なものであった（大量の薬種を粉末にするため、水車を利用することもあった）。

その製法はいわゆる「家伝」「家法」であり、秘法として他に洩れることは厳重に警戒されていた。したがって分家に際しても「別帳薬法之儀ハ一子相伝之書ニ候へハ他見他言決して致間舗事[33]」の一条が指示されていたし、奉公の場合も「御家法之儀ハ決而他言仕間舗候事[34]」「相定年季滞り無く相勤め、御暇給り候後にても、又は不奉公仕り候共、当国ハ勿論何国にても同商売いたし申間舗候事[35]」などと明記した一札を入れなくてはならなかった。また、十五歳から丸一三年の奉公を終えるにあたってその父親が「同商売ハ当国ハ勿論何国ニても決して致させ間敷候」と一札を入れた例もある[36]。

(3) 薬種屋合薬屋株仲間

大和における売薬業の発展を背景に、天明元年（一七八一）奈良北袋町の藤兵衛と広瀬郡箸尾村（現広陵町）の太兵衛の両人が、薬種屋合薬屋組合株の結成を奈良奉行に願い出た[37]。翌年の奈良奉行堀田相模守の「伺書」[38]によれば、(一)所によって薬種の値段などに高下があるなど取引がまちまちなので、両人を組合頭として取締り、不良の薬種や和薬を調べ紛わしいものがあれば組合頭から訴えさせるようにする、(二)仲間の薬種屋・合薬屋から毎年一五匁ずつ差出させ、そのうち半分は冥加金として納めさせ、残金は諸入用として両人にとらせるようにするのだという。そして、これについては在方の業者九八人は同意しているが、奈良町の二三人が別株を希望(冥加金として銀一〇枚ずつを納める)、願人の藤兵衛・太兵衛両人も支障がないといっているのだがいかがしたものやご意向を伺いたいとしている。藤兵衛・太兵衛両人からの願は同三年五月に許可された。奈良町の業者を別株として在方業者九八人による薬種屋合薬屋株仲間が結成され、藤兵衛・太兵衛両人が組合頭＝仲間取締になって冥加金七三五匁(一人一五匁宛、一四七〇匁の半分)を納めることに決まった[39]。

天保の改革で株仲間はいったん解散されるが、嘉永四年(一八五一)再興令が出て文化年間以前の状態に復することになった。再興令をうけて、それぞれの業者が渡世筋の現況を奈良奉行に届け、薬種株・合薬株は、質屋株・三商売株(古手・古鉄・古道具)とともに旧に復することになった。ところが、株仲間の再編がすすむ過程で、こんな事件がおこっている。その背後に、株仲間の停止中、旧仲間以外に新興の業者が台頭してきていたという事情があった。安政元年(一八五四)奈良北袋町の墨屋助蔵(薬種名目銀の貸付などしていたらしい)が、薬種渡世でないにもかかわらず薬種屋合薬屋組合頭になったのをいいことに、新規に和薬株の結成を企て、これに加わらない薬種屋には(もとの薬種屋合薬屋仲間の者であっても)百姓から一根たりとも薬種を売らせないようにしようとしたばかりか、質屋並三商売組頭の奈良橋本町の庄作とともに、自分たちの息のかかった者を年行司にたてて年八諸入用など多額の金銭を取立てようとしたのである[40]。これに対し、天領の村々から五條代官所に反対の陳情があり、五條表御用達源兵衛の取扱いで、八月、助蔵と詰合惣代(大庄屋格の者で奉行所に詰めた)との間でおよそ次のような約定がまとまり、[41]一件は落着したかにみえた。

一助蔵の手先の年行司を断わり、助蔵と惣代庄屋が相談のうえ年行司を決めること
一冥加金は新たに決った年行司が取集めて助蔵に納めること。諸入用銀も助蔵に納めること
一新規に和薬組合をつくらないこと
一薬種先銀といって先貸しするようなことはしないこと

ところが助蔵は、この約定に背いて和薬株の木札をつくり、その鑑札料をとるとともに手先の年行司と馴合い年八諸入用をきびしく取立てようとしたらしく、翌安政二年二月、またも惣代庄屋から五條代官所へ陳情に及んでいる。[42]翌三年十二月、蛇穴村年寄平右衛門と御所町年寄伊右衛門の両人が取扱人となって追約定がかわされ、(一)助蔵手先の年行司で不都合の者は差替えること、(二)新鑑札から和の小印を除き、国産薬種一業に限って新規の稼人を認め、「仲間先規仕来之通取締」ることで和談が整い、其他については、源兵衛の取扱いで取交わした安政元年八月の約定を守るということで落着した。[43]

(4)　仲間規約

こうして助蔵が企てた新規の和薬種仲間は、その結成をみることなく終り、新たに台頭してきた業者も加えて、以前の薬種屋合薬屋仲間の再編をみたものとみられる（天明の株仲間結成のときのことはわからないが、このときに南都薬種取締所が設けられたらしく、助蔵が組合取締に就任していることが知られる）。程なくその組織をかためることができたのであろう、万延元年（一八六〇）二月仲間規約を定め、大和国中の仲間一同が組ごとにこれに連印している。今住組と高田組の「国中組合取極連印帳」が残されているが、[44]今住組の場合、薬種屋九人、和薬種屋一三人、合薬屋五五人、計七七人が名を連ね、高田組の場合は一二〇人が名を連ねている。その規約の要点を摘記すれば、

およそ次のとおりである。

一公議《(ママ)》から仰出された趣意を守るべきは勿論、南都薬種取締所からの定法書の通り、仲間一統不作法のないようにすべきこと

一近来和漢薬種売買の定法がくずれ、近薬は至って下直に、素人に分りかねる遠薬は高直になっていたり、目方が不足したりしているが、こうした不正の売買は絶対にあってはならないこと

一近年斤目不同につき京・大坂の定法の通りに調整、一斤弐百目とすること

一近年人参そのほか唐薬に似せた紛らわしい品を売りまわる者があるようだが、不正薬種は人命にかかわることだから、組合で念を入れ、そんな手合いがあれば年行司惣代へ届出ること

一他国の医家に対し薬種の商いをしたり、他国から当国へ来て薬種など直売りをすることは禁止の取極めになっているのに、近来他国商人が入り込み医家その他に直売りする者がいる。そのような商人は見つけ次第住所氏名を聞取って届出ること

一薬種並に合薬株をもって、薬店同様に医家へ商いをしないこと

一薬種並に合薬株で山方へ直買したり他国へ出荷するなど、和薬種屋の差支えになるようなことはしないこと

一組合仲間以外の者を手先に使ったり、奉公人と偽ったりして和薬種を買廻らせている者があるが、こういうことは絶対してはならないこと。奉公人の手が足りないときは、同じ渡世の者に中買させるようにすること

一合薬仲間の者は薬を調合して販売するほか、薬種・染料・絵能具・香具・砂糖類の小売渡世をしているが、そのため仲間の差支えになるようなことはしてはならないこと

一合薬仲間の者は、それぞれの「家伝之秘法売弘之薬」と同じ銘柄や紛らわしい薬は互いに差控えることはもちろん、売場置合先で他の薬を誹謗したり、値下げ競争をするようなことは慎み、互に「実意正路」に商売

すること

一薬種屋・合薬屋の使用人で、奉公をやめたり年季を済ませた者は、先主と応対のうえでないと召抱えてはならないこと。また、奉公人の心得違いから持出した品物だとわかったら、その主人に知らせ、決してこれを買入れてはならないこと

一薬種札を譲り受けた場合には、行司に届け、仲間に披露のうえ取締所に申出ること。仲間振舞料二両は年行司へ出金すること

一薬種の売掛代銀不払いの向きがあるが、その者については仲間へ披露して勘定をすますまで互に商いを差控えること

一国中の年行司の参会は、毎年二月八日と定めているが、その参会費・旅費として薬種屋は銀五匁、和薬種屋・合薬屋は二分五厘を毎年九月に行司まで届けること。年行司に差支えがあれば、確かな名代を出して決して欠席しないこと

なお、文久三年（一八六三）の今住組「組合取極連印帳」も残されているが、(45) これには、(一)取締所印鑑手板を持たない他国商人には、薬種・合薬類を自儘に売廻らせてはならない、(二)当国の薬種屋は、無株の者に漢蘭薬種類を売込み、素人に買持たせてはならない、(三)組合外の素人でひそかに漢蘭薬や和薬種類を買持したり、質流れといって売る者があれば、年行司から申出よ、(四)他国の者を手引きして地方《じかた》・山方をまわって直買させたり、素人で和薬類の売買に従う者があれば年行司から取締所へ申出よ、(五)組合の外、紛らわしい素人荷物の運送でもめごとがあるようだが、そんなことのないよう荷継問屋に交渉、問屋で届先など確かめさせること、(六)合薬組合では前々からの仕来りを守り、和薬類が多くても斤売・両売をしてはならない、(七)仲間に加入していない他国売薬取次所は薬の取次をしてはならない、などとあって、仲間外の営業を排除して仲間の独占的営業を守

ろうとする事項が大半を占めている。

（5）　配置売薬

ところで大和売薬の特色は、富山の売薬同様、その販売方法にあった。行商による配置売薬がそれである。これは、現金売に対し置換売と呼ばれたもので、「半年乃至壱年前之ヲ預ケ置、后チ巡廻シテ服用ノ分ノミ代価ヲ取集ル」方法である。[46]すなわち、売子と称せられた行商人が諸国の顧客の家々に出向き、あらかじめ数種の薬剤を選んで薬箱または薬袋に入れて預けて置き、随時その家の服用に供し、翌年の行商季節にその家に出向き、さきに配置した薬箱（薬袋）を調べ、服用した分の代価を受取り、その薬剤を補充するとともに残った分については新しい薬と引きかえ、配置を継続していく一種の掛売制度であった。医療施設が整備されていない当時、わけても農山村や漁村では、一定の種類と数量の薬を常備することになる配置売薬は、緊急必要時に医療にかわる役割を果たすとともに、病気に対する日ごろの不安を軽減することにも役立った。またその掛売的制度は、現金収入が不定期な農民や漁民にとって好都合な支払方法であった。配置売薬の社会的意義は、大きかったといわなければならない。

ことわるまでもなく配置売薬の先駆となったのは富山であった。富山の売薬行商は、すでに早く近世初期に始まり、元禄三年（一六九〇）江戸城中で、藩主前田正甫が反魂丹によって三春城主の腹痛をなおした事件を契機に（居合せた諸大名が国元への反魂丹の売弘めを懇望したという）、中国・九州地方から全国へと、その行商圏を拡大していったという。[47]大和の場合は富山に比べてかなり遅れたとみられるが、いつごろから始ったのか、これについて物語る史料はない。しかし文化十年（一八一三）市尾村の東谷善七郎が今住村の中嶋太兵衛から家伝の目薬を東国へ売弘めさせてもらうにあたって、「是迄御弘メ被成候当国者勿論、西国三十三ケ国ハ壱軒ニ而茂相改メ申間敷候」と一札を入れているのをみると、[48]すでにこのころには、大和売薬の行商圏は、西国三三カ国はもとより東国にも及ぶようになっていたものと推定される。この東国がどの範囲を指しているのかはわからないが、安政四年（一八五七）の太兵衛と善七郎の約定書などに「東三拾三ケ国」とみえるから、[49]遅くも幕末のこのころにはほぼ全国に行商圏がひろがるようになっていたといえよう。

合薬屋の経営が製薬と販売の両面から成り立っており、売薬行商には、はじめ製薬業者自身が出向いたであろう。文政年間今住村の合薬屋米田徳七郎丈助が播磨・摂津・和泉・山城・近江・美濃・尾張・伊勢・伊賀方面へ積極的な行商を試み、大いに販路をひろげたという。[50]同じく中嶋太兵衛は、天保十年（一八三九）「私儀先祖より百姓作間に合薬商売仕来り諸国へ売弘メ罷有」と述べている。[51]もちろん、製薬の合間を利用して奉公人にも行商させたであろう。奉公人が年季明けに際し、行商場所・得意先を譲り受け、売子として独立する場合もあった。安政四年の史料によると、文化十年中嶋太兵衛から東国への行商を認められた前述の市尾村善七郎は、もと中嶋家の奉公人だったという。その際、中嶋家家伝の一粒千金丹・藤本目薬・そめいさんのうち、眼薬の製法も伝授されているから、いわゆる暖簾《のれん》分けだったといえよう。また、万延元年（一八六〇）の一札にも「私悴良助御当家におゐて長々御召使下され、其上此度讃州一ケ国当家様合薬類御名印等其儘ニ而売弘メ仕リ度旨相願候処、御承知成下され、之ニ依り右之外之国へハ決して入込申間舗候」[52]とある。配置売薬がさかんになるにつれて、農閑期を利用して行商に従う農民もふえていった。小農民にとって売薬行商は、恰好の余業収入になったからである。

こうした売子たちは、はじめ特定の製薬業者＝合薬屋の薬剤のみをうけて行商に赴いたとみられるが、明治以降になると複数の製薬業者から薬剤を受けて行商配置するものもあらわれてくる。それとともに比較的経営規模を大きくした製薬業者は、自ら行商に出かけたり奉公人を行商に遣したりしなくなっていくわけで、製造過程と販売過程がしだいに分化するようになっていく。

(6) 得意帳

ところで配置売薬の運営の中心をなしたのは得意帳（「合薬仕似せ帳」。富山では「懸物帳」と称した）であった。ことわるまでもなく得意帳は、売場得意先を記入した帳簿だが、配置薬の得意先ごとの掛帳であるわけだから、配薬上の債権的価値をもったのは当然であろう。のみならず得意帳は、過去の営業成績、現在の配置薬価、将来の売薬可能性などの暖簾的価値をあわせもつものであった。したがってそれは一種の財産と考えられ、売買の対象となった。たとえば天保五年（一八三四）の中嶋家の「分家譲り状目録[53]」も、

分家譲り状目録

一当国宇陀郡　得意数 弐百五拾軒

一同奈良山中　同断 百八拾弐軒

一伊州一国　同断 千七百四拾軒

　但し阿保在ハ本家附

一山城木津在長池在宇治伏見迄　同断

　但シ京都並ニ波瀬ゟ八幡迄ハ本家附

一近江一国　同断

合

右之仕込弐ケ年分銀高（銀高記載ナシ）

（以下略）

という風に、得意先したがってその帳面を、合薬書や製法道具、家屋敷や家具調度の類に先んじて財産の筆頭に数

えていた。また、たとえば次のような証文[54]を取りかわして得意帳の売買が行われた。

差入申譲り証文之事

一合薬仕似セ摂河泉播州備前帳面合弐拾八冊

但シ得意数帳面表通

右者同郡森脇村西河屋源之助名前にて売弘メ来り候処、今般要用ニ付其許へ相譲り、礼銀として銀壱貫目取切ニ遣され、慥《たしか》ニ請取申候、右得意帳面残らず相渡し申候、右ニ付他借買掛り等決して御座無く候、尚又薬名は勿論姓名共其許御勝手ニ御用ひ成さるべく候、然ル上ハ源之介名代治良兵衛儀右売渡場所へハ決して立入らせ申間敷候、若《もし》心得違ニて入込候節ハ我等方ヨリ省略致し、少しも御差支等致させ申間舗候、尚外方より故障申者曾て御座無く候、万一違乱妨申者これ有り候ハバ何方までモ我等罷出、急度埒明《らちあけ》聊も御損難相懸ケ申間敷候、後日の為合薬仕似せ譲り証文件の如し

天保八酉年（一八三七）七月

葛上郡名柄村　薬屋利兵衛㊞

証人　同　弥兵衛㊞

今住村　太兵衛殿

こうした得意帳の売買についての史料は、わずかしか残っていないが、中嶋家文書[55]によれば表4の六例がみられる。

表4　得意帳の売買例

	売主	買主	売場先・得意数・帳数	価格	備考
天保七年四月（一八三六）	綿屋嘉右衛門	中島太右衛門	大坂並近在播州路三千軒	銀二貫	判木諸道具共
同年九月	大坂天満天神表 某	和州 薬屋太兵衛	大坂並近在摂州路二千五百軒帳面	銀二貫	判木諸道具共
八年二月	今住村 太兵衛	紀州切目本村 沢井雄元	（紀州）在田・日高両郡　一二冊	六〇両	家伝薬法書抜一通共
同年七月	葛上郡名柄村 薬屋利兵衛	今住村 太兵衛	摂河泉・播州・備前　二八冊	銀一貫	
元治二年三月（一八六五）	今住村 太兵衛	紀州伊都郡向添村 米屋七兵衛	吉野郡十津川郷・川上郷 紀州熊野一円　二冊	二六〇両	薬法伝授
明治三年六月（一八七〇）	今住村 勝右衛門	今住村 太兵衛	備前国岡山並隣在二千軒　五冊	一一両	

（7）配置行商をめぐって

富山の売薬商人は、全国を二十前後の行商地域に分け、これに従って関東組・五畿内組・九州組・薩摩組などという風に仲間組をつくり、旅先藩との交渉や内部の統制にあたったが[56]、大和売薬については、そうした行商組織の存在について物語る史料はない。富山売薬の場合は藩の積極的な保護があったが、大和の場合は、大名領のほか幕府領・旗本領・寺社領などが錯綜していて、売薬に対する領主の統一的な保護が得られなかったことにもよるものであろう。したがって、富山では仲間組の仕事であった旅先藩との交渉なども、大和では個々の業者がこれにあたらねばならなかったようである。嘉永三年（一八五〇）中嶋太兵衛から常宿の宇左衛門と連名で、その土地は不明だが行商場所の責任者とみられる切目屋市大夫と新屋八郎に宛てた「指入一札」が残されていて[57]、そこには、（一）

不正薬や粗薬をつくって売らないこと、(二) 当所へ入込次第毎年一定の冥加銀を納めること、(三) 仲間の売薬上包を使ったりしないこと、(四) 得意先へ格別の代価を求めたりしないこと、とある。

この中嶋家が、紀州への売薬行商について個人的に交渉にあたったことを物語る一連の文書がある。[58] すでに文政初年ごろには紀州へ行商していたようだが、程なく吉野郡越部村の親類要助に、薬法とともに紀州の得意帳を譲ったという。越部村が紀州藩領だったので、紀州への売薬行商には要助を使うのが得策であると考えたのであろう。そのため、文政九年（一八二六）紀州藩が「他国売薬人御差留」の措置をとったときも、要助から願出て引続き行商が認められ、太兵衛から越部村役人宛世話料として毎年銀四三匁を差出すことにしている。ところが実際には、要助は製薬を行わず、中嶋家の薬を太兵衛・要助および要助の甥幸介が「相互廻在」して配置していたらしい。同十一年、要助はたんに取次売をしているにすぎないとしてお咎めがあり、以後は要助が「手製ニ仕り売出申候」という詫を入れ、ついで十三年には紀州藩のきまりに従って岩出口銀を上納することを申出て、昨年農事多忙につき中絶した紀州への廻在を願出ている。太兵衛が幸介と偽って行商にまわったこともあったらしく、天保二年（一八三一）詫状を差出したりもしている。特別な例かもしれないが、売薬行商をめぐる苦労が大きかったことが察せられる。

また、富山のような仲間による強力な統制がなかったので、行商地域への割込みや得意先の争奪も起りがちだったようである。これも中嶋家文書[59]によるのだが、さきにもふれたように、文化十年（一八一三）市尾村善七郎が「当国（大和）は勿論西国三十三ケ国は壱軒ニても相弘メ申間敷候」という約束で、中嶋家の売薬行商に差支えない範囲で太兵衛から東国への行商が認められた。ところがそれぞれが子の代になってから、善七郎がこの約定に背いて大和・河内に置薬をしたばかりか、東国でも中嶋家に迷惑をかけたらしく、安政四年（一八五七）太兵衛から訴訟に及び、善七郎が河内で売弘めた約三百軒の得意先から配置薬をすべて引上げる、これまで大和の三七一カ村へ売弘めた約三千軒の得意先からは目薬だけすべて引上げさせることにし、今後は東国における太兵衛・善七郎それぞれの得意先へは双方とも互に売込みに入らない、善七郎は大和のほか西国三三カ国へは一軒とても売薬を弘めることはしないなどということで落着している。

(8) 富山売薬との協定

すでにみたように大和の配置売薬は、富山のように藩の保護を受けられなかったし、富山商人のあとを追って得意先をひろげなければならなかった。それだけに困難や苦労も多かったと察せられる。しかしながら大和の業者は、そうした困難を乗りこえて、幕末安政のころにはほぼ全国に行商圏をひろげることができた。大和売薬の行商圏の拡大は、当然のことながら富山売薬と競合することになり、時には得意先で対立するようなこともおこったであろう。紛争を避けるためにも、互いに協定を取りかわす必要に迫られたことは想像に難くない。慶応二年（一八六六）七月、米田丈助以下七一人の大和の業者と越中国富山惣代三人、加賀領惣代二人との間に取りかわされた「仲間取締議定書連印帳」が残されている。(60) ここにいう加賀領は、加賀国のことではなく富山藩領をはさんで越中国の東西にあった加賀藩の領地をいい、ここからも多くの売薬商人が出ていたのである。その「議定取締書」の内容は、およそ次のとおりであった。

一近年薬種や紙類が高値になったうえ、米価の高騰にともない運送料・宿料とも値上りが大きく、渡世相続が難しくなったので、薬価をすべて三割値上げすること

一不正薬種や毒になるような薬は決して取扱わないこと

一近年類薬がふえて紛らわしいので、今後は同じ銘柄のものでも文字や筆法をかえ、紛らわしくないようにすること

一商売とはいえ一服一粒で人間の病苦を救うものだから、大切に調合すること

一得意先で値引きをしたり、虚言悪口を申すものがあるということだが、今後はそんなことのないように相慎むことにし、もし心得違いの者があって確かな証拠があれば、仲間参会の節にきびしく取締り、その節の入用は当人に出させること

一他人の得意先へあとから出向いて行き、値引きをして自分の薬を売込むようなことは絶対してはいけないこと

一諸国得意先で互に置合せになったとき、他人の薬をけなし自分の薬を自慢するようなことはしてはならないこと（心得違いがあれば前々条同様とする）

一不奉公になった奉公人や得意先で不実を働いて暇を出された奉公人は、先主にことわりなしに召遣ってはならないこと

一奉公人の給銀は、一カ年につき上奉公人は銀五百匁、中奉公人は同三百五十匁、下奉公人は同二百匁に定めること

一置合せ先で、他人の薬袋が空になっていた場合、これを引上げて自分の薬を入れかえる者があるが、そんなことは絶対してはならないこと

一旅行中、酒宴遊興にふけったり、博奕などをする者を見たら、きびしく意見を加え、聞かないときは帳面や荷物を取上げて国元へ送ること

一旅宿で頓死・頓病・長煩いそのほかどんなことがおこっても、見聞次第馳せつけてなるだけ世話をしてやること

一定宿については、申合せて同宿するものとし、きわめて不都合のある場合のみ勝手すること

図３　慶応２年（1866）配置売薬業者の分布

慶応２年７月「仲間取締議定書連印帳」による。

一右のように取締ることにした以上は、一カ年に一度ずつ仲間の差支えのないよう参会すること。その節不参
　加の者にも参会費用を割りふること
一他国へ赴き、心得違いを以て右の一カ条でも約定に背いた者があれば、取締所へ差出しきびしく取締ること。
　これについての費用は不法人の方で支払うこと

この連印帳に名を連ねている七二人は、大和の売薬業者のうち配置売薬に従っていた者の数であろう。配置売薬に従っていない者は、富山ないし加賀領の売薬行商人との取りきめに加わる必要がないからである。図3はその分布を示したものだが、奈良盆地の南縁部に集中し、今住・市尾がその中心だったことがうかがえる。そして、文久三年（一八六三）の「組合取締連印帳」には薬種屋・合薬屋ともみられなかった土佐・下子島・清水谷などの高取地区に六人の配置売薬業者の現れてきていることが注意される。高取地区は、明治になって大和売薬の中心地として発展することになるのである。

注

（1）～（3）　池田松五郎（嘯風）『日本薬業史』（薬業事論社、一九二九年）。
（4）　服部敏良『江戸時代医学史の研究』（吉川弘文館、一九七八年）。
（5）　「奈良曝」（天理大学付属天理図書館所蔵保井文庫。『奈良市史編集審議会会報』一、一九六三年、所収）。
（6）（7）　注（1）に同じ。
（8）　前田長三郎『大和売薬史』（奈良日報社、一九三二年）。
（9）　『奈良県薬業史』資料編（奈良県薬業連合会、一九八八年）、Ⅰ―2―四、中嶋家文書一。なお、以下、特記したものの以外はすべて同書所収史料であるため、史料番号は省略して家名だけを記す。
（10）　『紀伊続風土記』五　高野山之部下、「風俗土産下」。
（11）　『文楽浄瑠璃集』日本古典文学大系九九（岩波書店、一九六五年）、補注「義経千本桜」二三、所引。

(12)(13)　銭谷武平・銭谷伊直『陀羅尼助』(薬日新聞、一九八六年)。
(14)「南都名産文集」(原本は所在不明。喜多野徳俊訳注『南都年中行事』、綜芸社、一九七九年、所収)。
(15)「庁中漫録」(奈良市多門町玉井家文書。県立奈良図書館にマイクロフィルムがある)。
(16)菊岡家文書五。
(17)同前六・七・八。
(18)伝香寺文書。
(19)国立国会図書館所蔵文書一「植村政勝大和国採薬記写」。
(20)森野家文書六「御薬草御見分所控」。
(21)『大和下市史』(下市町、一九五八年)。
(22)大久保信治「森野賽郭と薬園の成立」(木村博一先生退官記念会編『地域史と歴史教育』、同会、一九八五年)。
(23)森野家文書三。
(24)片岡家文書。
(25)辻家文書。
(26)川井景一編、広成館、一八九一年。復刻版、『大和国町村誌』、名著出版、一九八五年。
(27)森野家文書一七。
(28)南葛城郡役所、一九二六年。
(29)橋本家文書。
(30)並河家文書。
(31)中嶋家文書一六。
(32)同前五。
(33)同前七。
(34)同前二二。
(35)同前二三。
(36)同前一六。
(37)奥田修三「大和の売薬」(『日本産業史大系』六　近畿地方篇、東京大学出版会、一九六〇年)。

(38) 橋本家文書。
(39) 辻家文書一。
(40) 角尾家文書。
(41) 辻家文書二。
(42) 角尾家文書。
(43) 辻家文書二。
(44) 米田家文書一。並河家文書。
(45) 米田家文書二。
(46) 明治十三年「売薬規則改正歎願書」、中嶋家文書四〇。
(47) 『富山県薬業史』通史編（富山県、一九八七年）。
(48) 中嶋家文書一。
(49) 同前一九。
(50) 注（28）の『奈良県南葛城郡誌』。
(51) 中嶋家文書一五。
(52) 同前二六。
(53) 同前六。
(54) 同前一二。
(55) 注（9）の『奈良県薬業史』資料編所収。
(56) 注（47）の『富山県薬業史』。
(57) 中嶋家文書一八。
(58) 同前四。
(59) 同前一、二。
(60) 米田家文書三。

付　明治中期の大和の農業

1　はじめに

近世の大和は、郡山藩・高取藩のほかいくつもの小藩に分かれ、その間に天領・旗本領・社寺領が介在し、そのうえ藤堂藩の四万石も入りこんできていて、知行関係はきわめて錯雑していた。明治四年（一八七一）の廃藩置県で、大和一国を管轄する奈良県が生まれたが、九年堺県に合併され、つづいて十四年堺県の廃止によって大阪府に所属、二十年十一月奈良県の再設置をみた。そうした関係もあって、明治前期の大和について物語る行政資料や報告・控文書の類はほとんどなく、『奈良県統計書』も二十年からである。わずかに、内務省に提出された明治十四、五年調べの町村誌を、「刪削補正」して編まれた『大和国町村誌集』[1]があって、約千五百町村の土地・戸口・牛馬・物産・民業等々についての概況をつかむことができる。

同二十一年の農事調査に関し、奈良県分としてみることのできるのは、いまのところ「農事調査」[2]と大安寺村（昭和二十六年、奈良市に編入）からの報告原本だけである。この「農事調査」は、関東大震災で焼失する以前に、現況・主眼・総覧の必要部分を筆写し、東京高等商業学校が保存していたもので、大安寺村の原本は、石山昭次郎氏（早稲田大学大学史編集所）の所蔵によるものである。

ところで、地租改正中、奈良県は堺県に合併されたため、大和の地価は、より恵まれた条件の河内・和泉なみに決定された。このことは、かねて大和の人々の不満だったのだが、同二十年の地価修正の際、摂・河・泉では一〇〇円につき五円の割で減額されたのに、同じ大阪府管内の大和だけは除外された。これがきっかけで、いちじ沈滞していた奈良県再設置運動が再燃、その年十一月奈良県の再設置をみるわけだが、二十二年の地価修正が無期延期になったのをみて、有志相よって地価の修正を願い出る。その資料として用意された『奈良県下地価修正材料調査書』[3]が残されている。その一つの章「奈良県農業」の備考に、「明治二十三年奈良県調査ニ係ル農商務省へ報告ニ依ル」とあり、「農事調査」の一部がそのまま引用されているので、「奈良県農事調査」は、二十三年に進達されたものとみられる。この調査書には、『農事調査表』にみえる数字もあがっていて、「農事調査」をいくらか補うものがある。

試みに「農事調査」の「奈良県農産物」の産額を同年の『奈良県統計書』の数字と比べてみると、大麦・小豆・煎茶・繭以外のものは、『統計書』の数字を上まわり、綿類にいたっては、実綿以外のものを含んでいるためか、『統計書』の実綿約六六万貫に対し、約一〇一万貫と大きく食いちがっている。

2　明治中期の農業と稲作

奈良県は、「地勢南北ニ長クシテ東西ニ狭ク、山岳四面ヲ囲繞シテ北方僅ニ開通ス、南方ノ吉野郡ヨク東方ノ宇陀・山辺及添上郡ニ亘リテ山岳相連レルモ、中央及西北部ハ平野ニシテ、土壌膏沃気候温暖、能ク農業ニ適ス」という[4]。中央部の平野は、吉野川下流の河岸平野をさすが、さして広くはない。西北部の平野というのが奈良盆地にあたり、本県の主要な農業地域である。奈良盆地は、古来国中《くんなか》と呼ばれるところで、東部の大和高原は、山中または東山中という風にいわれる。人文のうえで純粋に大和といえるのは、この国中の地で、大和高原や吉野山地は、これとかなり趣を異にしている。奈良盆地の状況を知るために、本稿では、盆地中央部の旧式下《しきげ》郡（明治三十年、式上郡《しきじょう》・十市郡《とおいち》と合併して磯城郡となる）をとりあげることにする。

奈良盆地は、河川用水に恵まれず、全国でも溜池の多い地域として知られる。明治三十六（一九〇三）～三十九年の調査[5]によれば、県下の溜池は目ぼしいもので約六千、その灌漑面積は全水田面積の七三パーセントに及んでいる。奈良盆地では比較的小規模な皿池が多く、当時必要な水量の二分の一弱の用水しか確保できなかったという。そのため、旱害を受けることが多く、旱魃時の用水確保を目的に、約二万個の野井戸も掘られていた。「大和豊年米食わず」（雨の多い年は大和は豊作だが、全国的には不作で米不足になる、という意）という俚言は、水不足に悩む土地柄をよくあらわしている。こうした用水不足は、江戸時代の農民が、田方綿作に向った一つの要因でもあった。

いま一つ奈良盆地で注意すべきこととして、早くから採草地の少なかったことがあげられる。採草地の不足は、牛馬耕の普及を妨げ、購入肥料への依存度を高める役割を果したといえる。

「農事調査」が「目下鉄道汽船等ノ便ハ無之ト雖モ」と書いているように、この時点ではまだ鉄道の開通はみていない。同二十三年奈良・王寺間が開通、ついで二十五年大阪に通じる（三十二年までに旧来の国鉄路線はすべて開通する）。それまでは、大阪への物資の輸送は、多く大和川の水運によっていた。十五年の「大和国一覧表」[6]に荷舟二三八とみえ、「農事調査」に艀漁船及海川小廻船二三二艘とあるのは、大和川を航行した魚梁船《やなぶね》のことである。大和からは、米・菜種・木綿などが送られ、大阪からは肥料・塩などが運ばれてきていた。

本県は、ながい間農業県としてとおってきた。工業生産額が農業生産額を越えるのが、ようやく大正五年（一九一六）のことである。しかし、表1にみられるように、農事調査の時点では、農家戸数の割合が大きいにもかかわらず、農産と工産の割合は大阪とさしてちがってはいないし、農業県としての性格は、滋賀の方が強い。

表2は当時の農業状況を示したものだが、全国平均に比べて水田比率が高く、表3では、すでに七五～七六パーセントの水準に達している。これを磯城郡についてみると、明治二十一年の水田率は八〇パーセントであり、二十

表1　農家戸数比率と物産収入構成（明治21年）

	農家戸数比率	物産収入構成		
		農産	水産	工産
奈良	68.7%	70.2%	0.1%	29.7%
大阪	36.7	67.7	1.5	30.8
京都	41.8	43.6	0.8	55.8
滋賀	74.2	87.2	0.6	12.2
全国	65.8	72.5	3.6	23.9

『農事調査表』1による。
全国は愛知・和歌山・高知・香川・熊本・鹿児島をのぞく39府県。『農事調査表』による場合は、以下同じ。

表3　水田率

	奈良県	磯城郡	式下郡
明治21年	76%	80%	83%
26年	76	85	87
31年	73	84	
36年	75	84	
41年	75	84	

『奈良県統計書』による。

表2　農業状況（明治21年）

	水田率	農家一戸当耕地面積	耕地利用率	農家一戸当農産収入	農業人口一人当農産収入	反当農産収入
奈良	75.1%	6反9畝	163.4%	80円03銭	15円36銭	11円99銭
大阪	75.7	6　6	164.0	77　04	21　53	11　55
京都	71.3	7　1	146.8	82　63	16　91	9　87
滋賀	85.0	7　4	140.7	91　60	18　66	12　22
全国	57.6	7　9	138.2	77　70	14　49	9　80

『農事調査表』1による。

年代の後半には八四～八五パーセントに上昇しているが、式下郡ではさらに約三パーセントほど高い。これは耕地面積の増加と畑地の減少によってもたらされたものである。

表2の一戸当り耕地面積は、大阪よりは多いものの、全国平均をかなり下まわり、そのかわり耕地利用率は大阪とほとんど同じで、全国平均はもとより、京都・滋賀よりも高い。これは二毛作田が多いことにもよるのだが、これについてはじめて数字の得られる同三十年の時点で、県下の二毛作田率は六九・三パーセント、式下郡を含む盆地南西部の磯城郡では、八六・六パーセントに達している。とはいえ、二十一年当時四四パーセントを占めた経営面積八反以下の零細農家では、なんらかの兼業を必要としたことはいうまでもない。

他方、農家一戸当農産収入および反当収

入は、ともに滋賀には及ばないものの、大阪・京都をしのぎ、全国平均を大きく上まわっていて土地生産性の高かったことがうかがえる。ところが一人当農産収入は、全国平均を上まわっているものの大阪・滋賀よりもかなり落ちこんでいる。これは、一戸当農業人口が大阪の三・六人、滋賀の四・九人に対し、奈良が五・四人を数えることによるもので、労働生産性が相対的に低かったことを意味するであろう。いずれにしても、隣接府県同様、奈良県もまた、多肥集約的な農業地帯であったことがうかがえるであろう。

「農事調査」は、そのころ使われていた肥料として、油粕・干粕・鯡粕・乾鰮・堆積肥・乾草・屎尿をあげている。数年さかのぼるが、式下郡の老農鴻田忠三郎は、同十四年の第一回全国農談会において、次のように述べている。(7)

下肥シハ水ニ混合シ、作物ノ最初ニ施ス、故ニ取付肥ト云、穀物ニハ年中施シテ少シモ害ナシ。……魚肥類其効験速ニシテ忽旺盛ノ色ヲ出セリ、然レドモ其効力長カラズ、且不廉価ナルヲ以テ我大和地方用ウルモノ十ノ一ニ過ギズ……草肥ハ即効薄シト雖モ、土地ヲ肥シ永ク効力ヲ保ツベシ……菜種油ノ滓ハ田畑穀物及草木何類ニ施スモ聊ノ害ヲ醸スコトナク、肥料ノ最第一ト云ウベシ……焼酎糟ハ我大和国土ニ適応シ稲田肥料中ノ最第一トス、飴粕ハ旱魃ノ時年々綿作ニ施スハ宜シキモ其他ニ効能ナシ。……総テ灰肥ハ壱回施ストキハ年中施シノ気味アリテ、土地ノ肥ルコト甚シ

『農事調査表』によれば、当時反当施肥価額は、稲の場合「普通」の段階で二一・三九円と全国平均をやや下まわっているが、これは、右の鴻田の言の如く、魚肥の使用が少なかったためであろう。これに対し綿の場合の反当施肥価額は、全国平均を大きく上まわって広島・大阪・佐賀についで五・三六円と多く、式下郡の場合は奈良で最高の六・四七円となっている。(8)

同十年代の栽培法を示すものとして、式下郡の式田喜平の私立植物試験場（奈良県農事試験場の前身）の報告書(9)が

あるので掲げておくことにする。

一　撰種法　刈取りて稲架に掛け、雌穂を選び末半分を扱落し、其儘小俵に入れ、寒風の通れる温和なる室内に貯蔵す、

二　苗代の作方　穀雨の頃人力にて起返し、土塊を砕き人糞に水を和して一坪に二斗を施し、一日を経て水を引切返し畦を作り、手を以て稲株或は草等を押入棒を以て平坦にし、先に日向清水に浸したる種籾一坪に八合を播下し、一反歩に付、三升五合を要し、而して芽の六寸許り生じたるとき油滓五合に灰五百目を和して施す、

三　植付の時期及方法　播種より六十日を経て夏至の頃、苗五六寸許り長じたるとき五六本を一株とし、一株に付三十六株を植付す、

四　整地及保護方法　麦の刈跡を人力を以て深さ七寸ばかり起返し、焼酎粕を施し水を引き平坦にし植付、それより十日を経て畦間を拡にし、耕耘（アラカジ）という。油滓を細末にして施し、六日を経て縦に耕耘し、五日を経、手を以て地を掻坦し、七日を経て雑草を採り、又七日を経て草を採り是を培養の終りとす、

五　施肥料　苗代は人糞三分、水七分を混和し、一坪に一斗又（油滓五合灰五百目）を和して一坪に一回施し、田面へ焼酎粕細末に一反歩に付十五貫目、油滓細末にしたるを一反歩に付十五貫目施す、

六　灌水期及器械　植付より水の尽くるに従ひ、時々灌漑し、九月一日頃に止む、池水を用ひ器械は水車を用ゆ、

七　成熟の時期及収穫の手続　処夏の頃穂を抜き花開き秋分の頃実を結び、十一月十五日頃刈取り、植付より刈入まで日数百三十九日、拾弐株を一把とし稲架に掛け乾し、七日を経て扱落し、莚の上にて晴天一日間乾す、

つぎに牛馬耕の状況をみよう。大和で唐犂が使われるようになるのは寛政年間といわれるが、奈良盆地は重粘土質のところが多く重い長床犂を使わねばならなかったこともあって、牛耕の普及は遅れた。明治十年代の状況について鴻田は、全国農談会の席上、盆地の北部で一部牛耕が行なわれているが、「式下郡辺従来馬耕ナシ、牛耕モ近時ハ追々減少ス」といった状態だといい、人耕の方が深く耕すことができて収穫が多いといっている(10)（ただし、山辺郡の老農中村直三は、土地に適した犂を改良すれば牛耕も効果があがると述べている）。奈良盆地に牛を飼育する採草地のなかったことも、牛耕の普及を妨げた要因である。奈良では、大正中期まで人耕が支配的であった。

こうした基礎のうえにたって、高い水準の稲作が展開する。明治十六年の米の反当収穫は一・五二五石で全国第五位だが、二十一年の反当収穫高は香川の一・九九六石をぬいて二・一七六石、全国第一位に位する。その技術的基礎が周到な肥培管理にあったことはいうまでもない。

その後綿作の衰退にともなって米作への依存度が強まる。二十年代に二四個、三十年から明治末までに三三個の溜池がつくられているのは、稲作面積の拡大を裏づける事実である。二十一年農産物中六二パーセントを占めた米が、四十年には七六・三パーセントになる。

米の反収は、その後ほぼ全国平均に近い年率一升四合八勺の上昇を示し、二十年の反当収穫高を一〇〇とすれば、大正元年の指数は一二六を示している。こうして明治末から大正の初期にかけて、奈良県の稲作は、「奈良段階」とうたわれて全国の指導的地位を占める(11)。

3　商品作物の動向

明治七年（一八七四）の『府県物産表』によれば、三府六〇県中奈良県は、綿において愛知・京都・大阪・堺・名東の府県についで全国第六位、菜種は愛知・堺・三潴・三重についで第五位、煙草は小田・筑摩についで第三位

表4　農産物構成（明治10年）

	普通農産物(%)						特有農産物(%)						
	米	麦類	大豆	甘藷	その他	計	実綿	菜種	茶	繭	生糸	その他	計
全　国	53.9	10.7	0	0	12.7	77.3	3.3	3.1	0	4.0	4.0	8.3	22.7
畿　内	64.0	7.6	0.9	1.4	0.3	74.2	10.5	7.9	2.6	—	—	4.8	25.8
大和国	68.7	7.8	1.7	0.9	0.8	79.9	7.9	6.7	2.1	—	—	3.4	20.1
式下郡	60.8	5.6	1.4	0.3	0.5	68.6	18.7	11.3	0.9	—	—	0.5	31.4
東成郡	56.2	7.1	0.3	0	0.3	63.9	27.1	7.7	1.3	—	—	—	36.1

注（19）の『零細農基本対策調査報告』、74頁による。

表5　農産物構成（明治21年）

	普通農産物(%)						特有農産物(%)						
	米	麦類	大豆	甘藷	その他	計	綿	菜種	茶	繭	生糸	その他	計
奈良県	62.0	10.2	1.6	1.9	2.2	77.9	9.5	4.7	6.0	0.4	0.2	1.3	22.1
式下郡	62.3	1.1	2.1	0.1	3.0	68.6	20.9	8.0	2.0	0.1	—	0.2	31.2

奈良県は「農事調査」、式下郡は『奈良県統計書』による。

の位置にあり[12]、二十一年には、煙草こそ二一位に転落しているが、綿は大阪・広島・茨城・兵庫・岡山・鳥取についで第七位、菜種も大阪・秋田・静岡・三重・滋賀・茨城についで第七位に位置している。

しかし、表4・表5で明治十年と二十一年の農産物構成をみると、奈良は米の比重が高く、特有農産物の割合はそう大きくない。十年では二〇・一パーセントで全国平均を下まわり、二十一年でも二二・一パーセントにすぎない。これは奈良県が広い山間部をかかえているためで、式下郡についてみると特有農産物の割合は、十年、二十一年とも三一パーセント台で、奈良盆地では商業的農業の展開がすすんでいたことがうかがわれる。大阪の東成郡と比べると、綿の比率は低いが菜種の比率は高く、比較的変化に富んだ作物構成になっており、これ以外にも、当時、灯心の原料となる藺草が、この地域の特産となっていた。

近世の代表的な商品作物は綿と菜種であった。大和の綿作は田方綿作が主体であった点に特色があり、水田の三十～五十パーセントが綿作にあてられていた。「大和

表 7　綿・稲作付面積比

	綿	稲
明治10年	23%	77%
21年	22	78
25年	13	87
29年	2	98

典拠は表 6 に同じ。

表 6　実綿・菜種収穫高

	実綿		菜種	
	奈良県	式下郡	奈良県	式下郡
明治10年	521,516貫	84,127貫	39,090石	3,781石
21年	662,616	81,475	37,078	2,673
23年	662,025	32,600	38,737	2,703
26年	285,447	27,714	28,347	1,135
29年	109,246	4,371	20,362	860

明治10年は注(13)の『全国農産表』、他は『奈良県統計書』による。

表 8　重要農産物生産価額(明治40年)

	価額	比率	
米	12,256千円	76.3%	90.7
麦	2,066	12.9	
甘藷	234	1.5	
菜種	228	1.4	9.4
茶	400	2.5	
繭	532	3.3	
果物	356	2.2	

明治40年『奈良県統計要覧』による。

の綿は糸に悪しきとて中入口にする也、いかにといふに綿堅く毛太く」(『綿圃要務』)というようなこともあって、一八世紀末ごろからしだいに衰退に向かった。しかし、明治のはじめ依然として特有農産物の筆頭にあり、同十年全農産物中七・九パーセントの割合を占めているが、大阪(堺県を含む)に比べると収穫高はその約四分の一にとどまっている[13]。そして「明治七、八年頃より共耕作に漸次衰え[14]」があらわれ始め、表6にみられるように、二十年代に入って産額は急激に減少する。これは表7で知られるように、綿作から稲作への転換によるもので、三十年代に入って奈良盆地の綿作はほとんど消滅する。

菜種についてみると、その収穫高の変化は表6のとおりで、すでに同十年代から衰退の傾向をみせ、綿ほどではないにしても、二十年代の後半から衰えが目立つ。すでに十七年「大和国奈良近傍は……平年は菜種作と相半するを常とせるに、本年は麦七分、菜種三分の比例に当れり、全く石炭油に圧せられ、菜種油の減少せし影響ならん[15]」といっているように、二十年代、菜種作から麦作への移行がすすむのである。

こうして四十年の重要農産物の産額構成は表8のとおりで、特有農産物の比率は九・四パーセント、明治前期に比べると約半分に落ちこむことになる。「農事調査」の時点は、綿作から稲作へ、菜種作から麦作へと、奈良県農業が転換をとげていく画期にあたっていたとみることができよう。

明治初年、綿・菜種につぐ特有農産物であった茶は、盆地東部、山辺・添上の二郡を中心に栽培のさかんだったもので、農産物に占める割合が同十年の二・一パーセントから二十一年には六・〇パーセントへとふえ（表4・表5）、二十年代に入っても順調な伸びをみせる。

葉煙草は、山間部の宇陀・吉野両郡を中心に栽培された。同七年に比べると、二十一年には約三分の一の約九万六千貫に減り、いちじ若干もりかえすが、二十七年の一二万九千貫を頂点に衰え、かわって養蚕に移っていく。繭の生産は、二十一年八八三石、農産物中わずか〇・四パーセントを占めているにすぎないが、その後県の奨励もあって三十一年には八一三三石、養蚕農家も一万三千戸を数えるようになる。繭が米につぐ重要産物となるのは大正期に入ってからである。

表9　農産物の移出（明治21年）

	(1)	(2)	仕向地
米	7%	27.7%	大阪
麦類	6	3.1	大阪・京都・三重
甘藷	18	2.4	大阪・和歌山・三重
蚕豆	27	2.6	大阪・京都・三重
綿	29	20.1	大阪・京都・三重
菜種	20	6.1	大阪・三重
茶	98	35.0	大阪・京都・和歌山・兵庫
その他		2.4	

(1)は農産物ごとの、生産額に対する移出額の割合。
(2)は移出額全体に対して各農産物が占める割合。
「その他」は小豆・大豆・葉煙草・葉藍・瓜哇薯。
「農事調査」による。

ついでながら「農事調査」によって同二十一年の農産物の流通についてみておこう。農産物全体の管外移出額をみると、四四九万五三円の生産額のうち、七一万八七五二円（一六パーセント）が移出されている。管内で商品化される分が相当あるにしても、大阪の四一パーセントに比べるとまだ自給的性格が強かったといえよう。表9によって、農産物ごとの、生産額に対する移出額の割合をみると、茶はその九八パーセントが移出されているが、綿・菜種はそれぞれ二九パーセント、二〇パーセントとそう高くはない。管内の木綿や絞油の原料にあてられる部分が多かったからであろう（大安寺村の場合をみると、郡山に綿を送っているほか、米をはじめ野菜等隣の奈良町に送りこんでいて、近郊農業の様相を示している）。

移出額全体に対して農産物それぞれが占める割合では、茶が第一位、ついで米・綿の順である。米は古来大和米の名声があり、とりわけ良質の生駒米などは、酒造米として大阪方面へ出ていったのだが、維新後多収穫米に走ったため同二十二年「従来県下ノ一大花主タリシ泉州堺及其近傍酒造家ノ需要モ淡路改良米ノタメニ圧倒セラレ、全ク其需要ヲ失ウニ至リタリ(16)」という状況にあった。そのあと産米改良策が積極的に展開されることになる。

他方、管内への移入についてみれば、移入額全体の中に占める割合は、米が七四パーセントと圧倒的に多く、大豆がこれにつぐが、いずれも大きな額ではない。米は県境、とりわけ吉野奥地の村々で買込んだものが多かったであろう。

4　地主制の展開

明治十八年（一八八五）は「農家近来、凶作ヲ蒙リ……中業以下ハ身代限リヲナスモノ続々トシテ絶エザルノ景況(17)」にあった。松方デフレの重圧に加えて、十六年の旱害と十七年の水害の打撃が、小農民の没落をすすめたのである。同十六、七年、三二・二パーセントであった小作地率が、二十年には三六・〇三パーセント(18)にあがっている。しかし、全国第二位の大阪（五六・一パーセント）よりははるかに低く、全国平均三九・五パーセントよりもやや下まわっている。これを郡ごとに示したのが表10で、吉野郡は別としても、郡によってかなりの差があることがわかる。奈良盆地西北

表10　郡別小作地率（明治20年）

添上	39.46%
山辺	33.06
添下	50.93
平群	43.53
広瀬	45.44
葛下	43.38
葛上	43.23
忍海	29.18
式上	37.37
式下	29.65
十市	31.87
高市	34.53
宇陀	34.31
宇智	28.29
吉野	16.87

『奈良県統計書』による。

表11　自・小作別農家比率（明治21年）

	奈良	大阪	京都	全国
自　作	37.2%	23.1%	36.1%	33.4%
自小作	29.2	32.5	42.3	46.0
小　作	33.6	44.3	21.5	20.6

『農事調査表』1による。

表12　小作地率の変遷

明治20年	※36.03%
25年	40.38
30年	41.01
35年	45.64
40年	47.56
45年	47.94

『奈良県統計書』による。
※は注(18)参照。

表13　水田小作地率

	奈良県	磯城郡	式下郡
明治20年	39%	33%	29%
21年	40	39	30
22年	40	39	30
23年	39	39	30
24年	41	38	37
25年	43	43	37
26年	43	43	36
27年	44	43	34
28年	45	46	41
29年	43	41	40
30年	44	42	
35年	51	45	
40年	51	48	
45年	53	54	

『奈良県統計書』による。

部の添下郡の五〇・九パーセントを筆頭に、概していえば盆地西部の諸郡の小作地率がいずれも四十パーセント台で高く、盆地中央部から南西部にかけての諸郡の方が低い。式下郡などは、西隣の広瀬郡に比べて一五パーセントも低い。その理由については、今後の検討にまたねばならない。

一〇町歩以上土地所有者の比率を『農事調査表』からみると、奈良県は〇・七六パーセントで、全国三九府県中ちょうど真中に位置している。さきの小作地率と考えあわせると、奈良県における地主制の展開の度合は、全国のほぼ平均的なところにあったといえようか。

つぎに二十一年の自小作別農家の比率をみると表11のとおりである。自作農は全国平均三三・四パーセントより多い。小作農は大阪より十パーセントも低いが全国平均二〇・六パーセントを大きく上まわっており、自小作農が全国平均の四六パーセントや京都の四二・三パーセントを大きく下まわっているのが特徴的である。大阪ほどではないにしても、全国水準や京都などよりは、農民層の分解がすすんでいることがうかがえる。(19)

その後における小作地率の動向を表12についてみると、二十年代後半と三十年代後半に、小作地の大幅な増大が認められる。これを水田についてみたのが、表13である。二十年代の初めには、奈良県の平均に比べて磯城郡が低く、磯城郡に比べて式下郡（先にも述べたように明治三十年、式上・十市の二郡とともに磯城郡になる）が一だんと低くなっているが、二十九年にはほぼ同じ水準に近づいている。二十年代、式下郡において自作地の減少が急速にすすんだことを示している。そして、水田小作地面積の増加には、畑地の小作地面積の減少ということもあった。その裏づけとなったのが、地主の投資による溜池の造成であった。[20]このことは、この時期地主的土地所有が確立に向かっていたことを意味するであろう。

注

（1）川井景一編、広成館、一八九一年。復刻版、『大和国町村誌』、名著出版、一九八五年。
（2）『明治中期産業運動資料』第一集　農事調査　九ノ二　奈良県・兵庫県（日本経済評論社、一九八〇年）所収。本稿は当初その「解題」として書いた。
（3）堀内忠司他、著者刊、一八九一年。
（4）『県治ノ状況』（奈良県、一九〇五年）。
（5）奈良県農会『溜池整理調査書』。
（6）『奈良県政七十年史』（奈良県、一九六二年）所収。
（7）「明治十四年農談会日誌」（『日本農業発達史』一、中央公論社、一九五三年、所収）。
（8）注（3）の堀内忠司他『奈良県下地価修正材料調査書』。
（9）明治十六年「大日本農会宛の申告書」（式田家文書）。注（6）の『奈良県政七十年史』所収。
（10）注（7）に同じ。
（11）稲作については、山路健「大和平野における水田生産力の展開」（『日本農業発達史』別巻上、中央公論社、一九五八年）に詳しい。
（12）山口和雄『明治前期経済の分析』（東京大学出版会、一九五六年）。

（13）『全国農産表』明治十年（農商務省勧農局、一八七九年）。
（14）森田五一・奥野増治郎『大和木綿仝組合沿革史』（著者刊、一八九八年）。
（15）『大阪府勧業月報』四九。
（16）『米質及俵造改良ノ件ニ付建議書』。
（17）「農商工衰退原因調」（三輪郡役所）。当時、式上・式下・十市・宇陀の各郡が三輪郡役所の管内であった。
（18）従来、明治二十年の奈良県の小作地率は『農商務統計表』によって四四・七パーセントとされてきた。しかし、これには疑義がある。明治二十年の『奈良県統計書』によって算出した。
（19）明治期の農民層の分解については、『零細農基本対策調査報告―奈良県川西村における農民分解に関する資料（上）―』経済研究資料一〇七（農林省農林経済局農政課、一九五九年）、荒木幹雄「明治期奈良盆地における農民層分解―奈良県磯城郡川西村結崎の場合―」（『日本史研究』五五、一九六一年）の成果がある。
（20）注（19）の『零細農基本対策調査報告』による。

第二章　大和の百姓一揆

一　大和の龍門騒動

1　手毬唄

奈良県吉野郡龍門村（現吉野町）の古老たちは、次のような手毬唄を記憶にとどめている[1]（一九五二年当時）。

一つとや　龍門騒動は大騒動　二十まで作った手まり唄　うたおうかいな
二つとや　札の行かんを無理通しても（いかんよな無理をして）　御江戸で捕れた（へ呼れた）又兵衛さん　いとしいわいな
二ツトエ　サスガ遺恨ノムリトシヤ　オ江戸へ捕エラレタ又兵衛サン　イトシイワイナ
三つとや　水のたるよな大小を　差すはよけれどそののちに（は）　むつかしいわいな
三ツトエ　水ノタルヨナ在所ヲ　オサツガヨケレバソノノチノ　アッパレカイナ
四つとや　様子は其方《ソナタ》（此方）の胸にある　あやまり次第は心から　ざんねんかいな（やいな）
五つとや　いとしござるは父君は（まつごさん）　松子さん（親子《テテゴ》）はお江戸へ生き別れ　なつかしわいな（悲しいわいな）
六つとや　無理な取立てなさるから　このよになるのももっともや（このよな騒動はおこりうち）　とくしんかいな（もっともかいな）

七つとや　何を云うても身をせめる　心の鬼（不事）が身をせめる　わがことかいな
七ツトエ　何ヲ言オニモ身ヲセメル　心ノ方ニモ身ヲ責メル　クルシイワイナ
八つとや　屋敷はお江戸に身はここに　いとしござるは糸桜　ちりますわいな
九つとや　頃は極月十五日　十四ケ村は立ち寄りて（立ち会うて）　ごそだん（そうだん）かいな
十　とや　年は十六倉の助　酒屋の息子は大手柄　あっぱれやいな
十一とや　云わず語らず百姓は　胸に包んでその後は（毒貝毒虫）　むつかしいわいな（ふくもうかいな）
十一トエ　ヨラズ語ラズ百姓ハ　胸ニ毒貝毒虫ヲ　ククミヨウカイナ
十二とや　憎い奴じゃとお上から　捕手の役人十二人（四十二人）　いざそうかいな（おいでるわいな）
十二トエ　オヨソ人カズ四千カズ　オ高ハ三千五百石　龍門カイナ
十三とや　さらりと蓑笠打ち揃え　竹槍かたげて大寄りに（追々に）　いきますわいな
十三トエ　サラリト蓑笠ウチカケテ　竹槍サゲテオイオイト　イキマスワイナ
十四とや　攻めあげられたる浜島は　上ろうとするものを（すれば）突き落す　まくれるわいな
十四トエ　十四ノ薬師ニ願カケテ　登ロトスレバツキオトス　マクレルワイナ
十五とや　五近地獄部屋のかみ（五軒四六やサマの守）　こいつはまたえらいと見定めて（こいつはまた偉いな見届けた）　おとそうかいな（あっぱれやいな）
十五トエ　ゴケンシロクロサラノ釜　コイツハマタエライト見届ケタ　モットモカイナ
十六とや　牢へはいろと首落ちようと（殺されようと）　又兵衛さんの仇を取ったなら（敵うったのが）　ほんもうかいな（功名やいな）
十六トエ　牢ヘハイロカ腹切ロカ　又兵衛サンノ仇ヲトッタナラ　ホンモウカイナ

十七とや　七尺縄にとつながれて（を腰に巻き）　長い道中をひかれよなら（引かれようと）　おそろしいわいな（本望じゃいな）
十七トエ　七百人マデ腰縄デ　長イ道中ヲ引カレオウテ　オソロシワイナ
十八とや　はがねを表わす大庄屋が（刃金を表わすホウショウ山）　松本すじと見とどめて（まつごとうじを見届けて）　ゆきますわいな（天晴やいな）
十八トエ　早ヤ鐘アラワス大除夜ノ　松本オスジト見トドケタ　モットモカイナ
十九とや　国は東国龍門地（国にとどろく龍門の）　今度の騒動は何処までも（此度の騒動は大騒動）　ひびこうかいいな（天晴かいな）
二十とや　二十まで作った手まり唄（この歌は）　歌えばひびく吉野山　なだかいわいな
二十トエ　二十デオサマルコノ歌ハ　ウウトテオクレ守リ子供　タノムワイナ

この歌は、この地の老人たちが幼少のころに、あるいは家であるいは路傍で、手まりをつきながら、また子守唄として、盛んにうたったものだという。今日その正確な意味をよみとりえないものもあるが、これは文政元年（一八一八）十二月、龍門郷一四カ村の百姓が、年貢の過重に反対して立ちあがった一揆の記憶を今に伝えているものである。彼らが、その英雄的な闘いをこの手まり唄に記念し、その革命的精神を子孫に伝えようとしたものに他ならない。

2　村の生活と歴史

一揆は文政元年（一八一八）十二月十五日、大和吉野郡龍門郷一五カ村——小名村・柳村・香束村・平尾村・西谷村・峰寺村・志賀村・滝畑村（以上現吉野町）・西増村・比曽村・持尾村・矢走村・岩壺村（以上現大淀町）・立野

村・矢治村（以上現吉野町）――の内、矢治村を除く一四カ村の百姓たちによっておこされたものであった。龍門郷一五カ村は、元和三年（一六一七）九月、当時奈良奉行であった中坊飛驒守秀政の知行地となったもので、総高三五〇〇石、平尾村に代官所（陣屋と称する）がおかれ、ひきつづき幕末まで中坊の私領であったところである。これらの村々は、幕府御料の村々の間にほぼ東西五里にわたって点在していた。その多くは、龍門山地の南縁に点在する「山方村」で、吉野川に沿う立野村と矢治村を除き、ほぼ等しい自然的条件におかれていたと考えてよい。

これらの村の基本的な生産構造は、「享和二年吉野郡龍門郷十五ケ村明細帳」[2]（表1参照）によって、知ることが出来る。この「明細帳」によって、これらの村々が一様に人口・家数に比べて耕地が少なく、何らかの副業に従わねば生活してゆけなかったこと、そうして「商人並旅人の宿等致」し宿場町の色彩の強い立野村と、「かうぞさくり・紙漉き」を重要な副業としていた矢治村を除いた他の一三カ村は、農業のかたわら、柴・炭焼などの山かせぎや、縄つくり・もめん織・糸つむぎなどの副業を営んでいたこと、従ってその経済的条件をほぼ同じくしていたことがわかる。以下まず、われわれ（追記参照）が主として調査した西谷村及び柳村を中心に、これらの村の生活と歴史について考えておきたいとおもう。[3]

(1)　貢租の重圧

村の歴史にとって最初に重要なのは、寛文四年（一六六四）、租法が検見取から定免に改められ、しかもそれがいちじるしく高率にきめられたことであろう。例えば、元禄十年（一六九七）西谷村の「訴状」に「三十四年以前辰之年（寛文四年）ヨリ御高免ニ被為召上、其上御定免ニ被為仰付迷惑仕、数度御訴訟申上候得共、御意重ク御座候故無是非御請負申上候」とある。[4]この寛文四年は、中坊長兵衛秀祐が奈良奉行をやめ、代々の奈良の地をはなれて江戸住に転じている年であるから、めんどうな検見取をやめるとともに、生活費の増大をみこして搾取の強化を

表1　享和2年3月吉野郡龍門郷15カ村明細帳

	村高	家数				人口	牛	馬	作物	農業間副業	肥料
		高持	無高	寺	計						
小名村	136石680	34	3	1	38	164	4	3	米・麦・大豆・茶	男　炭焼・縄 女　麻布・木綿(併売買不仕候)	肥粕・水肥・草肥
柳　村	442　42	89	7		96	427	16		米・麦・大豆・小豆 粟・稗・菜種・大根 牛蒡・山芋・たばこ 茄子・その他	男　炭焼・なわ・クツわら 女　薪柴・をりはた	油粕・水肥・草肥
香東村	358　46	46		1	47	201	11		米・麦・粟・大豆 小豆・山いも・その他	男　炭焼・なわ・たわら 女　あさぬの・もめん（併売買不仕候）	油粕・水肥・草肥
平尾村	265　58	34	3	3	40	145	6	3		男　薪柴・駄賃持・くつわら 女　もめんおり・糸つむぎ 春中少々旅人宿	油粕・水肥・草肥
西谷村	321　69	46	3	5	54	239	14		米・麦・大豆・小豆 粟・かうぞ・茶・畑 芋・その他	男　炭焼・柴売・わら造り 女　糸つむぎ	油粕・ちか・水肥 草肥
峰寺村	194　625	12	2	1	15	60	3		米・麦・大豆・小豆 かうぞ・雑穀	男　薪柴・わら造り 女　むしろ打	油粕・水草肥
志賀村	396　2	55		2	57	273	15			男女　むしろうち・薪柴	肥油・草水肥
滝畑村	64　476	27		1	28	141	1		米・麦・大豆・小豆 多菜	男　柴薪・わら造り 女　糸くり・春中は少々旅人宿	肥油・草水肥
西増村	280　47	69	9	2	80	351	3	1	米・麦・大豆・小豆 楮・その他雑穀	男　柴薪・たばこ 女　木綿おり・糸つむぎ 商内少々	肥油・草水肥
持尾村	84　466	22		1	23	89	6			男　山越・わら造り 女　もめんおり・糸つむぎ	油粕・草水
比曽村	424　211	47		5	52	191	7		米・麦・大豆・小豆 楮・たばこ・雑穀	男　わら造り 女　もめんおり・糸つむぎ	油粕・ちか
矢走村	184　478	23		1	24	94	6			男　柴売・柴かり・わら造り 女　なわない糸など	
岩壺村	194　4	18			18	97	6			男　柴かり・わら造り 女　糸くり・なわない	
立野村	91　4	45	(借家) 45		90	520	2		米・麦・大豆・小豆 楮・たばこ・雑穀	男　材木仕入米持参・わら造り 女　木綿・糸くり 商人並旅人宿少々	
矢治村	50　4	22		1	23	97				男女共　楮さくり・紙すき	

表 2　享保期の年貢率

西谷村享保 8 年明細帳	田方　8ツ4分9厘 畑方　6 2 3	平均7ツ9分内
志賀村 同 6年 同	田方　7 9 1 7毛 畑方　6 2	平均7 4 4厘余
平尾村 同 8年 同	田方　6 1 1 畑方　4 1 2 1	平均5 6 3 6毛
柳　村 同 15年勘定目録	(毛付)7 4 1 9	(高)6 2 6 9

はかったものではないかとおもわれる。そうして定免法の採用が、農民側からの要望にもとづくものというよりも、領主側の利害によっておこなわれたところに、「迷惑仕」るほどの高い租率が課せられる理由があったといわねばならない。

事実、西谷村の元禄十年の「勘定目録」を例にとってみると、総高三二一石六斗九升に対し年貢率は六割二分六厘、永荒七〇石その他を差引いた残高二四八石五斗六合に対しては、八割二厘四毛弱の高率を示している（数字が合わないがそのままにした）。享保期の若干の例をとってみても、表2にみるように、大体七〇パーセント以上の租米が徴され、その租率が一般に高かったことは明らかであろう（平尾村が比較的低いのは、代官所がおかれていたという政治的配慮にもとづくものではなかったか）。

ところで元文元年（一七三六）、新たに検地が実施され、西谷村では上田七ツ二分、中田六ツ七分、下田五ツ二分（この平均六ツ三分六厘、但し実際の田方毛付は六ツ四分五厘となっている）、上畑五ツ、下畑四ツ三分（この平均四ツ六分五厘、実際の畑方毛付四ツ四分四厘三毛）、柳村では田方六ツ三厘二毛余、畑方四ツ三分九厘一毛となり、租率は若干低減されることになる。

しかしこのことは、直ちに農民の負担の軽減を意味することにはならない。租率の低減はたんなるみせかけに過ぎず、あるいは従来の永荒その他の高内引を極端に少なくし（西谷村では享保八年七十石近い高内引が、享保十一年には六石五斗と激減している）、あるいは新開畑を高にくり入れることによって、取米は従来とほとんどかわりのないようにしているのである（本稿3参照）。租率の低下を毛付高の増加によって埋め合わせるという巧妙なからくりがおこなわれたわけである。領主側がいかに免の引下げを恩にきせようとも、柳村の農民たちが、四十石ばかり出高となり毛付高において九十石余の盛増となったといい、また、西谷村の農民が高二〇石八斗七升八合六勺の盛増となったと強い不満をもらしているのは、この検地の実体を明白に物語るものであろう(5)。そうして貢租に関するこの基本的関係は、幕末にいたるまでほとんど変化をみない。

このほか、農民たちは、それぞれの村の事情に応じて、松茸山年貢・山年貢・入木銭・林山年貢・藪年貢・炭竃役・竹年貢などの小物成を差出さねばならず、さらに御公儀小物成として、草山年貢・鍛冶炭役・炭役・茶役・柏役などが、別途に課せられていた(6)。「悪田ニ而実のり悪敷(7)」「谷深山陰田畑悪所多御座候(8)」土地であり、しかも表3にみるように、土地が細分されていたとすれば、このような過重な負担は、農民にとって生活の破綻を意味したことはいうまでもない。

表3　西谷村名寄帳による土地所持状況

	元禄5年(1692)	宝永4年(1707)	嘉永4年(1851)
20～15石	1戸	0戸	0戸
～10	0	1	5
～ 5	17	12	11
～ 1	31	41	28
1石未満	17	24	0

しかも年貢収納の方法として、小物成の大部分が銀納であったことはもちろんとして、年貢米についても、八分は現物で収納するが、その一部を轟で競売に付した平均米価をもって、残り二分を銀納させる方法をとっていた(9)。このことは、農民を当然窮迫販売に追い込み、彼らの没落をすすめていったとおもわれる。農民たちが、あるいは「村中高持家六十四軒御座候得共、右之仕合故役等も勤兼只今ハ役家四十一軒ならでは無御座候、此外も身体つぶれ、他国仕候もの数多御座候、又は所々にて乞食或は少し之かせぎを仕度世を送り申者十四五軒も御座候(10)」といい、あるいは「三十年以来に家数三十軒余潰れ申候(11)」といった歎きをくりかえしているのは、当然といわねばならない。

（2）商品生産の発展

右のような過酷な収奪の下で生きてゆくためには、宝永三年（一七〇六）二月柳村の「口上書」に「毎年田畑作毛ヲ以御年貢上納仕百姓供渡世を送り申儀も成不申候故、山かせき又ハ方々駄賃持、草履・草鞋を作り漸々身命をつなぎ申候御事」とみられるように、農民たちは何らかの農間副業に、渡世の途を見出してゆかねばならない。表1によって、大部分の村々では男たちが柴・薪・炭焼などの山稼ぎや、縄・むしろつくりなどのわら仕事に従い、女たちがもめん織・糸つむぎ・縄ないなどをおこなって、わずかにその生活を支えていたことが知られるであろう。伊勢街道に沿う平尾村・柳村などでは、駄賃持に出るものもあった。(12)享保八年（一七二三）の西谷村「明細帳」に柴・割木売場所として、桜井・下市・宇陀への里程と市日（いずれも、六斎市）、及び上市・五條・吉野山・御所への里程を記し、「右之内勝手次第ニ毎日売ニ罷出候」とかきとめ、下って享和二年（一八〇二）柳村の「明細帳」にも、同様に、宇陀・下市・上市・五條・桜井・五（御）所の市日（いずれも六斎市）を記し、「右之所に毎日勝手次第ニ売ニ出申候」とあるのは、中でも柴・炭・割木などの山稼ぎが、農民の生活にとって欠くべからざる重要性をもっていたことを示すものである。(13)

そうしてこのような副業生産を通じて、この地方の農村もかなり早くから商品経済にまきこまれていったと考えられるであろう。すでに宝永三年柳村の「口上書」で柴・割木が「殊之外下直ニ而、山かせき仕候而も飯料も無御座様に罷成申候」と生活の困難を訴えているのは、このことを雄弁に物語るものでないだろうか。また享保八年西谷村の「明細帳」に「田畑肥、種粕・干鰯、其外水肥・草肥仕候」とみえるから、これを表1の肥料に関する記載と考えあわせるならば、各村とも、かなり早くから金肥を使用していたと想像される。また、宝暦五年（一七五五）西谷村の「村掟」に、他村に日用かせぐにゆくこと、茶摘み・田草取にゆくことを禁じ、「田植賃・草取賃・茶摘み賃、庄屋方より触仕候通急度相守」るべきことを規定し、寛政十一年（一七九九）にも同様の「村掟」をみることは、こうした片田舎にも、商品貨幣経済の波が浸透してきていた有様を示すものといえよう。

右にみた商品貨幣経済の浸透と、山かせぎなどの副業生産に対応して、農業生産自体も変化せざるをえない。農民たちは山を開き、荒地を開墾し、商品作物を作りはじめるであろう。これを西谷村についてみると、享和元年九月の「書上」に、裏毛に麦・菜種などが栽培され、大豆・小豆・かうぞ・綿・たばこなどの畑作のおこなわれたことがみえ、同年八月の「田畑立毛改書上帳」に、

高三百二十二石六斗二升七合　西谷村
一正米　二百八十五石余　出来米
一　畑　綿　四百斤　御銀四百八十目
大豆　廿五石　御銀一貫目
小豆　六石　御銀二百四十目
楮　百五十束　御銀一百五十目
粟　十二石　御銀三百六十目
たばこ百二十斤　御銀七百二十目
大根　百駄　御銀六百目
牛房（蒡）五駄　御銀百五十目
一開畑　ひえ　十二石　御銀二百四十目
おがら　八十荷　御銀二百四十目

とあるのは、商業的農業への傾斜を示すものとして注目される。試みに明治六年（一八七三）の「産物表」によって、「自用費消」用の産物を除き、明らかに商品として売出されたものをとりだすと表4のようになる。これを右

表4　明治6年西谷村産物表

	自用費消	自国又は他国へ売出し
大豆	10石	5石
小豆	4石	2石
楮	ナシ	70束
菜種	ナシ	40石
煙草	4駄	3駄
牛蒡	4駄	8駄
松茸	ナシ	10荷
材木	ナシ	20駄
柴割木	800駄	400駄
炭	ナシ	125駄

自用費消だけの産物は除いた。

にあげた史料と比較すると、享和元年当時、少くとも大豆八石強、小豆二石、かうぞ一五〇束、及び裏作につくられた菜種（数量不明）が商品として販売されていた勘定になり、その外一二〇斤のたばこ、及び四〇〇斤の綿の若干もまた、換金作物として考慮にいれてよいのでなかろうか。その動きは決して早くなかったであろうが、ともかくも農業の商品生産化が進みつつあったことが、ここによみとれるであろう。

なお、伊勢街道に沿って上市及び宇陀との交渉の深かったのは当然として、龍門郷一五カ村には入らないが千股村において明和年間八軒の旅宿を数え、そこから桜井に通じる滝畑村に旅人宿があり[15]、さらに龍在峠に旅館・茶屋などがあったということは、この時代、龍門山地をこえて桜井、その他奈良盆地の在郷町との間に、かなりの商品流通のあったことを想定させるものとして注目される。

以上わずかな史料によってではあるが、元禄以降の全国的な商品経済進展の趨勢にふれて、この山間の地域にも、緩慢ながら商品経済の発展しつつあった様相をよみとることができる。そうしてこのような商品経済の発展が、農民の独立と成長を促進していたことは、元禄十年（一六九七）西谷村において六四軒であった家数が、享保六年八四軒を数えていることによってもうかがわれるであろうし、享保十九年柳村・西増村・西谷村・立野村（カ）の庄屋・年寄が、農民の窮乏と年貢の宥免を連名で願出で、

去年より申上候儀ハ御聞届被下候様ニ御役人様被仰下候儀ハ、兎角百姓共御たまし被遊候様ニ奉存候、最早私共了簡者不及申候故、此上者百姓共心儘ニいケ様ニ相成候共私共不調法ニ被思召間敷候、為其後御断書申候以

上

と、強いことばで結ぶことのできたのは、その背後に前進しつつある農民の圧力があったからであろう。

もちろんこのことは過大に評価されてはならないであろう。何となれば、商品生産の発展といっても、「御年貢の多束《シ》ニモ致来リ候」(16)ところの山かせぎ・柴売などが中心で、身命をつなぎとめるための窮乏生産の色彩が強く、市場もまた地方的にかぎられたものであった限り、そこには自ずから限界があり、農民が独立小商品生産者として成長するには、道なお遠かったとおもわれるからである。とはいえ、東西五里にわたって点在する一四カ村の農民が、文政元年（一八一八）冬、一揆に結集することのできたエネルギーは、それが大きな限界をもっていたにせよ、このような商品経済の発展にともなう農民の成長に求めなくてはならないであろう。

（3）　階層分化

さて右のような商品経済の発展が、農民層の分解をひきおこすことは当然とおもわれるが、地主小作関係の顕著な進展は、ここでは認め難いようである。表3にしめしたように西谷村の元禄と嘉永の「名寄帳」を比較してみても、むしろ貧農層の上昇がみられ、階層の格差はかえって少くなっており、いずれにおいても、二〇石以上の高持百姓はこれをみとめることができず、一一石以上の高持も、それぞれ一戸を数えるにすぎない。表1によってみると、立野村を除く他の一四カ村についていえば、総家数五九五軒中、無高のものは二七軒にすぎず、無高層の輩出は、案外少ないのである（それも六カ村だけで、残る八カ村は無高百姓をもたない）。西谷村をとりあげてみても、享保八年（一七二三）本百姓六八軒、無高一〇軒なのに対し、享和二年高持四六軒、無高三軒という風にその比率が減少し、天保十二年（一八四二）の「宗門改帳」も高持四〇軒、無高五軒という数字を示している。

しかしこのことは、農民の分解が顕著に進展しなかったことを意味するものではない。「未進負ニ潰レ人又者果人村方帳外ニ相成候[17]」「村人或は欠落或は出奔等仕[18]」といわれているように、また西谷村において享保八年八三軒を数えた家数が、享和二年四九軒また天保十二年五〇軒という風に減少している事実が示すように、没落してゆく農民は多かったのであり、彼らは村にとどまることさえも出来なかったのである。無高百姓の輩出が少ないようにみえるのは、本来そういう運命に転落すべき農民が、相ついで村をはなれていったからに外ならない。ともあれ、ここでいえることは、村にのこった農民たちのあいだでは、土地所有を通じてみるかぎり、階層の差はそうひどくなかったということである。

山林については史料を欠くので適確なことはいえないが、その大部分が総村中の共有であり[19]、柴や薪や炭や松茸などについては村民の自由に委ねられていたということは、山林支配を通じて村落内部の封建的身分秩序を実現することをもまた、著しく困難にしていたのではなかろうか。こうして、村にのこった農民に関する限り、商品経済の発展が、農民の分解をすすめるよりも、むしろ阻止的に作用し、農民相互に相対的独立性をあたえることになったのではないかと考えられる。

従って村落内部における階級対立は、それほど尖鋭でなく、村役人層も含めて、農民の反抗は、領主とその手先である大庄屋に向けられ、文政元年（一八一八）にいたって爆発することになるわけである。

3　騒動の背景

寛文四年（一六六四）の定免法実施以来、重い負担のもとに農民の窮乏がすすみ、元禄以来すでに多数の潰れ百姓をみていたこと、しかもそうした中で、農民たちの向上への努力が執拗に続けられ、商品生産の発展にともなって、農民の力が次第に成長しつつあったことは、右にみてきたとおりである。一方、全国的な商品経済の発展は、「殿様御大役御勤被為遊候得ハ、当分御物入も多御銀御不足ニ付[20]」とか、「此節別而不勝手ニ有之、御当前之御取続御手支程之義ニ而候」[21]という言葉が端的に示しているように、領主の財政的窮迫をすすめていた。一七世紀後半の領主的危機はここにもあらわれていたわけである。宝永四年（一七〇七）、西谷村東嶋与七郎・平尾村池田弥助・柳村筋誠平三郎の三人を大庄屋に取立てているのは[22]、このような領主的危機に対応してとられた封建支配強化の措置にほかならない。

そうして享保期になると、租税増収策を強行した吉宗の政策に支えられてか、年々の年貢宥免の願は、凶作の年のそれすら、言を左右にしてきき入れない。のみならず、享保二十一年（元文元年・一七三六）与えられた解答は、検地の強行という、裏切りにも等しいものであった。文禄検地以来「地押御改儀無之ニ付而者、田畑入狂い、甲乙村高入狂候等茂有之」るためこのままでは免の引下げが困難であるから、改めて検地をした上で考慮しようというわけである。しかしその目指すところが、第一に「高三千五百石の内近代の永荒を除四百九十一石八斗余」の荒場を「申偽リ百姓作取リ候」というわけで、これを本田畑にくり入れること、第二に「百姓家数茂ふへ、畑或者山林抔開居候者」並びに「且又山を畑ニ開、畑を田にいたし差置候地所」を新に取箇の対象とすること、すなわち負担の体系を整備することによって搾取を強化する点にあったことは明白である[23]。その際農民の要求におされて、租率を若干引下げ、農民をごまかすことを忘れてはいない。

しかし先にもふれた通り（本稿2―(1)）、村高や毛付高においての盛増が事実としてあらわれ、何ら貢租の低減を意味しなかった限り、農民たちは、まぎれもなくこの検地の実体を見ぬいていた。農民たちは黙って領主の要求に従ったのではない。峰寺村・立野村・滝畑村・岩壺村四カ村の庄屋・年寄が先頭に立って、検地を拒否し、京都町奉行所へ訴えて抗争するが、領主側の画策によって不成功に終り、峰寺村の庄屋は出奔し、他は江戸で吟味をうけ、立野村年寄勘十郎が罪を一身に引きうけて屈服を余儀なくされたという[24]。

もちろん、検地のからくりを見ぬいていた農民の不平不満が一五カ村にわたって流れていたことはいうまでもない。翌元文二年三月、一五カ村の庄屋たちから出された「書上」において、「御無体之筋とも御座候ニ付、何分百姓得心不仕候訳左ニ書付差上候御事」（傍点著者）と検地の不当をならし、検地役人の横暴をなじり、「此上ハ御公儀へ直ニ御願申上候而可然候哉」といい、「右之通ニ百姓共私共申仕候分ニハ曾テ聞入不申候間、壱人つツ被召出御吟味奉願候」と結んでいるのは、そのことを物語るものであろう。しかもなぜ四カ村のみ抗争に立ちあがり、他の村が参加しなかったのか。その事情は明らかでないが、この時期における商品経済の発展の限界が、一五カ村全部の結集を不可能にしていたともいえようか。ともかく四カ村庄屋・年寄の拒否闘争は失敗に帰し、検地は強行され、その結果、「此以後御高免と申願仕候歟又ハ不納仕候ハヽ、彌地押検地可致候」といったきびしさで、農民への収奪が加わってゆくことになる。

しかし農民たちは、この検地のからくりと苛酷さを忘れ去ったわけではなく、まして領主に対する不満を解消したわけではない。例えば、安永三年（一七七四）四月、領主側が「元文年中地押之節より三十八ケ年以来是迄格別ニ引下ケ、就中当時之免合者甚引下ケ候段……猥ニ定免引下ケ被免可致謂有之間敷儀ニ候」としたのに対し、柳村の百姓たちが、元文検地によって「九十石余増シ高ニ被成仰付候得ハ百姓取続難仕」と答え、「先年定免通ニ而御年貢上納致候様可申渡候」としたのに対しては、小百姓たちは「不承知ニ而難相治リ甚迷惑仕候」と村役人から陳情に及んでいる。農民特に小百姓たちの間に、領主への不満と反抗が年々鬱積され内攻していることを、ここによみとれないであろうか。

だが農民たちの歎願や陳情がいかにくりかえされようとも、封建権力のまえにそれは空しい抵抗であるにすぎない。苛酷な収奪のために農民の没落がすすんでいたことは、すでに本稿2―（3）においてみたところであるが、寛政二年（一七九〇）柳村の史料が「村方百姓総潰れと相成候、千万歎ケ敷奉存候」と語り、享和三年（一八〇三）西谷村の史料が、手余地の増大と飢人の増加を書きしるしているのも、このことを示すものであろう。騒動直後の

史料になるが、文政四年（一八二一）西谷村の歎きに、

当時之儀、往古は家数八九十軒も有之、人数四百人余も有之候所、村方一同困窮ニ付家数人数無数成行、只今ニ而ハ漸々三十五軒ならでは無御座……御年貢未進銀又ハ借銀等手詰リ、村人或は欠落或ハ出奔等仕……右ニ付残ル百姓共へ諸掛リ物手余地村弁地相懸リ（村持山を他村へ質に入れたりして作間之稼の手立もないので）、此儘ニ而ハ村総潰レニ相成候儀眼前ニ御座候

とあるのは、騒動による打撃と幾分の誇張を考慮に入れるとしても、窮乏のはげしさを知るに充分であろう。

こうしたところへ、文政元年「例年より米多御取立て相成、其上銀納之分ハ外より御直段も高直に被仰付」[25]というように、さらに負担を過重にされるようになる。その具体的な数字については明らかでないが、窮乏にあえいでいた農民たちにとって、貢租の増大は、たとえそれが少しのものであったにしても、たちまちに彼等の生活を破壊に導くであろう。元文検地のころに比べて、商品生産の発展は農民たちをさらに一段と成長させていたであろう。しかし彼らは歎願や陳情が、はかない抵抗であることを、身をもって知らされていた。こうして、ついに文政元年十二月十五日、一四カ村の百姓が、こぞって立ち上ることになる。それは苛酷な収奪に苦しんできた農民の、長年にわたる怨嗟と憤懣の爆発でもあった。

4　騒動の経過

騒動の具体的な経過については、文政四年柳村の年寄熊谷又兵衛が書きまとめた「陣屋騒動百姓一揆記」[26]が最も詳しく、その他「歳々日並記」[27]・文政二年「差上一札」[28]・『奈良県吉野郡史料』[29]下（以下『吉野郡史料』）及び手毬唄などによって知ることができる（以下特記しないかぎり、「陣屋騒動百姓一揆記」による）。

文政元年（一八一八）冬、例年にない貢租の過重が、平尾村代官所出役浜島市大夫（『吉野郡史料』には「出納吏」

とある。名は清兵衛とも清ともいう）によって強行されようとする。しかも、彼が「百姓に無憐(30)」とも「貧ニシテ下ヲ虐ス(31)」とも評される人物であったとするならば、それは冷酷な手段で強圧的に実施されようとしたのではなかろうか。農民の憤懣はおさえきれないまでに高まり、事態は急速に進んだ。ここに西谷村細峠又兵衛が、細峠源八・三津村善兵衛と談合し、三人で辻張札をしたため(32)、各村に張って歩き強訴をよびかけた。張札には「十五歳ヨリ六十歳ニ及ブノ男子ハ悉ク集合スベシ、而シテ上ナルモノ山口大宮ニ、下ナルモノハ平尾某地ニ集マレ」という意味のことがかかれていたという(33)。時に十二月十五日、村々の庄屋は「御用之儀有之趣ニ而(34)」平尾村代官所に呼びよせられる。庄屋たちは、年貢減免の「願の趣一統罷出可相願」きつもりでつめかけるが、御用の真意は、『吉野郡史料』がいうように、おそらくは、「大イニ宴ヲ張リ之ヲ饗シテ、以テ彼等ヲシテ其騒擾ヲ鎮セシメント欲スルモノノ如シ」という点にあったのであろう。そこへ寺の鐘を合図に、一四カ村の百姓数百人が蓑笠をうちかけ竹槍をもっておしかけていったのである(35)。

「先一番先陣に定吉と申者馳シリ出、陣屋内へかけ込竹槍ヲ以テ働キ」かけるところを、出て来た浜島のために一刀のもとに斬られる。激怒した百姓たちは、「浜島ヲ始メ大東柳右衛門其外地役人ト大をんを上テ……当年ニ限リ米多御取立成リ其上銀納之分ハ外より値段も高値ニ取立致シ、百姓立行不申先キ々々ヲあんせられ、をのれ其まま生置テハ御下タもの一家つぶれに成ぞや、さあさあをのれあいや〳〵」とおしつめる。浜島は屋根へ逃げ登り、上下をぬぎ両手をあげて「先つしつまれ、何事も聞届けやうぞ」と叫んだが、百姓たちの耳には入らない。彼らはあるいは「大竹にてつきのぼし、あるいは割木之たくいにて打ほふり上ケ」、あるいは「屋ヲ攀ヂ之ニ迫ル(36)」。「四方から長ざほニてほふり付られつきつめられ」「竹槍頭背ニ集マル、浜島防禦最モ勉メ其鋒ヲ避クト雖モ(37)」「数多之者共はたらき故何程之力者跡者（ママ）ニてもかなわぬ事、なんなく浜島は死たをれ、むさんや屋根より打まくれ、裏のにわへまくれ落ち、いきたへにけり」「衆依テ又之ヲ刺ス、創痕蜂巣ノ如シ(38)」。このようにして浜島は倒れ、役所諸道具も打砕かれた。それは、血も涙もない封建支配に対する、百姓たちの人間的な怒りのはげしさをあらわしていた。彼らはついで平尾村大庄屋池田沢右衛門宅を襲い、香束村吉岡某を襲い、池田屋の酒倉をひらいて酒をのみ、不参加の矢治村を難詰せんとしたが、夜明けとともに銘々家へ帰り、騒動は夜で終わった。[39]

　明けて十六日、騒動の次第が南都奉行所に知らされるや、十八日奉行所の与力・同心以下二百三、四十人が平尾村に出張、庄屋・年寄から吟味がはじまった。しかし当夜「数多の人に候得ハ誰かはしらぬやう、我身大じに身をかごめ居り候ものなり」との次第で要領を得ぬままに、二十日より小前の吟味を開始。容疑者三百人余りを捕え、四、五人ずつ縄をかけ、一組に役人一人付添って、二十日夕刻、与力、同心、召人（逮捕者）、村々庄屋、年寄、人足の順で、長蛇の列をつくって南都へ送られた。柳村においては、二十一日同村法雲寺に集り、庄屋・年寄から事情をきき、善後策を協議した。そうして「先手《マズ》なき家は手がへの有家より気を付、柴・たき木、正月前に候得バ餅付は神そなへ計り、是もひるつく事ハ無用、夜分之事ト申渡し、正月しき法ハ先神仏へ参るばかりとなり、一家へ礼祝儀がましき事は無用、酒はそなへばかり、さかなはさいらひらき是ヲ申付、先南都詰メ帰宅迄ハ大切ニ内ノ用心致べし」ということが決定された。それは支配者の弾圧に対して示された農民たちの、崇高なまでの精神の緊張と堅い団結と深い同志愛とをあらわしていた。代がわりだからか奉行不在のため、翌二年二月二日、捕えられた農民たちは急に村預けとなり、はからずも全員帰宅した。庄屋・百姓連印で、「私共以来騒動がましき儀ハ不覃申、万事違背仕間敷……偏御赦被成下候様奉願上候」[40]と一札差出し、事件はそのまま落着するかにみえた。

　しかし「御上ノ事ハ下夕者の思ふとハちがい」と喜んだのもつかの間、三月二十九日第三十二代奈良奉行本多飛驒守着任、四月六、七日頃から、毎月順廻りに一四カ村の百姓を南都へ呼びだし、再び吟味がはじまった。「一番呼出シハ細峠又兵衛・源八、西谷村才治郎・林蔵、平尾村善四郎、是らが初リニ御座候……後ニハ十五歳より六十歳迄ト云七十前迄も呼出し、吟味何分何分宗旨帳ニ引合事故、男たるべきもの不残、小前不残吟味届候上、地役人衆の吟味、大庄屋・村々庄屋・年寄迄不残吟味有之候」といわれているのは是が非でも主謀者をみつけださねばならないとする支配者の酷薄な決意を示していた。取調べも、えびぜめ・木馬ぜめ・石重ねぜめ・水ぜめという仮借なき拷問に終始し、「誠に此世の地獄ニ御座候、何程気つよき人ニテモ大ごへ上ぬものなし」という残酷無残なやり方で、そのために牢死するものもあったという。十一月十三日やっと吟味終了、この間取調べをうけたもの千余人、重罪人十三、四人が（「歳々日並記」によれば二二人という）入牢と決った。それから江戸伺となり、翌三年十二月二日にいたって処刑が言渡された。騒動をくわだてたものとして、細峠又兵衛・源八、西谷村林蔵、平尾村善四郎の四人が「死置」（この内すでに牢死したものもあったらしい）、平尾村庄七・又兵衛・九兵衛、柳村嘉平治の四人は二十四ケ国払、外に徳四郎・重助外二人が牢死したという。庄屋・年寄は過料に処され、一五カ村より口書きを差出し爪印をおして、三カ年にわたる騒動一件は、きびしい弾圧をもって落着した。

5　結びにかえて

一揆の主体は、すでに述べてきたところでも明らかなように、村方小前＝小百姓にあった。事実、騒動の指導者とみられる又兵衛は文化五年（一八〇八）の「名寄帳」に名前がのっていない。おそらくは無高百姓とおもわれるし、源八は一石三斗三升四合の高を持つにすぎない貧農であったのである。しかも彼らの住んでいた細峠（西谷村支配）が、最も自然的条件に恵まれない山村であり、相ついで村を去るもの多く、現在（一九五二年）わずか三戸が細々と生活をつづけているに過ぎない寒村であったことも、この際注意しておいてよいであろう。さきに元文の検地拒否が、主として庄屋・年寄によってたたかわれたのに対し、文政のこの騒動では、闘いの主導権は明らかに小百姓に移っており、さきに四カ村に止どまった運動が、ここでは一四カ村あげて闘いに結集することが出来たわけである。闘争の質的な発展の基礎は、ゆるやかながら商品経済の発展があり、それにともなって農民特に小百姓の成長がみられていたことに求めなければならないであろう（なお又兵衛が、無高百姓でありながら、文化十四年「小物成名寄帳」では、最高の炭役負担者としてあらわれ、小商品生産者としての性格をみせていることが、注意されないであろうか）。

庄屋・年寄などの村役人層が、どのような役割を演じたか明らかでないが、村落内部の階層分化が顕著に進展しているというわけではない当時においては、騒動の経過の中でうかがわれたように、なおともかくも農民の側に立っていたようにみえる。しかし、柳村年寄熊谷又兵衛が、「陣屋騒動百姓一揆記」の終りに「以後騒動がまし（き脱）ハ子孫（ニ脱）至迄も何程人がさそても罷出候事ハ致候事ハ一切無用也」とかきしるさねばならなかった。手毬唄が「此度の騒動は大騒動　天晴れかいな」といいきっているのに比べるとき、又兵衛の表現は、彼らがすでに元文のころの積極的な力を失い、一揆に対し微温的、あるいは日和見的な立場にしか立ちえなかったことを鮮かに示しているものといえないであろうか。おそらくそれは、村役人層が、安永の史料にみたように、下から成長してくる小百姓の圧力と、領主の上からの圧力の間にあって、絶えず動揺しながら、徐々に農民の立場をはなれようとしていたことによるものといえようか。

最初にかかげた手毬唄が誰によって作られたかもちろん明らかにしえないが、少くともそれが村落上層部のものによってでなく、小百姓たちによって、下から自然にわきあがってきた共通の歌声として形成されたものであったことは断言出来るであろう。彼らは『六つとや　無理な取立てなさるから　このよになるのももっともや』と歌い、一揆が非人間的な収奪に対する彼らの人間的な闘いであり、不当な圧迫に対する正義の行動であったことを確信し、支配者に向かって「とくしんかいな」と昂然といいはなってもいる。彼らが「十一とや　云わず語らず百姓は」といったとき、彼らは自らの内にひそむ革命的精神について語ったのであろうし、「十三トエ　サラリト蓑笠ウチカケテ　竹槍サゲテオイオイト　イキマスワイナ」というさりげない表現の中に、ためらくことなく立ちあがった彼らの勇気と情熱と誇りとを、私たちはよみとるであろう。年寄熊谷又兵衛が「人より先キニ立事ハ無用、ただ人の後より付べし」と子孫に訓戒していたとき、彼らは「十六とや　牢へはいろと首落ちようと　又兵衛さんの仇を取ったなら　ほんもうかいな」と一揆の指導者又兵衛に続くことを期待していたのではなかったか。それらはすべて、闘いをとおして高揚白熱した精神をあらわしていた。

一揆の要求がどの程度に貫徹されたか、その結果について知る史料をもたない。ただ『吉野郡史料』に「百姓大ニ疲弊シ耕作一時ニ困難ヲ来セシモ、後来民ノ訴フルニ従ヒ貢租ノ減税ヲ得」とあるのによって、当面の要求であった例年以上の貢租の増徴は、あるいはこれを撤回させることが出来たのでないかと推測されるにとどまる。ましてや「民ノ訴フルニ従ヒ貢租ノ減税ヲ得」といったような甘いものでなかったことは、その後の勘定目録などに、免下げの事実をみないことによっても明らかである。こうして三年にわたる騒動も手伝って、農村の窮乏がさらに進み、農民の生活が破壊されていった有様は、さきにあげた文政四年（一八二一）西谷村の歎きにつづいて、翌五年、潰人より突出高六三石七斗余、未進銀一三貫七二〇目、借銀一一貫四百目余、「所詮此儘ニ而者一村惣潰之基」と御救米二五石を願出ていることによっても察することができる。そうしてその後もひきつづき「元来困窮必至之者共計リニ御座候ニ付、漸雨露丈を相凌[41]」ぐような生活がつづいていった限り、一揆はむしろ挫折したというべきであろう。

それは、この騒動が、農民の下からの成長にもとづくものであったとはいえ、なおそこに、窮乏した農民が、さらに苛酷化されようとする収奪に対し、いわば衝動的に一時的に団結して立ちあがったという性格を、多分にもっていたことにもよるとおもわれる。それは、この段階における農民の弱さを意味していたし、それだけに支配権力の威嚇と弾圧は、農民を畏怖させるに充分であったといわねばならない。一方では「本望じゃいな」と歌いながら、別にまた「一七トェ　七百人マデ腰縄デ　長イ道中ヲ引カレオウテ　オソロシワイナ」と歌っているのは、農民の心の真実を思わず吐露したものといえないであろうか。弾圧のきびしさは、それ自身封建権力の驚きと憎悪を意味していたが、それによって封建支配がゆらいだわけではなく、封建制度の重圧は、なお強く農民の上にのしかかっていた。生々しい弾圧の記憶と恐怖をのりこえて、再び立ちあがるためには、農民のより以上の成長と、さらに組織化された抵抗が必要であったであろう。しかし、小商品生産者としての農民の新たな成長並びに農村の封鎖性をこえた共通の利害の広汎な発展がみられなかったこと、その限りにおいて農民の新たな団結と抗争は、ここではついに望みうべくもなかったのである。

しかし、農民たちは、それを語ることさえも憚られる世の中で、ともかくも騒動を手毬唄に記念し、闘いの記憶を後代に伝えることだけは忘れなかった。「二十トエ　二十デオサマルコノ歌ハ　ウトウテオクレ守リ子供　タノムワイナ」と結んだとき、そこには彼らの悲願がこめられていたのだし、それを歌うことが、ここの農民に許された精一杯の抵抗でもあったであろう。

注

(1) A辰巳利文・玉崎虚光編『大和民謡集』(紅玉堂、一九二七年)、B昭和初年の謄写刷、及び、C龍門村(現吉野町)西谷、坂口小松さん(一九五二年当時七十一歳)から直接聴取したものによった。歌詞に若干の異同があり、その原型を明らかにしないので、便宜上Aによって記し、BはAと異なる部分を括弧内に示し、Cはそれらと同一のものを除いて片仮名まじり文で別記した。

(2) 吉野町平尾、池国家文書。

(3) 以下特記しない限り、吉野町西谷・柳の各区有文書である。

(4) 宝永三年柳村「口上書」にも「四十余年以来、御高免之御定免ニ被仰付候」とある。

(5) 安政三年柳村「窮状」。文政四年西谷村「歎願状」。

(6) 享保八年西谷村「明細帳」。同年平尾村「明細帳」。享保二年柳村「明細帳」。

（7）元禄十年西谷村「訴状」。

（8）宝永二年柳村「口上書」。

（9）『奈良県吉野郡史料』下（吉野郡役所、一九二三年。復刻版、名著出版、一九七一年）。西谷村「勘定目録」。柳村「勘定目録」。

（10）元禄十一年西谷村「訴状」。

（11）宝永三年柳村「口上書」。

（12）宝永三年柳村「口上書」。享保八年平尾村「明細帳」。

（13）明治六年西谷村「産物表」によれば、材木三〇〇駄、柴割木五〇〇駄、炭一二五駄が販売され、その額は圧倒的に大きい（表4参照）。

（14）吉野町千股、某家文書。

（15）享保二年滝畑村「明細帳」。

（16）文政四年西谷村「訴状」。

（17）寛政二年柳村「願状」。

（18）文政四年西谷村「歎状」。

（19）例えば享保八年西谷村「明細帳」に「百姓持山六十八町八反歩　総村中持主少々御座候」とあり、享保二年柳村「明細帳」には、

一嶽山雑木草山百八十町四反歩　総村持
　御年貢御公儀小物成之内
一百姓持山二百七十五町一反六畝歩　総村中
　但杉少し雑木柴山　持主多少御座候
　御年貢御物成之内

とみえていることによって推定できる（傍点著者）。

（20）正徳二年柳村史料。

（21）享保十五年吉野町志賀松本家文書。

（22）同前史料。

(23)　享保二十一年二月「十五ケ村へ仰渡」（吉野町柳区有文書）。寛文二年「十五ケ村歎状」（同）。
(24)　注(21)に同じ。
(25)　文政二年西谷村史料。
(26)　吉野町柳、熊谷家文書。
(27)　吉野町飯貝、林家文書。
(28)　吉野町西谷区有文書。
(29)　注(9)の『奈良県吉野郡史料』下。
(30)　注(27)の「歳々日並記」。
(31)　注(9)の『吉野郡史料』下。
(32)　注(27)の「歳々日並記」によれば又兵衛・善兵衛・周次というが、周次は源八の誤りであろう。なお『吉野郡史料』では三津村伝二郎とあるが、これも三津村善兵衛ではなかったかと思う。
(33)　注(9)の『吉野郡史料』下。
(34)　注(28)の「差上一札」。
(35)　このとき矢治村のみ不参加であった。『吉野郡史料』によれば、庄屋の門に張られた札を、庄屋の下女が自分のことをからかったものと思ってはがしてしまい、この企てを知らなかったからだといわれているが、真相は明らかでない。
(36)～(39)　注(9)の『吉野郡史料』下。
(40)　注(28)の「差上一札」。
(41)　安政年間西谷村史料。

追記　本稿は安彦勘吾・奥田修三・木村博一・松馬利男の四人の調査にもとづき、安彦と木村が整理し木村がまとめたものである。調査に際しては龍門村役場（一九五二年当時）梶井音次郎・松原宏両氏の御世話になった。記して感謝の意を表したい。

二　慶応二年富雄の一揆について

いままでに知られている奈良県の百姓一揆は、奥田修三が整理報告しているとおりであるが[1]、このたび（一九五四年）生駒郡富雄町（現奈良市）で新しい史料がみつけられたので[2]、紹介しておきたいと思う。近世の富雄町は、郡山藩領と霊山寺領と旗本角南氏の私領とに分かれていた。中村と藤木村が角南氏の知行所で、高一〇〇〇石一斗四升八合であった。一揆は、慶応二年（一八六六）五月二十一日、この中村と藤木村におこったものである。

1　村のようす[3]

まず、その頃村がどんなになっていて、村民の生活がどんな状態にあったかみておこう。幕末の「嘆願状」によると、両村は、あまりめぐまれた土地ではなかったらしい。山勝ちのところが多く、そんな所は用水に不便で、富雄川に沿った平地は平地で、しばしば水害に見舞われ、雨が多いにつけ日照りがつづくにつけ米の出来が悪く、損毛のない年はないと書いている。年貢は六ツ一分取りといい収穫米の六一パーセントが本年貢としてとられ、その外にも何かと掛り物があった[4]。

領主の角南氏は、寛政年間の末から村の有力な百姓を代官にとりたてて村を治めさせていた。天保末年からは、中村の大植利右衛門と藤木村の青井藤兵衛の二人が代官であった。角南氏は中村と藤木村の外に領地がなく、その頃の一般武士たちと同様借金つづきで台所は火の車であった。金に困ると、村に御用金の献納を命じて、一時しのぎをすることしか考えていなかった。安政五年（一八五八）商人からの借金通い帳が四八冊もあり、外にも「通い」にかいていない借金があったという。そのときも御用金の献納を命じているが、百姓出身の代官大植・青井の両氏から「近年千両、九百両と献金したんだから、（角南家の財政は）さぞ余裕があることと思っていたのに、こんなに沢山の借金があるとは、大へん迷惑なことだ」と非難されている有様である。そんなにだらしがなかったので、「百姓身柄」のものを代官にとりたて、彼らの村での支配的な地位を利用して、封建支配を維持するより外なかったともいえる。

大植・青井両氏は、御用金の上納によって代官になり、苗字帯刀を許され、村での実権をいよいよ強めていったばかりでない。同二年には、江戸表に住む角南氏へいちいち伺いを立てずに二人の思惑で村役人を選ぶように、小さな事件であれば二人の心得で咎の軽重を命ずるようにと、行政権・裁判権の一部を与えられてさえいる（このことは、大そう重大なことと思われる）。そうして角南氏は、百姓たちには両人の代官に失敬不作法のないように、代官には村役人や組頭をさん付けにしないで呼び捨てにするように命じているのである。さらに翌年には、代官両人は用人に召抱えられ、角南家の財政がまかされている。こうなると、代官である大植利右衛門と青井藤兵衛の二人は、代々同じ村に住み、同じ百姓の出でありながら、封建権力につながるどころか、封建権力そのものとして外の百姓たちの上に君臨していたといえる。

では彼らから直接支配をうけていた百姓たちは、どんな状態にあっただろうか。既に天保八年（一八三七）、村の百姓は「有徳の者」と「其下の者」という二つの階層に分けて、代官の眼にとらえられている。農民の階層分化はかなり進んでいたと考えねばなるまい。

「有徳の者」とは、飢饉のときにも施米の寄附の出来る余裕があり、従って御用金の求めにも応じて御紋付の盃などをもらっている地主富裕農民であり、村役人やそれにつらなる村落内部の支配層であった。[5]

「其下」の大部分の百姓は、日用・手間取などに出る外、農閑期には糸稼・苧稼・木綿織などに従って、ようやくその生活を支えていたようである。村は天保八年・嘉永三年（一八五〇）・安政三年・万延元年（一八六〇）と大きな飢饉に見舞われているが、こんな時には全くひどかった。天保六年から八年の四月までに、一三人の餓死者を出し、捨子も一三人あったと記録されている。「有徳」の百姓が、「陰気ニ而専倹約」とすませていても、「其下」の百姓は副業の仕事にもあぶれ、かちんだんご・藤の若葉の糖だんご・根竹の実だんごなどでわずかに飢えをしのいだとしても、たちまち「身過しの方便に差詰」らねばならなかった。

施米をうけねば生きてゆけない家が、両村で数十軒もあった（天保のときには五〇軒）。彼らは土地をもたないか、たとえあってもわずかしかもっていない最下層の貧農で、日用・手間取などに収入の道を求めているものが多かったと思われる。彼らは百姓の身分とはいえ、もはや半ばプロレタリア化していたと考えられる。だから米価の高騰は、彼らにとって死活にかかわる重大問題となっていた。後にのべるように、一揆が米騒動のような形をとっているのはこのためと思われる。

幕末における村の状態はおよそこのようなものであった。ところで元治元年（一八六四）御陵御普請及び中宮寺建立のために、山城長池宿の助郷が命じられ、翌慶応元年には長州征討のため東海道坂下宿の助郷もかかってくる。さらに同年十二月になると、二カ年務めてきた長池宿の助郷が定助郷に指定され、しかも今まで村高の半割であったものが皆高に改められることになった。そこで翌二年正月、村で寄合をもち、助郷役の赦免を要求しそれが無理だと少くも日限の猶予だけは承認してもらおうというわけで、代官をおしたてて百姓百人余りが京都に訴えてでる。しかしまず請印を押し、その上で嘆願書を提出せよというわけで、ききいれてもらえない。連年にわたる助郷の負担が、以前にもまして農民を苦しめることになったのは、想像に難くない。その上、代官や村役人から江戸道中奉行へ歎願状を出しているうちに、米価が急激な速度ではねあがってきた。六月にはこの村でも一石銭八五〇目、七月には一貫目になったというから、五月にもかなりの高値をよんでいたであろう。農民大衆、中でも半プロ化しつつある貧農の窮状は、眼にみえるようである。五月二十一日の夜、ついに百姓たちは一揆にたちあがる。

2　一揆のあらまし（6）

慶応二年（一八六六）五月二十一日の夜四ツ半頃のことであった。藤木村砂茶屋のもの二二人、中村砂茶屋のもの七人、これに霊山寺領脇寺村追分のもの一七人、郡山領小和田村追分のもの七人が加わり、合計六十人余り徒党を組み、六尺棒・丸太柱・とび口・鎌・酒樽などをもって、まず中村の米屋兵左衛門宅におしかけていった。門を打破って侵入、蚊帳の釣手をきり建具を打ちこわし、つづいて庄屋小兵衛外百姓一三軒の表戸をたたいて共同闘争をよびかけた。驚いて避難する百姓もあり、村は大騒ぎになる。村役人たちは何とか取鎮めようとするが、きき入れず、代官大植利右衛門宅を襲い、衝立を微塵にくだき、人相がわからないようにと灯を消して打ちこわしを働いた。そうした上で庄屋小兵衛宅に押しかけ、団体交渉に入り、米屋平（兵）左衛門が米一石一貫目にあがるのを見越して米の売惜しみをしていると論難、米五〇石の配給を要求、きき入れられないと実力行使に訴えると迫った。とりあえずというので、小兵衛から米八石、兵左衛門から米七石をかちとることができた。さらに藤木村庄屋惣左衛門宅におしかけ、ここでは惣左衛門・伊兵衛・清右衛門・弥右衛門の四人から米八石を獲得した。みんなで米を分配し、酒屋源兵衛宅で酒をのんで解散、めいめいの家に帰っていった。

事件は、代官、ことに打ちこわしをうけた大植利右衛門にとって、大きな脅威であったに違いない。米価がひきつづき高騰をつづける中で、利右衛門は六月には村内「有徳の者」からであろう、米を買集めて、三〇軒に借米をおこない、七月さらに中村二五軒のものに施米をおこなっているが、これはその動揺ぶりを物語るものであろう。この年は一揆の波が全国的に高まり、幕府倒壊寸前のゆゆしい「御時節柄」、百姓が「不法仕勝ニ相成、村方も闇夜の如く」なることを恐れねばならなかった。封建支配の危機と自己の地位と権力に対する不安が、ひしひしと身に感じられていたことであろう。彼には、一揆が「盗賊に勝る」仕業と思えたし、他領のものが入交っていたことはまた許し難いことにみえた。彼は一方で施米などをしながら、南都奉行所に対しては、一揆参加者の厳罰を願出ている。八月十五日から二十日まで取調べがおこなわれ、他領のものであったため罪が重かったのであろうか、追分の鶴松・千之吉・長蔵の三人が南都で牢屋入り、外は村預けとなって、事件は落着した。

3　一揆の意義

若干気のついたことをかきとどめて、結論にかえたいと思う。

（1）一揆は、打ちこわしをともない、米騒動的な性格をもっていた。このことは、一揆の主体が、半プロ化しつつある貧農層にあり、その直接の原因が、助郷による負担の増大よりも、米価の急騰による貧農層の生活破綻にあったことを意味すると考える。

（2）他領のものが入り込んできていること、そうして代官が「徒党之もの打寄申談之上申合ニ有之候哉、右徒党之者ゟ慥成腰押有之由申立居候儀」と書いているように、一揆はかなり組織的なものであったとおもわれること、さらに「腰押有之」と何か背後勢力のあったことが予想されること――などが注意されよう。

（3）村役人と交渉して、都合二三石の米を獲得していることは、一揆の直後、貧困者への借米・施米をかち得ていることと相まってその意義は高く評価されてよいであろう。

（4）しかしながら、農村支配者層排撃の運動、いわゆる世直し一揆的な動きは大きく現われてはいず、いわば米よこせ的な蜂起に終っている印象が強い。また、代官屋敷を襲い、代官をひどく動揺させているとはいえ、反封建的・反領主的な闘争は、直接表面にあらわれていない。このことは、村落支配者層が、領主権力につながっており、その最高支配者である代官のごときは、ほとんど領主権力そのものと化していたことにもとづくものとおもわれる。従って、堀江英一のいう、[7]幕藩領主―豪農―一般農民という佐幕への道はありえても、尊攘士族―豪農―一般農民という維新への道、いわゆる改革派同盟の成立する社会的基盤が、ここにはまだ生み出されていなかったと考えてよいのではなかろうか。[8]

注

（1）「奈良県百姓一揆年表」（『新しい歴史学』八、一九五四年）。

（2）『富雄町史』編纂執筆中の永島福太郎氏の御好意によるものである。以下の叙述は、主として、天保七年～慶応二年「記録帳」一冊（富雄町大植家文書）によっている。

（3）現地の調査を充分おこなっていないので、正確な分析をしていない。『富雄町史』（一九五四年）にこれを補うものがあろうかと考えるが、さらに詳しい調査のおこなわれることを希望する。

（4）文久元年中村「免状」写。

（5）一般の百姓は疲弊していて、もはや御用金を高割に賦課するようなことはできなかったと思われる。

（6）注（2）の「記録帳」の記載と、それに挿入されていた、代官から南都奉行所へ差出した「願状」の控えによる。前者は事件が落着した八月下旬から九月初めにかかれたもので、後者は取調のおこなわれた八月十五日以前のものである。

（7）堀江英一『明治維新の社会構造』（有斐閣、一九五四年）参照。

（8）このことを論証するためには、在地構造、特に一揆の共同闘争のよびかけに驚いて避難していった、中農層と考えられるものの動向とか、この地方の商品経済発展の様相などの、さらに詳しい分析が必要であろうかと思う。

三　天誅組の変と農民闘争

幕末期における畿内の農民闘争については、近年いくつかの研究成果があげられているのだが、一般にはまだ、いわゆる国訴闘争にのみ眼を奪われて、この地域における村方改革あるいは百姓一揆がもつ反幕闘争としての積極的な意義は、必ずしも十分に顧みられていない傾向がある[1]。かつて堀江英一は、近世の百姓一揆が代表越訴型↓惣百姓一揆型↓世直し一揆型と発展したとし、世直し一揆型については、畿内では天保期に、西日本では幕末期に、東日本では明治十年代に、その段階に達したと想定するところがあった[2]。しかしながら、畿内の百姓一揆が、天保期以降これまでにもまして激化している事実を見落してはならない。もとより百姓一揆の数によってのみ農民闘争の意義を評価するものではないが、尊王倒幕運動の中心地となる長州藩において、百姓一揆がほとんど影をひそめるこの時期に、畿内においてそれが頻発している事実に注目したいと思う。

すでに早く、津田秀夫によって、畿内先進地域農民一揆稀少説がうちやぶられたが[3]、その後これを裏づける一揆の事実がつぎつぎに発掘報告されているのは周知のとおりである。のみならず、天保期以降、「村方改革」といわれる農民闘争が、広範に展開されている事実もまた明らかになってきている。実はこうした農民の日常闘争の結果が、国訴闘争はもとより、慶応二年（一八六六）の大坂周辺の打ちこわしの高揚につながるものであることはいうまでもない。これら畿内地域の農民闘争を無視して、西南雄藩の反幕勢力にのみ視点をおくことは、明治維新の全き理解のためには疎漏のそしりをまぬがれないであろう。

本稿では、天誅組の変に触発されて起った大和五條代官所支配下の農民闘争を紹介し、これまでの研究に新しい事例を追加するとともに、畿内の農民闘争の正当な評価に少しでも接近したいと考える。[4]

1

文久三年（一八六三）八月、いわゆる天誅組の浪士たちによって行われた五條代官所の襲撃とその後におこった戦いと混乱は、大和のとりわけ五條代官所配下の農民にとっては、降ってわいたような思いがけない事件であった。それは当地の農民たちの全く関知しないところで計画され実行に移されたものであって、のちに天誅組に加わった十津川の農民たちも、その大半は吉村寅太郎らの威嚇と欺瞞によってこれにまきこまれたものにすぎない。[5] しかしながら、この事件は大和の農民に深刻な影響をあたえ、これに敏感に反応した農民の間に、三つの注目すべき動きが見られたのである。中でも代官支配の継続を拒否した最後のものは、幕末畿内農民の政治的成長を示すものとして、重要な意義をもつものと思われる。

「従已前ゟ（ママ）色々騒動一揆のことも承り候得共、夫ハ目ニ不覚噂を承ル計、此度の者眼前之事ニ有之候故、誠恐敷次第ニ御座候」というのが、天誅組の暴発を眼の前にした当地の人々の偽らざる感情であった。年貢の半減が布達され、「決而其方等へ迷惑相懸候儀」とは違う故「決而心配いたし間敷安心可致様」懇に仰せられてみても、ただただ「大混雑当惑恐痛」の外なかったことは想像に難くない。しかしながら、この機をとらえて敏感に行動に出たものもなかったわけでない。八月十九日、天誅組の一隊が小堀領下三在村の代官内原庄司宅を襲った時、近辺の農民が「平日の仇報じと申、悦びかへり打毀ち申候」と伝え、中村の農民は「浪士共ニ心を寄セ」庄屋の与市（安政四年、村高三四二石余りのところ、一二六石余りの高持、「村中一軒の大百姓」）を「余人より悪敷様（天誅組）に申込」み、与市から銀十貫目を獲得してその分配にあずかるとともに、与市にかえて二見村年寄元治郎を兼帯庄屋に選び、年寄治右衛門の外に善五郎を年寄役に加えるなど、村政の改革をも実現したのであった。年貢の半減を宣伝するなど農民をだきこもうとする天誅組の方策に便乗して、小農民の日ごろの不満や要求が行動にあらわれたものであるが、とくに中村の場合、その闘争の内容において高いものを含んでいた点で重要である。しかも代官所の襲撃があったわずか二日後のことである。時を移さず行動に出ていることに注目しなければならない。

しかしながら、尊攘派の志士と農民の結びつきは、天誅組の工作にもかかわらず、これ以上に進展しなかった。豪富のものからの献金はあったが、それとても天誅組の難を恐れてのことにすぎない。天誅組に徴発されたものも「乍恐怖無是非被召仕罷在」（傍点著者、以下同じ）といった状態で、苗字帯刀御免、五石二人扶持をもってする加盟の呼びかけに応じるものはほとんどいなかった。それが、天誅組の十津川募兵の理由の一つでもあったわけで、その十津川の農兵にしてからが恐喝と欺瞞なしには動員できなかったのである。農民たちは、かれらの要求を実現する限りにおいてのみ、天誅組に心を寄せたのであった。農民を安易に利用しようとした天誅組の企図は裏切られ、かえって農民に利用されるという一面さえみられたのである。「愚昧」の農民の賢明さを読みとるべきであろうか。中村の与市が、天誅組壊滅直後の「願状」で、浪士引退の上は当然庄屋役がもとにかえされるべきであるのに「浪士より役儀蒙り候者共始村内之者共迄も、浪士ニ帰依致居候哉、今ニ猶いろいろ役人顔ニ而役用差配致居」と歎いているのは、天誅組を利用して村内の地歩をかためた小農民の姿を示すものである。さらに十二月にいたっても、天誅組一件関係の村入用銀を割符したところ「彼是申立、私（与市）方より相凌呉度旨村内之者段々申出候ニ付、筋合申聞候へ共中々頓着不仕理非ヲ聞入不申」といった有様であった。天誅組の騒動を契機に農民層の間に、既存の秩序や支配をそのままには信じない空気がひろがり始めていたことを暗示する。

2

ところで、幕府がもっとも恐れねばならなかったのは、尊攘派と農民の結合であり、「義挙」がそのまま農民の一揆につながっていくことであった。すでに八月二十九日「(天誅組の輩は)全徒党一揆を企候者共に付、取締方厳重ニ大名へ被仰付候事ニ候間、右徒党之者寺社在・町江立入、如何様申あざむきいざない候とも、まよわされ間敷候」という触書が廻されているのは、それを端的に示すものであるし、十月、十津川郷内鎮撫に差向けられた役人が、高取藩に捕虜となっていた五十数人の十津川農兵を無罪赦免し、小農民にたいして寛大な措置をとっているのも、そのあらわれであろう。さらには同じ十月、勘定方と目附方から「此程浪人共企一揆放火乱妨ニ及、村方疲弊可為難儀候ニ付、右御救筋為取調罷越候条得其意、村々宿之難儀厚薄之次第、且村方家数男女小児ニ至迄人別等、巨細取調、早々申立候様、郡中村々江不取敢可相達候事」という布達があり、二十五日勘定奉行の一行が五條に来着、戦禍を受けた宇智・吉野二郡の村々にたいし、合計四千四百両余りの救恤も行なっている。

にもかかわらず十一月五日、代官所のお膝元であり、すでに町場として顕著な発展を示していた[6]五條・須恵・新町三カ村の小前のものが中心になって騒動をおこしたのである。その主謀者の無罪釈放を願い出た翌文久四年正月の「歎状」がほとんど唯一の史料なので、詳しいことはわからないが、事件のあらましは次のようなものであった。五條村の医師井沢宜庵が天誅組に加わって生死の程も不明なので、近隣のものがその無事帰宅を東浄寺鎮守八幡に祈禱しようといって、時刻合図の釣鐘を鳴らしたところ、だんだん大ぜいの人が集り、般若心経読誦の後いただいた神酒に酔って、「誰申となく当秋已来浪士之乱妨ニ逢候後、村内種々混雑ニ而、自と村人足等ニ罷出、銘々稼向渡世筋ヲ失い、此上凌方も成兼候ニ付[7]、村役人方江取続方至(仕)法可難出哉と申談」というようなことになってしまい、「夜に入って最寄他村の者も加わり心得違ヲ以村内所々狂い廻り、不法ケ間敷儀」に及んだというのである。

井沢宣庵の無事帰宅の祈願が、偶発的に騒動に発展したとし、決して「何等願之筋有之徒党ケ間敷申合」でも「遺恨意趣」があってのことでもない、と弁解しているが、無計画に運ばれたものとは信じ難い。宣庵のための祈願というのは一つの口実に過ぎず、それを発端とした一揆であったとみることができる。その上「外村のものも相交り、多人数之義」といわれているように、なかなかの大事件であった。騒動は一夜でおさまったというものの、幕府の恐れていたことがおこったのであり、幕府は主謀者を召捕って村預けにするとともに、他方では「御救米銭等莫大被下置」とあるように、小前の要求にも応えねばならなかったのである。村預けになった五條村の利七以下八人の者が改めて召出され、入牢を命じられたので、村役人と親類・組合惣代から歎願に及ぶことになったわけだが、事は「酒狂之上一時之心得違」によるもので「先非ヲ悔罷在候折柄」のことであり、村役人の取締りの不行届にも責任があるのだから、「此上御吟味之儀者御宥免被成下、御慈悲之御沙汰被成下度」としている。

その「歎状」は「当八月中浪士組のもの五條御陣屋ヲ乱妨及放火候程之時節柄ニ而、其後混雑打続候ニ付、前後之弁別も無之、愚昧貧窮之小前之もの共不斗右次第ニ至リ候儀、□□村役人共ニおいて何共不便歎ケ敷奉存候」と述べ、あたかもこうして騒動のおこるのは時節柄やむを得ないことで、当然無罪釈放されて然るべきではないか、といっているような口吻のみられるのが注意される。そうした自覚があったればこそ、「尚又押而再三奉歎願候」「再応押而取縋り奉御歎願候」ということもできたのであろう。史料を欠いているので、この結末がどうなったか明らかでないが、権力を恐れないばかりか、主張すべきところはあくまでも主張して譲らない、といったところがみられる。人々の政治意識が、天誅組の事件に触発されて、いちじるしく高まったとみてよいであろう。

3

第三の、そしてより重要と考えられる農民の動きは、旧五條代官所支配下四〇五カ村の農民によって展開された、代官支配拒否の抗争であった。文久四年正月二十四日、吉野郡の内三二四カ村、葛上郡の内一五カ村、宇智郡の内二五カ村、宇陀郡の内三六カ村、高市郡の内五カ村、合計四〇五カ村の惣代、迫村の文蔵ら五人の名において、京都守護職松平肥後守役人中宛に提出された「訴状」は、「去亥八月迄鈴木源内様御支配ニ罷在候処、同月乱妨騒動ニ而、其後御支配之義夫是様々御沙汰又者御噂も御座候得共御治定不仕、立毛取入時節ニ至り候而も御毛見も不被下」と述べている。事実、天誅組の挙兵に狼狽した幕府は、五條代官支配のあとをどうするかについて容易に決定を下すことが出来ず、前年の九月二十二日紀州藩徳川氏預りの沙汰があったかと思うと、二十五日頃には高取藩植村氏預りに改め、検見は大津代官石原清一郎が行うということにしたが、その石原は南都に着くや子細があってそのまま引き返してしまうというような始末であった。

さきの「訴状」は右につづけて「何分御支配御治定無之候而者、右村々甚難渋ニ御座候得者」と、とりあえず落着きをとり戻した四七カ村の代表が陣屋に出頭、先年藤堂和泉守預りとなっていた村々は、仁政有難いものがあったので、代官支配のあとは藤堂氏の預りにしてほしい、と幕府の処置に先んじて陳情に及んだことを明らかにしている。大事な検見も忘れているような幕府の動揺ぶりにくらべて、好都合な領主を選びとろうとする農民の態度には、まことに堂々たるものがあったとしなければならない。その陳情中に植村氏の預りに正式に決定、事は一応おさまったかにみえた。

ところが一方、代官所のお膝元にあった五條・須恵・新町の三カ村は、「紀州国境之咽喉首ニ而諸品交易人馬往返等之場所」であり、代官所の存在によっていろいろ恩恵を受けることも多かったらしい。右三カ村の村役人は、おそらく前年文久三年十月下旬から滞留中の幕府の勘定奉行に対してであろうか、御陣屋（代官所）が他に移るようなことになっては、「小前末々迄職業向渡世」を失うにいたるであろうから、「早々当地江御陣屋御普請被成下、御陣屋附御支配所村々御政事向其外御取締」下さるよう願い出たのである。このような動きを察知した五郡四〇五カ村では、十一月「五條村に御陣屋再建之儀郷中一統不帰依」の旨、高取藩役所に訴願、江戸表へ「御伺之上御沙汰共可被為成下」とのことで心待ちにしていたところ、四年正月、中村勘兵衛の代官支配とし、近く郷村を引渡すとの思いがけない仰せ渡しがあった。驚いた農民たちは、正月二十四日急ぎ京都に訴え出ることになったわけである。

四〇五カ村の農民が、なぜ代官支配を拒否したのか。その理由は、(一)寛政七年(一七九五)代官所設置以来、役人共が「貪欲を以贔屓偏頗」の取扱いをなし、難渋の至りである、(二)五條・須恵・新町三カ村の者が代官所役人と馴れ合い、四〇五カ村に難題をかけてはなはだ迷惑している、(三)右三カ村などは「陣屋本」ということで、陣屋の普請料や入用金を免除されている、(四)掛屋どもが年貢上納金など四百貫目余りを取り込む不正を行なっているなど、いずれも「郡々村々困窮彌増至極難渋」のことばかり、「是迄之様ニ而五條御陣屋相続候ハハ、困窮村々歎ケ敷、終ニハ亡村ニ相成可申候」というのである。高取藩植村氏の預りになって以来、百姓撫育の御仁政を喜んでいるのに、何で今さらそれを変える必要があるのか、代官所再建の儀を中止するとともに、掛屋の不正銀四百貫目の吟味をしてほしい、というのが訴願の趣旨であった。

二十六日、ふたたび松平肥後守の家中に、来る二十八日の代官中村勘兵衛への郷村引渡しの中止方を訴えるとともに、高取藩役所にも歎願、昨年十一月何分の沙汰を得るということであったのに、その返事のないままに代官支配となったのはどうしたわけか、その沙汰があるまで郷村の引渡しの延期方取りはからい願い度いとし、翌二十七日には、中村勘兵衛の手代の五條来着で「五郡村々当惑混雑」、惣代全員が帰国に及べば「惑乱ノ基ニ相成候ニ付、最寄替沙汰止之御下知御座候迄帰国難仕」としてさらに松平陣所に陳情、二十九日にはまた、五條にあった勘兵衛の家中と談合「未タ植村様御引渡以前ニ付、願之儀拙者共より何共難取計候間、願度儀有之者高取御役所江可願出、左候ハハ同所より掛合も可有之」との答を得て、郷村引渡しの延期方を中村勘兵衛に掛合ってほしいと、高取藩役所に歎願するところがあった。そうして二月一日代官支配の下知があって、要求貫徹が不可能と知ると方針を変更、二月三日「最寄御大名様江御預り之御儀者」やむを得ないとしても、せめて五條・須恵・新町三カ村以外の土地で「御上様御思召ニ相叶場所」に代官所を設置してほしいと、松平肥後守家中と高取藩役所に改めて陳情に及んだのであった。

ここに展開された五郡四〇五カ村の農民の運動は、いわゆる国訴とみなすべきものであろう。文久四年正月十四日の「訴状」に、「右四百五ケ村之百姓方一同上京仕、当御陣所江罷出」て歎願申し上げ度いところだが、何分多人数のことではあり、かつは困窮の村方で費用の手当もつかないので、「無拠惣代之もの共罷出」と述べている。ここでの村役人層の立場には、かなり微妙なものがあったようである。「訴状」には、「愚昧之百姓共人気荒立、所々江打寄、愁歎仕居候処、村役人共ゟ取鎮兼候」ような状況の中で、「郡々村々小前一統右三ケ村ニ而御引渡奉請候義者不帰依之義、村役人方江申立候、無是非村役人共罷出御願奉申上度候得者」といった言葉がみられる。表現上のあやといったこともあろうから、そのまま文字通り受けとることはできないとしても、さきに述べた中村の場合のように庄屋追放の例もあったことである。右のような事情は多かれ少なかれどこの村にも存在していたと考えられる。村役人たちは、小農民層につきあげられ、村落支配者としての地位をまもるために行動に出たものと解釈できる。そのような関係において、村役人層と小農民層の同盟が成立しており、それが四〇五カ村の統一行動の基盤となっていたといえよう。

それはともかく、農民たちのねばり強い運動にもかかわらず、その要求は貫徹できなかった。代官支配が決定した上、代官所再建の場所も、旧代官所跡は避けられたが、同じ五條村のはずれに選ばれた。農民の戦いもまた、一揆に盛りあがることなく終った。しかしながら、それだからといって事態を軽くみることはできないであろう。四〇五カ村七万千余石の地は、寛政以来代官所を置いて幕府がその支配を強化し、天誅組が討幕の拠点を確立すべくねらった土地である。その天領の農民が、大名預りの仁政を願い幕府の代官支配を拒否しようとしたのであった。正徳の安房の万石騒動が藩主の改易を獲得し、嘉永の南部一揆が、仙台藩にその秕政を訴え「公儀御領に被仰付度、此儀御成兼に候はば、仙台様御領に被成下候様奉願」ったような例がないわけではない。しかし、尊攘志士による最初の武装反乱がおこった文久の時点で、政治情勢の変化に敏感に反応した天領の農民が、代官支配に不帰依を主張して行動に出た事実の中に、事件の重大性を認めねばなるまい。ここでは、庄屋とか特権商人が対象となっているのでなく、封建領主そのものが対象とされ、幕府権力と直接対決していたのである。それだけに、幕府としても一歩も譲れないものがあったとしなければならない。

もちろん、封建制の打倒はまだ意識されてはいなかったし、たかだか領主を選びかえようとしたにすぎなかったかぎり、封建領主制の否定につながるような積極性を欠いてはいた。しかしながら、天誅組の甘い呼びかけには応じようとしなかった農民たちであった。それが天誅組によってひきおこされた権力の動揺をついて、「永々安穏ニ相暮」すことができるようにと、生活の向上のためによりよい領主を選びとろうとして自主的に行動に出たのである。その点に、追いつめられた農民の絶望的な反抗にはみられない積極性を認めるべきであろうし、農民の政治的成長を読みとるべきであろう。だからこそ「殊ニ小前末々迄飽迄難渋不帰依之土地ニ御再陣被為在候共、御政事向ニ御差支相成候儀者御座有間敷哉ニ奉存候」というような、不敵ともみえる表現をとることもできたのではなかったか。農民たちは、さいわい天誅組には同調しなかった。

しかし、政治的に目覚めた農民たちはかれらの利益とあればいつ何時でも自主的に反幕勢力に結びついていくかもしれない。幕府の危惧はその点にあり、当面は尊攘派と農民の同盟をもっとも警戒しなければならなかった。五カ月後におこった禁門の変に際し、五條代官中村勘兵衛が近くの私領赤井善三郎役所に書状をさし向け、「然処当支配而已ニ限らず和州村々之儀者、去秋浪徒乱妨後、人気今以平穏ニ不至、今般之事変ニ乗じ長藩又ハ浮浪士入込徘徊、党を結び候ハハ、荷担之ものも多出来可申哉も難計、懸念致し候間」、取締りを厳しくするように、「万一不行届の節者、不容易事件ニ可至者眼前之儀……実ニ方今之形勢片時も油断難相成場合ニ付……浮浪徒者勿論博徒徘徊いたし候趣承り込候節者、御掛合に不及踏込召捕、若手余り候節者斬捨ニも可致候」といっているのは、幕府権力の危機感を端的に告白するものであった。

すでに幕末大和の農民は、天誅組の挙兵によってもたらされた諸条件を、自己に有利に利用できるほどの成長を示していたが、この武装反乱を契機に、かれらの政治意識が大きく前進したことも否定できない。こうして、第二次長州征討を前に勝海舟が「下民一時之蜂起も難計、人心之離散は日に相見、是は尤可恐」[9]としたような事態のおこりうる条件は、大和の農民の間にもしだいに成熟していったのである。

国訴闘争の背後に日常的な村内民主化闘争のあったことは、すでに明らかにされているところであるが、右にみてきた事例は、村方改革が継起的に国訴に展開していったことを、おぼろげながら示しているといえよう。畿内でも比較的遅れた地域に属する大和五條代官所支配下の農民が、たとえそれが天誅組の変に触発されたものであったにしろ、政治情勢の変化に敏感に反応して立ちあがり、四〇五カ村が連合して幕府権力と直接対決するまでになっているのである。畿内とりわけ大坂周辺の農村において、さまざまの形で農民闘争が激発しているのはむしろ当然といってよい。何らかの動きがあれば、直ちに火のつくような状態になっていたわけで、一見孤立分散的に発生したかに見える畿内の農民闘争も、統一的要求にまとめられるべき共通のものを含んでいたのではなかろうか。慶応二年（一八六六）の大坂の打ちこわしが周辺の農村へ急速に波及する様相を示したのはそのためであり、五月二十一日には大和生駒郡にも及んで、角南領下の藤木・中両村に打ちこわしの勃発をみている有様であった[10]。畿内地域の農民闘争は、長州藩尊攘派のような指導層を欠いていたために、かえって長州とは対照的にその高揚がみられたわけであるが、そのためにまた、農民闘争が組織的な政治運動に展開できないという事情にあった。しかしながら、それが一定の政治運動やあるいはまた統一的な農民戦争に拡大しなかったからといって、この地域の農民闘争の意義を軽く見てはならないであろう。いうまでもなく畿内地域は、幕府の支配にとってきわめて重要な意義をもっていたところである。一村の一揆がたちまち周辺の村々に影響し、ことによっては何百カ村が共同の闘争に立ちあがるという形で展開された。この地域の農民闘争は、幕府の支配を直接脅かし、その権力を衰退に導く役割を果したのである。第二次長州征討の際に展開された、畿内農民の広範な助郷拒否の闘争が、幕軍の戦力を弱体化し、幕府倒壊への途を開いたことを忘れてはなるまい。

注

(1) たとえば、芝原拓自「反幕諸勢力の性格」(岩波講座『日本歴史』一四、一九六二年)。
(2) 堀江英一『明治維新の社会構造』(有斐閣、一九五四年)、九一頁。
(3) 津田秀夫「摂津型地域における百姓一揆の性格」(『歴史評論』二八、一九五一年)。同「封建社会崩壊期における農民闘争の一類型について」(『歴史学研究』一六八、一九五四年)。
(4) 本稿に引用した史料は、五條市の中家文書・紙谷家文書・山県家文書・瀬崎家文書で、そのおもなものは「天誅組関係史料」(『五條市史』上、一九五八年、所収)に収載している。
(5) 原平三「天誅組挙兵始末考」(『史学雑誌』四八―九・一〇、一九三七年)。
(6) 注(4)の『五條市史』上、五〇八～五一七頁。
(7) 五條地方の混乱と難渋の様子については、拙稿「天誅組の変」(注(4)の『五條市史』上)。
(8) 林基『百姓一揆の伝統』(新評論社、一九五五年)、四頁、一五六頁。平野義太郎『ブルジョワ民主主義革命』(日本評論社、一九四八年)、一四八頁。
(9) 原平三・遠山茂樹「江戸時代後期一揆覚書」(『歴史学研究』一二七、一九四七年)。
(10) 拙稿「慶応二年富雄の一揆について」(本書、第二章―二)。

四　「芝村騒動」覚書

1　はじめに

大和三山の一つ耳成山を西に望む静かな村里、葛本（現橿原市）の浄教寺の本堂に、りっぱな厨子に納められた、高さ約一尺ばかりの八角柱の位牌がある。七つの各面には、七人の農民の法名と俗名が刻まれ、残る一面には「于時天明四甲辰孟春造立之　当寺現住釈素然」とみえる。その位牌のかたわらに、「位牌由来記[1]」と題した一文が納まっていて、この位牌のつくられたいきさつを記している。それは「抑位牌之濫觴と申者」と書きはじめ、末尾に「于時文化三丙寅年三月吉辰、藤本重右衛門記之」とあって、その内容はおよそのところこうである。

宝暦三年（一七五三）、当時芝村藩織田丹後守の預り所であった十市郡葛本村など八カ村が貢祖の過重に反対、稲の刈取り拒否を申合わせて京都町奉行所へ箱訴に及んだため、八カ村はもとより十市・式下・葛下三郡の村々から、二百人余りも江戸に召されてきびしい吟味を受けるという前代未聞の騒動となり、宝暦五年八月に判決があって、村では庄屋小左衛門が重追放、年寄平兵衛・嘉兵衛・太兵衛、百姓代嘉平次の四人が中追放、百姓代の弥右衛門と善兵衛はそれぞれ八丈島と三宅島に遠島という大きな犠牲が出た。しかしそのおかげで、申年（宝暦二）九七八石余りの取箇が、酉年（宝暦三）は五百石余、戌・亥・子の三カ年は六百石余、丑年からも七百石余だったし、文化元年（一八〇四）の今でも八二〇石、宝暦二年の取箇とくらべるとなお一二〇石も低い。それはすべて七人の衆の大功によること、その徳を末代迄忘れないために、天明四年（一七八四）に村方からこの位牌をつくり、永代にわたって毎年四月八日にその法事をとり行なうことにした。しかし、法事だけでは後々七人の大功も忘れられてしまう心配があるので、この由来を書き残すものである。

位牌は、宝暦三年の芝村騒動、時に十市騒動とよばれる百姓一揆を記念し、その先頭に立った七人の献身と勇気を永く子孫に伝えようとしたものに外ならない。その法事の日こそ一月遅れの五月八日に改まったが、二百年後の今日（一九六八年）にいたるまでその法要は続けられ、村から供えられた餅米で餅をつき、村中にくばるならわしになっていた（戦後は、餅つきは一臼だけになり、遺族の家にのみくばる）。

その葛本の東南、常盤の里の村社、春日神社の一隅にもまた、芝村騒動の記念碑が残されている。正面「連碑」と刻んだ下に、森村正重・吉川芳国・吉村道重・吉川常安・森永之・西邑清道・飯岡家定の名を記し、裏にはそれぞれの俗名、孫右衛門・藤兵衛・惣助・忠助・彦市・六郎治郎・惣七の名をほって「為此輩建焉」とある。横の面には「此里に功績ある人之ために石碑を……」とあって一首の歌を刻んでいるが、残念ながら読みとることができない。もう一方の面には、「惟時宝暦第拾有三歳在癸未、森義甫、俗名源助」とみえる。

その源助の後裔森源之丞氏の話によると、源助も犠牲者の一人で、追放の刑にあって河内の国分の大庄屋東野勘兵衛方に身を寄せていたが、後に許されて村に戻り、この連碑を建てたのだという。ある年の大晦日に、勘兵衛の好意で秘かに源助が立ち帰ったことがあり、それを祝って騒動のあと慎んでいた餅つきをしたのが始まりで、以来大晦日が森家の餅つき、神社の鏡餅も森家でついて供え、新年の御供として村にくばることになったと伝える。源助が世話になったというので、森家の過去帳には、その先祖とならんで東野勘兵衛の命日（寛政十二年二月十七日）が特記されている。この常盤の村でも、七人の犠牲者の供養のために、三月十五日に連碑祭を営んで今日に及んでいる。子どもらもまいらせて、七人のことを忘れないようにさせてきたのだという。

耳成山の西南、天香久山の北にあたる膳夫（現橿原市）の里にも、この騒動を記念する墓石が残されている。民家の間にはさまれた、一見、寺ともみえないような念仏寺の一隅に、ひっそりとそれが建っている。吟味中に相果てた新六と新七、新島に流罪となった三郎助ら三人の犠牲者のものである。「村のためにお尽しになり、流しものになったり、牢屋につながれなさったかたやそうです。それで八月二十四日に、村が施主になってご回向が営まれています。昔は村から米一升のお供えがございました」――真夏の昼さがり、七十を過ぎた尼僧がつぶやくように語ってくれた。

その膳夫の東、吉備（現桜井市）の里の小高い丘の上の薬師寺にも、一基の墓があって、裏面に、俗名平兵衛・甚治郎・平治郎の名が刻まれ、横の面に「江戸ニ而命終　施主吉備村中」とみえる。俗名の下に「毎年八月十五日□日」とあるとおり、毎年いもの名月の日に供養を行なっているという。村の会所を兼ねたお堂には、明治三十五年（一九〇二）、吉備区から施入された白木の位牌も納まっている。

あるいは他の村々にも、一揆を記念するものが人知れず残されているかもしれないのだが、いまわかっているのはこの四つである。封建支配のもとでは、一揆の犠牲者を弔うこともなおはばかられたにちがいない。しかし人々は、あえてかれらを村の義民としてたたえ、そのたたかいを子孫に伝えてきたのである。それらは、この芝村騒動の歴史的体験が、当時の農民たちにとって、いかに深くかつ激しいものであったかをあらわしている。

初めに紹介した「位牌由来記」をはじめ、この事件に関する若干の記録もまたたいせつに保存されてきた。京都町奉行所への数通の訴状[2]はもちろんのこと、つぎつぎに江戸に呼び出されて取調べを受けた折の吟味の覚書[3]（以下「吟味次第」）や、流罪や追放の厄にあった人々の運命を物語る史料などもいくつか残されている。それらの史料をたどりながら、農民の心に深く刻みこまれてきたこの芝村騒動について、いまわかっている範囲で書きとめて置きたいと思う。

2　騒動の背景

いまから二百十数年の昔、宝暦三年（一七五三）十一月から十二月にかけて、十市・式下・葛下の三郡三十数カ村の天領の農民が立ちあがり、十市郡九カ村を中心に、京都町奉行所にたいし箱訴に名を借りて強訴に及んだ。これが芝村騒動と呼ばれるのは、これらの村々が当時芝村藩の預り地になっていたからである（十市郡の村々が主導的な役割を果したので十市騒動ともいわれる）。そして、そもそもの事の起りは、それらの村々が元文二年〈一七三七〉あるいは寛保二年〈一七四二〉代官支配から芝村藩預りに移されたことにあった。

芝村藩は、織田信長の弟織田有楽斎（源吾長益）の四男長政が、元和元年（一六一五）一万石の領地を与えられて戒重（現桜井市）に陣屋を構えたのに始まる（この時、五男尚長は一万石を譲られて柳本藩の祖となる）。享保十八年（一七三三）七代目の輔宣が家督を相続して藩政の立て直しにつとめるが、その治世中の元文二年、大和・摂津の天領一万三千石余を預けられたのに始まり、その後預り地はふえる一方、寛保二年には五万石余となり、延享三年（一七四六）には八万九千石余の地を預るまでになった。わずか一万石の大名ながら、広大な預り地を託されたことは、藩財政に一定のゆとりをもたらした。長く中絶されていた、戒重から芝村への陣屋替えの工事もにわかに進み（すでに宝永二年〈一七〇五〉に縄張りを完了、移転計画を進める過程で、正徳二年〈一七一二〉岩田村を芝村と改めた）、寛保二年に御殿が完成、延享二年の暮にいたって藩庁の移転を終えることができた。(4)

大和の天領は、この前後芝村藩をはじめ高取藩・藤堂藩の預り地に「最寄替」になるところが多く、一時天領二十万石余のうち、十五万石近くも「御預所」になるが、芝村藩の預り地がとりわけ増大した理由として、年貢の徴収を厳しくし幕府の財政をうるおしたことがあげられよう。寛保元年七月「従将軍家御預り所御用勉励致し御取箇ケ（ママ）も相増候ニ付」ご褒美を賜ったりしている。(5) しかし、幕府のお褒めにあずかるような「勉励」は、ただちに農民の苦痛につながる。京都町奉行所への「訴状」は「私共村々之儀、十七年以前巳年ゟ芝村御預所ニ奉入候以来、御年貢御取箇年々彌増ニ被仰付、長々之過年数を候得者、村々惣百姓必至相潰レ申候」といっている。農民の困窮、村々の難儀は、元文二年芝村藩に預り替えになってから、にわかにその度を加えるようになったのである。その上、芝村藩が、藩政の立て直しと屋敷替えを進めていた時期でもあった。芝村藩庁がその役得をほしいままにしようとしたことは想像に難くない。

しかしながら、芝村騒動には御預り所のすべての村々が立ちあがったわけではなかった。それはどうしてだったのだろうか。

「訴状」はくりかえし「元来私共田地之儀ハ都而至極畝詰リ候所、御取箇格別御高免ニ候得者徳用無之ニ付」と述べている。単に預り替えによる負担の増大だけならば、「何れの御預所様ニ茂御高免ニ被仰付候と及承候」としているように、あるいは耐え忍ぶことができたかもしれない。しかしそこには「畝詰り」の問題がからんでいたために、いっそう苛酷な収奪に追いやられねばならなかったのである。

寛永の昔、郡山藩でのことである。藩主が松平下総守だった時とも、本多内記の時期ともいわれる。高一〇〇石につき三石ずつの夫米を徴収するため、幕府に願い出て、実質一二万石のところ表面上一五万石の高にしてもらったことがあった。村々の高を一様に二割半増しにして総高一五万石に形をととのえ、その分を増高無地ないし無地高と称することにしたのである。それはもともと臨時の措置だったのだが、本多中務の延宝年間、幕府は郡山藩の弁解を無視して二割半増しの村高を公式に本高に組み入れてしまい、その後郡山藩領から天領に移された村々でも、それが公式の村高として引きつがれることになった。(7)たとえば、芝村騒動に関係した二、三の村の例をあげる

表　村高の増加

	元和3年(1617)～5年頃	元禄13年(1700)
葛本村	1211石920	1515石740
常盤村	757　475	946　844
新賀村	514　500	643　125
木原村	422　690	529　238

と表のとおりである（いずれも当時幕府直領。寛永―延宝期に本多氏の郡山藩領であった）。
しかし、二割半の増高分は、実質上の高請地でないわけだから、年貢の割付にあたっては、その無地高分は永荒や風損・干損などとともに差引かれる慣例になっていた。ところが、芝村藩預りになるとともに二割半の無地高は差引かれず、毛付高に加えられることになったのである。たとえば、葛本村の享保三年（一七一八）代官支配当時の「免割目録」と、芝村藩預りになった直後の寛保元年（一七四一）の「免状」をくらべてみると、(8) そのことは明らかである。

享保三年「免割目録」

十市郡
葛本村
一高千五百拾五石七斗四升
　五斗五升九合　郷蔵屋敷引
　拾三石七斗三升三合　永　荒
　三百二石九斗八升　増高無地
　三百壱石六斗四升四合　当戌年旱損荒
残八百九拾六石八斗弐升四合　毛　付
此取四百拾八石八斗壱升七合　高二ツ七分六厘三毛
　毛付四ツ六分七厘
（以下略）

寛保元年「免状」

十市郡
葛本村
一高千五百拾五石七斗四升
内
　拾弐石八斗九升三合　永荒引
　五斗五升九合　郷蔵屋敷引
残而　千五百弐石弐斗八升八合　毛付
此取米六百六拾八石三斗六升八合
　高四ツ四分壱厘内
　毛付四ツ四分四厘九毛
（以下略）

つまり寛保元年の場合、表面上毛付免は享保三年にくらべて二分二厘一毛低いように見えるが、無地高三〇二石九斗八升が毛付高に組みこまれているため、その分だけ取米は増徴になり、実質上の免は五ツ五分七厘余になるはずである。その間の事情を農民たちは、「当御預所ニ奉入候最初ゟ御取箇相増、下地高免下免之筋相捨リ凡一統之御免相を以年々御取箇彌増」に仰付けられているが、古検の外に全く延畝がないわけだから、たとえ「御検見表五ツ免」としても「弐割半増高辻を以被仰付候へハ、其免相延」になると訴えている。かれらが畝詰りの村のため、無地高のない村と同率の免をかけられると、格別の高免になり徳用が全くない、と主張するのはそのことをいっているわけである。

こうして同じ芝村藩の預り地でも、無地高をかかえた畝詰りの村々――かつて郡山藩領だったことのある村々が、とりわけ過重な貢租に苦しんでいたのであった。芝村騒動の背景には、こうした事情が横たわっていた。宝暦三年秋、芝村藩預り三一カ村（延享三年当時）(9)のうち、そうした差別的な悪条件のもとにおかれていた三十数カ村が、ついに立ちあがって「騒動」になったのである。

3　「箱　訴」

芝村藩預りになって以来十数年、農民たちは「格別の高免」に甘んじていたわけではない。農民の訴えに耳を傾けるならば、芝村役所への歎願がくりかえされていたのである。しかし、農民の必死の願いは取りあげられるどころか「却而郷宿ニ御留置被遊亦ハ御過怠被仰付」るありさま、芝村役所にたいする農民の怨嗟は深まるばかりであった。そうして騒動の前年、宝暦二申年（一七五二）の秋には、葛本村の場合、本途物成だけで九五〇石九斗四升二合もかかってきた。毛付高に対して六ツ三分三厘、毛付高から古高つまり無地高を差引いた一一九九石三斗八合に対しては、実に七ツ九分二厘という高率である。百石のところ八、九十石も年貢にとられる勘定だ、という農民の言葉に嘘はない。本途物成は十分一大豆銀納、九分米銀納、このほか高掛三投と口米、および午から戌までの五カ年の年賦返上納金の当年分三貫一八〇日を加えて、その年貢上納金は合計銀五三貫一八七匁一分五厘八毛にも達したが、翌三年の三月にどうにか皆済することができた。[10]とはいえそれは「着類・諸道具等ハ勿論、田畑質入或ハ売代成家をこぼち」あるいはまた「無是非青田米売或者青麦ヲ売候」などして、やっとのことで果されたのであった。そうした苦しいやりくりは、何もこの年に限った事態でなく年々のことである。すでに「手強キ百姓」までも困窮するようになり、このままでは飯料もつきはてて貧富の別なく一統に相つぶれ、村は亡所となるほかはない。だが、芝村役所へ願い出たところで、お咎めを受けるだけで何らの期待ももつことができない。思い余った農民たちは、よりより相談したのであろう、年貢皆済後の五月と七月に、二度にわたって京都町奉行所へ箱訴を試みたらしい。[11]その音沙汰がないまま、その年宝暦三年の秋を迎える。

稲作も木綿作も大へん不作の年だった。それなのにまたまた立毛を無視したおびただしい銀高の年貢がかかってきた。村々から芝村役所へ御用捨を願い出たところ、初め一分四厘、再度歎願の結果つづいて一分半、都合二分九厘迄引いてくれることになった。胸をなでおろしたのもつかの間、追っかけて二分半掛に銀高が改められてしまった。これではほとんどもとどおり、初納分だけでも七公三民に相当し、これまで同様、二納三納しなければならないとすると「作立有たけ指上候共御皆済相成べし」とも思われないほどの高額だったという。窮地に追いこまれた農民たちは、初め引いてやるといったのは「百姓なだめの為」の口実だったかとその背信を憤り、ついに三たび京都町奉行所へ訴願にうって出ることを決意する。

いつどのようにして相談がまとまったかはよくわからない。おそらくは秋十月のことになるだろう。途方にくれた農民たちは、もはや尋常の手段では聞き届けてもらえないと考えたにちがいない。村役人らを中心にひそかに談合を重ね、稲の刈取拒否という新しい戦術をとることになった。芝村役所宛の願書「稲作刈取不申願」を作成、村役人らの連判をとって団結を固めるいっぽう、京都町奉行所宛の訴状も準備された。十月某日の夕暮れ、木原・葛本・常盤・新賀・内膳・石原田・膳夫・吉備・下八釣など十市郡九カ村の農民は、ぞくぞくと天神山（耳成山）につめかけた。訴状の下書は、五、六カ村から持ちよったというが、真偽の程は定かでない。ともかく、木原村の頭庄屋（年預。大庄屋か）太四郎が持参した訴状を採択、内膳村の年寄安兵衛がこれを読みあげ一同これに印形したという(12)。

各村から代表一、二人ずつが選ばれ、一行十数人が上洛したのが十一月一日、神泉苑町の油屋善兵衛方に宿をとり、和州十市郡村々百姓の名において、翌二日奉行所に箱訴状を提出する。箱訴とは称しているものの事実は駈込訴であり(13)、武力衝突をともなわない大衆的な訴願、つまり強訴であった(14)。かれら自身「強訴筋ニも相成候ハ、御咎メ之程も難計《はからい》奉存候得共」と、強訴と受けとられることを十分覚悟していたのである(15)。

十一月二日、(1)最初の訴状「乍恐御箱訴御願奉申上候」を出し、その数日後のことであろう、(2)早く召出して事情を聞いてほしいという窺状を出している。つづいて十二日(3)御箱追訴願、二十一日また(4)追訴願、十二月二日またまた(5)御箱訴訟願、十二月□日には(6)欠込御願、十二日(7)御箱再御訴訟願、そして最後に帰村の(8)御断願と、相ついで八通の訴状を提出した。この間十一月中に、たまたま幕府から見分のあった機をとらえて、江戸御役人様宛にもほぼ同趣旨の(9)願状を差出している。このうち、(1)・(3)・(6)・(7)・(9)が詳しく、縷々窮状を述べて大要つぎのように訴えている。

(一)　用水困難な村が多く（事実たびたび旱損をうけている）、耕作・修理などに格別手間のかかる土地柄であるのに、芝村藩に預り替えになって以来年貢が彌増し、百姓一統極めて困窮、着のみ着のままの状態で、着類・諸道具・田畑を質入れしたり、青田米売りや青麦売りをして、やっと年貢を納めている有様である。

(二)　二割半の無地増高をかかえた畝詰りの村々であることは、調べてもらえばわかることだが、そのため徳用が全くなく、田地を売ろうにも買い手がないくらいである。

(三)　年貢は五公五民というのがすじである、それなのに未・申両年の年貢についていえば、高五〇〇石として、五公五民の場合より一三〇石から一五〇石も高くなっている。

(四)　同じ天領でも藤堂藩預りの村々はゆとりがあって、潰百姓が出たという話は聞いたことがないし、肥料も十分入れるので米もよくとれる。ところが、われわれのところは肥料を入れる余裕もないので、年々殊のほか作り劣りになってきている。下毛の損毛は、百姓だけでなくお上にとっても損のかかることになるのではないか。

(五)　これまで芝村役所へ歎願をくりかえしてきたが、全く聞き入れてくれないばかりか、かえってお咎めをうけた。

(六)　さて当酉年は、木綿も稲毛も不作だったのに、おびただしい上納銀がかかってきた。ご用捨を願ったところ都合二分九厘を引いてくれるという話だったのに、急にまた二分半掛になった。これではもとどおり。はじめに引いてやるといったのも格別の根拠があってのこととは思えない。百姓をなだめるためのたんなる口実に過ぎなかったのではないか。

(七)　こんなことでは、追っかけてまたかけられてくる心配があるので、稲を刈取ってしまうわけにはいかない。百姓としては耐えがたいことだが、稲を刈り取っては百姓の申分が立たないと思うから、地頭表へ押し出して訴訟に及んだわけである。

(八)　芝村藩預りのままでは、村は亡所となるほかはない。どなた様でもよろしいから、どうかお預り替えを仰付けていただきたい。

しかし、三度、四度にわたる訴えも梨のつぶて、一向に取りあげられる気配がない。滞在の費用もかかるいっぽうで、農民たちの間に不安やあせりが深くなる。そのうち霜もおりはじめた。稲毛は生体を失って枯草のようになり、その上、鳥どもも群れ集って食い荒すありさま、このままでは途方を失う外はない。しきりに召出しを訴えるが奉行所の方からは依然として何の音沙汰も得られない。京都へ上ってからすでに五〇日、いったんは帰村するほかはないと、十二月二十一日、なお一縷の希望をいだきながらも、一同帰村の断状を出して空しく引きあげることになった。

九カ村以外の村々の動きについては、はっきりしたことがわからない。式下郡の村々の取調べにあたって、箱訴の願書は田原本村伊右衛門の子玄流が書いたことになっているし、後世のものになるが『大和人物誌』[16]には、葛下郡の中村の庄屋熨斗久兵衛（取調べ中病死）が、近村の里正と語らって京都所司代（京都町奉行所の誤り）に訴え出たとあるから、他の村々でも訴状を準備し、九カ村と行動を共にしたことも推察される。九カ村以外の村々からも多くの犠牲者を出したことからみて、稲刈拒否の闘争に同調した村々は、三十数カ村の大部分に及んだものと考えられる。

4　吟味と落着

農民たちの必死の願いは、こうして全く無視された。かれらへの幕府の解答は、きびしい取調べと弾圧であった（以下、特記しないかぎり「吟味次第」による）。稲刈拒否の手段といい領主替えの要求といい、農民たちの行動は、幕府にとって許すべからざる事態と受けとられたにちがいない。箱訴の挙に出て以来、農民たちが不安と焦燥の日を送っている間に、幕府の方では芝村藩や京都町奉行所と連絡をとりながらその対策を準備していたのであろう。総代たちが村に戻るか戻らないかの十二月二十二日、芝村役所から指紙が届いた。常盤・葛本・新賀・膳夫四カ村の庄屋・年寄・百姓代に、出頭を命じたのである。常盤村から庄屋孫右衛門以下六人[17]、葛本村から庄屋小左衛門以下五人、新賀村から庄屋彦惣以下四人、膳夫村から庄屋三郎助以下四人、一行は二十五日夕方芝村役所に参着、翌二十六日、江戸に護送される。三人の供を加えて都合二二人の農民は、芝村藩の役人・足軽ら一〇人に付添われて故郷をあとにした。そのうちいく人かは、生きて再び故郷の山河を見ることはなかったのである。一行は暗い正月を道中で迎え、途中大雪にあって難儀をしながら、宝暦四年の正月七日に江戸に着いた。いったん町宿へ預けられ、十六日から勘定奉行一色周防守のもとできびしい取調べを受けることになる。

つづいて内膳村安兵衛と新賀村の善兵衛が、付添一人をつれて正月十三日に江戸に着いているが、これは吟味のために召出されたものではなかったらしい。連絡とか見舞のためだったのだろう、「吟味次第」によればその後もしばしば取調べに関係なく江戸に下り、数日後国許へ上っているものの名がみえる。

吟味はまず箱訴に出た理由の詮索にはじまり、一月十九日からは村ごとに一人ずつの取調べ、常盤村の三役らは「我等一切不存候得共、百姓代も京都へ参り不申」と答えたという。二月四日には、四カ村残らず召出しの上、一人ずつ吟味があった。

役人「箱訴之書付等印形を誰致候様ニ申候哉、京都へ訴訟は誰参候哉」
百姓「一切不存、天神山へ参リ印致候」
役人「有体不申候而ハ入牢申付候」
百姓「一切存不申事故難申上」

当時の牢屋は、いまでいえば未決拘置所にあたる。そこがどんなに非人間的な残忍きわまりない場所であったかは、たとえば石井良助の『江戸の刑罰』(18)に詳しい。その上、笞打・石抱・海老責などの牢問が待っていた。入牢させるというのは、この上ないおどしになったはずである。それでも口を割らないため、百姓代八人が入牢を命じられ、庄屋・年寄は過怠手錠の上、宿預となった。翌五日、庄屋・年寄を召出してまたも箱訴の吟味、入牢のおどしにも屈せず「一切不存」とつっぱねるが、十六日には取箇の吟味があって、「大和は木綿や大根のよくとれる大上の国だ。それに芝村役所の取箇に間違いはなく、二割半の増高にも畝歩にも年貢がかかることになっている」ということで、百姓心得違の口書がとられる。この間、入牢した百姓代は苛酷な牢問の責苦にあっていたにちがいない。

「百姓代牢内ニ而責申ニ付」とある。苦痛のあまり思わず洩らしたものもあったのだろうか、膳夫村庄屋三郎助と新賀村庄屋彦惣の二人が、事の次第をよく知っているということになって、入牢を仰付けられている。

その二日前の二月十七日からは、石原田村庄屋忠兵衛・吉備村庄屋彦次郎・下八釣村庄屋藤兵衛・内膳村庄屋宗四郎ら四カ村の村役人一三人の取調べも始まっていた。かれらは、常盤・葛本・新賀・膳夫の百姓ら八人とともに、正月八日大和を出て二十二日に江戸着、宿預となっていたのである。つづいて、二月九日芝村を出立した木原村頭庄屋太四郎・膳夫村治郎兵衛・内膳村宗兵衛ら七人も二十日に江戸に着き、翌日から吟味を受ける。このころには、箱訴状に名を連ねた九カ村が出揃うし、取調べの範囲も村役人層から一般農民にも及ぶようになっていた。翌閏二月五日、参考人として呼ばれていたらしい醍醐村の庄右衛門が、木原村の頭庄屋太四郎がよく知っているはずだと証言、太四郎が入牢となり(19)、同日、葛本・常盤・吉備・石原田四か村の庄屋も入牢ときまった。他方、出牢を認められるものも出てくるが、酷薄無残な牢内の処遇と残忍苛酷な牢問のために、新賀村藤四郎を最初に、入牢中または宿預中に死亡するものが出はじめていた。

閏二月三日には、内膳村年寄安兵衛以下七カ村一四人が芝村を出る。九カ村以外にも取調べの範囲をひろげることになったのであろう、同じ日、下之庄・八条・出合・出垣内・高家・倉橋など六カ村（いずれも十市郡）の村役人ら一七人も芝村をあとにしている。かれらは十二、十五の両日吟味を受け、一部過怠手錠の上、宿預となるが、内膳村の安兵衛は最初の訴状を書いたというので入牢となった。

常盤村の年寄源助(介)は、「吟味次第」の筆者とも想像されるのだが、かれに関する吟味の部分がやや詳しい。閏二月十九日、同じ年寄の藤兵衛・忠助とともに召出される。太四郎が、稲刈を延ばして箱訴をさそいにきたのは常盤村の年寄だ、といったからである。藤兵衛は、病気中で何も知らない、と答え、忠助は太四郎と対決して、木原村へ出かけた覚えはないと抗弁、容疑は源助にかけられる。源助は太四郎との対決を要求するが許されず、入牢させるというおどしにも「参不申事は参り候と難申上候」とつっぱねる。二十一日は源助だけが召出されて、芝村役所へ稲刈り取らぬ願を出そうと誰が言い出したか、連判印形はどこでしたのか、ときつい吟味、一月二十六日の取調べに「古役共刈取不申故、私シ茂残シ置候」と答えた源助だったが、こんどはやや詳しく、大坂へ出かけた留守中に百姓代の六郎次郎が印形を取りにきたというので、六郎次郎をたずねて印形した、と答えさせられる。二十三日早朝三人の年寄がまたまた呼出しを受け（藤兵衛は病気のため不参）、下八釣村の藤兵衛・惣助ともども、刈取のことを有体に申すよう、強要される。源助らはいったん入牢を命じられるが、二十七、二十八両日また吟味があって出牢を許される。およそこんな風な形で取調べが進められるが、農民の口が固く、調べは難航したらしい。三月になると、前年五月、七月の箱訴についても問いただし、そこから事件を解きほぐしていこうと試みたりしている。

常盤村の彦市（彦市郎）がこんどの事件について詳しいということが、どこからか洩れたのであろう。閏二月十三日南都番所に捕えられた彦市が、四月十日、芝村役所の手を経て江戸に護送されてきた（荒井の宿まで手錠）。十二日から吟味が始まり、村々の役人らと対決の上、「刈取不申状」を遣したというかどで入牢を命じられている。きびしく責立てられたためであろう、五月十九日溜牢へ移されてまもなく病死した。かれは主謀者の一人とみなされたのか（主謀者にデッチあげられたふしもないではない）、死後ではあったがのちに死罪にされる。

取調べの範囲は十市郡からさらにひろげられた。彦市の江戸召喚と相前後して、式下郡から大安寺・東井上・南檜垣・北檜垣・遠田・為川・蔵堂・伊与戸・新屋敷など九カ村の村役人ら二九人、葛下郡から曽根・大西・当麻・藤井・亀瀬・王寺・良福寺・大橋・北花内・中など一〇カ村の村役人ら三一人が、江戸に召出されて吟味を受けるが、その後も三郡の村々から召喚されるものが相ついでいる。

しかし、肝心の刈取拒否の問題は、たとえば五月二十五日の木原村関係者の吟味のように、他の八カ村で相談がまとまって刈残していたので当村でも刈らなかったといった調子の供述を得られるだけで、なかなか真相は明らかにできなかったようである。七月下旬ごろ「庄屋共有体不申候ニ付順シ候義同様と被仰渡」、強引にこれまでの口書をとっていったらしい。

いっぽう、常盤村定七のような小百姓まで召出して吟味を進めている。箱訴はご法度の強訴だぞ、とおどしながら尋問するが、定七の口もなかなか固い。

役人「(天神山に) 誰参候様ニ申付候哉」

定七「夥敷御上納銀相掛リ候ニ付、箱訴致候ハヽ、御慈悲有之と奉存候、暮方ゟ参リ定七名前付有所へ印形仕候」

役人「然ハ誰読聞せ申候哉」

定七「誰共不存候、私シ共水呑同様之百姓故何事も不存候」

(内膳村安兵衛読聞せ候哉ニ成候ハヽ)

定七「左様之事ニ可有御座候」

役人「稲作刈残シ置候儀誰申付候哉」

定七「無誰共何方ニモ刈残シ居申ニ付、水呑同前之百姓ニ候得共刈残シ申候」

ざっとこんな調子である。村民たちの団結と連帯のかたかったことが想像される。

八月になって一部のものがお咎めをまぬがれて国元へ帰ることが許されるが、まだまだ吟味が残っているというので、十三日に木原村庄屋源七・八条村与重郎ら一八人、十六日には常盤村年寄源助・膳夫村新七ら一七人が入牢を命じられる (葛本村小左衛門・善兵衛・弥右衛門、内膳村宗四郎、吉備村彦次郎ら十数人は入牢中、六月ごろ御慈悲をもって浅草の溜牢へ移されたとある)。(十)ひきつづきこれら入牢者の取調べも行なわれたであろうし、宿預のものの吟味も行なわれている。十二月下旬、病気の理由をもって二〇人の出牢が認められ、翌五年三月から四月にかけて一一人の出牢が許されるが、その年七月十八日の早朝、指紙があって、そのうち一八人（出牢中病死したものもある）に再び入牢が命令された。おそらくそこで最終的な取調べがあり、宝暦五年八月七日にいたって、ついに仕置が決定、四人に遠島、三二人に追放の刑が申渡された。このほか、死罪となった常盤村彦市のように、すでに病死していたものにも刑の言渡しがあったから、追放となるべきところ病死といったものも含めると、その人数はこれをさらに上まわったと考えねばならない。いま名前の判明するものをあげると、次のとおりである[20]（括弧内はすでに入牢中または宿預中に病死していたものを示す）。

死罪　（常盤村彦市）

遠島　葛本村百姓代善兵衛―三宅島　同百姓代弥右衛門―八丈島　膳夫村庄屋三郎助―新島　八条村年寄与（十）重郎―新島

追放　葛本村庄屋小左衛門　同村年寄平兵衛　同嘉兵衛　（同太兵衛）（同村百姓代嘉平次）　常盤村年寄源助　同村組頭忠助　同村組頭惣（宗）助　石原田村庄屋忠兵衛　同村年寄源兵衛　吉備村庄屋彦次郎　下八釣村庄屋藤兵衛　木原村頭庄屋太四郎　同村庄屋源七　新賀村年寄甚兵衛　内膳村庄屋惣（宗）四郎　八条村庄屋八郎兵衛　同村治右衛門　同村弥次兵衛

このほか判決直前入牢を申付けられたものの名前から察すると、下八釣村年寄惣助・（百姓代新兵衛）、新賀村嘉平次、内膳村伊兵衛、下之庄村源三郎（以上は十市郡）、式下郡遠田村庄屋文五郎・清兵衛、同郡伊与戸村助四郎、葛下郡大西村佐助、同郡良福寺村甚右衛門なども、追放の厄にあったものと察せられる（その役名の明らかでないものも、ほとんどが村役人層であったろう）。

遠島になったものは、田畑・家屋敷・家財とも残らず闕所となった。追放には、重追放・中追放・軽追放の三種があったが、延享二年以後、重・中・軽とも江戸十里四方および犯罪の国を構うだけになって重要な区別が失なわれていた[21]。そのため重追放となった葛本村庄屋小左衛門も大和に近い大坂の知人宅に身を寄せることができた。しかし、その付加刑である闕所の範囲には重軽があり、恩赦についての区別も残っていた。小左衛門は、流罪人同様田畑・家屋敷・家財とも取上げられたが、軽いものは田畑だけ闕所になり、家屋敷・家財には構いがなかった。

江戸に召されて取調べを受けたものは三郡三十数カ村にわたってその数二百人にものぼり、一年八カ月の長期にわたる吟味であった。その滞在費にしてからが大へんな額にのぼったであろう。追放中の小左衛門の家郷への便りによれば、毎日一三二文ずつ宿へ支払い、その他酒代・そんめん・そばなどの飲食費に五分、一匁と出ていき、三百七十日余りの間にかれこれ十両余りの失費になったという（入牢中の差入れなどを含めるともっと多額になったろう）。しかもその間、病を得て相果てたもの三七人[22]、そして最後に四人が流罪、三二人が追放になったのである。農民にとってそれは余りにも大きな犠牲だったといわねばならない。

しかしながら、この強訴によって問題の宝暦三年の年貢は下げられた。葛本村の場合でいえば、納合銀二五貫四百目余り、不作の年だったとはいえ前年度五三貫余りの約半分ですんだ。つづく四年（納合銀三六貫余）から六年にかけても、かなりの手ごころが加えられた[23]。たたかいは無駄ではなかった。だが、三年の暮から四年にかけて、立ち枯れたままの稲は、どのようにして穫入れられたのであろうか、麦の作付もひどく遅れたし、江戸に召された人々の運命を思えば、年貢の引下げも心から喜ぶわけにはいかなかったであろう。農民の愁苦はむしろ深かったにちがいない。その上農民の要求の肝心のところは、「百姓之心得違」としてしりぞけられた。幕府は、芝村藩の取箇に間違なしとこれを支持したし、預替えの要求は完全にこれを無視してしまったのである。「箱訴致候義相咎申事無之」として国元へ帰ることを許した村役人らに対し、末々百姓までよく申聞かすようにと、勘定奉行はこう申渡したという。

尤百姓共困窮仕候と相願候、此義ハ百姓共能キ風俗致候ニ付困窮致候、百姓と申者タダツヅレギレヲ相着し帯等も縄帯を致、昼夜共相働キ精出し申候得者、困窮致候事無之……尤大和国両毛取入其上色々蒔付出来申所、関東表ハ片毛計り取入候得共高免[24]

農民の解放への道は、なおはるかに遠かったとしなければならない。

5　騒動のあと

事件はこうして一応落着した。だが、村々に残された傷あとは大きかった。ただぼろぎれをまとって、「昼夜共働き精出」さねばならない辛苦の生活の中で、箱訴や吟味中のおびただしい失費を埋め合わせねばならなかったし、犠牲者の遺族の救済もないがしろにはできなかった。農民たちにとって事件はまだまだ終わったわけではなかったのである。

吟味中の出費について、葛本村では若干紛議があったらしいが、それらの費用はどの村でも村払いになったという[25]。闕所になった犠牲者の田畑や家屋敷については、没収の上入札に付せられたが、ふつう村で札を落して村方から遺族へ譲り、相続をつづけさせたらしい[26]。そこに、共同体的関係にささえられた連帯をみることができるのだが、そういった費用が、農民にとって予期しない負担となったことはことわるまでもあるまい。

村民のいたわりや親類縁者の援助があったにしろ、残された家族たちの打撃は、経済的にも精神的にも大きくかつ深かったにちがいない。たとえばすでに取調べ中の宝暦四年三月のこと、のちに三宅島に流罪される葛本村善兵衛の子小伝次が、申年の年貢納入を理由に、一町四反一六歩（高二三石二斗一升）の田畑を、銀一貫五〇目で同村安楽寺に質入れしている例もある[27]。その犠牲者の多くは比較的持高の多い村役人層であったにしろ、闕所になった家族の苦難は想像に余るものがあったことだろう。

ところで、珍しいことに処罰を受けた犠牲者の運命を物語る若干の史料が残されている。葛本村庄屋小左衛門・

同村百姓代弥右衛門、八条村年寄与十郎の三人について、そのあとを追ってみたいと思う。

(1) 葛本村庄屋小左衛門の場合

小左衛門には重追放の申渡しがあり、田畑・家屋敷・家財とも闕所になった。時に三十三歳(三十四歳だったともいう)、長子重右衛門(幼名甚兵衛か。のち小左衛門から重右衛門に改名)はまだ十二、三歳ばかりのころだったという。残された家族は、しばらく隣の十市村に居を移し、小左衛門は大坂の知人大坂屋宅に身を寄せ、憂悶の日々を送らねばならなかった。重右衛門が十六歳の時、病身の父の身を案じて江戸に恩赦を願い出て、その孝心を賞でられたと伝えられるが、追放の赦免は出なかった。[28]

小左衛門は、宝暦九年二月三日大病を患って死を覚悟したのであろうか、書置き(遺書)めいた二通の書状を家郷に送っている。[29] 親族にあたるらしい三人(名前不詳)に後事を託した便りは、村用に関する三役の出張費の慣例からいって、こんどの費用も当然村払いとなるべきもので、そうお取計い願いたいが、いまさら紛議がおこるとはまことに心外、赦免になって自分が説明できれば村の衆も合点のゆく話だし、もし自分が死んでしまった場合でも、子どもが成人の上芝村預りもかわっていれば地頭表へ願い出て解決のつく話なのだが、万一の場合自分の入用分については、さいわい自分の田畑は大門樋の水がかりでないから、その費用を村入用分から差引いてもらえば、二、三年で戻るはずなので、三人で内々のことにして悴が成人の後よくよく話をしてやってほしいし、この書面も渡してやってほしいと述べ、借銀や取替銀についての処置を指示し、その世話を依頼したものである。

小左衛門にとっても子どもや家族の行末がやはり一番気がかりだったにちがいない。その切々たる心情は、同じ日付で、その子正富(改名したのか、系図では重右衛門正雄となつている)に「我等存念之程」を申残したもう一通の書状の行間にただよっている。弟幸松の財産その他の処置を指示するとともに、くりかえし家を大切にすべきことを述べ、「手習学問第一ニ候事」とし（ただし、そのため身上の衰えるようなことがあってはならないと注意することを忘れない）、色道は慎み、碁・将棋少々のほか謡ぐらいは習ってもよいが、学問以外の芸はなくても少しも苦しからずと説き、家業第一に精出すべく、父正陳の代に一〇六石（分家のものを差引いて七十石余）の高持となり、自分もそれを守ってきたが、努力次第でお前一代でもとに戻すことができようし、孫ができればこのことをよく申聞かすようにと書いている。そして、これまで自分は村のために難儀をしてきたが、こんど思いがけない難儀にあったから「何事も相進ミ申候事ハ悪敷候、村役等相勤事決而無用」と諭している。それは、かれ小左衛門が身をもって体得した悲しい教訓だったといえるかもしれない。

かれは前者の書信で、「芝さえ替り申候ハヽ」と芝村藩への憤りをかくそうとはしなかった。そして「今一度赦免いたし再会仕万事御礼も申、勿論此度之恥も雪キ可申」と願いながら、ふたたび故郷の山河を見ることなく、三十八歳の生涯を終わった。(30)

（2）葛本村百姓代弥右衛門の場合

かれが八丈島に流罪ときまったのは三十七歳の八月、家には老父母と妻おくめ、それに弟の利助がいた。二年前箱訴にうって出るにあたって弥右衛門は、最悪の事態を覚悟してか弟利助に財産を譲り、利助が妻を迎えた後はおくめを姑とするように処置していったという。(31) 村の苦難を救うために進んで身を犠牲にしようとする、決意の美しさが偲ばれる。結果は予期以上にきびしく、八丈島に流人の境涯を送らねばならなかった。

遠島の後、家郷に送られてきた弥右衛門名の書状が、五通ばかり秋山家に保存されている。弟利助はじめ親類・知人に宛てた最初の便り（宝暦五年九月十九日付）によれば、慣例にしたがって、九月九日いったん三宅島に送られ、翌年三月八丈島に送られたらしい。便りはその三宅島からのものである。一年に一度しか便りが出せないとことわった上、金子五両と木綿一〇疋・米五俵・茶一〇斤の送付方を依頼、跡式のことは申渡しがなかったのでどうなったか心配だが、かねて頼んでおいたとおり、弟利助が世帯をもって自分の妻おくめを姑にし家をついでくれると有難いし、みんなも利助に目をかけてやってほしい、と書き、庄屋に納めるべき銀子のことにふれている。老父の無事を願い「ろうしよふしよ《（老少不定）》之義候ハ、こくらく《（極楽）》浄土ニて御物がたり可仕候間、手前事ハをあん《（御案）》じ被下間敷候」と覚悟の程を示しながら、そのうち赦免の出ることも期待していたのであろう、帰村の上お礼を申述べたいともいい、帰参の願いを出してくれるように頼んでもいる。

ところで数年を経た明和元年（葛本村庄屋・年寄宛）と四年・五年（庄屋・年寄利助宛）の三通は、名前こそ弥右衛門となっているが、筆跡や文体からみて、流人の宿主佐々木喜三郎の筆になったものらしい。元年（一七六四）三月のものには「私見届之儀、嶋着已来一度ならてハ指越呉不申、扨々難儀千万露命相続難致候」、遠国ゆえ難儀とはわかっているが「便りさへ不承候体余り歎敷奉存候」とあって、金子五両の送付を求め、四年のものは、島の窮状を述べて「旧冬ゟ当春ニ罷成候而ハ餓死人余程出来いたし」と書き、米五俵・春麦五俵・木綿十反・味噌小樽四ツ・醤油一樽の送付を依頼、五年には金子五両ほど合力のお救いを願いたいと述べている。それらは、たとえば五年の書状に「毎度歎ハ敷儀申候得ハ気之毒ニ奉存候得共」とか「拙者儀も段々年罷寄、前々之様ニ野働等も成兼、渡世仕方殊之外困窮致し候ニ付如此御座候」とあるように、いかにも弥右衛門の本心を伝えたような調子で書かれている。しかし、どこまで真実を正確に伝えたものかについては、疑がないわけではない。国元から送られる金子や物資は、途中で役人らに横取りされることもあったし、島に届いたものも、宿主の懐をうるおすことが多かったであろう。悪く解釈するとこの三通には、宿主佐々木某が自らの役得の目あてもあって書き送ったふしもみられるが、かりに国元でそのことがわかったとしても、弥右衛門の身を案じて応分の見届、つまり差入れをやめるわけにはいかなかったであろう。

弥右衛門の自筆と思われるもう一通は、同二年五月二十五日付で、弟利助と喜右衛門宛に送られたものである。いく分たどたどしい筆致でこう書かれている――

前年の三月と七月の便りが、この四月に同時に届いた。父教真・母妙玄・宮森おさんが死去、その上妻のおくめも死んだことを知った。「帰参いたしゆるゆる皆々にゆき相《会》申さんと存しニさんねん《残念》成事私等か身上《心情カ》すいりよ《推量》」いただきたい。この島の流人で帰参のかなうものは一〇年のうち三人ぐらいのものだから「其元始、一家中ニもゆき相《会》申事心元なく存候、一日もいのちながらへ皆々に相《会》可申と存居候」。こんど村役人から送ってくれた金子一両二貫が届いて有難かったが、この島では金子壱□に米八升、壱両ニハ三斗二升しか売らないので、江戸によい宿があれば米や麦で送ってもらえまいか、高野山からの書状や午春の見届けの品は着いていないが、これは内証で送ってくれたためと思われるので、今後は内証で送ることはご無用に願いたい、こんども「ひらき状ニて金子・古き木綿ねかい申候」また「私等も事ニ付なんき仕候、帰参之事ながき事ニ御座候ゆへ、御せハ《世話》ながら当嶋へ御趣可被下候」。自分も島で子どもが二人できたが、利助も男女四人の子どもがあると聞いて嬉しい。子どもを大切にしてしっかり家を相続してほしい、子どもがなくてはと案じていたが、田中村の喜平治様や村方の嘉七様など皆々様（十七人連記）が、利助の嫁を世話してくれて忝ない、此上とも「村方一家中様御せわたのみ入候」。故郷のことは「一日もわするる日とても御座なく、ゆめにみぬよ《夜》とてもなく、なみたお《を》こぼさぬ日とて御座なく候」。自分は島で奉公人同様に暮らしているわけなので、どうか遠島中は「御みとと《見届》け被成、なにとぞ命つなき申上候用ニたのみ入候……申上度事山々御座候へとも、なみた二筆もまわりかねあらあら申上候」

国元では弥右衛門の赦免のための努力がつづけられていた。もともと流罪にも追放にも刑期はなかったが、幕府や朝廷の慶事や法事には恩赦がある例になっていた。宝暦八年（一七五八）八月の赦免願をはじめ、同十年の関東御祝儀、翌十一年の将軍宣下の祝儀に際し、あるいは弟の利助単独で、あるいは三宅島に流罪となった善兵衛の親族と連名で、また時には追放中の平兵衛・嘉兵衛の親族ともども、くりかえし芝村役所ないし南都番所宛に赦免願が出され、明和三年（一七六六）八月、関東御祝儀に際し利助から差出された願いも残されている。[32]

しかしながら、弥右衛門は生きてふたたび故郷の土をふむことができなかった。同六年八月付、宿主佐々木喜三郎から利助宛の書状によると、弥右衛門は五月末から病気にかかり、七月十七日ついに世を去ったという。その遺言にしたがって、死後に届いた金子一両は然るべく取りはからわせてもらったが、葬送は入念に営み、島の宗福寺に葬ったとある。時に五十一歳、十四年にわたる流人生活であった。かれが一縷の望みをつないでいた赦免のことは、寛政元年（一七八九）二月にいたってようやく達せられた。[33] だが、弥右衛門の死後すでに二〇年もの歳月が流れていた。[34]

（3）　八条村年寄与十郎の場合

与十郎のことは、かれの子庄右衛門の孝心を顕彰した「孝子山口庄右衛門行状聞書[35]」に詳しい。かれは、膳夫村庄屋三郎助とともに新島に流罪となった。時に与十郎五十歳、故郷八条村には、七十歳の母のほか、庄右衛門（二十二歳）・清右衛門（十七歳）・平兵衛（十歳）・妹つい（六歳）の四人の子どもがいた。妻きんはすでに病死、惣領娘のさよは他所へ縁付いていたという。「老年の母并に子供等もこれあり候身にて数百里遠き島へ流され候、与十郎が心底いかばかり悲しかるべし、元来わが犯せし罪にあらねば、母子の別れ恩愛のかなしみわきておもひやるべし、其上古郷へも帰されず、江戸よりすぐに島へ遣されける、母にも子にもいとま乞もかなはず、とても命の内に逢みん事は難し、あはれなりし事とかや」と書かれている。

闕所になった田畑・家屋敷は、八条村で礼をおとし、村方から庄右衛門に譲られたので、細々ながら相続の道はついた。庄右衛門兄弟は、父の身を案じながら農業に励んだが、宝暦七年祖母が死去、程なく弟清右衛門は養子にゆき庄右衛門も妻を迎える。そのうち、父与十郎から眼病を患ったという便りがきたので、庄右衛門は新島に渡って父の介抱をしたいと再三芝村役所へ願い出るがお許しがなく、明和二年（一七六五）、家康百五十回忌の法事の赦には、江戸まで下って恩赦を乞うがこれまた空しかった。

当時新島は家数三百軒余り、柴や魚を売って米麦を買っていたが、船便がとだえたりすると、野老《ところ》や葛の根を食べて飢をしのがねばならないような荒島、近ごろようやく甘藷を作るようになったところだった。流人の家は百軒ばかり、小屋同然のわら屋（九尺に四間という）が一軒ずつ与えられていた。与十郎と三郎助の二人は、島に流されてまもなく、さつまいもの新しい作り方なども教えて喜ばれたという。

二、三年与十郎から便りがなくて心配していたところへ、明和二年の大赦で罪を許された遠州芝田村の権八が、西国巡礼の途次、八条村に立寄って与十郎の消息を伝えてくれた。与十郎は、立花なども試みて島の人々から隠居といって敬愛されていたが、兄弟同様に励ましあってきた三郎助が、近ごろ「賊難にて横死」したので大いに力を落し、その上眼病が重くなって失明、酒商売も思うにまかせず、島の人々の情にすがってわずかに飢寒をしのいでいるという。これを聞いた庄右衛門は、こんどの大遠忌にも赦免が許されなかった以上は、もはや恩赦の機会はないものと考え、盲目の父を介抱すべく新島に渡ることを決意、村役人と相談の上、同五年十一月、芝村役所へ願い出る。お許しがあれば、田畑高三十石余は八条村の村預とし、居宅は立詰置、村中より心添、妻わさ二十七歳と末子藤吉二歳は親里へ、惣領太吉八歳は姉のさよに、二男豊三郎五歳は弟の清右衛門にそれぞれ預ってもらい、弟の平兵衛と妹のついは大坂へ奉公に出て給金を前借、庄右衛門の路用にあてるというのである。

翌六年二月願いのとおりお許しが出た。庄右衛門は二月二十一日八条村を出発、三月十一日に江戸の織田丹後守の屋敷に到着する。八条村から金子一両、他の十市郡一七カ村から金子一両、その他親類縁者から餞別をもらったという。三月十六日、勘定奉行安藤弾正の調べがあり、貯えがなくてどうして親を養育するのかと聞かれ、「(いかなる荒島にても)土さへ御座候はば、親子の者たべ候ほどの食分は作り出し可申」と答えたという。それは、土に生きる農民の根強い生命力をみごとにあらわした言葉であった。そのさわやかな心意気に感じたのであろう、勘定奉行も「甚だ御感」、願いの通り聞済があった。勘定奉行をはじめ、織田丹後守や新島代官江川太郎左衛門などからも餞別が送られ、織田氏の芝村藩藩邸出入りの町人からも寄金がよせられたという。

三月二十一日江戸出船、二十三日浦賀に立ちより、二十七日朝新島に着くことができた。

十五年の間見参らせざりけるに、かくも面影のかわり給ひけるよと、或は歎き又存命のうれしく、只涙にぞむせびける、父は思いよらざる事といい、盲目なればわが子の顔だに見へもせで、いかにして爰へ庄右衛門が来るものぞとうたがいながらも、声を考へ手などとりて漸にがてんし、地獄に仏に逢ひたるは、かやうのものならんと悦ぶ事限りなし、十五年のうき物がたり、問つとはれつ只なみだに咄もとぎれ申候

その対面の模様は、こう記されている。庄右衛門は、寝食を忘れて父与十郎の介抱にあたるとともに、くりかえし父の赦免を願い出ることを忘れなかった。その孝養ぶりはもとより、島の農業にも功績があったというので、島の役人からも口添えがあったという、日光御社参の赦によって、安永七年(一七七八)十月二十一日、ついに待望の赦免状が出ることになった。

十一月七日、いよいよ新島出帆、十八日江戸着、二十日勘定奉行から帰国の許しが仰渡された。その孝心を賞で、料理と白銀一枚を賜ったという。織田の殿様やその家中からもいろいろの拝領品をいただいて、十二月二日江戸をあとにし、十二日生れ故郷の八条村に帰り着くことができた。与十郎にとっては実に二十四年ぶり、庄右衛門にとっても十年ぶりにふむ故郷の土であった。そして明くる八年の正月は「親子・兄弟・嫁・孫打揃ひ、久々にて一入目出たき正月」を祝ったとある。

後年『大和人物誌』は、このことにふれて「親しきは更なり、里長を始め見るもの聞くもの、其無事を歓びてその至孝を歎称せざるはなかりけり、此の事遠近に聞えて一時かまびすしきまで言ひはやしたりきぞ」と記している。「庄右衛門行状聞書」はそうした背景の中で生まれたのであろう。「右伝へのまま書付侍れば、書写の相違なきにしもあらず、されど文にかかわらず心をとりて心の師となし給ふべし」と結んでいる。しかし、それがいつどこで誰によって書かれたものか、いまのところ明らかでない。

――こうして三人三様にその苦難に満ちた生涯を終わったのである。

この三人はもとより、強訴の犠牲となった人々が、かれら自身のたたかいをどう考えていたか今は知るよしもない。ただ「庄右衛門行状聞書」が、一揆をたたかった農民の心からはるかに遠いものであったことだけは、ことわって置かねばならない。庄右衛門の孝順に焦点をあてて書かれたためとはいえ、芝村騒動については「お願の致かた悪しく」と片付け、与十郎の赦免を「重々御上の御高恩」と説き、庄右衛門に「兄は孝行な人じゃの、親は手がらな人じゃのと、思ひ申まじく候、これは皆御上の御慈悲ゆへなり」といわせている。芝村騒動をたたかった与十郎らの「手がら」を、庄右衛門の孝行はもとより、お上の高恩、お上の慈悲にすりかえようとしている。それは、江戸に帰着した与十郎父子に拝領の品を与えてその「慈悲」をあらわした、幕藩領主の姿勢を反映したものといってよい。支配者は、与十郎の赦免を最大限に利用して、その慈悲と善政を農民に印象づけ、騒動と弾圧の記憶を忘れさせようと意図したのではなかったか。だから、後年大正デモクラシーの風潮の中で磯辺弥一郎は、庄右衛門が、将軍家のご褒美がなかったのかという問に答えて「大公儀様の御褒美は、親へは科を御免下され、私へは願ひの通り親を下され候、此上なき御褒美頂戴致し候、此外に何かあるべきや」といったという一節を引用して、「此一言今日より考ふれば、如何にも奇怪千万に聞ゆる、衆民の艱苦を救はんために罪を得て遠島に流され、大赦にも洩れ、俊寛僧都の悲を嘗めたる義人を二十四年間も苦めたる幕府の処置が何とて有りがたいぞ、それを有りがたいと思うのが専制政治に毒されたる一般の民心であった、徳川幕府が斯くまで民心を卑屈ならしめたかと思ふと腹が立ってならぬ」と書いたのであった。(36)

しかし、かりにそれが「一般の民心」であったとしても、一揆をたたかった農民の心は別のところにあった。すでに宝暦十三年（一七六三）、追放を許された常盤村の源助は村の犠牲者のために「連碑」をたててこれを顕彰することを忘れなかったし、与十郎の帰参がかなってから六年後の天明四年（一七八四）、葛本村の農民は、犠牲者の位牌をつくってその霊を慰め、父祖の「恩徳」を後世に伝えようとしたのであった。そうして箱訴状や「吟味次第」が騒動に関係した村々でひそかに写し伝えられていたかにみえる。

式下郡の檜垣村（現天理市）にも、十市郡九カ村の訴状を写した「御箱訴九ケ邑御願書写」(37)が残されている。判決の申渡しがあった直後の宝暦五年九月六日に写された訴状を、安政三年（一八五六）神無月に式田喜兵衛がさらに写しとったものである。そのうしろの部分に、騒動の後、程なく何びとかによって作られたものであろうか、芝村騒動に関する戯言めいた記事が書きとめられている。戯言というには、余りにも辛辣かつ深刻なものが含まれている。若干摘記してみよう。

それは「権威振舞御料理献立」から始まるが、この料理の中味がなかなかふるっている。たとえば、

平盛　奉行役鯛
　　　世話を焼くり
　　　百姓うらみねふか

焼物　大とり箇
　　　大くはどふ
　　　せうか

さしミ　百姓免ん鯉
　　　　道中年越シ玉子

汁　御預り上鯛
　　何角かへり水菜
　　芝村つぶし
　　いたけ

御酒　百姓伊丹諸白

初肴　稲からすみ

二　肴　かます百姓　　三　肴　掟（錠カ）手くらけ　　御菓子　百姓みのを着物シ
むしりどり　　　　　　　　　　　　　　　　　　　　　ゆきせんべい

ざっとこんな調子である。

次は「此度十市郡百姓毎年困窮ニ付、芝村興行仕候狂言之儀ハ、仮名手本忠臣蔵江やつし」とあって、

新　板　　さなき谷おもきが上の小夜衣十市郡年越の旅立

御蔵百姓第七段続

百姓のおもひハ多年の冬ごもり今をに言へと願の花咲御江戸の役所

第一　松餝のなひ正月の段

附たり　秋の田のかりほの稲ハ野中の年越芝村のちりは百姓のおもひ草ゟつもり

十市郡田の中

という風にして、第二　芝村八方破連の段、第三　御領困窮の段、第四　きおふ侍の段、第五　御江戸発足の段とつづき、「第六、第七段ハ来ル二月中旬ニ出シ御覧ニ入申候（中略）年々狂言不当リ仕候、依之此度作者殊之外骨を折御覧ニ入申候」と結んで、狂言作者は、「高持百助、畝高千町」となっている。

そして次には「開帳」という見出しで、「於畝高山之高免寺ニ本尊並ニ宝物等合拝候」とあって、その名を書いているのだが、それがなかなかの傑作なのである。若干列記してみると次のとおりである。

一本尊　御蔵百姓涙如来

御脇立

右ニ立セ給ふハ近年難儀ニあいせん明王

左ニ立セ給ふハ此度一統ニ御江戸願ひを勢至菩薩

一秋の田からぬ百姓当寺第一宝物
一苅田評定庄屋年寄世話を薬師如来　小百姓難儀の作
一理非聞訳ぬえんま王ハせぶりとり仏師の作
一借銭織田からはこにねはんぞうとろぼ（泥棒）大師の御作
一東のはし立セ給ふハ五公五民慈悲の阿弥陀如来国を守りの御仏　能々信をとりて御願ひ可有之候
　右当寺於門前ニ公儀之事を白かひ（伺カ）和尚の御弟子くうやくわずの上人難儀の御とき罷成候

うまく言葉をかけて、芝村藩にたいする農民の憤りを吐露しているように思われる。騒動の原因が、五公五民を守らぬ芝村藩の「理非聞訳ぬ」泥棒にもひとしい「むしりどり」、畝高（畝詰りのことをいったのだろう）の高免にあったことを指摘し、「秋の田からぬ百姓当寺第一宝物」として、正義がかれら農民の側にあったことを主張している。芝村騒動をたたかった農民の本心は、ここに余すところなく表白されているといってよい。そして「右之扣成願事ハ何レ之村ニ而も御無用ニ可被成候、皆々百姓方之まけ（負）に成申候、能々御勘弁可有之候事ニ候」と結んでいるだけに、いっそう深くかれらの真情を読みとることができるであろう。

6　芝村騒動の意義

すでにみたように、芝村騒動の中心になったのは、十市郡の常盤村・葛本村以下九カ村の農民であり、無地高をかかえていた芝村藩預りの他の村々が、これに同調したのであった。九カ村にならって、他の村からも箱訴にうって出たことは十分予想されるのだが、いまのところ確かなことはわからない。しかし、少くともその呼びかけに応じて稲刈拒否の手段をとった村々は、九カ村以外にもかなりの数にのぼったことはまちがいないことであろう。だからこそ吟味の範囲が三十数カ村に及び、九カ村以外からも罪に問われるものを出したのである。

刈取拒否の闘争手段は、領主の痛いところをついたものだけに、幕府にとって全く許し難いことであった。かの「庄右衛門行状聞書」も「父が流罪も、田を刈入れ秋を納て、其上困窮の御願申上べきを」と領主の論理にたちながら「実の入し田に鎌をも入れずして置しが御咎の第一なり」としている。したがって吟味の眼目も、誰が一体そのような手段を考え出し、共同のたたかいに組織したかに置かれたのであった。稲刈拒否という画期的な闘争手段がとられたところに、この芝村騒動の第一の意義があったとしなければならない。

また、芝村藩の預り替えを要求したところにも、この騒動の政治的な高さを認めねばならないであろう。たんに年貢の減免を求めるだけではなく、その論理的な帰結として、領主替えの要求をかかげたのである。支配者にとって、それは許すべからざる危険思想であった。すでに正徳二年（一七一二）の安房の万石騒動の場合のように、悪徳役人の処断を要求し藩主の改易をかちとったたたかいがあった。しかしそれは私領でのこと、幕府にとっては気が軽かったし、改易を命じることによってかえって幕府の威信を示すこともできた。だが、こんどは天領でのことであり、農民たちは、その要求の目標を預り替えに置いていたのである。幕府としては一歩も譲れないところであった。だからこそ吟味にあたった勘定奉行が、芝村藩の取箇の法を全面的に支持し、農民の訴える不公平の事実を無視して、二割半の増高無地のことはすでに了承済のことだ、と強弁しなければならなかったのである。

たしかにこの芝村騒動は、この時期各地でみられたような、武力闘争をともなう大蜂起にくらべると、きわめて小規模なたたかいだったというべきかもしれない。しかしながら、稲刈拒否の手段といい、領主替えの要求といい、質的には注目すべき内容を含んでいたとしなければならない。それだけに幕府の目には、「上を恨み」「公儀を嘲る」容易ならざる反逆とうつったのである。幕府が、苛酷な弾圧をもって臨んだのはそのためであった。

当時、この地方はたとえば寛保四年（一七四四）の新賀村の「明細帳」[38]に、「田方拾町歩之内、五町歩程木綿作、五町程稲作、畑方壱町之内、四反歩程木綿作、六反歩程雑毛」とあり、下八釣村の延享元年（一七四四）の「明細帳」に「田木綿作り三分木綿四分半田五分半」とあるように、綿作がいちじるしく発展していたところだったし、裏作には菜種づくりが普及していた。また男の莚・縄・俵つくり、女のもめん糸・苧・木綿織稼が、耕作の間の副業としてさかんにおこなわれ[39]、大和でも商品経済の進んでいた地帯であった。それに年貢は早くから銀納になっており、とりわけ九カ村は、中世以来の商業都市今井や、街道町・市場町として発展しつつあった八木にも近かった。その訴状に「纔之日当を以露命ヲ継キ候者御座候」とあったように、雑業にしたがう機会も多かったにちがいない。その上、時には青田米売・青麦売なども行なわれたらしい。農民たちは、かなり深く商品経済にはまりこんでおり、もはや自給自足の小農経営にとじこめられたかつてのような農民ではなかった。かれらはひたすらに小商品生産者への道を歩み、孤立分散の生活からぬけ出してそのつながりを深めていたのである[40]。

　この芝村騒動が、村役人層の指導のもとに行なわれたことは、その処罰を受けたものが、庄屋・年寄・百姓代に集中していることからも察せられる。農民が意識していたとおり、「刈田評定庄屋年寄世話を薬師如来」だったのである。しかしながらその背後には、小商品生産者としての農民大衆の広汎な支持があった。それなしには、稲刈拒否の幅広い共同戦線をはることはできなかったはずである。騒動の主体は小商品生産者としての農民大衆であり、その必死の要求にはげまされて、村役人層がたたかいを決意したとみるべきであろう。

　もちろん商品経済の発展にともなって農民層の分解も進んでいた。葛本村の庄屋小左衛門は一〇〇石をこえる大高持であり、百姓代弥右衛門の高は数十石、八条村年寄与十郎は三十石余の高を所持していた。ほぼ当時のものと思われる「心覚」[41]には、葛本村の戸数一二五軒のうち、五三軒本家、七二軒は「隠居並無高・借地・除地」とあるし、寛保四年新賀村でも、家数五七軒のところ、四二軒本家、一五軒水呑とある[42]。大村である葛本村（本村のほか見門・新屋舗・粟塚の垣内からなる）の特殊な例と思われるが、元文年間庄屋不帰依の運動があったことが知られる[43]し、他の村でも上下の間に一定の矛盾が芽ばえていたことが予想される。しかしまだまだ村落の共同体的秩序は生きており、事が「強キ弱キ之段無之」百姓一統の問題であった以上、村役人層と惣百姓は強い連帯の中にあったといわなければならない。きびしい吟味に屈せず小農民定七が「私シ共水呑同様之百姓故何事も不存候」とくりかえし、口を割ろうとしなかったところにも、その連帯の強さをうかがうことができよう。その苦難を救うために村役人らは、村落共同体の指導者として村のために立ちあがったのであり、すでにその財産を弟に譲る措置を講じて箱訴にうって出た弥右衛門のように、身を村民に捧げる決意の美しさもみられたのであった。そのような連帯感の中でこそ、騒動の犠牲者たちが「村の義民」としての像を村民の心に刻むことになったのである。

この芝村騒動を画期として、大和における百姓一揆・打ちこわしは、にわかに多くなる。一七五〇年まで八件、それ以後三二件（ただし、いわゆる村方騒動や、たんに不隠といったものまで加えると四十数件、天明七年や文政六年の打ちこわしのような場合、町や村ごとに一件として数えるともっと多くなる）、ほぼこのころから幕藩体制が解体期に入るのだから当然のなりゆきだとしても、この芝村騒動が稲作拒否という画期的な闘争手段をとり、領主替えというすぐれて政治的な要求をかかげた点において、天領・私領を問わず、大和の農民の意識に大きな影響を与えたことは否定できない。それから十数年後、同じ十市郡の神保氏領で、畝傍・善明寺など九カ村の強訴がおこり、ほぼ時を同じくして芝村藩でも、百姓二、三千人による強訴がおこっている。(44)そして安永二年（一七七三）から五年にかけて、綿繰屋・綿仲買の在株仲間の結成に反対、産綿販売の自由を要求して展開される大和一三郡惣百姓の国訴闘争に、芝村騒動に関係した村々も積極的な役割を演じたことが知られる。(45)そして、さらには、幕末の嘉永三年（一八五〇）、平群郡の天領三二カ村の農民は、まさに稲刈拒否の手段に出て安石代をかちとるし、(46)天誅組の変のあと、旧五條代官所支配下の吉野・葛上・宇智・宇陀・高市の五郡四〇五カ村の農民は、代官支配に不帰依を唱えて藤堂藩預りを要望、臨時の措置としてとられた高取藩預りを、そのまま続けることを要求して果敢な訴訟闘争をくりひろげるのである。(47)芝村騒動のたたかいの伝統は、大和の農民の間に生きつづけていたといわねばならない。

注

(1)「位牌由来記」の原文は藤本家に保存されている。これには追文があって「右之通相認メ浄教寺ニ有之候位牌之内江壱通相納置、又写壱通ツツ新屋敷（葛本村の小字）嘉助・利助江相渡置候もの也」とある。筆者の重右衛門は重追放になった庄屋小左衛門の子。利助は八丈島流罪の弥右衛門の弟。利助に渡された写は現在秋山家に保存されているが、嘉助に渡された分はわからない。

(2) 訴状は江戸役人宛のものを含めて全部で九通。その写は、下八釣区有文書の「宝暦三酉年十一月より之書付和州十市郡村々今度御箱訴訟扣」にまとめられている。また、その大部分は秋山家文書の「宝暦三酉年十一月今度御箱訴訟書留帳」にもあり、檜垣村式田家文書の「宝暦酉歳御箱訴九ケ邑御願書写」にも三通納められている。

(3) 現在みつかっている写本は三種ある。「江戸御勘定御奉行所様　和州（十市郡・式下郡・葛下郡）村々御吟味之次第」（常盤森家文書）、「宝暦三年ヨリ同五年ニ到ル十市郡・式下郡・葛下郡之江戸下り登り吟味覚」（秋山家文書）、「江戸御勘定御奉行様　和州（同前）江戸下り登り吟味覚帳　葛本村小三郎」（天理大学天理図書館保井文庫）の三つで、いずれも約四十丁の冊子。内容にはほとんど異同がない。以下「吟味次第」と略す。

(4)『大三輪町史』（一九五九年）。

(5)「芝村藩主織田家記録摘要」（同前『大三輪町史』所収）。

(6) 注（2）の「和州十市郡村々今度御箱訴訟扣」。以下訴状はこれによる。なお、私領預りとなった場合、一般に年貢が増徴になることが多かった。『高取町史』（一九六四年）によれば、明和六年高取藩が二万六千石余を預った際の「被仰渡書」に、「御年責納方之儀、私領村方江引合、免相格別取劣候所も有之候ハヽ、領分免合並納方之仕方相考、来々御取箇増候様被致勘弁仕」（傍点著者）とある。

(7) 秋永政孝「大和の村高帳について」（『奈良文化論叢』、堀井先生停年退官記念会、一九六七年）。

(8) 保井文庫。藤本家文書。

(9) 注（4）の『大三輪町史』。

(10) 宝暦二申年「皆済目録」（藤本家文書）。宝暦二年申年「覚」（秋山家文書）。

(11)「吟味次第」によれば、五月と七月の箱訴は誰がしたかと取調べている。

(12) 吟味の眼目も誰がいつどのように一揆を組織したかという点におかれるが、農民の口が固く、幕府が果してその真相をつかみえたかどうか疑わしい。「吟味次第」に断片的に記されているところをつないでみると、およそ本文に書いたようなことになる。

(13) 十二月三日から十一日の間に提出された某日付の訴状には「乍恐欠込御願奉申上候」とある。

(14) 林基は、強訴を二種に区別し、武力衝突をともなわない大衆的な訴願を強訴とし、武力衝突を予想しまた実際にそれをともなったものを蜂起とよんでいる（「享保改革にいたる一八世紀初期階級闘争の特質」、『歴史評論』一七五、一九六五年）。

(15) 吟味の後、八丈島へ流罪となる葛本村の百姓代弥右衛門は、闕所になることを覚悟してのことであろう、財産を弟の利助に譲る処置をとってから京都に出かけていったという。

(16) 奈良県、一九〇九年。

(17) 村役人のうち年寄惣（宗）助一人が村方に残り、あとで召出されることになる。

(18) 中公新書、一九六四年。

(19) 太四郎は、新口村の藤四郎が寄合があるといって持ってきたのを持参したに過ぎず、下書は一切していないと抗弁している。

(20) 注（1）の「位牌由来記」、注（2）の「御箱訴九ケ邑御願書写」による。後者では葛本村の追放人を小左衛門・与次兵衛・嘉兵衛としているが、与次兵衛は平兵衛の誤りであろう。また吉備村庄屋は彦兵衛となっている。なお、下八釣区有文書に、七年以前亥年八月所払になった庄右衛門に対する宝暦十一年の恩赦願が一通残っているが、庄右衛門の名は「吟味次第」にもみえず不明。

(21) 石井良助『刑罰の歴史―日本』、法律学大系、法学理論篇（日本評論社、一九五〇年）。

(22) 「吟味次第」によると病死者は次のとおりである。

新賀村藤四郎・彦惣、常盤村六郎次郎・宗七・彦市・孫右衛門・藤兵衛、膳夫村新六・新七、内膳村安兵衛・宗兵衛、吉備村平兵衛・平次郎・甚兵衛（次郎カ）、葛本村喜平次・太兵衛、木原村弥四郎・平四郎、下八釣村新兵衛、八条村宗次郎・善右衛門・了伯・又市、下之庄村彦次郎、出合村藤助、出垣内村源重郎、遠田村長兵衛・甚兵衛、伊与戸新屋鋪村源四郎、北花内村作重郎、大西村藤兵衛・新兵衛、王寺村長次郎、南藤井村孫右衛門、亀瀬藤井村藤兵衛、曽根村源五郎、中村久兵衛

(23) 宝暦一一、三、四年「皆済目録」（藤本家文書）。注（1）の「位牌由来記」。

(24) 「吟味次第」。

(25)　宝暦九年二月元葛本村庄屋小左衛門書信（藤本家文書）。
(26)　「孝子山口庄右衛門行状聞書」（『日本教育文庫』孝義篇　上、同文館、一九一〇年、所収）。
(27)　保井文庫。
(28)　藤本みつ子氏（小左衛門の後裔）談。
(29)　藤本家文書。
(30)　かれの遺訓にしたがって、その子孫は誰一人として村役を勤めなかった。その子重右衛門正雄は、のち村に帰って家を再興、手習や剣術を教えたと伝えるが（藤本みつ子氏談）、その門弟一同によって建てられた「藤本正雄先生之墓」が、いま藤本家の墓地に残っている。かの「位牌由来記」を書き残したのが、この重右衛門に外ならない。
(31)　秋山日出雄氏の調査による。
(32)　秋山家文書。大赦の触書はその都度南都御番所から伝えられている。
(33)　「寛保二年流人御赦免並死之覚帳」（東京都立図書館所蔵。秋山氏の御示教による）。
(34)　弟利助はその後質屋の総元締などを営んで一家の繁栄をもたらし、その娘に養子を迎えて弥右衛門のあとを相続させることにしたという（秋山氏談）。
(35)　注（26）に同じ。また、これにもとづいて書かれた論稿、磯辺弥一郎「新島の義人と孝子」（『日本及日本人』、一九一九年九月　秋季増刊　義民号）がある（林基氏の御示教による）。なお箱訴の年を宝暦四年秋としているが、これは宝暦三年秋の誤りである。
(36)　同前磯辺稿。
(37)　式田家文書。
(38)　『橿原市史』史料集（一九六三年）所収。
(39)　同前『橿原市史』所収。
(40)　主謀者の一人とみなされてか、常盤村の彦市がただ一人死罪を申渡された（ただし入牢中病死）。かれについて尋問を受けた定七が「親共義、京都興正寺様之御用相勤居申候、京都へ壱年ニ四五度参り申候、和州村々上り物集ニ罷出被申候ニ付私し一切不存候」と答えているのが注意される。彦市はあるいは在郷商人として活動していた人物だったかもしれない。
(41)　藤本家文書。

(42) 注（38）に同じ。
(43) 保井文庫。
(44) 注（4）の『大三輪町史』。
(45) その惣代となったものに、葛本村・膳夫村など数カ村の名がみえる（大方家文書）。なお、この国訴闘争については、奥田修三「大和における国訴」（『立命館経済学』八―四、一九五九年）。
(46) 『平群村史』（一九五九年）の拙稿、一六〇～一六一頁。
(47) 拙稿「天誅組の変」（『五条市史』上、一九五八年）。本書、第二章―三。

追記　この稿をまとめるにあたって、秋山日出雄氏から全面的な御協力をいただき、調査の上では松田雅信氏の御援助を受けた。また、史料の借覧その他で、近藤顕正・式田定千代・藤本みつ子・森源之丞のみなさんに大へんお世話になった。記して心から感謝の気持を捧げたい。

付表　大和の百姓一揆・打ちこわし年表

一九七二年、著者は奥田修三「奈良県百姓一揆年表」（『新しい歴史学』八、一九五四年）をふまえて、大和の「一揆・打こわし略年表」を作成したことがあった（『改訂新しい大和の歴史』、大和タイムス社）。その後市町村史の編纂がすすむなかで一揆・打ちこわしについての新しい事例の発掘があり、谷山正道の農民闘争に関するすぐれた研究もあらわれた（『近世民衆運動の展開』、髙科書店、一九九四年）。そうした成果によりながら、後呂忠一氏の手を借りて整理したのがこの年表である。

	所領	地域	内容	典拠
慶長十七年（一六一二）　一月	菩提山寺領	添上郡東南	土民が押しかけ山中で乱暴。	『徳川実紀』二
十九年　一月	幕領（紀州藩領）	吉野郡北山郷（紀州熊野）	大坂冬の陣に呼応して熊野の土豪が蜂起、北山郷からも二百人ばかりが参加して総勢三千余人が新宮城に迫ったが敗退。三六三人が処刑。	『自得公済美録』八下『下北山村史』『（和歌山県）北山村史』上『（三重県）

				紀和町史』上『和歌山県史』近世史料三
寛文　八年ごろ（一六六八）	松山藩領	宇陀郡五津・平井両村	苛政に反発して庄屋甚七郎・太兵衛が江戸に越訴。両人と子息三人が死罪。	『菟田野町史』
宝永　二年　四月（一七〇五）	幕領・私領	葛上・忍海・高市三郡四九カ村	剣先船仲間の船賃値上げに抗議して国訴（以後も出入が繰返され、正徳四年一月裁許）。	『大和古瀬村近世文書』『当麻町史』続 ※1
正徳　四年十二月（一七一四）	柳生藩領	山辺郡荒蒔村ほか一〇カ村	不作のため救米や年貢の減免を求めて強訴。	『天理市史』史料集
享保　十年十二月（一七二五）	東大寺領	添上郡櫟本村	本作人二〇人と下作人三〇人が「綿作御赦免」を求め年預所に強訴。	『奈良市史』通史三
十年	郡山藩領		年貢の減免を求めて五、六千人の百姓が郡山城門に詰めかける。三十人余入牢。	『天理市史』史料集
十一年　六月	幕領・私領		和州惣百姓、剣先船の運賃値上げに反対して大坂町奉行所へ国訴。	※1
元文　元年（一七三六）	幕領	吉野郡下市村	年貢の減免を求めて強訴を企て、主謀者一人死罪、一人追放。	『大和下市史』
同年	中坊氏領	吉野郡龍門郷四カ村	検地を拒否して庄屋・年寄ら京都町奉行所へ直訴。江戸で吟味があって立野村勘十郎が罪	『吉野町史』

			を引受ける。	
四年冬	幕領（芝村藩預）	式下郡二三カ村	減免を求めて京都町奉行所へ箱訴。	『桜井市史』史料編上
延享 元年（一七四四） 三月	幕領（高取藩預）	宇陀奥郷一三カ村	預替によって格別の高免となり困窮。減免を求めて箱訴。京都町奉行所の指示で江戸へ出訴（芝村藩・津藩に預替）。	『曽爾村史』
同年 四月	幕領（高取藩預）	式下郡法貴寺村ほか三カ村	同右。	『田原本町史』史料編二
二年 二月～三月	幕領		二月中旬、五畿内百姓三万人、大坂城番所へ夫食願。三月一日頃芝村藩支配下の百姓四、五百人芝村役所へ。六、七日頃国中の百姓三、四百人ずつ南都番所へ願出。	『曽爾村史』『桜井市史』史料編上
三年	幕領（芝村藩預）	式上郡辻村はか八カ村	幕府巡見使に年貢の減免を直訴。	『桜井市史』史料編上
寛延 二年（一七四九） 三月	幕領（芝村藩預）	平群郡八カ村 山辺郡九カ村 十市郡一五カ村 式下郡一二カ村	郡ごとに訴えの内容に異同があるが、年貢その他負担の軽減を求めて京都町奉行所に箱訴。	『桜井市史』史料編上 『斑鳩町史』本編
同年 八月	幕領（芝	宇陀郡一四カ村	同右（九月～十二月惣代三人入牢）。	『新訂大宇陀町史』

	村藩預）			史料編二
宝暦　三年十一月（一七五三）	幕領（芝村藩預）	十市郡九カ村 式下・葛下両郡二四カ村	稲の刈取りを拒否して年貢の減免を京都町奉行所に箱訴。江戸で吟味。五年八月に判決で死罪一人、遠島四人、追放三二人。吟味中三八人牢死。	『橿原市史』史料三 『桜井市史』上 ※2
九年十一月	藤堂藩領	山辺郡石上村ほか七カ村	田井庄村池堤に集り強訴となる。	『改訂天理市史』史料編二
十年十二月	幕領（芝村藩預）	宇陀・吉野両郡村々	芝村役所への減免願に同心せよとの廻状あり。大勢で宇陀半坂辺まで押しかけ、酒屋などを襲って気勢をあげる。奈良奉行所で吟味。死罪三人、遠島一二人、三十日の手錠八六五人。	『菟田野町史』 『新訂大宇陀町史』
十三年十二月	多武峰領	広瀬郡百済・広瀬両村	増米のため百姓困窮のところ「二条村又四郎儀ニ付」騒動。	『改訂大和高田市史』史料編
明和　元年十一月（一七六四）	柳生藩領	山辺郡 添上郡	綿不作、三百五十人ほど減免願に詰めかける（郡代罷免）。	『天理市史』史料集
二年秋	神保氏領	高市郡	二年連続の風害、風難手当を求めたところ「大目付」が前年被害なしと報告していたことが判明、各村代表が江戸へ出訴（郡代転役、大目付罷免）。	『橿原市史』上

五年秋			減免願の取上げなく、各所で大坂の様に百姓集り大庄屋・掛屋など打ちこわし。	『天理市史』史料集
五年十一月	興福寺領	添上郡大安寺村など一三カ村	百姓ら申合せ、庄屋・代官・出入百姓四人が大安寺村で会同中、これらの家々を打ちこぼち。「当国百姓いっ気の初りなり」。	『大和国庶民記録』※3
同年　同月	神保氏領	高市郡大谷村など一五カ村	二十九日夜、百姓数千人が年貢の減免などを求めて池尻陣屋へ強訴、大庄屋宅打ちこわし。主謀者二人打首のほか手錠・入牢者も。村々に過料。	『大和国庶民記録』『橿原市史』上『同』史料三※3
同年十二月	平野氏領	十市郡	領下惣百姓、負担の軽減を求めて大庄屋宅へ詰めかけ一揆。	『大和国庶民記録』※3
同年　同月	幕領（芝村藩預）	宇陀・吉野両郡	数千人が芝村役所へ詰めかけ、大庄屋宅など打ちこわし。	『大和国庶民記録』※3
同年　同月	多武峰領	広瀬郡百済・広瀬両村	多武峰への訴願に藤森村も同調させようと大庄屋宅打ちこわし（村役人ら手錠・閉門）。	『大和国庶民記録』※3
同年　同月	多賀氏領	高市郡曽我村・十市郡大福村など	急入用金などの賦課に反対、十二、三日頃曽我村陣屋に押しかけ、「渡り役人」の苛政を糾弾。	『大和国庶民記録』※3
同年　同月	郡山藩領	南郷村々	十三日頃から動きが始まり、十七、八日頃二、	『大和国庶民記録』

			三万人が郡山城門に押しかけ、年貢減免を要求。一三人逮捕。	※3
同年　同月	芝村藩領	式上郡 山辺郡	十七、八日頃から芝村役所へ二、三千人が詰めかける。大庄屋宅打ちこわし。死罪二人。	『桜井市史』史料編下『柳本織田家記録』
同年暮	幕領（芝村藩預）	高市郡今井町	借家人ら家賃の半額引下げを求めて打ちこわし。打首一人、五人所払。	『大和国庶民記録』
六年　一月	柳本藩領	式上郡柳本村	百姓ら新池堤へ集り徒党。一三人入牢（のち赦免）。	『柳本織田家記録』※3
八年　三月 ～八月		大和一円	「おかげまいり」が流行、伊勢まいりの群衆で大混雑。宿所の提供のほか食料や笠・団扇などの施行。	『井上町中年代記』『桜井市史』史料編下　※4
安永　二年　六月 （一七七三） ～五年		大和一三郡村々	綿繰屋仲買株仲間の結成に反対。繰綿販売の自由を求めて南都番所・京都町奉行所へ国訴。	『斑鳩町史』史料編　※1
六年　四月	郡山藩領	郡山町付近	米価騰貴のため打ちこわし。	『天理市史』史料集
天明　元年　五月 （一七八一） ～九月		大和一五郡千百カ村	油屋株仲間の独占支配に反対、油小売・菜種販売の自由を求めて京都町奉行所に国訴。	『斑鳩町史』本編『桜井市史』上『大和古瀬村近世文書』※1
同年十一月	神保氏領	高市郡久米村など	今井町尊坊河原に集り強訴を企てる。大庄屋	『橿原市史』上

			子息の取計いで事なきを得たが、二人入牢（のち赦免）。	
二年　六月	藤堂氏領	高市郡坊城村ほか	年貢の減免と代官の交替を求めて（妻女の苛政への干与も糾弾）江戸に直訴。	『橿原市史』上　『同』史料三
同年十二月	櫛羅藩領	忍海郡柳原村	凶作。減免を求めて越訴。庄屋獄死。	『御所市史』
三年　五月	多武峰領	広瀬郡百済・広瀬両村	「騒動ケ間敷訴訟」。	『改訂大和高田市史』史料編
同年　九月～五年	幕領・私領	葛下郡ほか五郡	剣先船の運賃値上げに反対して大坂町奉行所へ国訴。	『大和古瀬村近世文書』※1
六年　五月		奈良町・郡山町・丹波市村・高田村・三輪村・今井町・五條村など	米価高騰。奈良で二〇軒、郡山で五軒など国内一七カ所で米屋など打ちこわし。奈良で四十人ほど入牢。	『井上町中年代記』　『大和郡山市史』　『奈良市史』通史三
七年　十月	幕領（高取藩預）	添上郡森本・神殿両村など九カ村	二割半無地増高の是正を、七年と八年に幕府巡見使に訴願。寛政元年惣代二人が江戸に出て勘定奉行に駈込訴（惣代村預ケ、各村庄屋「他参留」）。	『改訂天理市史』史料編三
寛政十一年（一七九九）　十月	柳生藩と山口氏の	山辺郡岩室村	旱魃で凶作。代官岩室源太郎宅打ちこわし。	『天理市史』史料集

	相給			
同年　同月	多武峰領	広瀬郡百済村	旱損のため強訴。	『桜井市史』史料編下
同年　同月	幕領・多賀氏領・神保氏領	十市郡三輪・大福両村、高市郡古川村など	旱損のため年貢納入不能、各地で騒動。	『桜井市史』史料編下 『橿原市史』上
享和　二年十一月（一八〇二）	幕領（京都代官管下）	宇陀郡各村	減免を求めて二万人余り（?）が強訴しようとして「はぜ」まで押しかける。	『天理市史』史料集 『新訂大宇陀町史』史料編二
同年十二月	幕領（京都代官管下）	山辺・式上・式下・十市・葛下五郡各村	綿不作。京都支配所へ減免を願出るも取上げられず。百姓五、六百人程京都へ強訴しようと奈良町近辺まで押しよせるが、役人の説得で退散。	『井上町中年代記』
同年　同月	柳本藩領	式上・山辺両郡各村	綿不作。領民ら柳本陣屋へ押しかけ、酒屋へ押入り、掛屋打ちこわし。藩側の発砲で一人死亡、負傷者多数。芝村藩主子息の説得で退去。	『井上町中年代記』 『桜井市史』史料編下
同年　同月	水野氏領	式下郡法貴寺村など三カ村	綿不作。領分百姓らが集り、代官・庄屋宅打ちこわし。	『井上町中年代記』

文化　八年（一八一一）	柳生藩領	添上郡嘉幡・高樋両村など一三カ村	地頭、「借入金返済御断ニ付」出訴、南都番所で九十人余り手錠。	『天理市史』史料集
十二年　六月	幕領	吉野郡善城・予両村など	大洪水。減免が認められず、強訴しようと千石橋まで押しかけるが、仲裁があって引揚げる。	『大和下市史』
文政　元年十二月（一八一八）	中坊氏領	吉野郡龍門郷一四カ村	重課に反抗。数百人が代官所を襲って代官を殺害。奈良奉行所で吟味があって死罪一人、所払い四人。牢死二人。	『吉野町史』　※5
三年　七月		大和一三郡村々	油屋株仲間が菜種を安価で購入しようと価格協定をしたことに反発（山辺郡で油屋三軒打ちこぼち）、油屋仲間の廃止を求めて京都町奉行所へ国訴。	『改訂天理市史』史料編三『天理市史』史料集　※3
六年　六月	幕領・高取藩領	式上郡三輪村、高市郡八木村・今井町など	米価高騰のため米屋など打ちこわし（三輪で三戸、八木で六戸、今井で二戸）。	『天理市史』史料集『浮世の有様』
十三年閏三月～八月		大和一円	「おかげまいり」の群衆おびただしく大和に入りこみ大混雑、仲間はぐれ・飢死・病死・人さらいなど続出。「おかげ踊り」流行。	『井上町中年代記』『桜井市史』史料編下『天理市史』史料集『新訂大宇陀町史』など　※4

天保 七年（一八三六） 八月	幕領	宇陀郡松山町	米価高騰のため米屋へ多数押しよせ、「重頭手荒」の所業。関係者過怠。	『新訂大宇陀町史』史料編二
八年 三月	郡山藩領	郡山町	二軒打ちこわし。	『奈良市史』通史三
同年 五月～六月	多武峰領	広瀬郡百済・広瀬両村	飢饉のため三月ごろより不穏、救米を求めて五月に四、五百人、六月には約五百人が強訴（永押込三人、追払二人）。	『桜井町史』続 『広陵町史』
同年 六月	幕領	宇陀郡松山町近在	米価高騰につき、「方々家こぼち」大騒動。	『新訂大宇陀町史』
同年 八月	壬生藩領	葛下郡染野・鎌田両村など四カ村	米不作。減免の要求が認められず、小前百姓ら再願の動き（過怠二十人ほど）。	『改訂大和高田市史』史料編
十二年 八月		大和川流域村々	剣先船仲間からの難題（荷揚地の変更、積荷の定数削減）申入れに反対、交渉を重ねるが決裂、大坂町奉行所へ国訴（十二月大和側の勝利で和談）。	『桜井市史』史料編上 ※3
十四年十一月	春日社領	添上郡中城・大江両村	綿不作。強訴さわぎ。	『大和郡山市史』
嘉永 三年（一八五〇） 八月	幕領	葛上郡御所町	米価騰貴につき米屋二、三軒打ちこわし。	『改訂大和高田市史』史料編
同年 十月	幕領	平群郡竜田・窪田・法隆寺三カ村など三	凶作のため平群郡一帯「下方不穏」、小作人ら「小作料勘弁方」を求めて大挙大津役所へ	『斑鳩町史』本編 『平群町史』

		二カ村	出訴。	『安堵村史』
安政 六年（一八五九）	幕領（高取藩預）	山辺郡井戸堂・九条・永原二カ村	減免を求め強訴の様相、代表二人江戸へ越訴。指導者四人投獄され村民激昂。	松浦武四郎『中村直三』
文久 三年十一月（一八六三）	幕領（元五條代官所支配、当時高取藩預）	宇智郡五條村近辺	天誅組の変で生活困窮、小前百姓ら生活の保障を求めて村役人宅へ押しよせる。主謀者八人入牢。	『五條市史』上
同年十二月	幕領	平群郡竜田村	小作人ら不穏な動き。主謀者ら逮捕。	『斑鳩町史』本編
同年	織田氏領	宇陀郡砥取・龍口・西谷・滝谷四カ村	三尺以上の杉・檜の皆伐命令に反対して一揆の気配。滝谷村日下志八十次郎、江戸からの使臣を暗殺して慶応二年処刑。他に入獄一年余二人、六カ月二人。	『奈良県宇陀郡史料』
四年 一月	幕領（元五條代官所支配、当時高取藩預）	吉野・葛上・宇智・宇陀・高市五郡四〇五カ村	五條代官所時代の悪政や役人の腐敗をあげ、代官所の再設置に反対、代表六人が京都守護職松平容保に訴願。	『五條市史』上『新訂大宇陀町史』※6
慶応 二年 三月（一八六六）	幕領	宇陀郡松山町	米価高騰のため、小前難渋の者が集って騒動。	『新訂大宇陀町史』

同年　四月	幕領・高取藩領	高田村・今井町・八木村	米価高騰のため、二十三日高田、二十五日今井・八木で米屋打ちこわし。	『改訂大和高田市史』史料編
同年　五月	幕領・藤堂藩領	今井町・高田村・御所町・奈良町・丹波市村	米価高騰のため、十四、十五日に打ちこわし。御所では十九日にも米屋打ちこわし、鴨社に三百余人群集。	『改訂大和高田市史』史料編　旧『奈良市史』『改訂天理市史』史料編二
同年　同月	郡山藩領	郡山町	十七日郡山大はしに二、三百人、丸はだか・縄はちまきで乱妨の様子。	『改訂天理市史』史料編二
同年　同月	角南氏領	添下郡藤木・中両村	郡山藩小和田追分の農民も加わって米屋・庄屋宅に押しかけ米二三石を獲得。代官宅を打ちこわし。三人入牢。	『奈良市史』通史三『富雄町史』※7
同年　六月	郡山藩領	葛下郡疋田村	小前百姓ら一揆、七人逮捕。	『改訂大和高田市史』後編
同年　同月	幕領	平群郡竜田村	小前難渋人ら村の寺院や山林で寄合い、「徒党ケ間敷儀」を企てる。	『斑鳩町史』本編
同年十一月	幕領	添下郡	助郷免除嘆願、米価高騰のため打ちこわし。	『改訂天理市史』上
三年　九月～十二月		大和一円	各地にお札が降り、「ええじゃないか」の騒ぎ。	『奈良市史』通史三『桜井市史』史料編上『改訂大和高田市

史』後編『田原本町史』本文編『新訂大宇陀町史』史料編二

備考

（1）合法的な訴願や村方騒動は除いたが、いわゆる国訴は採録した。

（2）百姓一揆・打ちこわしの範疇からははずれるが、おかげまいりやええじゃないかなどの騒動も収載した。

（3）青木虹二『百姓一揆総合年表』（三一書房、一九七一年）に出ていても、疑義があって採録しなかったものがある。

（4）市町村史や研究論文など、公刊されているものから拾い、その典拠を示した。『天理市史』史料集とあるのは、同書所収の「荒蒔村年代記」のことで、『改訂天理市史』史料編一にも収められている。

※1～※7は次のとおり。

※1　奥田修三「大和における国訴」（『立命館経済学』八—四、一九五九年）。

※2　本書、第二章—四「「芝村騒動」覚書」。

※3　谷山前掲書。

※4　岩井宏實「大和の「お蔭参り」と「お蔭踊り」」（『大和文化研究』一五—三、一九七〇年）。

※5　本書、第二章—一「大和の龍門騒動」。拙稿「龍門騒動」（『吉野町史』、一九七二年）。

※6　本書、第二章—三「天誅組の変と農民闘争」。

※7　本書、第二章—二「慶応二年富雄の一揆について」。

第三章　大和絣の創始者浅田松堂

一　江戸中期一地方町人の思想

――大和絣の創始者浅田松堂の「家用遺言集」について――

江戸時代は、支配階級の思想とならんで民衆の思想が歴史の前面に大きく浮び上ってきた点で、思想史上画期的な時代とされている。町人思想なり町人精神についても、主としてそうした観点から研究されているわけであるが、その場合、対象が大都市、特に三都の町人中心で、地方の町人についてはほとんど忘れられていた感が深い。しかしながら、その時代の民衆の思想を完全な姿においてとらえるためには、もっと広く地方の町人や農民の生活と思想が掘りおこされなくてはならないであろう。ここに大和御所《ごせ》の町人浅田松堂の「家用遺言集」をとりあげ、彼の思想について紹介しようとするのも、そうした意味からに外ならない。

1

浅田松堂は、大和御所町の人。名は操、通称を新七といい、また文鳳と号した。正徳元年（一七一一）に生れ、安永六年（一七七七）六十七歳で没した。

近世の御所は、桑山氏の城下として出発したが、ほどなく本多氏の領地となり、一七世紀末葉からは天領として奈良奉行の管轄下におかれた。近世初頭御所村として史料にあらわれるが、この地方の商業中心地として発展するにつれ、寛文年間以降御所町とよばれるようになり、松堂四十五歳の宝暦五年（一七五五）当時には、戸数八七三戸、他村からの奉公人一七二人を含めて三二四〇人の人口をもつ在方町として繁栄していた。(1)

松堂は、この御所町において仲継問屋を家業とする商人であって、吉野の下市・上市と河内の古市を軸として、広く南大和と河内方面の物資、主として木材・米・塩・油などの中継ぎに従事していた。晩年松坂木綿を研究して絣織を発明、大和絣の創始者として著名であるが、自ら製織に従ったり、あるいはまた織物問屋を営んだことを示す史料は、全く認められない。また寛保二年（一七四二）の「検地帳」(2)によれば、高一石三斗五升三合、八畝三歩の屋敷地と、高三石七斗一升四合、二反五畝二歩の田地をもっているに過ぎず、また、「此家々は、先祖より村とくおゝく所持する事無用、五石以上なれば六石くらいをつまりと心得てよし」（「家用遺言集」。以下特記しない限り同史料よりの引用）と遺言している程であるから、その後もひきつづき土地所有はわずかなものであったと考えられる。

ただし、「家用遺言集」によれば、近くの朝町村に高四四石ばかりの田地をもっていて、地主的な側面を示しているようにみえる。しかしその田地は、毎年の田地の得分を、家業不振の際の予備費・隠居料・娘の婚礼費、あるいはまた出戻りの際の賄料等々にあてるために、「松堂一生の心得にて」求めおかれたもので、致富の手段や投資のために買求められたものではなかったのである。だから田地は「此上ハ必々無用」とされ、「でんじとくぶんは、年々あてにすべからず、でんとくによりかかる時は、かやうのなんぎの折ふし（商売不繁昌の際。著者注。以下同じ）に間にあひ不申、是皆町人の心得なるべし」と子孫を戒めてもいるわけである。従って四四石ばかりの田地をもっていても、彼の心構えにおいては、地主的な意識は希薄で、むしろ町人としての自覚に徹していたといわねばならない。これらの点から、浅田松堂を江戸中期の典型的な地方商人と考えてよいであろうと思う。

松堂は、読書を好み、書及び彫刻に長じていたようであり、さらに弓馬・音楽・蹴鞠に通じていたことも彼の逸話として伝えられている。(3)真偽の程は明らかでない点があるにしても、彼が幅の広い教養の持主であったことは、ほぼ間違いのないところであろう。のみならず、数々の逸話がのこされ、郷土の先覚者として慕われてきたことは、彼がいわゆる地方の徳望家であったことを物語るものであると思われる。事実彼は、元文五年（一七四〇）「御所流れ」と称する大洪水に見舞われた郷土の復興のために、大和絣の発明に志したといわれ、[4]あるいは貧民救済のために義田講をつくったり、あるいは朝町村の年貢三十石余りのところ、「少々の事は、作人のとくにいたさせてつくらせ可申候、弐拾五石ならしあればよしとす」としたような人物であった。

「読書を好み業務の隙群書を渉猟す……終に京都に出でて儒官となる」と伝えられ、[5]子孫にも孝経・朱子家訓・四書五経の勉学をすすめていることからみても、儒学が松堂の思想の基盤をなしていたと考えるべきであろう。このことは、「家用遺言集」の随処に儒教風の考えを示していることでも明らかであるが、同時にまた、やはた様や弁財天の信仰を説き、朝町村の田地の一部を寺に寄進したり、殺生をくりかえし禁止していることなどは、彼の精神生活において、仏神の信仰が何程かの意味をもっていたことを思わせる。その中でも特に、彼の思想を考えてゆく上では、「仏たんのきとくにて仏になりたりという事不知、ただしんじんのみ也」とか、「すべて一向しゅうしはかやうの事（仏神の祭や供物を盛大にやること）をほめぬ事なり」といっていることから考えて、一向宗の影響が注意されねばなるまい。

「家用遺言集」は、宝暦十二年松堂五十二歳の時、子孫のために書きのこされたものである。本紙一〇八丁というかなり大部なもので、一気呵成に書きあげられたというよりは、一、二年のあいだに、折にふれて書きとめられていったもののようである。処世訓や相続問題や商売上の注意の外、あるいは駄賃についてのもめ事や伊助という奉公人の行状悪徳振りについて記し、あるいは紀州の若者たちが毒茸を食べて死んだというような事を書きとめたり、さらには神事の献立から死ふせ料や産婆・髪結などの礼金にまで及んで、極めて雑然とした内容をもち、順序・排列も不統一でしばしば同じことが繰り返し語られたりしている。

このことはそれが家訓や家法としてでなく、文字通り家用として、「先ハ其国・其家へ生るるものハ、能事は申のこしおく事其身一生之つとめなり、すましたかをし過候ハ人間のしるしなし」という立場で書きのこされたことによるものであろう。従ってどちらかといえば随筆的な色合をもち、殺生を戒めて、「ながくかんきたるべし」という言葉もみられはするが、総じて家訓や家法にくらべて規範的性格が比較的希薄であるような印象をうける。そうして家訓や家法のようなととのった形をもっていないかわりに、他所行きのとりすましたところがなく、松堂の一町人としての生活感情が卒直に吐露されているようにおもわれる（「家用遺言集」の引用に際しては、適宜句読点をほどこし、片仮名や「之」や「茂」などの漢字は平仮名に統一し、また必要な濁点をつけた）。

2

ことわるまでもなく松堂の生きた時代は、すでに町人階級の上昇期を過ぎていた。町人社会は、封建的社会秩序への安易な随順の中に一応の安定を示しながら、ようやく保守的な傾向を深めつつあった。元禄町人の潑剌たる心意気はもはや失われ、町人は町人らしく暮すということに処世の秘訣を見出さねばならなくなっていた。そうした時代に生き、儒学の素養をつんでいたといわれる松堂であってみれば、封建思想に浸染されるところ一層深いものがあったとせねばならない。このことは「人のつねづね用る事は、御公儀様制札を以明白也、可慎事也、京・大坂において不残御記有之事也」と「遺言集」の冒頭に記し、後にもふれるようにくりかえし知足安分を説いていることでも明らかで、「少しにても心の内あしくあれば、しぜんと天のめぐみなくして日々に身ひん也」「其子おなじくつとめて能天命をしる時は、ますますはんえいしてとみにあくものなり」などと儒教風の天命観をのべてもいる。

しかしながら、松堂は当時の儒者や武士たちのように、礼節を尚び五倫の秩序を重んじることに、人倫の大本をみていたわけではない。なるほど、「夫れ人者礼義をもととして敬心の心なきものは禽獣におなじ、古人のきんげん不及筆紙」とかきとめてはいる。だが、それにすぐつづけて、「或はふしんなどする時は、先祖より出入のいたしきたる人を用べし、かならずあたらしくものを用る事大にあしき也、或は日用の類にても少もねぎる事大にあしき也、惣体とむらひの類よりよろこびものにかぎらず、ねぎるものにあらず」と記しているところをみると、深い意味でその言葉をかきとめたものとは思えない。別のところで、「客をあなどらず、しなよくあひしろふ事、敬いの第一」としているように、礼儀といい敬心といい、むしろそういう卑近な日常の生活態度としてとらえていたとみるべきで、これ以外礼儀や敬心についてふれていないところから考えても、そこに人の人たる所以のものを見出していたとは認められない。

松堂が人間において最も大切なものと考えたのは、形式的な礼儀や義理といったものでなく、「ふうき・ひんせんは時のうんなり……心ざしこそ人の本心けつかうなれ」「たとひ無能無げいのひとにても、心ざしこそ大切」「人はおちめになる所にて、心ざしを正しくするは人間の本心なり」としているように、人間の心ざしであり、人生に対する心構えというか日常生活における心の持ち方というか、人間の内面的心情にかかわるところのものであった。そうしてそれは、「家の一もんは連枝《おやこきようだい》のわかれなれば、かならず互にそまつにいたすべからず、まことをつくしてつねづねつきやふべし」「少々のしそんじはくるしからず、まことをはずれては人にあらず」といっているように、松堂においては「まこと」に外ならなかった。彼は心の誠を人間にとって何よりも大切なものと考え、人倫の大本を誠実な心情においていたといえる。

お互いに人格を尊重しあい、誠をもってつきあうことが大切であるとするならば、こと改めて忠孝や上下・主従の道徳について説く必要はないであろうし、その裏づけとして先祖の恩について述べたてる必要もないであろう。事実、松堂の子供でないが彼の世話で里子に出され将来浅田家にひきとられるべき運命にあった五十市に対し、彼の娘同様に朝町村田地の一カ年の徳分を譲ると書き、「何によらず本家へ不孝・不埒候はば、早速帳面をはね二度此家へ出入かたく成り不申候」などといっている以外、忠孝や仁義・礼節の厳守についてほとんどふれていない。

寄合の金の保管をたのまれたり、公事出入に同心をすすめられた場合、先祖よりこの通りに書付があるとか、先祖の申伝えだから、などといってことわり申開きをせよと述べているように、先祖の権威について語るところはあっても、先祖の恩や家の恩については何もいっていないのである。

かえって彼は、「つねづねちやうせきのぜんぶは、上下おなじやうにするなり、格別だんなぶんのじやうぎなといひてよろしきを用る人あり、みぐるしき事なり、家内おなじきやうにすべし」と日常生活における平等なくらしについて説き、上下・尊卑の序を説いてやまなかった御用思想家などとは、明らかに異った考えを示しているのである。これらのことは、松堂の家が大きな商家にみられたような同族あるいは主人と雇人の間の封建的組織をもっていなかった事情にもよるであろうが、根底においては、人間の心情の誠を尊重した松堂の人間観・倫理観にもとづくものといわねばならない。

彼はまた、「ずいぶんけんやくを以身上をたもち、ぢひを以つねとすべし、是則人間にむまれたるしるしまでなり」とか、殺生を戒めて、「ぢひしんはわがたむけなり、ずいぶんおこのうべし」と慈悲心を強調しているが、それとても——彼の信心にもとづくものとはいえ——心の誠を重んじた彼にとっては、当然の主張であったといえるかもしれない。

同じ町人とはいいながら、「一日も仁義をはなれては人道にあらず、然るとて算用なしに慈悲に過たるもまたおろか也」とした「町人考見録」の著者とは、何か異った雰囲気の中に松堂は生きていたようにみえる。むしろ彼は、倫理・道徳の支えを衷心より発する誠におき、独創的な男女道徳論を展開したといわれる増穂残口の思想に近いものをもっていたようにみえる。家永三郎が、残口の思想は町人の生活意識を母胎としてそれを体系化したものに外ならず、その思想が京都の庶民の間に普及したというとき(6)、その町人とは三井のような大商人でなく、まさに松堂のような、「身上ともかくもする」中産的な町人を意味するものと考えねばなるまい。

ところで松堂は、「是迄何角かきものなどあれども、皆々火中にやきすてたり、此度よりゆづる事は、まことを以するときは少もおそるる事なし、正直を以するときは、しぜんとはんじやうすると申事、此二つをしそんにゆづるもの也、是を大切に守るべし」と誠とともに正直をとりあげ、さらには、「是は永代のかぎやうにて格別の身しやうりつせんはなし、しかし正直を以するときは、けんやくを以永くしそんのため至極能家業と申事を、とくと見すえおきたり、まことにつねのさん(座右銘の意か)と申事は是也」と、正直と並んで倹約を主張している。

ことわるまでもなく松堂は体系的な思想家でなかったし、「遺言集」自体断片的な感想に止どまっているので、いうところの誠・正直・倹約が、どのような論理的な連関をもっているのか明らかに知りえない。しかしながら、「倹約をいふは他の儀にあらず、生きながらの正直にかへし度為なり」(「斉家論」)と説いた石田梅岩や、正直は信(まこと)であり、人の生れつきの本心であるとした手島堵庵の教説に従って、もし憶測が許されるとするならば、松堂の論理においては、倹約を基礎づけるものは正直であり、正直は誠の心情に発するという風な構造をとっていたといえようかとおもう。

人間の誠実な心情を尊重した彼は、当然のことながら儒教風の窮屈な形式主義にとらわれていなかった。彼は、「せけんにふぐの魚をくうやうなあほうもおおければ、一がいにいわれぬ事也」というように物ごとを画一的に見、概念的に論じることを戒めている。むしろ反対に、人生を時の流れにおいて捉え、変化するものとして社会を眺めようとする。「家業《しやうばい》は日々のつとめなれば、一がいにかたよるべからず、ただただ其時節のきたるままと心得」「すべて其家々しやうばいにおいても、はんじやうする時もあり、又ふはんじやうになる時もあり、おどろくべきにあらず、或はといやしやうばいなれば、荷物のおおいじぶんもあり、又少ないじぶんもあり、としによりてかくのごとし」と、彼においては、家業の盛衰もまた時節の自然な変化を示すものに外ならない。

そうしていかにも物事にとらわれない達観した境地を語っているのは、変ることが自然の道理であり、自然の道であると把握していたからであった。彼は、「牛馬つかいのものでも数年此事（杉・ひのきその他の荷づもりのこと）何角と申ものも度々有之候へども、荷づもりと申事は、しぜんのどうりにて時々かわるもの也、かならずかならず牛馬つかひなどにどうしんする事大に悪し、ただ何事にても、じせつと申ものにてしぜんのみちなれば、ぜんあくともにしぜんとおさまるものなり、ただ一がいにおもふ事なかれ」といいきっている。

松堂が、型にはまった画一的な判断を排斥した裏には、ものを歴史的な変化の中で、具体的な歴史的条件の中でみてゆこうという態度が秘められていたといえる。歴史的な思惟は、封建教学である朱子学的思惟にとって本来無縁のものではあったが、ものが変るという素朴な歴史意識は、「商のかけ引、時節に随ひ、考を凝し、時を見、変を思ふべし」（「町人考見録」）といった三井高房にもみられるところであり、「天地は活物に候、人も活物に候」（「答問書」）といった徂徠においては、まことにすぐれた歴史意識の高揚がみられていたわけで、必ずしも珍しいものといえないかもしれない。しかし高房が、「天地の間に生あるもの皆々其業を勧て食を求る事天地自然の道理なり」（「町人考見録」）といい、梅岩が利潤追求を天理として強調していたとき、松堂が、時節の変化を自然の道理として把握していたことは、注目に値することといわねばならない。

さらに彼が、「遺言集」の表紙裏に、「石の上よろしき事は書伝てのこすべし、国家めつぼうの時節きたれば、いかやふの事をしるしても無益也、天下の事のみみだるる事あるもの也、それは時節のいたる所にして、先祖のおもひもうけぬ事也、先は其国・其家へ生るるものは、能事は申のこしおく事其身一生のつとめなり、すましたかおして過候は人間のしるしなし」とかきとめているのが注意される。松堂が自然の道理と考えた時節の変化が、ここでは国家の滅亡や天下の乱れとして意識されているのである。

「遺言集」がかかれてから数年の後、明和五年（一七六五）二月に米沢藩の侍医藁科貞裕が同藩士小川源左衛門尚興に送った書簡に、「そこもここも一揆徒党の沙汰にて、日光が済めば、山県大弐が出現、大坂が騒げば、佐度ゆるる、伊勢路もめれば、越路もかしましく、斯様に百姓の心騒しく成行候も、畢竟は一度は治り、一度は乱れ候天道の事に御座候へば、そろりそろりと天下ゆるる兆も可有御座候哉」(「鷹山公世紀」)とかきとめているのを思いあわせるならば、松堂の言葉も、抽象的に天下の乱れや国家の滅亡について語ったというよりも、封建社会の動揺という現実をふまえて述べられたものと考えられる。松堂の心には、暗々裡にしろ封建社会の没落が予感されていたのではなかったか。そうした危機感あるいは没落の意識が、人生と社会の変化を自然の道理と観じさせる支えとなり、彼の歴史意識の母胎となっていたのでないかとおもわれる。

しかしながら、彼の歴史意識がそうした危機感に支えられていたとしても、たんに社会の変化を感得するにとどまり、歴史の発展には思い及ばず、ましてや発展の原動力について考え及ばなかった限り、「水のながれくものゆくごとく、人間の一生は、水のうへのあわ、風のまえのともしみ、いたずらなるもの也」と人生を観じ、ある種の無常観を抱いたのもやむを得ないことであった。最も関心の深いはずの財産相続の問題、朝町村の田地の相続について述べたあとにさえ、「右かやうの事は、末ながく申残してやくにたたぬ事なれ共」とかきとめねばならない気持をもっていた。もちろん彼はすぐつづけて、「人の身のしまひはなれならざれ、ゆくさきをおもひおく事人の本心なるべし」と記し、また国家滅亡の時節が来れば無駄だと知りつつもなおよきことは書きのこすべしとしていたように、彼は人生の無常を感じたからといって、無責任なその場限りの投げやりな生活感情に陥ったり、官能の享楽や現実からの逃避を主張したわけではなかった。そこに彼の健康さもあったわけであるが、積極的・前進的な人生観はついにきくことができないのである。

むしろ彼において天下のみだれや封建社会の動揺が予感されればされる程、封建社会への安易な随順と無気力な処世観に落ち込んでいったように見える。そこには、享保を画期として町人社会の上昇・発展がゆきづまりをみせ、封建秩序の枠内でわずかに許された自由すらも期待出来なくなり、保守的・退嬰的に傾いていった時代思潮の反映を見逃すわけにはゆかないが、歴史の発展やその原動力について思い及ばなかった松堂の歴史観・人生観の当然の帰結であったといえるかもしれない。

こうして松堂においては、変転・動揺する社会、水の上の泡のごとくむなしい人生を、「ただ心安くおさまりて」生きることが理想とされ、「何となく一生を心安く過す」ことがひたすら希求される。では無事・安穏な生活を送るためにどうすればよいか——その工夫を子孫に説いたのが「遺言集」であり、いわばそのために「遺言集」がかかれたといってよいかもしれない。先祖代々の家業に忠実に励むことと町人の分限を守ること、これが松堂の結論であり、子孫への教えであった。

3

松堂にとって仲継問屋としての家業は、「格別身しやうのりつしん」を期待できない商売であるけれども、「家業さしつづき候上はとくぶん無用」「ふきりやうもの（の）ためには、けつかうなしやうばい」とみなされ、それに精出しさえすれば充分安定した生活ができるものと考えられていた。家業は富貴になるためのものではなく、無事・安穏な生活を保証すべきものであった。従って、「此しやうばいにてわずかのむりをするものあらず、是は百姓の田地のとくと同前におもいて、一りんも違なく正直に相勤め、永くしそんにつたへてよし」とされていたのである。このような意味で、彼の家業は、「子孫のために至極よき家業」なのであった。

ではこの家業をとりつづけてゆくためにはどうすればよいか。正直に相勤めねばならないのはいうまでもないとして、彼は勘定と倹約が何よりもまず大切だと主張する。「毎日毎日出入の勘定は町方のつとめ」である故、「一日も勘定をおこたる事」があってはならず、「日々月々の勘定を以せたいの見合、或はせつきには何程も入ゆへ毎月のあまりを以しまりをきわめ」るべきで、「年中ならし何ほど入、何ほど出ると見合てかんがへて後、けんやくを守りて見るべし、是則町人・百姓のまつりごとと覚えてよし、此つもりを不知時は、とくぶんお、くとても、たよりにならぬ事也」。倹約と勘定は、町人・百姓の「まつりごと」ともいうべきもので、「万事此心得なきときは、かならず家をほろぼすもとなり」と戒めているのである。

しかしながら、「けんやくは身を守るため也、富貴になるためにあらず、たゞ身のおさまり能なりて天命をたのしむもとなるべし」というように、松堂においては勘定も倹約も、富貴になるために、従って営利を目的として主張されたのではなかった。和辻哲郎のいうような、(7)営利を絶対目的とする町人心は、むしろ希薄であったようにみえる。彼は勘定＝算用と倹約を説きはしたが、元禄期の町人がそれらと並んで強調した才覚・発明・利発については全くふれず、「きりやうありてりつしんの望もある人出生したる時は、外に何成ともあきない万事の望をいたしてよし、ふきりやうもの（の）ためにはけつこうなしやうばいとおもふべし、必々りつしんは此家業よりならぬ事と永く申伝べし」という言葉にうかがえるように、むしろそれを排斥するような口吻をもらしているのである。彼は才覚をふるって家業の繁栄をはかることを期待せず、殊に他の商売に手を出して金もうけを企てるような才覚を戒めた。

「一切何によらずあきなひがましき事無用也」「いかほどけつかふな事にても、あたらしきしんぼう事はかならずかならずどうしんすべからず、めづらしき事には皆々悪事あり、かなやま事のたぐひ、いろいろとくめんしてだますもの也、しおぼえし家業の外はけつして無用也」。松堂は、勘定を怠らず、倹約を心掛け、他方商機を摑んで金もうけ一筋に商略をめぐらすような才覚を慎むことを、家業維持の最善の方途とみなしていたといえる。彼にとっては、無理をして金を儲け、「家を富まし眷属を撫育」(「町人考見録」)することよりも、家業を守り身をまもり「何となく一生を心安く過る」ことの方が、はるかに大切だと考えられていたからである。

いかにも消極的なこうした教えには、彼の子孫に対する顧慮や心配が大きく働いていたようである、彼が、「我等事は手本にならぬ事也」とかいた言葉の裏には、嗣子亀松に対する不安と危惧の念が隠されているようにおもわれる。亀松は姉三人のあとに生れたただ一人の男の子で、その時まだ十六歳にしかなっていなかったのである。精力的な活動によって家運の隆盛をきずいた松堂であっただけに、子孫の幸福を願う心が強ければ強いほど亀松が頼りなくみえ、子女の将来に対する不安が大きかったのではなかろうか。彼が朝町村に五十石近い田地を買い求めておき、その徳分の処置について細かな配慮を示し、家業についての細かい注意はもちろん、神事や旦那寺へのとどけ、死ふせのおくりから産婆や髪結の謝礼についてまで書き及んでいるのも、そうした彼の気持から出たものとおもわれる。彼が家職・家業への忠実を説き、勘定と倹約を主張したのも、「家」の安全・継続を絶対目的として「家」への献身的態度を要求する立場からいわれたというよりは、つまりはどうすれば彼の子孫が幸福・安穏な生活を送ることができるかという子女への愛情と配慮からであったといえるであろう。

　つぎに松堂がくりかえして強調したのは、知足安分の処世訓であった。彼は、「しよせん町人・百姓にむまれるほど（の）身なれば、其位いかほどぶんげんにても、上下のへだてなく《（きカ）》もの也、たゞ安心するのみ也」「町人・百姓の身のうえは、てんじやうのしれたる事なれば、ふじゆうになければ、しごくのさいわいと心得、よけいの事を望はあやまりなり」「町人・百姓の身のうへ、ものあらためして無用也」と足るを知り、分に安んずべきことを説き、「町人・百姓に生まれ、身は其ぶんげんを知る事是第一のいましめ也」「身のうえを不知は人間にあらず」といいきっている。どんなに富貴になっても町人として身分不相応の家具などを用うべきでなく、万事分限を守り身分相応の生活をすることが、身を守り安楽な生活を送るための最善の心掛けと考えられ、「いるい・いえいにいたるまで是にしたがい、へいぜいの心を用るときは、少も〳〵くろふなく、子孫まつたく目出度なるべし」とされたのであった。

　そういう慎ましい生活をとやかく笑いそしるものがあれば、それは「大にくせもの」であり、分に過ぎた暮しをすすめる人は、「皆々大なるかたき（と）心得て、二度つきやふものにあらず、大悪人と心得てよし」とまでいっている。身分不相応のふしん・家作を好むことは大いなる「ひがごと」であり、「雨つゆのみしのげばけつかう」「わずかひざをいるる」程度で充分と考えるべきで、「其上はみなみなおごりのさた」なのであった。分を忘れ、身分不相応の暮しをすることは、すべて奢りの沙汰としてしりぞけられねばならない。

ところで、奢りは人間の欲からおこるものであり、「おしなめてよくのないものはあるまじ」である。とすれば、大切なことは人間の欲望をつつしむことでなければならない。「おさまりを不知、身におうせぬけつかうをこのむゆへ、不及事をのぞみて、けつく先祖よりのかとくもなくなり、子孫も不続、一生なんぎなるもの多し」「とかく人間はよくよりしてしそんじなり、つゝしむべし」「皆々よくよりおこりてなんぎをする人まゝおゝし、かならずゆだんすべからず」。しかし、奢はたんに身の奢、すなわち分に過ぎた生活の奢侈を意味するだけでなく、分を越えて高きを望む心の奢をも意味する。従って宮様の家来になったり、刀さしになることもまた、奢の沙汰として排斥されねばならない。「宮様のけらいになれの、かたなさしになるのと、すじなき事をすゝめて人のしんしやうをくずす悪人おゝし、かならずかならず同心すまじき也、皆ぶんげんに過たる事なり、家をうしなひ身をあやまるのはじめなるべし、是迄にさやうの事に同心して、あたら先祖よりのかとくをうしなうの人、数をしらず」というわけである。

このように、家業へのひたむきな忠実を説き、奢をすて分を守れと教えた松堂は、さらにこまごまと処世上の注意を示している。それがきわめて退嬰的・保守的な色合をもつものであったことは、改めてことわるまでもなかろう。「家をほろぼし身をおとす」奢の沙汰なるが故に、「酒をこのむものは、我仏前に出べからず、さやうの悪人出る時は、片時も早くかんどうすべし」と飲酒が禁じられねばならず、女遊びもまた同様、絶対につつしまれねばならない。遊芸は交際上やむを得ないことながら、大がいのところで止どめるべきであり、「たゞ文筆の二つこそゆるしけれ、いとまあらばよみかきこそ人の身の永きたのしみたるべきなり」としながらも、他方、「あまりあまりがくもんすきも無用……手跡も日記つけ手紙の通用のみなればよし、人にすぐれての能書になりてもいかが」といい、何ごとにつけても「大がいを以おさめ」ほどほどにしておくことが強調される。

「とかく人の悪をあらわす事大悪也、わが身よりあくをせぬやうにあさゆふつ、しむべし」「或は町方によらず、われ一人してせわのやくものにあらず、たゞ人におくれてよし、惣事にさし出候は、大にひがごと出来て家名をけがすものおゝし」と消極的な保身の道を説き、さらにはまた、「ひとりだちたる事は大にあしきなり」「よろしくはせずとも、あしきはせぬがよきなり」と退嬰的な事なかれ主義を主張しているのである。そうした態度は、「かならず先祖よりもちつたへなしつたへたる事は、あらためる事大にあしき也」といったような、慣習と伝統をまもって生きようとする保守的な気持につながっているわけであるが、ともかく松堂は、新しい発展を将来に期待するよりも、現状を維持することをひたすら望んでいたといえる。彼には、現状を維持して守成の道を歩むことが、とりもなおさず子孫が安穏に暮してゆく唯一の確かな方法と観じられていたのであった。

4

すでに明らかなように、松堂の考えの中に、封建的な分限意識や知足安分の思想が色濃く流れていたことは、否定出来ないところであろう。とはいうものの、人間の心情の誠に倫理の支えを見出すことによって、儒教の形式的厳粛主義とは異った別個の価値意識をうちだしていた松堂のことである。彼が知足安分の処世訓を説いたからといって、直ちに彼が町人としての卑屈さに生き、無自覚的に分限の甘受を説いたものと断じることはできない。彼の意識の底に、町人としての庶民的自覚が横たわっていたことを見落してはなるまい。

さきにもふれたように、彼が町人は田徳によりかかるべきでないとさとし、勘定と倹約を町人の「まつりごと」

として把握したとき、彼ははっきりと町人としての自覚をもっていたというべきであろうし、「町人・百姓よりさむらいがましき人とえんを組事なかれ、其人とえんを組事なかれ、其行ひ違ひゆえすへすへのじやまになるもの也」と説いたとき、武士に対して町人たる自らを卑下する気持はなく、かえって町人としての自負さえもっていたようにおもわれる。従って彼は、「士《さむらい》　農《ひやくしよう》　工《しよくにん》　商《あきんど》　此四民の内いずれもおなじ事なり、先百姓ほどよろしきはなし、つねづね身をつかひ手あしをはたらかせて、のうぎやうをするゆへ、身もまつたく心の内ゆたかにして、天にまかするの道明白也」と四民平等の精神について語るところもあったのである。

もちろんそれは、封建的な身分秩序の否定を意味したのでもなければ、平等な社会の実現を意図していわれたのでもない。四民秩序を肯定した上で、それにもかかわらず人間は本質的に平等であるといったまでである。だが、身を使い手足を働かせる百姓ほどよろしきはなしといったとき、非生産的な武士階級に対する皮肉が込められていたといえないであろうか。大名・旗本の「かねおや」などすれば、身上を失う故、「すまじきことの第一なり」といった言葉の裏には、武士階級に対する不信の念が潜んでいたといえるであろう。

さらに彼は、「せけんよりよびよせの事、公義より御めし出しの事、きやく方よりよびにまいりの事、ゐんぎやういたし申事、右四いろはことの外六ケ敷事也」とし、公儀より召出し状があった時は、「とくと聞立、しあんのいたし候て出べし、又びやうきの申立て、しばらくひきこみ、其品とくと聞届け、上の様子も聞とゞけ候て出べし、品によりはやまりて出ては、しそんじあるもの也、とかくびやうきと申あげ候て、とくと引込候て、いしやどのへみせなどして、とくとしあんのいたし候事は、一つの工夫なり」と述べている。これは、「荷主かたより、よびにまいり候とも中〳〵急にはしりてゆくものにあらず、先にびやうきと申遣し候て、様子とくと聞立て、永くひけにはならぬ事はあんして後に参りてよし、とかくせくものはしそんじ多く、或はきんぎんの筋にても、とくとしあんして一日もおそく出べし」というのと全く同様の趣旨で、決して武士を一段高い存在とはみていないのである。そこには武士の前に叩頭する町人の卑屈さはみられない。仮病を使ってまでも、しそんじのないようにしろといったところに、封建的力をおそれない町人の不敵な面魂がのぞいているようにさえみえる。

従って松堂は、梅岩が「商人の買利は士の禄に同じ」（「都鄙問答」）として、武士の道と商人の道の無差別を力説したような態度にはでていない。彼の眼は、「百姓ほどよろしきはなし」としたように、武士よりも百姓に向けられているのであり、「是（問屋商売）は、百姓の田地のとくと同前におもいて、一りんも違なく正直に相勤めて、永くしそんへつたへてよし」といっているのである。彼の庶民的自覚の深さは、こうしたところにも認められるようにおもう。

町人の道を支配階級のイデオロギーにまでひきあげようとする梅岩などの試みは、一面では町人倫理の自己主張ともとられるが、これを裏がえせば、そこには武士に対する町人の劣等感が潜んでいたともうけとられるであろう。松堂は自らの倫理観を体系化する立場になかっただけに、武士階級の封建道徳にとらわれる必要がなく、かえって武士の道と町人の生き方の相違を意識していたようにみえる。それだけに一層自由に武士階級に対する卒直な気持もかきとめることができたのであろう。

しかしながら、四民平等が単に人間の本質的平等を意味したに止まり、封建的な四民秩序の改廃を意図したものでなかったかぎり、町人的自覚も、封建的身分秩序の撤廃にまで進んでゆくことはできなかった。それはどこまでも封建秩序の枠内での自覚に止どまり、町人としての身分意識とかたく結びついていたとせねばならない。町人としての自覚と、町人は町人としての分限に安んじなければならないとする分限意識が、微妙にからまりあっているところに、おそらく当時の町人の本当の姿があったのでなかろうか。

従って松堂における知足安分の思想や分限意識も、たんに封建道徳への無条件の追随を意味したとうけとるべきではなく、町人としての自覚と自負の上にたってさてどう生きるかと考えた場合、分に安んじ分を守るということろに処世の道を求めざるを得なかったものと解すべきであろう。それは彼の人生体験をとおして得られた生活の知恵とでもいうべきもので、分を守ることが封建制のもとで最も賢明な生き方と観じられていたのである。そうした賢い生き方は、一種の狡さというか、封建権力と正面から対決しないでひたすらわが家・わが身を守ろうとする消極的な生き方に通じるものをもっていたわけであるが、それは松堂といわず、江戸時代の「身上ともかくもする」中産的な町人たちが、一般にもっていた態度であったともいえようか。

5

ことわるまでもなく松堂は、いわゆる学者や思想家ではなかったが、「遺言集」を通して私たちは、彼の意識や考え方にふれることができた。彼は人倫の中核を形式的な礼儀や忠孝に求めることなく、人間の心情の誠に見出し、時節の変化を自然の道理と観じて、儒教風の型にはまった画一的な判断をしりぞけ、封建社会没落の予感さえ抱いていたようにみえる。彼はまた町人としての庶民的自覚にたって四民平等の考えをもち、武士階級に対しても全くとらわれない態度を示していた。そうした点で彼は、新しい進んだ思想をいだいていたというべく、非封建的な町人意識のすぐれた代弁者であったといえる。

しかしながら、彼の思想が全体としてなお封建的な思想に覆われていたことは、否定すべくもない。殊に保守的・停滞的に傾いていった江戸中期の町人社会を反映して、元禄・享保期の生気に満ちた町人とは著しく異って、極めて退嬰的・消極的な処世訓をくりかえし説いていたわけである。正直と倹約を強調し、知足安分を説いた点では、心学の雰囲気をおもわせるものがあった。梅岩の創始した心学が、町人社会に徐々に確立されてきたモラルを哲学的に基礎づけ体系化することによって成立したのであってみれば、松堂の思想と心学の教説が似通っているのは、むしろ当然とすべきであろう。

とはいうものの松堂には、武士の支配を「天下泰平の御高恩」（「斉家論」）と感じる意識はみられないし、営利を天理として主張する考えもない。まして堵庵のように、「父母に孝行にし、主人ある人は忠義に奉公し、夫婦・兄弟なかよく、人のまじわりに不実なきこと」（「坐談随筆」末尾）という様な五倫の道を強調したところもみられない。従って梅岩や堵庵が、ほぼ松堂と同時代の人物で、心学普及のために大和に来たという経緯はあるにせよ、いま、にわかに松堂が心学の影響をうけていたと断じることができない。むしろ松堂の思想に徴して、彼のような地方町人の間に、心学普及の思想的地盤が準備されていたと考えておきたいとおもう。

ところで松堂は、はじめにふれたように、仲継問屋の家業に精励して家運の隆盛をもたらし、文化的にも多方面に活躍し、晩年にはまた大和絣を発明するなど、極めて積極的な活動家であり生産者的な性格さえもった人物のようにおもわれる。にもかかわらず彼が、「遺言集」において、極めて保守的・退嬰的な処世訓をならべたてているのはなぜであろうか。「我等ことは手本にならぬもの也」と彼自身においても意識されていたように、彼の生涯と彼の説くところには、かなり大きな矛盾があるといわねばならない。

だが、一八世紀中葉といえば、封建社会がその矛盾をあらわにしながら新しい時代への動きがまだはっきりとあらわれてこない、いわば沈滞した時代であった。町人社会は元禄の上昇期を過ぎてゆきづまりをみせ、彼らに許された封建制の枠内での自由さえ充分味わえなくなっていた。松堂のような活動的な「器量人」すら、封建体制の下では、「所詮町人・百姓の身の上は天井のしれたるもの」と意識せざるを得なかったのである。そこに「不自由なければ至極の幸」と人生の理想を無事・安穏な生活に見出し、消極的・退嬰的な処世訓を説かねばならなかった理由の一つが求められよう。

さらに子孫に向って教えさとそうとする場合には、彼自身の人生とは別個に一層安全な事なかれ主義的な処世を説くことになろうし、ましてさきにもふれたように子孫の前途に一抹の不安を感じていたとするならば、退嬰的・

消極的な保身の道を説いて老いのくりごとめいてきたとしても、またやむを得ないものがあったとせねばならない。彼が反封建的といわないまでも非封建的なすぐれた考えを持ちながら、いわば後向きの姿勢で子孫のために守成の道をさとさねばならなかったのは、そのためであるとおもわれる。

さらにいえば、そうした後向きの姿勢は、彼が新しい生産力の発展と結びついて思想的な飛躍をとげることができなかったことにもとづいていると考えられる。彼は「かねて考へ候かすり木綿は、かつの業とせよ、木綿にかすりを織る事は、我かねて伊州《（伊勢）》の松坂木綿のかすりより考出して、ゆくゆく当所の産物となさむことを思ふ、我子孫此こゝろをつぎて忘るゝことなかれ」といいながら、彼自身で織屋を経営したり、織元として絣織業を問屋制的に支配したという証拠は何もない。彼はまさかの時の貯えに、朝町村に田地を買求めたけれども、節約された財貨を生産のための資本として蓄積しようという考えは少しももっていなかった。ただ消費生活を維持するために、家業への忠実や倹約や勘定が説かれ、分に過ぎた奢が戒められたに止どまる。松堂においては、企業家的な活動や精神を示す何ものもないといってよい。

ましてウェーバーのいわゆる「資本主義の精神」は、その萌芽すらこれを見出すことができない。私たちが松堂の中にみるものは、ウェーバー(8)がフランクリンの倫理と峻別したレオン・バッティスタ・アルベルティの精神に近い考えであり、資本主義が闘うべき敵としたところの「伝統主義とも名づくべき感覚と行動の様式」であり、「むしろ単純に生活する、つまり習慣として生活をつづけ、それに必要なものをえることだけを願う」生活態度であり、そのための処世術であったといってよいであろう。

注

（1）　日色四郎『大和御所町誌』（御所町、一九五三年）。「宗門改帳」（一九五四年当時御所町役場所蔵）。

（2）一九五四年当時御所町役場所蔵。
（3）『奈良県南葛城郡誌』（南葛城郡役所、一九二六年）。
（4）注（1）の『大和御所町誌』。
（5）注（3）に同じ。
（6）「増穂残口の思想」（家永三郎『日本近代思想史研究』、東京大学出版会、一九五三年）。
（7）「現代日本と町人根性」（和辻哲郎『続日本精神史研究』、岩波書店、一九三五年）。
（8）マックス・ウェーバー『プロテスタンティズムの倫理と資本主義の精神』、一章二。

二　大和絣創始者浅田松堂の「家用遺言集」について

江戸時代、支配階級の思想とならんで、民衆とりわけ町人の思想が、時代思潮の前面に力強くたち現われてきたことは、日本思想史上画期的なことであり、その歴史的意義はきわめて重要であるといわねばならない。しかしながら、近世思想史の理解をより豊かにするためには、すぐれた思想家や大都市の町人の思想のみならず、進んで地方の町人や農民の思想が、もっとほりおこされねばならないであろう。まさしく、近世の思想・文化をもっと民衆的なひろがりにおいて把握し、儒学・国学・洋学などがどのように地方の民衆にうけとられたかなどを明らかにすることは、近代民族形成の基盤として「文化の民族的密度(1)」を考える上でも大切なことだとおもわれる。ここに浅田松堂の「家用遺言集」を紹介しようとおもうのも、こうした意味に外ならない(2)。

浅田松堂は、大和国御所町の人、名を操、通称を新七といい、また文鳳と号し、正徳元年（一七一一）に生れ、安永六年（一七七七）六十七歳で没した。仲継問屋を家業としたが、宝暦年中松坂木綿を研究して絣織を発明、いわゆる大和絣の創始者として知られている。『奈良県南葛城郡誌』によれば、「読書を好み業務の隙群書を渉猟す。又古今の法帖を究め臨池の妙を得て其名遠近に聞え、終に京都に出で儒官となる。法眼に叙せらる。（中略）操亦多芸にして弓馬の道に通じ、且蹴鞠音曲にも長じ彫刻の技さへ拙からざりき。殊に書道に達したれば其書する処の寸紙片帛も今尚地方に珍蔵せらるるもの多し(3)」とあるが、弓馬・蹴鞠・音曲に通じたというのは、彼の逸話(4)として故老に伝えられたものによるらしく、どの程度にその道を修めたのか詳かでなく、「京都に出で儒官となる」云々とあるのは、すこぶる疑わしい。

しかし彼が読書をよくし書道に秀でていたことは、「家用遺言集」でもうかがえるところで、彫刻に関しては、彼自身が刻んだ木彫の肖像が御所実業高校に現存し、書については、彼の弟子当麻寺西南院主竹堂と吉祥草寺法印梅堂とともに、松竹梅三堂と称され、その筆蹟も現存することであるから、読書を好み、彫刻を嗜み、書道に達していたことは、ほぼこれを信じることができる。ともかく彼がかなり豊かな教養人であり、地方の徳望家であったことは、間違いのないところであろう。なお彼自ら記しているように、「ゆく〱は当所の産物となさんことを思」って大和絣を工夫・発明したのであるから、殖産の志にも厚かったとせねばならない。

家業は仲継問屋で、屋号を問新といった。吉野郡下市・上市方面と河内国古市の間を中心に、広く大和と河内の物資の中継ぎをおこなっていたらしく、荷物として重要なものに、材木・塩・油などがあったようである。松堂四十五歳、宝暦五年（一七五五）の「改帳」(5)によると、当時の御所町は、戸数八七三戸（内家持三三五戸、借家五三八戸）人口三二四〇人であった。松堂の家は、西御所の北口に近く登佐喜旅館の南隣堤氏宅のところにあり（一九五四年当時）、寛保三年（一七四三）の「検地帳」(6)によれば、五畝九歩（高九斗一合）と二畝歩（高三斗四升）の土地が松堂新七の屋敷地になっており、別に上畑二四歩（高一斗一升二合）がこれに付属していたようである。田地はこのとき上田九畝二〇歩、中田九畝二七歩、下田五畝二四歩、計二反五畝二歩（高三石七斗一升四合）を所有していた。なお「家用遺言集」によれば、別に近くの朝町村に高四五石の土地をもっていたことが知られる。

その他については史料が全くなくこれを明らかにすることが出来ない。それは松堂死後、家運が傾き没落の悲運をみたからである。「宗旨改帳」(7)をつないでみると、松堂以後の系譜は次頁のようになると推定されるが(8)、松堂の孫の代、只助新七（芳挙と号し俳句をよくしたという）の晩年、家屋敷・財産・問屋株・系図など一切合財を米田新五左衛門に売払ってしまったのである。新五左衛門は、近くの関屋村の出身といわれ、弘化二年（一八四五）の

「改帳」に、持高五二石五斗五升としてみえているから、おそらくこのころ浅田家の財産その他を買い取り、御所町に移り住んだのでないかとおもわれる（浅田家は只助没後、竹野、新太郎が転々と居を移し、維新直前には借家住いに落ちぶれ、維新後御所の地を去り、末裔泰三氏が大阪に死んで家計が絶えてしまった）。「家用遺言集」は従って米田家に伝えられたもので、米田家では仲継問屋を営み屋号も問新を継承するとともに、松堂を米田家の先祖とし、松堂の仏前で「家用遺言集」を子孫に読みきかせたと伝えられている。

「家用遺言集」は、御所高校山本賢三氏の苦心によって発見され、現在氏によって保存されている。昭和十二、三年の頃、山本氏は、松堂の末裔泰三氏の行方をつきとめるとともに、米田家の後裔米田信行氏を大淀町に訪ね、この書が大正四年（一九一五）父信太郎氏によって高田の三浦菊治氏に貸されたことを知り、高田の郷土史家堀江彦三郎氏の協力によって三浦氏の子孫を神戸につきとめ、ついに埃にまみれた「家用遺言集」を発見されたのである。信行氏に届けたところ、山本氏にその保管を託され今日にいたっているわけであるが、山本氏の苦心はまことに貴重なものであったといわねばならない。

浅田家系図

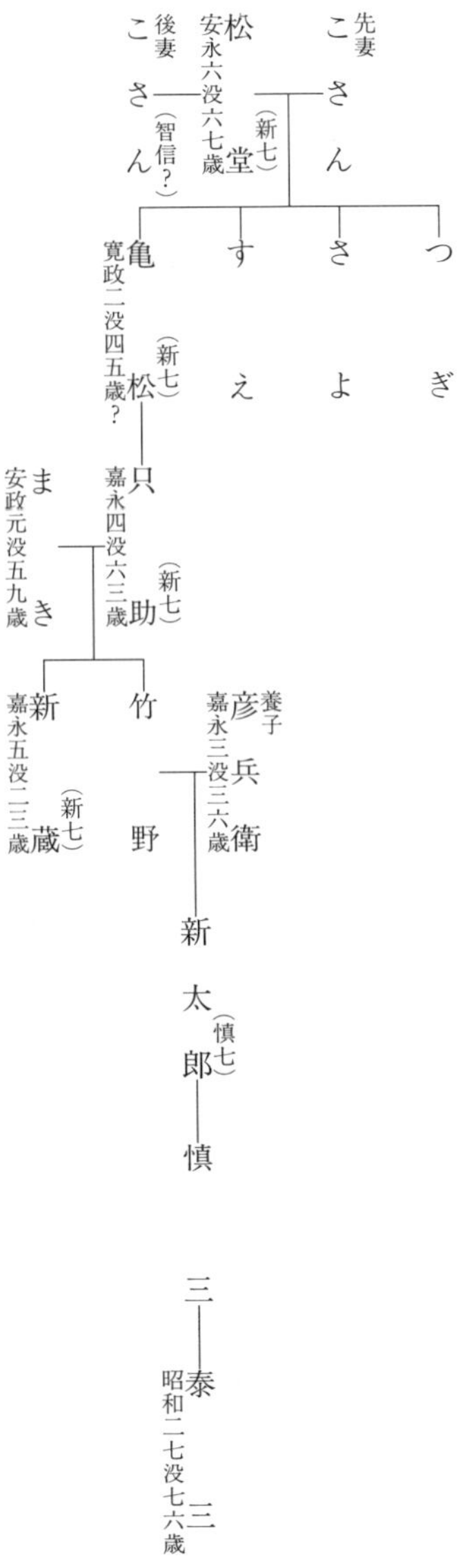

「家用遺言集」は、宝暦十二年九月吉日、松堂五十二歳のとき子孫のために書きのこしたものである。一〇八丁という大部のもので、その日からおもいつくままに書きとめていったらしく、順序も不統一で、内容もかなり雑然としている。いわゆる家訓・店則にみられるような形のととのったものでない代りに、他所ゆきに改まったところがなく、一町人としての生活感情なり規範意識が、とらわれることなく卒直に表現されているようにおもわれる。ここにあらわれた松堂の思想については、別に稿を改めて発表する予定でいるが（本書、第三章―二）、若干気のついたことを断片的にかきとどめておきたいとおもう。

（1）　儒教の影響のあるのはもちろんとして、一向宗の考えがかなり濃厚に流れているようにおもわれる。このことは近世庶民の思想を考える上で注意すべきことであろうが、そのせいか、「何事にてもじせつと申ものにて、しぜんのみちなれば、ぜんあくともにしぜんとおさまるものなり、たゞ一がいにおもう事なかれ」というように、松堂はかなり柔軟なものの考え方をしているようである。

（2）　町人は田徳によりかかってはならないとか、公儀より呼出しがあっても、病気などと称してよく思案してからでかけるようにせよ、とかいっているのは、町人としての自覚を示しているものとして注目されよう。また、村役人になるのはよくないことで、田徳を多くもつととかく役人にされるから五石以上の高をもたないようにせよとか、宮様の家来になって刀さしになるな、武士と縁組をするな、大名・旗本に金貸をするな、などといっているのは興味深い。しかしこれは、町人としての自覚を示しているというよりも、むしろ町人としての分限を守ることを強調したものと考えるべきであろう。「士農工商此四民の内いつれもおなし事なり」というのは注意されてよい言葉であるが、人間として同じであるという位の意味で、社会的平等の主張とうけとるべきではあるまい。

（3）　家業に忠実に、分限を守り、倹約をせよということが強調され、新しいことに手を出すことを戒めていて、上昇期の町人にみられるような積極的・営利的な精神は、あまり表面に出てきていない。大和絣の創始者としての松堂の生産者的な性格はほとんど認められず、守成の道を強調して、消極的・退嬰的な色彩が濃厚である。このことは宝暦という時代の反映ともいえようが、松堂が五十二歳で「家用遺言集」の筆をとったとき、嗣子亀松がわずか十六歳で、子孫の前途に一抹の不安を感じていたからだともいえようか。家または家業に対する献身を命じるといった気持よりも、何とか子孫が幸福で安穏な生活を送れるようにという、松堂の子孫への愛情と顧慮が強く働いていたようにおもわれる。

（4）宝暦といえば、石田梅岩がすでに心学を講じており、梅岩は大和へも足を運んでいるというから、松堂と心学の関係を全く否定してしまうことはできないが、「家用遺言集」にはその直接の影響は認められないようにおもう。もしそこに心学的な要素が認められるとすれば、むしろこのような地方町人の間に心学普及の思想的基盤が形成されつつあったものとして、その意義を重視すべきであろう。

注

（1）井上清『日本現代史』一　明治維新（東京大学出版部、一九五一年）、二一一頁。
（2）遺書・遺訓の、思想史の史料としての意義については、中田易直「元禄享保期一捕鯨業者の思想」（『史学雑誌』六三―八、一九五四年）を参照されたい。
（3）『奈良県南葛城郡誌』（南葛城郡役所、一九二六年）、二五七頁。
（4）同前書、二五九～六〇頁、日色四郎『大和御所町誌』（御所町、一九五三年）、一一〇頁にその一端が記載されている。
（5）一九五四年当時御所町役場所蔵。
（6）同前。
（7）同前。
（8）山本賢三氏の御教示に負うところが大きい。

（表紙）

宝暦十二暦
壬午九月吉旦

家用遺言集

松堂　浅田文鳳
光慶記

送
子孫書

石之上よろしき事ハ書伝てのこすへし、国家めつほうの時節きたれハいかやふの事をしるしても無益也、天下の事のミみたるゝ事あるもの也、それハ時節のいたる所ニして先祖のおもいもふけぬ事也、先ハ其国・其家へ生るゝものハ能事ハ申のこしおく事其身一生之つとめなり、すましたかをし過候ハ人間のしるしなし

浅田松堂記之五十二才

一人のつね〳〵用る事ハ御公儀様制札ヲ以明白也、可慎事也、京・大坂ニおいて不残御記有之事也

一家業之事くわしくと、こおりなくしらざる内ハ何事ニてもさしゆるし申事なく、家内之おさめ能々おぼへて之上いとまのあいだハ文筆を第一とす

一此家ニしさいあり、たんなぶんニなるとせつしやうをかたくいましむ、此しさいハあまり永々しきゆへしるし不申、何ニよらす生のあるものをころす事食物ニてもかたく無用、大ニ可慎事也

一此家ニむまれるもの、はとをたへる事ならす、子孫永クつゝしむへし、年々やはた様しんかうすへし、此家々内ニてはとを用る事なかれ、大ふんしさいあれとも不記、たとへいかやうのふるまいニてもはとあらは食する事かたく無用、いつれのはとニても用へからす、殊外わけあれともしるし申ニ不及、永ク此事可慎し

これニかきらすゆいげん申渡し事不用候て、わがまゝなるものハ永クかんきたるへし

一町人・百姓之家々ハ年中之つもりをしらざる時ハ皆々其しんしやうひんニて、後ニハ家ヲはなれ又家業もつゞかず、是ハ年中いかほとのもうけありいか

ほとの入用あるとかんがへて年中の積りあしきゆへなり、毎日〳〵出入之勘定ハ町方之つとめなるへし、じしんとりひきするとも猶以出入勘定ヲ以見るへしと也、或ハとい屋商売なれハ百文出九拾匁入、残拾匁の算用此払何ほどや事日々相記年中ならし、何ほと入何ほと出ルと見合てかんかへて後けんやくヲ守りて見ルへし、是則町人・百姓のまつりことと覚てよし、此つもりを不知時ハとくふんおゝくとても、たよりニならぬ事也、しよせん町人・百姓ニむまれるほと身なれハ、其位いかほとふんけんニても上下のへたてなくもの也、たゝ安心するのミ也

一それ〳〵のしやうはいなれハ或ハとい屋しやうはいの人ハ、

　一切何ニよらずあきないかましき事無用也

此家業ニて事済ゆへ也

あきないかましき事あれハ荷主ゟうたかわしきありて、ふはんしやう〳〵堅クいましめてよし

惣たいふじのあきないをこのむ事ハしやうはいすわらぬ人の事也、しやうはい極りし上ハ大ニひかことなり、おしなめてよくのないものハあるまじ、おさまりを不知身ニおうせぬけつかうをこのむゆへ、不及事をのそみて、けつく先祖ゟのかとくもなくなり子孫も不続一生もなんきなるもの多し

　杉・ひのきの事

一杉・ひの木ハ吉野郡ニ往古より自然と生したる木はかりにて、なゑをうへる事ハ慶長近年之事、寺戸村ぜんきう先祖、北国より初而なゑをとり得(帰カ)てうへたりとなり、其後一山所々ニ有之也

一戸板ハ初ハ五尺の板ニて出たり、間数も不定とい屋と申事もなく、此節吉野郡ゟ下市へ出ルやうニして京・大坂へ出多ク、後六尺三寸ニてに分十二間馬荷壱文と定りたり、其頃ハ山ノ売買もかたかなの証文也、川渡村助左衛門殿なと古証文あり

一杉皮先年皆々長皮なり、後ニ切皮ニて三間半四束ヲ馬荷壱タとす、後々六束くらひになりたり

一牛馬つかひのものとも数年此事何角と申ものも度々有之候へとも、荷つもりと申事ハしぜんのとうりニて

時々かわるもの也、かならす〳〵牛馬つかいなと二とうしんする事大ニ悪し、たゝ何事ニてもじせつと申ものニてしセんのみちなれハ、ぜんあくとも二しぜんとおさまるものなり、たゝ一かいニおもふ事なかれ、家《しよう》業《ばひ》ハ日々のつとめなれハ一がいニかたよるへからず、たゝ〳〵其じせつのきたるまゝと心得て人の一方成共くるしくおもふ事ハましわるべからす、能々ものゝたかをがてんして見ルへし、町人・百姓之身のうへものあらためして無用也、あなかち其しやうばいニかぎるへからず、水のなかれくものゆくことく人間ノ一生ハ水のうへのあわ、風のまへのともしミ、いたつらなるもの也、たゝ心やすくおさまりてよし

一人ニつきあひ候せつかならす〳〵ゆだんすましき事、むかふの人ハ何角ニつけて心をつけ、其人之しんていをみさがし心のおく所をためしみるもの也、人の心のそなへをとくと見そなへて善悪を数年ためし、みそなへて其心をゆたんすましき事也

一家々おさまりハ自然と其道筋のもの出て事をとりおこのふもの也

今何事ニよらず八木村七郎兵衛夫婦、正蔵兄弟ヲ以とりおさむる也、是則じゆんどうと申事也、万事此夫婦ニて事たる事也、然上ハ一家をもとむる事大切也、つね〳〵せけんのひやうばん悪敷ものハ富貴なりともゑんたんせましき也

其時々町方ニよらすほうゆうを大切ニすべし、あるひハ此度なれハ道具屋源七・細井屋善九郎・新町屋たのも・とうく屋源之右衛門・かも屋忠八なとたのミて少茂滞事なし

七兵衛夫婦ヲ以一たいとして、此町、此れんちうヲ以用とする時ハ何代もあやうき事なし、万事此とうりニ守ル時ハ代々人の身のうへ慥成、永ク此利を以かのりニわたりておこのふ時ハたとへ貴人高位たりともちかひあらし

一人として他人ニつきあひの品なくてハおもわしからぬもの也、或ハうち・はやし・うたひ・ふきもの、たぐひ大がいニて□《(よカ)》し、上手ニなれハけつくあしき也、或ハさみせんなとわかい時分ハすくもの也、いかふ上手ニなれハこつじきのまねしたかるもの也、

らんふニてもたいかいな事ハよし、五十過て一向ニやくたゝぬ事也、しらかかしらニて諸々えはやしニ出ルもとうやらおかしいもの也、たゝ文筆之二つこそゆるしけれ、いとまあらはよみかきこそ人の身の永きたのしミたるへきなり

　せけんニふぐの魚をくうやうなあほうもおゝけれハ一がいニハいわれぬ事也

むかしより人間之しよくじハあまるほとけつかふなり、どくとしりてたべるやうなたわけあれハぜひニおよばす、其身もじめつのじせつ来りたり、其時ハ三経のおしへも不及

大酒をしてじまんヲなし大しよくをしてよろこふたぐひ皆々如此也、それしよくじは天のめくみ、大切なれハあくまてくらふへきニあらず、度々ニうやまひ、こと〴〵ニつゝしミても、あまりかやふの大切の事を不知たわけおゝきもの也

一村方・町方ニて田徳をおゝくあつめ高をおゝく所持して、村・町之役人、庄屋・年寄なといたしよろこふ人もあり、其家々先祖之たておきたる事ニしたかひ珍敷事ハ無用、此家々ハ先祖より村とくおゝく所持する事無用、五石以上なれハ六石くらいをつまりと心得てよし、高をおゝくもつときハ組頭ニてもうけるやふニなるもの也、かりニも役人之名ハあしき也、人のひはんニあふ事おゝし、たゝ何となく一生ヲ心安ク過るかよし、かならす〳〵五石ゟ上のとくぶんを望事先祖ゟ之おきて成りと心得てよし、家業さしつゝき候上者とくふん無用なる也、朝町村の事ハ格別之さたなるべし、是ハ松堂一生之心得ニてもとめおきたり、此上ハ必々無用也、たゝ人ハ心のおきてこそ大事也

一公事《くじい》・出入《でいり》ハ人々このまざる事也、たとへいかやうの事候とも公辺《こうへん》ニする事ハ大切也

此しやうはいニハたひ〳〵くじがましき事いできたるもの也、いかやふニも申ひらきどうしんすべからず、すべて印形をする事ハ大切也、ゐんばんと申者ハ其国・其家之極なるへし、ゐんばんヲ以其主ノくわんをさつくる事、もろこし本朝《日本》之おきてなり、其ゆへ人ニもゐんばんおす事ハたのまぬもの也

一すべて其家々しやうばいニおひてもはんじやうする時もあり、又ふはんじやうニなる時もあり、おとろクへきニあらす、或者とい屋のしやうばいなれバ荷物之お丶いじぶんもあり又少なひしふんもあり、としニよりてかくのごとし、すくなき時ハ下人ヲひかへてけんやくヲまもりてよし、たとへハしやうはいすじより少しなりとももうけのなき事あらじ、それへでんじのかとくをくわへ候へハたくさんなる事ニて少しもおとる事なし

それゆへニでんじとくふんハ年々あてにすべからず、でんとくニよりか丶る時ハかやうのなんぎの折ふしニ間ニあひ不申、是皆町人ノ心得なるべし

一当町より古市迄之内、何方ニよらず新しくとい屋かましき事一切なりかたき事也、万一新しき事をくわたて候ハヽ、古市《こまケ谷》ゟもとりの荷物相渡不申とのかたき一札あり、ましてとい屋の内ゟどうしんする事ハ一切なりかたし、是則両国かための証文なり、大切ニすべし、外大和方牛馬つかひ此方へ之請負手形あり、是もつね〱出スものニあらず、此しやうばいもつとまり不用候ほとの事牛馬つかひより申出し候時、くじ出入ニもおよひ候とも京都願ひニも及ひ候ハヽ、出し可申候、大和方ニてハ出し不申候、先ハかぎやうの大じなれハつ丶しむべき也

先ハかくのことくしるしおくといへとも、天地之間ニしぜんとそなわる道なれハ、なにの事ニもおとろく事ハなし

義田《ぎてん》搆(講)之事

あめや源太郎　松堂
あぶらや長兵衛　道具屋源兵衛
新町屋九衛門

一右きでん搆(講)と申事、先年松堂とり立す丶めて□□(右五カ)人して取立たり、是ハ町中こんきうのひんなる人へかし米のつもり也、くわしくハ搆(講)中の長めんニ松堂自筆ヲ以しるし有之

右之銀子、でんじ何角のせわをバ五人へまわり〱ニ致候筈也、万一此方ノまわりニなりたる時ハしこく大切ニして、壱りう壱銭ニても内ノ事ニくわへ用ゆへからす、はじめとりたて候節五人之けつはん有之、大切の事也、又ハ存知して少しニてもあやまる

時ハ永ク先祖之つみニおよふ事也
右外の事ニハ一向ニ用る事なかれ、ひんなる人へ毎年ノとくぶんのほとづゝハ毎年かし申事すくひのためのでんとくなり、何事きしん事ニ一切無用也、すじちがひてあり、後代ニ連中ゟ法義ニつかふへきなと、申人ありとも同心すべからず、最初之極ニ違ふ也

ゆう書の事

一くわしく別紙しるしおくもの也、諸式(法カ)ヲ以ひらき見るべし
たとへハゆひけん書なくともそれ〳〵の道筋ヲ以さばく時ハ少茂滞事不可有之、其所・其国々作法ありて少茂おそるゝ事なし
右田畑・山・屋敷之徳分、我等死後ハ小さん・お市・おつき・おすへ・五十市、右五人之はんりやうとす、かならすめん〳〵わけとりてのく事ハ無用ニ候、惣体おんなハゆき〳〵・出入ニやかましきもの也、あてがひ無之時はいかゝなり、ゆへに右之とくふん納り計ヲ五人へ譲りおくもの也、他所へよめいりする時ハ右壱ケ年分之納りとくふんヲ以入用とし遣し可申候也、ゆきゝはんたんの入用とす、先々之嫁たる所へわけ遣し申事ハ堅なり不申、たゝ此家へかへりての入用とす、万一不縁ニて此家へかへり候て家をまもる時ハ此はんりやうヲ以やしなひ遣し可申候也、右おんな・子とも一生之間ハ此てんとくヲ以、母諸共いはいなく見とゝけ遣しべし、いそいち事ハおとこの子なれハ亀松心ニまかせ可申、不孝・不埒成ものハ不及沙汰候也
右朝町村田畑・山・屋敷者代々おんな方へつくへし、質物入幷他へ譲り候事ハ一向なり不申候、則村方役人中へも此通り書付ヲ以頼置有之候、加判無用と断り有之候、此本人の我まゝニさし申事堅無用、六十計ニなりゐんきよいたし候ハゝ、当分ゐんきよへつけおくへし、其後ハ必々不埒ニなり不申候
右我等無事のあいたハ我等の心まかせなれ共、万一急成事あらは此法ヲ以テ永ク申伝へし
右かやうの事ハ末《すへ》なかく申残してやくにたゝぬ事なれ共、人の身のしまひハなれならざれ、ゆくさきをおも

ひおく事人の本心なるへし、随分此通りニまもりたら
は永クはんじやうすべし
一人はへいぜひのたちふるまひまても能人のたちふる
まひを学《まな》び、心のたても見おぼへてすなをニ持へし、
つね〳〵の人とあひたいなといたし、はなしなとい
たし候とも、とくとつゝしみ、ことばをおさめてい
ふべし、きよろ〳〵したる人ハ人のあなどりおゝく
い、そんじをおゝくありてあやまりおゝし
一夫レ人者礼義をもとゝして敬心之心なきものハ禽《トリ》
獣《ケダムノ》ニおなし、古人之きんげん不及筆紙、或ハふし
んなとする時ハ先祖ゟ出入之いたしきたりたる人を
用へし、かならすあたらしくものを用る事大ニあし
き也、或ハ日用の類ニても少茂ねぎる事大ニあしき
也、かやふの事ねぎりてするふしんならはいたしま
しき也、惣体とむらひの類、よろこひのたくひ、か
いものニよらすねぎるものニあらす、それほとニし
てけんやくすへし
　或ハ肴屋ハたれ、或ハ何ハいづかたと極てとるへ
し、初ニすいふん其ほと〳〵を極て少茂引べから
す、かならす〳〵あしき也、其ほと〳〵ニして行
　べし
一家居のふしんハかならず〳〵しんしやう能候共よろ
しきハ無用也、あめつゆのミしのけバけつかうと心
得てよし、或ハ座敷とこまわり色々のけつかうハこ
のむ事永クいましめおくもの也
高をがてんすべし、町人家姓にむまれ、身ハ其ぶん
げんを知る事是第一のいましめ也
是迄せじやうニあしき人ありていろ〳〵の事をすゝ
める人あり、或ハ宮様のけらいニなれの、かたなさ
しニなるのと、すじなき事をすゝめて人のしんしや
うをくずす悪人おゝし、かならす〳〵同心すまじき
也、皆々ぶんげんニ過たる事なり、家をうしなひ身
をあやまるのはしめとなるへし、是迄ニさやうの事
ニ同心してあたら先祖ゟ之かとくをうしなうの人数
をしらす、万事ニ付すくれてよろしき事といゝなら
べてすゝむる事ニ同心すべからす、かならす大事ニ
いたる事のミ出ルもの也、悪《あしき》としりてなすことなく、
せん《善》としりてすてずしてよきとおもふハつねなり、

たゝ其身分相応を知事第一也

町人・百姓の身のうへハてんじやうのしれたる事なれハ、ふじゆうニなけれハしこくのさいわいと心得、よけいの事を望ハあやまりなり、なましい少々きんぎんをたくわへて大名・はたもとなとのかねおやなとすれハ、筋なき身ニてけつかふニおふ事をよろこび、後ハしんしやうをなくするもの也

是も中間《大坂表ノ》入して数代覚たる人ハしはらくたもつ事もあり、中〳〵いなかの問屋つとメたくらひないし五百、千ニ候高身上ニてもすまじき事大一なり

一おんなこともあれハゑんへんをむすぶ事大事なり、ふつりやひなる所つかわし申事大ニあしき也、たゝちすじ第一也、悪名《あくみやう》あるひとゝたとへ身上よろしきとてゑんへんをなすへからず、すじめたゝしくあしきさたのなき人へつかわすへし、一たひあやまりてハまつたいのあやまりなり、数十ぺん聞合て相応の事を用へし、たとへすじめよろしきとておろかなる人・たんきの人ハかならす〳〵無用也、人からよろしきを第一とす、たとひ無能無げいのひとニても心さしこそ大切なり、人のげいのうハやくニたつものニあらす、なせばなるもの也、きりやうハかまいなし、町人・百姓ゟさむらいかましき人とゑんを組事なかれ、其人とゑんを組事なかれ、其行《おこな》ひ違ひゆへすへ〳〵のじやまニなるもの也、たとへハ、

うしハうしつれ、むまハむまつれなり

おうろくのふたニいそぎふたと申事也

一身上よろしくなり候とも、ふるまひばんじ二ノぜんなとを用る事大ニあやまりなり、りやうりハ時々ニしたかひ用へし、二ノせんと申事ハしさいありて町人・百姓の用るものニあらず、たゝくろわんぜんニて済事なり、しらぬ人のたゝなわしてすゝむる人ハみな〳〵かたきのさたなるへし

一わかいじぶんニ心のおさまりなくきよろつく人ハあやうきなり、申きかす事をもちいぬ時ハはやく見きりてかんとういたしてよし、ぶら〳〵みあわす内ニ大なんきたり候也

一家之一もんハ連枝《おやこきやうだい》のわかれなれハかならす互ニそまつニいたすべからず、まことをつくしてつね〳〵つきやふべし、たとへ少々の事心得ちかひ又ハおもひちかへありとも、すこしも他人へさたすへからず、又きんぎんのとりひきニてかならす〳〵おやこ・きやうたいのなかあしくなる事町人・百姓のおゝくある事なり、必々いかほどの金銀の不埒とてもそれゆへニなかあしくするハ大ニあやまりなり、しかしすいぶん互ニ金銀のとりひきハせざるかよし、たにんととりひきいたしてよし、ぜひ〳〵かなわぬ時ハとらぬと心得てつかわすへし、互ニもどせバ其時之互の仕合と心得てとりやりいたしてよし、其上ハかならす〳〵いかほどのとりひき不埒ニてもくじ・出入なと互ニするものニあらず、つゝしむへし

一弁財天《べんざいてん》

此天童者神なり仏なり、くわしくしるすニ不及

右ハ此家ニゑんの仏神なり、かならすそまつニすへからず、他所へおくる事かたく無用也、はるかの先祖ゟしさいありて此家ニありきたりたり、かくべツニけつかふをつくすもいらぬ事也、かわらずとき〳〵とうみやう・くもつなとさしあげる也

すべて一向《いっかう》しゆうしハかやうの事をほめぬ事なり、かならす〳〵他ノ人申事ニ耳かすべからず、しさいのある仏神也、まことニどうぎやうなとかれこれと申人あるときハ、

先祖代々申伝し事なり、おやのめいなりと《いゝつけなりと》いわバ、ぜひと申人もあらし、それをぜひといふ人は必あしき人とおもふへし、かならす先祖ゟもちつたへ、なしつたへたる事ハあらためる事大ニあしき也

よろしく〳〵ハせずとも
あしくせぬがよきなり

一やすひものといひていろ〳〵の事すゝむる人あるもの也、あるひハ唐物《とうもつ》《からもの》類・くすり類かいおきなとすゝむるものあり、是皆悪人なり、たゝしなれたる事ばかりがよし、皆々よくよりおこりてなんきをする人まゝおゝし、かならずゆだんすへからす、五條村近所ニてさしてもない事ニかなやまなとゝいゝひて、身上のしまい又せけんのわらひくさニもなりめんぼ

くもなき事、よく〳〵聞おほへて申伝へし、よくおさまる時ハかやうの人もよりつかぬもの也
一つね〳〵ちやうせきのぜんぶハ上下おなしやうニするなり、格別ニたんなぶんのじやうぎなとゝいひてよろしきを用る人あり、みくるしき事なり、家内おなしきやふニすべし
一むかしかねもち又ハいしゆある人あれハいれこみとゆう事をたくむものあり、しろものたお(ほカ)うよりかくべツやすきものを、なにニよらずすゝめてかわせて、其うり主をわるものなりとくかんをきわめこしらへて、それよりかうぎへよひ出してつみニおとせし事あると申伝しなり、下直なるものゆへとかとなる
一古帳売払申事
右そうたいふるひ長めんはうり申事かたく無用也、あまりせまく候ハ、十ケ年之間ハきわめてさしのこし売り可申なり、十ケ年之内ハはらい申事無用又ハうらがみニつかひ候事も大ニあしき事なり、ぜひくつしニいたし候ハ、十ケ年あとよりはらひ申事もあり、此事かならず〳〵大切の事なり、算用合さしひきのかんしやうかましき帳めんハいく年もそまつなく大事ニかけておくべし、とい屋方長めんハきんミ壱年切と百年このかたかよひへしるし諸方へ出し有之候へ共、三年之間ハぎんミを申来り候へハ帳めんをみて遣し申へし、ぜひハ四ケ年之間ハ用へし、帳めんハ十ケ年之間ハ大切ニいたしおくへし
　右年数の事ハ十ケ年之間ハ大事ニわけておくへし
一宝暦十三年　未正月　とゐ屋長右衛門殿事ニ付下市ニて黒滝衆中様御寄合之節の事
一去年午之年極月より也、とゐ屋長右衛門殿より河州駒ケ谷庄兵衛殿次荷物、下市松や《下市中次といや》安兵衛殿次之黒滝荷物之口銭壱太前ニ七分八分つゝかゝり候よし、其折ふし右之安兵衛殿駒ケ谷見セ之てつたひ申節、右荷物参り、送り状とりて見申され候処七歩つゝ口銭相かゝり候よし、右同月《十二月》下市《安兵衛》へかへり之節ニ長右衛門殿方へ立寄下市へ鳥渡被参候様ニとの事申され候処、未正月四日までニ被参候ハ、可然候処延引ニ

付右安兵衛殿黒滝御出被成候て其事申され候よし、
十一日ニ長右衛門殿被参候処安兵衛殿殊外くわこん
長右衛門殿へ被申候処きりやうなく返答いたしかね
候様ニ相聞へ申候、其節駒谷庄兵衛《彦六事》殿よひニ参り、
下市ワた屋仁兵衛殿・茶屋甚兵衛殿・松屋安兵衛殿
なと寄合いろ〳〵相談有之よしニて、右まつ屋安兵
衛殿ハ四五年以前より駒谷とい屋へ入込入魂ニ付て
色々内談もいたし候上の事と被存候
右十二三日ニ庄兵衛《駒谷》殿此方被参候て下市ゟよひまい
り候処、右安兵衛殿ゟ段々ちよとはなしいたし候て
下市へ被参候かへりの折ふし、此方へ立寄被申候事
候
とい屋長右衛門弟彦兵衛下市ニて被申候事ハ、自身
めいわくゆへ新五衛門ニも違いあるなと〻申され候
ゆへ駒ケ谷へ送り状取ニ被参候処、庄兵衛《駒谷》殿方ゟワ
たし不申候との事ニ候、夫より庄兵衛殿下市へ被参
候てかへり申され候節如此候事
右正月廿四日下市ゟ態々飛脚ヲ以とい屋長右衛門・
新五右衛門・庄兵衛・助右衛門・又兵衛皆々下市茶

屋甚兵衛殿へよひよせ此方名代ニ亀松遣し候処、長
右衛門弟彦兵衛へ通せん書付出し候やうとの事此方
ニも申付候処不存候よしニや、彦兵衛《長右衛門弟》殿おもひ付ニ
ハだましてか〻さんとやおもひけん、右かきかけて
申され候ハ手ふるひ候あいた代筆いたしくれなと〻
申、小人ゆへいつわりか〻すとハ不知彦兵衛殿仰書
と心得跡遣し候処、是ヲ以新五衛門も如此御座候よ
しニ客中へ申入候よし、是をしやうこニとりて新五
衛門も同事ニあやまり手形幷取込銀として六百匁元
ぐさりの手形なと〻いたし外ニ三歩ニて可仕様子、
色々ケ条を以河州とい屋三人印形長右衛門印形いた
し此方へ持参、我等ニも印形いたし候様との事心安
クうけておきて印形いたし不申候、段々才覚いたし
来候得とも印形延引いたし置候、元来右正月廿日時
分きく屋《下市》庄衛門殿此方へ趣ちよとはなしいたされ候
事なにかと申事有之処、庄衛門あつかり候なと〻申
され庄衛門預りなされ候所、廿五日ニ他行之跡ニて
我ニさたニ及ひ候事と被存候や、元来松屋安兵衛殿
と駒谷と申合てたくみ候様ニ相見へ申候、安兵衛事

去年下市とい屋をいたしたく被存候ゆへついしやうニいたしかけ候やうニ被存候、おとなしい事とハ見へ不申候、長右衛門庭銭お丶くとり申され候事ハ一両年手前とい屋もやめ候やと諸々かふこみ売可申との事ニて、いろ〳〵と我等せわニいたし候てとりつ丶けおき申候、此砌ハめつたニ口銭かけて遣候てとうニとりつ丶き度との所存と見へたり、しかしなから人ハおちめニなる所ニて心さしをたゝしくするハ人間の本心なり、うろたへたると申もの也、あまり〳〵しかられ候ゆへきのとくゆへニ新五衛門ニも少々の事ハあるなと丶申出し申され候様ニ相聞へ申候、ひきやうなる事と申ひやうばんなり、新五衛門方も大上こしものハ弐分まし取申之事ハ元来客もがてんの事なり、しかし駒谷と松屋安兵衛殿と一ツニなるしさいゆへ少々の事のさん用違も年中ニハ可有之候や、是ヲ以おちとなりといたしかけたり、元来松堂望ニハ三歩ニて永ク相つとめてよしとねんくわんなり、是ハ永代のかきやうニて格別身しやうノりつしんハなし、しかし正直ヲ以するときハけんやくヲ以永クしそんのため至極能家業と申事をとくと見すへおきたり、まことニつねのさんと申事ハ是〳〵又きりやうありてりつしんの望もある人出生したる時ハ外ニ何成ともあきない万事の望をいたしてよし、かならす〳〵此しやうはいニてわずかのむりをするものニあらず、是ハ百姓の田地ノとくと同前ニおもいて一りんも違なく正直ニ相勤て永クしそんへつたへてよし、ふきりやうものためニハけつかうなしやうはいとおもふへし、必々りつしんハ此家業ちならぬ事と永ク申伝へし、しよせん人ハうんヲ以りつしんするもの也、ひどうを以りつしんハ悪しき也、たとへ一たん能候ても間もなくほろひるもの也

三歩ニてあわぬときハたひ〳〵ことわり申てましてもろふハよし、夫ともあわぬ事なれハ又いたしやうもあるへし

右

あやまり証文いたし候やふとあれとも中〳〵身上ニかへてせぬもの也

○此度之一義下市きく屋庄衛門へとくと沙汰いたしおきていさい是迄の様子とくとはなしおきたり、以後

此人へ万事たのミておくもの也、まことある人ニ候あいたそまつ無之様ニ永クいたし可申事、とかく此度書付表ニちかひさへせぬハいつニてもたしか成事とおもふへし、少々のしそんしハくるしからす、まことをはつれてハ人ニあらす、とかく人間ハよくよりしてしそんしなり、つゝしむへし〳〵
古市駒ヶ谷ゟ下り船賃ニ付大ニとり込こもう有と候へともはや此方ゟさたニ及ひ申事ハかならす〳〵無用、善悪とも天せいとしれるもの也、とかく人の悪をあらわす事大悪也、わか身よりあくをせぬやうニあさゆふつゝしむへし
是迄何角かきものなとあれとも皆々火中ニやきすてたり、此度ゟゆつる事ハまことを以するときハ少茂おそるゝ事なし、正直を以するときハしせんとはんじやうすると申事、此二ツをしそんへゆつるもの也、是を大切ニ守ルへし
　すいふんけんやくを以身上をたもち、ぢひを以つねとすへし、是則人間ニむまれたるしるしまてなり

永クせつしやうニいましむるもの也、魚鳥ニよろすいのちあるものをころす事堅クいましめおくもの也、是をもちいさる人ハわかしそんニあらす、永クわか像の前へきたるへからす、ぢひしんハわかたむけなり、すいふんおこのふへし
　荷物きんミの事
一きやく方ゟ荷物吟味之事申来リ候節、此方帳面ぎんミいたし候へとも、諸帳面ニ見へ不申候事あり、其節ニ此方長めんニ無之抔としかと申きり、たしかニ申事ハいたさぬもの也、事おゝき事ゆへ見おとしもあり、みそんじも有之候へハ、幾重も〳〵きんミいたし可申候、まづ〳〵水上おもて其外之帳面なとみあたり之時見へかね申候間、段々きんミいたし可申候よし申入候て、しかと申つめたる事ハいわぬもの也、是則といやのたいおうなり、能々心得てよし
　只今長右衛門方ニい申伊助事
○此おくにもいさい書付あり、万一ものたくみいたし

候節ハ則此書付ヲ以可入御覧候也

一伊助事ハ先年伊助親藤七と申者、車木村善七弟ニて七年之年切ニて相つとめ候て、本家之方不埒成事有之候へとも、祐元じひヲ以薬みせの方ノしはひ申付候て、しはらくいたし候て別宅ニてもいたさせ可申と存候ゆへ、女房かうぢや又衛門と申もの《てまへよりねんごろいたし候故なに、なじミ》ゟめとり、一両年之内壱弐百匁もと手ニともつかひ候ふだい分ニ申付候所、以之外ばくえきなといたし以之外そんもうなとかけ申候て、其上正月の三日よしい屋甚右衛門方ニてはくえきの上とん《とけつ》しいたし候て死亡ぜひなくことも二人此方せわニいたし、ごけともやしなひおき候所、親とも祐元へ段々不孝ゆへ、り分くわい重り候故、町方之不埒成ルいろ事かすをしらす、数十人ニみたれ数年之不埒ニ候へとも、其上夜ぬけニいたし新之丞方左七とふう婦になり、ことも壱人あり、此方庭ニて生れ申候ことも壱人ハ男也、壱人は女子也、女子ハ先ニ死亡、壱人のなんしを、則此伊助事ニ而、段々とせわいたし候所、しゆゐん・ばくえき・こぬすみハたれしらぬ人はなき不埒重り、其上えせゐんきやうなといたし、又ハ此方古之はんをとり出しのえせ手形いたし候て町方の両家まてかたりとり候て、はきの茶屋藤助方なとニてはくゐきいたし候故、庄屋太兵衛方ゟ其外之不埒重り候ゆへ町方帳めんはつし申様ニ申され候、則町方長めんニのり不申候、其上客方蔵預り荷物之内種物なと付かへ、花内村九衛門と申ものあひとりニなり、ぬすミいたし候所とりかへし申候、此外段々不埒重りせひなくかんとういたしおきたり、しかし此方ふだいのものニ候へハ心底なおりもいたし候やと存候所ニ、とい屋長衛門へ同しやうばいへ入込、此方とくいさきへいろ〳〵の悪せつを申まいり商売のさまたけいたし、色々の事をきやく先へ申出候事以の外不埒なる也、夫ゆへ長衛門方へ一応申遣候所、長衛門方ニも此方へ断あるへき所一応のさたもなく、其上此方ゟ申遣候所聞入不申、それゆへ長衛門方へハ一向此方家ゟ出入ハなりかたく候、千万ケ様不法ものとも候へハ我等存命之内ハいかやふニも悪じさし申ましく、万一我等ハ申さす候ハ、いかやふの事つくり出申事もはかりかたく候、則此方えあくしの段々如此付由(ママ)セ状のかきたし帳のおくニはさみいれて有之候、其外町方帳めんきんミいたし候ヘハしれ可申町方長めんニあるましく候、其上無宿ものニ極りたるもの町方へいつかたゟ之おくり手形あり候や、又伊助事左七のせかれと申事ハあるましく候、町帳めんの事ゟ先ニきんミいたしみるへし、此方庭ニ而生れたるもの悪じゆへかんとうのもの、いつかたゟ入込候や、町方作法いか丶ニ存候、此旨此書付ヲ以何方までも出すへし、ゆたんならざる大悪人也
右万一てきたいいたし候ハ丶、此書付じき〱上之御目かけてよし、一りん一さつもつかわし申事しんしやうニかへてなく候、不孝積之程数をしらづ候也、此方庭ニて生れたるものゆへ本心ニもなるへくそんし候所、もはや家之あた、家業のあた、数度ニなり候上ハ永ク大てきニなりたりゆへニ此所ニ記之、長衛門方も此方へことわりもあるへき所、さたもなくこのんておき候所ゆへ此方ゟあしお入候事ハなり不申、同しやうばいなれハ此方ニかんきのものなれハおくへき道筋ニあらす、其上此方ゟことわり申入候処聞入なくさしおき候事不埒千万〱ゆへニいさい印申候

一かなやま事　五條ニてすいふんかたりとりて、其後たんばニていろ〱といたしかたり候よし、地頭之との様よりも段々御とがめなされ候へとも、ないしやうニてたま〱とられみな〱身上しまい申候
殿様ゟ被仰下候儀、五年之間みと丶け候て此方へそうたんいたし候様ニと被仰付候よし、尤なる事ニ御座候御申付ニ存候、何事も是ニかきらす五年後なれハしそんしもなきものを

○せけんよりよひよせ之事
○公《上々》儀より御めし出しの事
○きやく方ゟよひニまいり之事
○ゐんぎやういたし申事

右四いろハことの外六ケ敷事也、かうぎより御めしの状あらばとくと聞立、しあんのいたし候て出へし、又びやうきの申立てしはらくひきこみ、其品とくと聞届

ケ上ノ様子も聞と丶け候て出へし、品ニよりはやまりて出てハしそんしあるもの也、とかくひやうきと申あけ候てとくと引込候て、いしやとのへみせなとしてとくとしあんのいたし候事ハ一ツの工夫なり
ゐんきやういたし候事ハ幾度も〳〵きんミのとけ、すへ〳〵のしまひの事まてしあんニきわめて人とそうたんして、とくとおちつきて我も工夫とたにんのしあんと聞立ての後はんハするもの也
荷主かたゟよひニまいり候とも中〳〵急ニはしりてゆくものニあらす、先ニひやうきと申遣し候て様子とくと聞立て、永クひけニはならぬ事はあんして後ニ参りてよし、とかくせくものハしそんし多ク、或ハきんきんの筋ニてもとくとしあんして一日もおそく出へし、とかくのみこみしこと大ニあしく、一日二日しあんして後ハかならす〳〵しそんしもすくなくなるへし

荷物ものそんし或《アルイハ》ハ火事或《アルイハ》ハぬす人ニとられ、道中ニて打わり、道中ニて川へはめ水入のたぐひの事

一荷物とい屋方ニて火事《水流》ニあひ候事万一有之候時ハ、其帳めんヲ早速ニ客中へさたいたし候てと丶け可仕候、きやく一覧の上事済可申候、此方ニ少茂かまい申事無之候、其ことわり月々使ヒの人幷先方ゟ口上とくと印可申候、品ニより荷主方ゟ済手形連印ニいたし候てとり申事もあり、此連印之時ハ外ニ荷主《荷物無之衆中》こしらへて印形取出可申候事習事也
一塩荷物水入《水なんニて》之後ハ早々申遣候て、荷主へ其荷物しおたわらニてもあれハとくと見せ候て其ことわり可申候事、不残なかれ候時ハ帳めんヲ以いさいニ申渡し可申候、外ハ右之同断の事也
甲申之年水流之時、大坂与二郎殿・庄二郎殿・仁右衛門殿、しお拾太余り有之候、尤水流ニあひ候へともたわらハのこり申候、廿一日時分右之衆中御越なされ早々見せ申候所、其時御申され候事ハ、天せいの事無是非候、たちんハとい屋のそんニいたしくれ候やう、しおの事ハ荷主そんニいたし候やう被申、其と丶け早速ニいたしおき申候、其後毎年書出しまいり申候、是ハ心得違と申ものに候、

しかしいつこニても右之断申とゝけ候てよし

一牛馬遣方ニて火なんニあひ候荷物ハ早々申来り候ハ、此方ゟまいり、とくとみとゝけ、牛方同道いたし荷主へ右之断可申候

或ハ荷物申渡候より延引いたし候ハヽ、牛馬遣ゟわひこと大ふん入申候、又ハわきため申事もあり、是ハとい屋ゟ申渡しの日けんきれ候まてとめおき、火事ニあひ候様之火なんの事ハ天セいの事なれとも、荷物延引之事、其とかかるからすゆへ也、しかし牛馬遣の事ゆへわひことといたし遣候、すいふんりやうけんのねがい可申事

一あふらなと道中弁付おろしニおとし、わりそんじなといたし申事度々あり、是ハ荷物之なやみやうあしき時ハ、そんしの代物ハしろ物代牛馬遣ゟいたさせ候事もあり、是もすいふん大切ニいたし候ても、とりあやまり、とりおとしなといたし候事ハ荷主ゟ了簡いたし遣し申事也、とかく其時之品ニよりてさたいたし可申候

一諸荷物川なとへはめ候事あれハ早速遂吟味候て、さたいたし可申候、塩なとニても水入ハ、たわら持参いたし候へハ相済申なとゝ申伝候へとも大ニ違ニて、たとへハたわら持参いたし候とも不埒成ルとりなやみなれハ牛馬遣へ代物いだし申させ申候、すいふん〳〵念ニ入候ての上なれハ荷主ゟ了簡いたし遣し候やう申入候事、又流水ニてながれうせたる荷物ハ其そんし候所の村庄屋ゟ其しさいとくと書付とり、又ハしやうこの人あれハ其人ゟ書付をとりて其書付を持参いたし候て荷主へわひいたし申候

一道中荷物そんじの事ハ先々牛馬遣イのひきつな・たずなの寸尺あり、大概《がい》三尺四五寸ゟ長ク或ハ牛馬をおいはなしニいたし候か、不埒成ルいたしかたニてものそんじ有之候へハ、牛馬遣へ申渡しわきまへ候か又ハ荷主了簡ニまかすへし、毎年かよひの時印形もかやうの事のミ大切なり、よく〳〵心得てよし

諸方きやくまわりの事

一其家業《しやうばい》ニ付てそれ〳〵のきやくさき一ケ月ニ二三度つゝ見舞候事ハつとめの内也、かりニもなれあな

とる事なかれ、其時之商売《しやうばい》のうやまひなるへし、ぐちもんもうなる人ハ前後しらず我カまゝ・きまゝをハいふ人おゝくあるもの也、かならす〳〵此方ゟあいてになるべからす、しなよくあひしろふ事敬《うやまい》ひの第一也、たゞ諸事まつすぐニたゞしく守ル時ハ当分ハよろしからすといへとも、後々永クはんじやうする也

一一門一家之内きんぎんのとり引大切なるもの也、すいふんハとりひきハ無用、かならす大切之間なかあしくなるものハきん銀之筋ゟいつるもの也、たとへかなわぬ事ありともすいふんとりひき無用、ぜひなき時ハ大切之場所ハちからをいれてつかわして互ニそまつのいでざる様ニつゝしむべし、心安まゝにとりひきそそふニなりて後ニふなかニなる事千人ニ千人、百人ニ百人なり、つゝしミの第一なり

家ふしんの事

一町人・百姓之家ハ大かひ相定りあり、近年所ニ不相応のふしん・家作をこのむ事大ニひがことなり、わすかひざをいるゝニすぐへからす、其上ハみな〳〵おごりのさたなるへし、材木もひのきのふしきを以テなぐりニて極上なり、ふしなし角木を用る事大ニ過たる事也、松木ニて相応なるへし、かわらふきどぞうハ火の用心なれハもつともなるへし、しろくぬる事ハはでなり、よとやなとニてすいふんこうとうにするなり、人の見て目たち不申候様ニする、みな〳〵瓦《かはら》ニする事おこりなり、少成共くずやニする也、是則うやまひなり、すへてけつかふのさしきなとこしらへ、不相応之それニおゝじてとこのまわりかけ物ばんじ家具・やぐニいたるまてとりそろへるやうニなるへし、かならす町人のいらぬ事なり、たゝ人ハすしめこそうれしけれ、たとへおんな・こともおゝくとも、すいふんきんミのとけ、ゑんのくミてよし、ふうき、ひんせんハ時のうんなり、ちすじ・家すじこそかたしけなき事なり、心さしこそ人の本心けつかうなれ、朝暮悦ひても猶あすハあるへし

一ノぜんなどかならす〳〵不可用、かたくと〻むる也
一家具ハ町人之相応ヲ以よろしき也、かいしゆなとのかぐニて用事ハ過たる事ニて町人・百姓の不相応也、たとへいかほと富貴なりとも不可用、もつたいなき事也、身のうへを不知者人間ニあらす、廿人前ニて五六拾匁、百匁天上のかくニてよし、諸事道具類ハ是ヲ以見合てよし、後代せけんの不知者何角と申ものあらハ、先祖ゟ此書付を以申伝へしゆへなりと返答すへし也、わらひそしる人ハ大ニくせもの也、万事のとうく・いるいニも是ニしたかいて、町人・百姓の十分也金銀の以てつくろひかさるものハ大ニ不可用、堅クいましめおくもの也、如此諸事身もつ時ハ心の内やすくおそる〻事なし、おこるものゆへニ悪敷心も出来なり、けんやくハ身を守ルのため也、富貴ニなるのためニあらす、た〻身のおさまり能なりて天命をたのしむのもとなるへし、いるい・いゑいニいたるまて是ニしたかい、へいせい心を用るときハ少茂〳〵くらふなく子孫まつたく目出度なるへし、此上をす〻める人ハ皆々大成ルかたき心得て二度つきやふものニあらす、大悪人と心得てよし
一七八才より孝経をよますへし、夫より朱子家訓と申書物をよみ、そらニてよみ、覚候様ニして学問のある人ニならひ聞へし、此後四書五経ニわたるへし、ふかくはまるハいか〻、此表そとくのミたしかにすれハ何成ともよめてよし、かうしやく聞ニてもよし、あまり〳〵かくもんすきも無用也、先々此書ほとおほへて一人前を大かいなり
手跡茂日記つけ手紙の通用のミなれハよし、人ニすくれての能書ニなりてもいか〻成り、所全(詮カ)大ていの事ニて及ふ事ニあらす、大かいを以ておさむへし、すこしハかくもんなけれハ不埒成ル事底のミおもふゆへなり
御所町ゟ河内古市迄近在之馬た賃まし古市と見合ておくり申候、大概たちん古市へ年中之内なかほとの駄賃之割合ヲ以記之、高下ハ其時ニ見合ておくり申候
一山田村　　古市と三分下ケておくり申候
一向山田　　弐分下ケておくり申候

一春日　弐三分下ケ
一東山　弐分まし
一大ケ塚　弐分三分の内まして
一きしのみや　五分まし
一きし中村　四分まし
一富田林　八分九分の内見合まし
一きし桜井　五分まし
一寺田　九分まし
一坪井　弐分まし
一さ山　弐匁五分六分まし
一三日市　弐匁四五分まし
一大平尾　壱匁三分まし
一小平尾　壱匁四五分まし
一広瀬　六分まし
一国分　弐分まし
一東条　弐分まし
一かう(国府)　五分まし
一玉手　五分まし
一道明寺　壱匁まし
一円明　五分まし
一片山　四分まし
一さわた　壱匁まし
一はやし　壱匁まし
一柏原本郷　九分まし
一ゆけ 今ハ柏原といや次　壱匁五分まし
一西ゆけ 同断　同　断

右之通りニしるしおくものなり、先々此家業をしるものハかわちの在所をとくとまいりてそんじ候上、たちんの高下無之様ニいたし遣し可申事也

すへてたちんと申ものハ大切之ものなり、其内うし・むまのためニもなりて、とせいのなるやうニいたしつかわして、格別たちんの類やすくいたし候事もあくし見あわせて、たかいのとせいとなるやうニすべし

一士《さむらい》　農《百しやう》　工《しよくにん》　商《あきんと》　此四民いつれもおなし事なり、先百姓ほとよろしきハなし、つね〱身をつかひ手あしをはたらかせてのうきやうをするゆへ、身もまつたく心の内ゆたかにして天ニまかするの道

明白也、少しニても心之内あくしあれハじぜんと天のめくみなくして日々ニ身ひん也、此ひんといふニいろ〳〵品あり、やかた之金銀のすくなきをひんとハいわぬ也、心のやすからぬをさいて極ひんとするもの也、或ハ人ニすくれてのうきやうをかせき田地とくふんおゝく家ます〳〵とみて、いろ〳〵のけつかふをするものあり、其身一代ハ其しんろうのつとめ、先効を以くわんらくするゆへ一性の間天のめくみつくる事なく、自身もらくといふ事能しりてあんのんなり、是をしそんニゆつる時ハ其子おなしくつとめて能天命をしる時ハます〳〵はんえいしてとみニあくもの也、又ハくちもんもう成ルしそん出来て、先祖之あてかいたるけつかうをおのれかまゝニうけて身のつとめなくうか〳〵したるものハ、自然と其道をうしのふゆへ、逐日身しやうおとろえ先祖ゟ之田地・家屋敷・諸道具も売しろなし、其上数代之名跡もたつとなく、いやしきつとめをするハ是皆一身の一心極て道をしらぬゆへなり、たとへいかほとけつかう成ルしんしやうを先祖ゟうけたりといへとも、又其身も先祖ニかわらぬやうニ家業をつゝしむ時ハすへなかく伝るべき事慥成事也、事のかけひき・身のうへを不知ものハ、いけんしても馬のみゝニかせを入るかことし

一当町之内ニてぢいハ極ひんニて妻なとこつしきをしたる、夫よりきんきんをなして五七十貫目の身上ニなりたり、其子おなしくけんやくを守りてつねにしふ(はカ)もめんをおなす事なく、すくれて家業をつゝしミ弐三百貫匁の身上ニなりしに、其子家業をはなれおこりニちやうじ、びしよくをこのミてついニしんしやうほつらくしたり

一そうたい何ニよらずあつまりより合之惣事、中間もの類之金銀銭一銭ニても預り申事無用也、ぜひ〳〵《とうぐるひニかきらず》預りくれ候やうニ申ものあらは、先祖より此通りニ書付ヲ以代々申伝候故かたく預り不申候よしニことわり申てよし、後代ニかしこいやうなもの出て是をあさけり、何かとおのれかひやうばんをつけてちかへるものあらは、家のめつぼうちかゝるへし、我カ家ニかきらす一家共ニても右之事ハかたく

申聞せて、無益のもの又ハ少々の利徳をおもひ預り
　申事堅ク無用とおもふへし
或ハ町方ニよらすわれ一人してせわのやくものニあら
す、たゝ人ニおくれてよし、惣事ニさし出候ハ大ニひ
かこと出来て家名をけかすものおゝし
かやうの事よりけんくわ・かうろんも出来、おもひよ
らぬなんぎもおゝく出来もの也、町かゝりのものハ人
よりさしつニまかせ少々心ニかなひ不申候とも、いは
いなく見合て金銀ニても出し可申候也
一朝町年貢ぢき作取ニ致し可申事、少々みしんいたし
　候所、すいふんとりたて候てあまりせめつけ申まし
　く候事、村方皆々またく候故かくへつの事ハなく候、
　是ハ大切之田地ニ候故ぜひハ朝町村へ引取りても渡
　世ハ有之あいた、もの事やわらかニしてよし
　　伊助事くわしく相しるしおく
此外口ニいさい書付あり、みるべし
　　　　ゆうげん家来藤七せかれ
　　　　　　　　　　　　新七

一伊助親ハ車木村善七と申もの、弟ニ藤七とと《(ママ)》申者、
　七年之間年切奉公人相勤候て後、廿七八才の時くす
　り見せと馬道具とあきなひ手代いたさせ置申候、く
　わしく当町之宗旨帳奉公人の所ニて相知れ申事也、
　其近日の内少々借宅ニてもかり出し可申と、かうし
　屋又衛門妹おぎんと申もの、ふたい分ニよひよせい
　また別家いたし不申、内ニせかれ弐人あり、是則伊
　助事なり、妹をおしけと申也、此藤七正月廿三日急
　病さし出とん死いたし申候、後家おぎん事、親元へ
　不孝積り候故一国ニも知ルほとの不埒ニて不尽筆紙、
　諸々への不埒ニ付当町左七とみつつういたし夜ぬけ
　いたし出申候、伊助一人さしのこし候所おなしく此
　もの以之外ニ不埒ニ付、はくえき・大酒・不儀なと
　多ク表向ケしるしかたき悪事なと重り候故、其上と
　い屋しやうはい方之客之荷物ふんしつ、花内村九衛
　門と申ものをあいとりニいたし、預之荷物なとぬす
　ミ出し候故、せひなく庄屋多兵衛殿へ断候て帳面を
　はねて所をはらい申事也、此方印形をぬすみいたし
　銭五貫文かたりとりて道具屋方ニていつわりとり、

はきの茶屋藤助方ニてはくえきニうちまけ、又とうく屋源兵衛方ニて後銭五貫文かたりとり出奔《ほん》いたし、其後又々かたりとり申候、右はんきやう拵候手形、書出し帳之うらニはさみ有之候、か様の事両度ニおよひ申候、右之不埒成ルもの、一応此方へさたもなく長右衛門方へ引込候段不届千万也、此後下市へ此方事ニ一切ニ無之事を、悪言を申参候事数度及ひ候也、たとへいかやふニわひするとも此家へは一切かのふへからす、堅申残し置もの也

右万一我等死後ニいろ〳〵とあくじをたくむ事あらは、此旨之願イ返答いたし、たとへしんしやうニかへても申上くへき也、一りんニて遺し申事なく候

一酒をこのむもの子孫ニあらは此くすりを毎月たへてよし、酒をこのむものハ我仏前ニ出へからす、さやうの悪人出ル時ハ片時も早々かんとうすへし、此さけより出て家をほろほし身をおとすものしるしニ不及

正中壱升ニ

けんほのなし壱両

ゆのはな　壱両

右三味をあわせて一ケ月はかりつけておき

右のくすりを毎月用ゆへし、さけをとゝむるの秘法也

一遊女ハ出所不知してたれ人のなくさみものハ不定なり、いやしきむまれのものおゝし

人ハすしめを以本とするゆへニ一向一座もするものニあらす、大ニいむ事也、身を守ル人ハ其場所ニ望ものニあらす

此金言をそむく人ハかならす〳〵家をうしなひ身をすつるもと也

一いかほとけつかふな事ニてもあたらしきしんほう事ハかならす〳〵どうしんすへからす、めつらしき事ニハ皆々悪事あり、かなやま事のたくひいろ〳〵とくめんしてだますもの也、しおほへし家業の外ハけつして無用也、いろ〳〵むまそうな事をすゝむるもの也、皆々悪事なるへし、皆々せけんニハあくにんおゝくしておろかなるものをたまし、いつわりしん

しやうしまいの事すゝむるおゝし、朝暮かんかへてよし
　良薬口ニにかしと申伝候也
一年頭の祝儀・ねんきよくものハすいふんかろきハよし、いつれニもそまつなくてぃねぃニしるし、けたいなくおさめ可申候、たとへ荷物之おゝいすくないニかまひなく毎年おさめてよし、廿七匁ニて三百弐十丁あり
（ゆえん壱袋
松えん三袋合てハ四袋之代物也
すいふんはやく年礼を納てよし
一上越銭之事一切かし申事無用、しさい候とて宝暦年中よりことわりとけて一切ニかし不申候、せひなき時ハ皆々帳めんニ不記無ニするとおもふへし
一古帳ハ六年以後おさめて六年以前ハ売払可申候事、諸方へことわり之手紙度々出して後払可申事、吟味ハ三年之間いたし可申候、此外ハ無用也、かよひへきんミ一年切と申事、先々よりしるし出し申事也
一籠鳥《かきのとり》の類、一切もとめやしのふ事かたく無用、是則せつしやうの内也、鶯・こまうつら・やまからの類何ニよらすもとめ候事かたく無用也、無益のもの也、かごどりをこのむものハおこりニちかし、かりニも求る事無用
一不相応之物もとめ候事かならす〳〵無用、此節せけんニ不相応之仏たんなと、もとめてよろこふものおゝし、大ニあやまり也、たゝ町人家性之仏たんハそれ〳〵相応ハよく、仏たんのきとくニて仏ニなりたりといふ事不知、たゝしんしんのミ也、あまり〳〵寺とうぢやうへ出ルものあしき、時々相窺へし
奉加事ハ中人なミ也、町方見合、中下として印てよし、とかく外ニ見合よく不相応な事ハ人のめいわくする事也、いくたひも外をきゝあわせて付てよし
一牛馬つかひより連印ヲ以手形有之候、此手形ハ大ていの事ニてハ出し申間敷候事、かうぎニなりて此しやうはいならぬやうニもならは、其時朋友そうたんの上ニて出してよし、かろ〳〵しく見セるものニあらず、たとへ村役人より出してみよと申時分ありとも、かならす〳〵みすへからす、御番所ニても大て

いの事ニては出し申ましき事
外ニ河州とい屋中之手形も有之候、是もかる〳〵敷
出し申ましく事
一たのもしといふ事先年より此国ニはありたり、近年
ハちやうじニてならぬ事也、此近年ハみや様の御名
をかりていろ〳〵と名をつけて、むまそうなるを申
かけてふつくる人おゝく、何茂身しやうしまひ也、
おやもとする人もたまされたり、かりになる人もし
まひなり、此以後むまひ事を山〳〵申すゝめ候とも、
かならす〳〵同心すべからす、皆々しぢうつとまら
ぬ事ニていつれも〳〵身上のしまひニなりたり
一起州ニてわかい衆中十四五人より合のゆさんして、
酒のうへニて近所之山ニて珍敷くさひらをとりてた
へたり、不残一時ニ死たり
一こん礼の類、いつれも先々書記家具の類ノ所いさい
あり、けつかふをこのむ事大ニあしき也
一町方・諸方ニよらす、くしい・ていりのたくひあり
ともかならす同心すへからす、いつれへもより付キ
候事大ニあしき也、たゝまつすぐなるハよし、先祖
の申伝へゆへ如此と申ひらきてハ申分無之候、ひと
りたちたる事ハ大ニあしき也
一くれ荷物、元文元年之頃初之大坂天満吉野屋治兵衛
と申仁、洞川半左衛門殿と初而三太丸口丸ニて馬荷
壱太の積り、四五年モ出ししはらく二三年茂隔て後
にて宝暦十二年頃、大分出たら此時四太丸三太半丸
出たり
一家屋敷ニかきらすあるひハもとめ候事ありともほう
たゝりなきやうニいくたひもきんミしてよし、きも
ん又ハひつしさる・こんしんのたくひふさかりなと
大事なり、度々きんミの上ならてハさたすましき事
一諸方客方より無利《むり》我まゝを申事もおゝくあるへし、
かならす〳〵あいてニなるへからす、此家業の品と
心得てよし、それ〳〵のしやうはいニいつれもある
事也、此しやうばいせぬときハ一向ニつきやひもあ
るまし、かやうの事もきくましき也、我か利ありと
して利にかつハ大ニ悪利あるほとさしひかえて利有
一日々月々之勘定を以せたいの見合或者せつき二ハ何
程も入ゆへ、毎月之あまりを以しまりをきわめ、万

事此心得なきときハかならす家をほろほすのもとなり、一日も勘定おこたる事なかれ

一松堂筆のもの、相のそみ申人あらは壱枚遣し候てよし、判形石すり出来可申、石すり少しあらば是ニて能くぬり、ふんこの内ニはんした有之、是ニて見合、がく・かけ物・字の類、又一行物の類少しハ石つりニいたさせ、序《ジョ》と跋《ばつ》といたし候て、はんきは出してよし

いかほとも上手出来申ものゆへニ、いかふおしむ事なかれ

一客方よりかいもの又ハ米のちうもんなと、其外何ニよらずしいれのたくひたのミ候とも、一えん無用ニ可成候、此しやうばいニ堅クいましめおくものなり、我等事ハ手本ニハならぬ事也、しさいありて他之もの丶一向しらさる事なり

朝町村田地之事

一朝町村田地・畑之儀者、北之庄村九条屋市郎兵衛殿先祖祐元と申人ハ取持致来候所、元来朝町村之人ニて郡山ニおひてりつしん致され候て、村かしニ村方せやすの極上田地をゑり出して五拾四五石之徳分なかれ込候所也、此内少々地蔵寺・正覚寺へ付申、市右衛門方へも少々わかり候て只今惣預ケ高四拾四石也、くわしくハ朝町年貢帳ニしるし御座候間とくとひらきみるへし、いさい帳面うらニ印有之候、其文章之通り永ク相守り可申候、たとへいかやふの事ニも外へ譲り申事ハかたくなり不申候、此田地・畑・山・屋敷之儀ハしさい有之候て此家之内ゟ出たる銀子ニあらす、松堂新七数年之苦労をなしてもとめおきたり、末々とくふんいかほとすくなく相成候とも中〱外へ譲り申事かたくなり不申候、たとへいかやふのなんきニ及ひ候とも質物入ハ不及申、他へゆつり候事ハ決而無用也、則朝町村役人中へ茂他へ譲り候事質入等ニかはんいたしくれ不申候様ニことわり申入有之間、かはんいたし候事ハ相成り不申候、万一すへ〱きやうだいとも多ク候ハヽ、一ケ年つ丶の徳をわたし候様ニ申置候、女子ともなれハ壱ケ年之ものなり不残相渡し候て何方へもしつけ可申候、ゐんきよいたし候

ハ、、ゐんきよいたし候て死去まてハゐんきよニつけおくもの也、夫婦とも存生之間ハゐんきよりへゆつりおくへし
年々あつけ四十三石九斗五升とくふん三十石余り慥ニ有之候へ共、少々の事ハ作人のとくニいたさせてつくらせ可申候、弐拾五石ならしあれハよしとす
毎年両度つゝハ杭《（ママ）》をあらためて其主じしん参り改可申也
しはい人ハかならす〳〵無用也、皆々此方ゟしはいいたし可申候、しはん人《（いカ）》へまかせ候てハ互ニ後ニ申ふんの相手なるへし、年々市右衛門方へ相談いたし、めんの事も百姓の事なれたる一家之内両人罷越候て、村方之衆中と相談之上ニて少々つゝよけいニつかわし可申候也
かねて考へ候かすり木綿ハかつの業とせよ
木綿にかすりを織る事ハ、我かねて伊州《（伊勢）》の松坂木綿のかすりより考出してゆく〳〵当所の産物となさむことを思ふ、我子孫此こゝろをつきて忘るゝことなかれ

いそいち事
一出所之品、へそのをニくわしく印あり、右五十市事ハ亀松家来分ニ申おくもの也、ひとゝなり候ハヽ、永ク本家をもりたて奉公致し可申候、少茂亀松心ニそむき申事なくすなおニ相つとめ可申候、三十才過候ハヽ、亀松りやうけんヲ以格別ニ何成ともいたし可申候
わかり候ハヽ、朝町村とくふん一ヶ年ほと申請可申候、其外ハ亀松心まかセニさたいたし可申候、何ニよらす本家へ不孝・不埒候ハヽ、早速帳面をはね二度此家へ出入かたく成り不申候
右しるしおく通り少茂相違無之候、母《本家》・あね存命あらは、随分孝行ニつかへて少茂ゆたんなくつとめて、後右之通り身のしまひ可仕候事

宝暦十二年
壬午九月記之
松　堂（花押）

下茶屋庄四郎夫婦ノせわニさへいたしくれ候ハヽ、八才まてハ下茶屋ニてそたち可申候、夫ゟ此方へよひとり、てならひいたさせ可申候、庄四郎夫婦一生

大切ニいたし可申候

本家のいへのめくり・さいめんの事

一さいめんハ寸尺定式ありといへ共、此しやうはいていニてハうし・馬をつなくゆへ、通りすじも壱尺五寸内へ入て家作したり、ゆへニ町筋外ノ町ゟハひろき也、則先年けんちの時分も其御断申上候事、東と北ハ他家也、是も外之寸ゟ一ばいいれてさいめんのうちおく也、壱尺四寸はかり外ニさいめんあり、其心得ニて改へし、此方ゟかならすあらため候事ハ無用也、ものこのみの品ニあたりてあしき也、すいふんひかへめにしてよし

八月廿七日御神事

一大和方ハおしなめて国之ふうそくニて、他国ニかわりてりやうりなともおかしきもの也、しかしむかしよりなしきたりたる事なれハ嘉例とす、かならす〳〵めつらしき事ニしかへる事無用

廿六日かいもの次第

一すいふんあたらしきゑそ拾ヲ

中ノはひ壱ツ、たこ壱はい

はす壱本、さこし壱本

目しろ小壱本カ弐本

ゑび拾ヲ、松たけ弐三斤

いも弐貫匁、山ノいも五六百匁

ゆう弐ツ、いた壱枚

右ハ上々ノまつりりやうりなり、さかなすいぶんあたらしきヲ用ひてよし

ねたんをねきる事あし、あたしきを用大切之客来ゆへ、りやうりハかるくともあたらぬやうこちそうすへし

一よび申きやく

其時々あたらしきさしわたしたる一家はかりニてめつらしき客をあつめる事あしき也、すへのとけぬものニてなかく参会するをよしとす

廿六日くれかたニなにかさしおき、一家之上ふんおやこ・きやうたひ不残ゑたいあらため、一どきニそろひてまいるへし、神前ニてつゝしみ一所ニはいい

たしてよし、年中之まつりこと也とおもふへし、ばんじさしおきてつゝしミてさんけいすへし

一惣体何ニよらず印形仕候事ハ大切なり、町方入魂ノ衆中と数度相談之いたし候て、すいふん〳〵ぬけのなるほとハぬけて無用ニいたし可申候

公用出入筋何ニよらす一先病気ヲ申立、一日ニてもひまヲ入、幾重もしあんのして後出へし、たとへ利潤の事明白ニ相知れ候とも、とくとしあんのいたし候て罷出へし也、品ニより内証へまわり、とくと工面の相極候て後出へし、ないしやう聞立候て出候時ハあやまちすくなくしてよし

旦那寺へとゝけ　年頭・七夕

一円照寺様　壱匁
一奥様　同
一新ぼち　同

右一所ニして三匁つゝ遣し候事も有之候、大方ハ一人つゝ、正月・七月

一ばんそう　もんぜん　五分つゝ
一たいこうち　三分つゝ

年両度とうみやうのくわんじん

一円照寺様　銭百文
一たいこうち　弥五郎　銭五分
一町方寺々　壱分つゝ
一よしの　はなかせんぼ五人のつもり　壱人前　弐もんつゝ
一なんとう　おうとうや　壱人前　弐もんつゝ

八人参候ハ、八文
四人なれハ八文
八人ニ十文遣し申候

一天川　拾もん遣し申候

おけぢさんあれハ壱匁遣し申候
つねハ札はかりなれハ拾文より十五文まで

一いせ　ほうらくしや
一いせ　た夫との　いせこうの内ゟ遣し申候
一竹田のおんぼう　米あきニハ米壱升　麦あきニハ麦壱升
一其外のものハ銭壱文弐文見合

死ふせのおくりの次第

一だんなぶん　円照寺様　ひるのそうれい　銀三拾匁、米壱升

一ないきぶん　銀拾五匁くらひ、米壱升
一せがれぶん　五才七才こともなれハ見合　銀弐両ゟ拾匁、米壱升
一家来うちのものども　銀壱両ゟ五匁まて、米壱升
一たんなぶん《ばんそうへ》　三匁ゟ弐匁まて、米壱升
一同下人ふん　壱匁ゟ
一町方ふぎんのほん様　銀壱両、米壱升
一ないきぶん　銀壱両、米壱升
一一家中より　遠方之故ニてきつはニいたしまいり被下方へ　御坊之半分のわり合
一竹田おんぼう　つね〳〵能《ゆきちん》いたし遣し候故　酒弐升、銀弐両ゟ拾匁くらい
一ないぎぶん　酒弐升銀五匁くらひ弐両まて
一ことも　酒壱升くらひ、銀壱両
一下人　ことも同前也
ゆくわんいたしくれ候ものへハ旦那ゟ五匁くらい見合
是ゟ段々見合てよし、此人ハ七々四十九日百日之間
よひ申候、年々とむらいニもよひ申候、野おくりの
人数も右より見合てよし
右いつれも相応よりハ少〳〵おゝくいたし遣してよし
一とりあけはゝの事

男子たんじやうハ　ちよこ〳〵仕舞ニて
十一日目ニ銭五百文也
是も十一日之間つめてつとめたれハ壱貫文遣し
申候
節句〳〵ニハ米壱升銭壱匁、正月ニハかゝみ弐升
とり二弐匁手習入まて遣し申候

かみゆひ
一先ニよりかわらすつかひてよし、たとへへた、じや
うずニかきるべからず、其しさいハ大切之はものを
つかふものゆへ大切なり、手間ちんなとふとうなく
年々心をつけてよし
たんな分　半年ニ　銀壱両ゟ五匁
まへかみ　五匁くらい
手代分　四匁より
下人分　三匁
うるう月ハ此わり合ヲ以テつかわし可申候、年忌・
祝儀ハ見合ニて五分壱匁之内ニて遣し可申候
ゆくわんおけたかハ旦那分百文ゟ段々見合て遣し可

申候、毎年大卅日夜初かミ之しゆうぎ、家内不残〆
テ百文つゝ遣し可申候

本紙百八枚有、表紙ハ外也

終章

大和地方史研究事始

この小文は、一九九三年六月、「戦後大和の地域史研究」の表題で、私自身の思い出を中心に、奈良県の昭和二十年代の研究動向について述べた講演の要約である。地域史という言葉は、同六十年代になって登場する用語なので、ここでは地方史の語を用いた。

1　地方史研究を始めるまで

私は、一九四三年十月、東京文理科大学を繰上げ卒業して海軍予備学生となり、大隅半島の山村で敗戦を迎えた。あんなかたちで戦争が終り、命あって故郷の地を踏めるとは、夢にも思っていなかった。戦中派の生き残りとして、還らなかった戦友への負い目と、余りの人生という思いをひきずりながら戦後を生きることになるが、敗戦のショックから立ち直るためには、しばらくの時間が必要であった。

ＧＨＱの指令によって、四六年一月から修身・日本歴史及び地理の授業が停止になり、当分の間は就職の見込みがなくなった。この指令は、戦後歴史教育の出発点になるとともに、歴史研究者の社会的活動を促す契機となった。天皇制に対するきびしい批判と「人民の歴史学」の主張が活発に展開された。民主化政策と民主主義運動の高揚するなかで、皇室中心主義の「国史」が崩壊し、旧史学の非科学性を攻撃しながらマルクス主義史学が強い影響力をもつようになった。新しい歴史学と歴史教育運動の中心になったのは、戦後いちはやく活動を再開した歴史学研究会と四六年春に創立された日本史研究会だったが、民衆に役立つ真の科学の研究と普及を目ざして結成された民主主義科学者協会（以下、民科）の歴史部会の活動も大きかった。十月になって『くにのあゆみ』以下の暫定教科書ができて日本歴史の授業が再開されることになるが、『くにのあゆみ』は進歩的歴史家からのきびしい批判にさらされた。

日本史の授業が再開されたおかげで、私は四七年一月から奈良師範学校女子部に勤めることになった。四月に女子部と男子部が合併、四九年六月奈良師範は奈良学芸大学に昇格する。遊んでいた四六年に、母校の助手への誘いをことわったこともある私のこと、大学教師になる運命が待っていようとは思いもよらないことであった。

ところで、私たちの学生時代は文化史・思想史が全盛で（文部省が各大学に日本精神史や日本思想史の講座を設けさせた）、社会経済史はおおむね経済学部にまかされていた。それに、マルクス主義などの文献は店頭から姿を消していて、社会科学は私たちから縁の遠い学問であった。したがって、敗戦後のマルクス主義史学の高揚に直面して、勉強の不足を痛感するとともに、社会経済史や社会科学に強い関心を持ったのは、当然の成り行きだったといえよう。

四七年五月、同僚の奥田修三君らが中心になって、民科の奈良支部として奈良民主主義文化協会（のち奈良文化連盟と改称）が結成された。奈良女高師・奈良師範・奈良中学などの教師のほか　医師・エスペランティスト、劇作家など多彩な顔ぶれで、疎開中の俳優十朱幸雄さんが娘の幸代ちゃんの手をひいて姿をみせることもあった。『資本論』の勉強会が開かれ、四八年十月高校教科書『民主主義』が出ると、その批判的検討を行い、その成果をまとめて翌年九月に『正しい民主主義』(1)を出版したりもした。

四六年六月に石母田正『中世的世界の形成』(2)が出て以降、藤間生大・北山茂夫・松本新八郎・清水三男・鈴木良一・古島敏雄・戸谷敏之・藤田五郎・堀江英一・信夫清三郎など、戦後歴史学の出発点となった著作がつぎつぎと公刊されていった。これらは、戦前に公にされたり、戦時中に書きためられていた論文を収録したものが多かったが、私の目にはきわめて新鮮に映った。その間四七年八月に岩波の双書『新しいあゆみのために』の一つとして出た羽仁五郎の『歴史』に触発されて、彼の戦時中の論文「歴史および歴史科学」(3)を読み返すとともに、クロォチェの著作などについていくらかは歴史理論の勉強もしたように思う。

2　近世大和の地方史研究へ

敗戦後しばらくたってから、日本の近代化の帰結が太平洋戦争の敗北だったとすれば、日本の近代化とは一体何だったのか、という疑問を強めていた。そうした観点から大塚久雄の『近代欧州経済史序説』(4)以下の書物に親しみ、鮮明な問題意識と明確な歴史把握に影響を受けた。E・H・ノーマンの『日本における近代国家の成立』(5)も、そのころ感銘した書物の一つであった。そして私の関心は、近代の歴史的起点である明治維新や日本資本主義の成立に向かうようになった。羽仁五郎や服部之総の明治維新論を読み、「欧米の植民地ないし半植民地になったアジアの中で、ひとり日本だけがなぜ独立国たり得たか」という服部の問題意識に強い印象をもったりした。

戦前の日本資本主義論争について知ったのは、そのころのことであったが、私は、論争点の一つである幕末の経済発展段階をめぐるマニュファクチュア論争に興味を持った。講座派の服部之總に対するは労農派の土屋喬雄、その土屋の論文の一つに奈良晒が取りあげられていた。かつて奈良にそんな産業があったとは――これはひとつ調べてみなければ、と思いたったのである。奥田君と連名で四九年度の科学研究費の申請をしたところそれが認められ、本格的な調査を始めることになった。天平の栄光ばかりが語られる当時の雰囲気に、反発する気持もあったのかもしれない。

そのころ、旧来の郷土史研究から脱皮して、地方史研究の名で各地の歴史の具体的分析をすすめようとする動きが活発になっていた。戦後の歴史学は、歴史の主体が民衆であることを確認したわけだが、民衆の歴史生活を明らかにする拠りどころの一つとして地方史研究が登場してきたともいえる（他に部落史と女性史の二つが考えられる）。そして五〇年十月には、地方史研究協議会が結成される。私が地方史研究に取りくむ自覚をもつようになったのは、そのころだったであろうか。はからずも大学に籍を置くことになったが、その大学は当時「駅弁大学」と皮肉られた地方大学、それなら地方でやれる研究をしようじゃないか、そんな気持も働いていたように思う。

奈良晒の研究では、永島福太郎先生のお世話になった。古文書の手ほどきもしてもらったし、玉井家文書を借り出していただいたりもした。古文書は「習うより慣れよ」、読めない字は先学の教えを乞うのが一番だと思う。五一年内地研究の機会が与えられ、京大経済学部で堀江保蔵先生から経済史の教えを受け、五二年九月には、国立史料館主催の近世史料講習会に参加した。野村兼太郎先生のお話の中に、「道に一本の白い羽根が落ちていたとする。これを見て、その鳥が白い鳥だったと即断してはならない。そうかもしれないが、たまたま白くなっていた一本が抜け落ちたのであって、実は青い鳥だったのかもしれないのだから。私たちがめぐり会う史料は、落ちていた一本の白い羽根のようなものであることに十分留意する必要がある」とあったのが、いまも心に鮮やかである。

3　「国民的歴史学」の運動と奈良

一九五〇年前後は、内外の政治情勢が緊迫し、知識人の政治的発言も目立った。五一年度の歴研大会は「歴史における民族の問題」を提起し、歴史教育者協議会は「平和と愛国の歴史教育」を第三回大会のテーマに掲げた。遠山茂樹の『明治維新』(6)と井上清の『日本現代史』Ⅰ　明治維新(7)が世に送られたのも、この年のことであった。民主的・民族的伝統の発掘の声が高まり、「国民的歴史学」の運動がおこってきた。その推進力になったのは、五二年三月に出た石母田正の『歴史と民族の発見』(8)であった。そこには四八年に発表された「村の歴史、工場の歴史」も収められていた。若い研究者や学生たちによって「祇園祭」「山城国一揆」などの紙芝居やブックレット「石間をわるしぶき」がつくられ、農民や労働者の中に持ちこまれた。民衆の生活と要求に根ざした新しい学問の創造がうたわれた。五三年、労働者や農民、学生や生徒が組織的に参加した月の輪古墳の発掘が、大きな成果をあげてこの運動に励ましを与えた。

イールズ旋風やレッドパージの影響もあって奈良文化連盟の活動は低調になっていたが、五一年民科奈良支部歴史部会が独立、国民的歴史学運動の一翼を担うことになった。その中心になったのは、この年三月大学を追われた奥田君（のち立命館大学教授）であった。五二年からは、ガリ版刷ながら、機関紙『新しい歴史学』を発行する。

龍門騒動の子守唄をうたえるおばあさんが健在だというので、奥田君に誘われて龍門を訪れたのは、五二年のことであった。その後私は、安彦勘吾君とともに龍門騒動の調査に従い、翌年の『歴史評論』に「大和の龍門騒動」を発表、これをやさしくまとめた「龍門騒動のはなし」なども書いた。紙芝居もつくられたし、子守唄はうたごえ運動に取りあげられた。

奈良学芸大の日本史専攻生らが参加するようになって、活動は活発になった。五四年三月の卒業生が、その春、奥田君の指導で平群町福貴を集中的に調査、「福貴の歴史」をまとめた。その年の『歴史評論』に掲載されて、国民的歴史学運動の金字塔として高い評価を受けた。その学生の一人浜田博生君は、鹿野園に住んで農民と生活を共にしながら、卒論に「ある老農の歴史」を書き、これまた翌五五年の『歴史評論』を飾った。

五五年を画期として、「国民的歴史学」の運動は下火になった。背後に六全協における共産党の方針転換があったということだが、私の知るよしもなかった。奈良では、奥田君が京都に去って、民科奈良支部そのものが解消した。国民的歴史学運動には、過去の歴史を現実の農民闘争に役立てようとする政治主義・実用主義の誤りがあった（ナベやカマと同じように評価されなければならないといわれた）。歴史理論の軽視、学問性の欠如が反省された。しかし、その「失敗」の経験に学ぶべきものがあるとすれば、地方史研究に生かしていくべきであり、その科学運動・文化運動としての側面を継承すべきであると思ったし、いまもそう考えている。

4　五〇年代前半の研究動向

国民的歴史学運動と並んで、近世を中心に大和の地方史研究もすすんだ。永島福太郎が、五〇年に「都市自治の限界―奈良の場合」(9)を発表して以後、ほとんど毎年のように近世大和に関する業績をあげ、田村吉永がこれに続いた。ついで秋山日出雄が文禄検地で、私が奈良晒で、そのあとを追った。五三年、橋本凝胤薬師寺管長や和田軍一正倉院事務所長らの主唱で、大和文化研究会が結成されて機関誌『大和文化研究』の刊行をはじめ、近世大和の地方史研究にも発表の場を提供した。そして五五年には、奥田修三の大和の綿作、小野恵美男の絞油業の業績が発表され、以後多彩な研究があらわれてくることになる。

五二年のことだが、斑鳩町在住の学生が卒論のテーマに地主小作制度の成立を選んだのが縁で、五百井の大方家文書の調査をさせてもらった。筆写した史料はノート三冊に及んだが、その中には国訴の史料もあった。国訴が歴史概念として登場する以前だったこともあって、これを農民の闘争形態の一つと見る目をもたなかった。問題意識がなければ、大事な史料もこれを生かすことができない例である。私自身は大方家文書による研究には手をつけなかったので、私の史料ノートはいく人かの研究者の利用に供することになった。そのころ私の関心が、奈良晒から大和絣に向かっていたからでもある。しかし、大和絣に関する基本史料にめぐり会うことができず、その創始者である浅田松堂の「家用遺言集」を分析するにとどまった。

個別研究と並んで市町村史の編さんが活発になってくるのだが、この時期注目されるものに、県教育委員会が、動植物・地理・歴史・文学・美術・社寺など各分野の研究者を動員して行なった総合文化調査があった。五一年は都介野《つげの》地区、五二年は吉野川流域龍門地区、五三年は上市・下市・大淀三町を中心とする吉野川流域と三カ年にわたって実施され、調査のあった翌年、それぞれの調査報告書が公刊されて地方史研究に一石を投じた。

戦後の市町村史としては、五〇年の『丹波市町史』、翌五一年の『田原本郷土史』がその早い例だが、五三年に出た『郡山町史』が本格的な町史として注目された。つづいて翌五四年に『富雄町史』『桜井町史』の上梓があり、以後六〇年代にかけて市町村史の刊行が相つぐことになる。私もそのいくつかにかかわっていくことになるが、地域の人々の生活に即して歴史を考えるのに役立った。しかし、その多くが確かな問題意識を持たないまま、歴史・地理・民俗・文化財・寺社・地名・動植物などお座なりの項目にしたがって分担執筆された原稿のたんなる寄せ集めに終わっているのに、しだいに飽き足りないものを覚えるようになる。

その後私は、日本の近代化が西欧化の過程をたどったのは明らかだが、日本の内部に自生的・自主的な近代化の要因はなかったのか、あったとすればどんなかたちで生成していたのか、これを探りだすことは、日本の未来をわれわれ自身の道の上にきずいていくための大切な仕事ではなかろうか――ちょっと大げさだがそんな思いを強めていった。ささやかではあっても、それを大和の地で明らかにすることを自らの課題としたわけだったのだが、いろいろあって、これを自覚的に追求することを怠ってしまった。顧みて恥しく思っている。

注

（1）　共著、文化社。
（2）　伊藤書店、一九四六年。
（3）　『学生と歴史』（一九四〇年）。のち、『羽仁五郎選集』Ⅰ　歴史の方法（岩波書店、一九四九年）、及び、『羽仁五郎歴史論著作集』二（青木書店、一九六七年）に収録。

（4）日本評論社、一九四六年。
（5）大窪愿二訳、時事通信社、一九四八年。
（6）岩波全書。
（7）東京大学出版部。
（8）東京大学出版会。
（9）『社会経済学』一七―三。

初出一覧

序　章　地方史研究の視座

一　地方史研究の課題（原題「地方史研究の反省」）　『史潮』八八、一九六四年

二　地域史研究と歴史教育　『地域史と歴史教育』、木村博一先生退官記念会、一九八五年

第一章　近世大和の産業

一　近世における奈良晒の生産販売組織　『奈良学芸大学紀要』一―二、一九五二年

二　晒屋におけるマニュファクチュア経営　『奈良学芸大学紀要』三―三、一九五四年

三　奈良晒　『日本産業史大系』六　近畿地方篇、東京大学出版会、一九六〇年

四　北山郷の木年貢制度と林業（原題「木年貢制度と林業」）　『下北山村史』、一九七三年

五　大和売薬の成立と展開　『奈良県薬業史』通史編、奈良県薬業連合会、一九九一年

付　明治中期の大和の農業（原題「解題『奈良県農事調査』」）　『明治中期産業運動資料』第一集　農事調査　九ノ二　奈良県・兵庫県、日本経済評論社、一九八〇年

第二章　大和の百姓一揆

一　大和の龍門騒動　『歴史評論』四一、一九五三年

二　慶応二年富雄の一揆について　『新しい歴史学』一〇、一九五五年
三　天誅組の変と農民闘争（原題「幕末期畿内地域における農民闘争」の内著者執筆部分）
『日本歴史論究』、二宮書店、一九六三年
四　「芝村騒動」覚書　『日本民俗社会史研究』、弘文堂、一九六九年
付表　大和の百姓一揆・打ちこわし年表　新稿

第三章　大和絣の創始者浅田松堂
一　江戸中期一地方町人の思想――大和絣の創始者浅田松堂の「家用遺言集」について――
『史潮』五七、一九五五年
二　大和絣創始者浅田松堂の「家用遺言集」について　『ヒストリア』一三、一九五五年

終　章
大和地方史研究事始　『高円史学』一〇、一九九四年

あとがき

本書が生まれるまでの、いささか長かった道のりについて書きとめておきたいと思う。

いまから二十年近く前のことになる。奈良教育大学の停年退官を三年半後に控えた一九八一年の夏、教え子たちから、退官の記念に私の論文集をつくりたいという嬉しい申出があった。これが、本書のことが話題になったそもその初めだったであろうか。しかし、それは私自身がやるべきこと、つくってくれるのなら私にゆかりの方々による記念論文集を、とお願いした。退官記念会（代表泉谷康夫・事務局代表後呂忠一）の手で編集がすすめられ、一九八五年六月、退官記念祝賀会の席上『地域史と歴史教育』の献呈を受けることができた。大和の歴史研究と歴史教育の二部に分けて二五編、たいへん有難いことであった。

さきに、論文集なら自分でつくると口にしたものの、その方へは気持が向かなかった。かねて私には、大学を去る前に奈良晒の研究を一書にまとめたいという願いがあったからである。ところが、そろそろこれに取りかからねばと思ったころ、大学院設置の議がおこり、社会科教育に力を注ぐ必要に迫られた。そのため奈良晒の研究をおろそかにする仕儀となり、私の怠慢のせいもあって、退官までにこれを果たすことができなかった。退官後、家からも近いし勤めも気楽であろうと、村上学園の東大阪短期大学へ勤めたのだが、これが全くの誤算、教務部長という繁忙な役目を命じられたうえ、学科増設の仕事もふりかかってきて奈良晒の研究はどこへやら、そのうえ『村上学園五十年史』（一九九〇年）の編集まで仰せつかる始末であった。いっぽう、『和歌山県史』近世（一九九〇年）の編集の仕事のほか、委員の一人として『角川日本地名大辞典』二九　奈良県（一九九〇年）の編集や『奈良県薬業史』

通史編（一九九一年）第二章の原稿も急がねばならなかった。あれやこれやで、九〇年三月に東大阪短大を退くころには、奈良晒の小著のことは、頭の片隅に追いやられてしまっていた。

大学を退く二年前から、非常勤の館長として和歌山市立博物館へ出向くようになっていたのだが、退職後間もなく委員長として『和歌山県同和運動史』の編集の仕事にかかわることになり、加えて『奈良市史』通史四の編集に本腰を入れる必要に迫られた。そのうえ、古稀を過ぎた老懶の身、いつしか奈良晒のことは私の脳裡から消え去っていた。いっぽう、論文集のことは、八一年に本にする話があったものの、以後私の念頭にのぼることはなかった。本を出すとすればまず奈良晒と考えていたからである。それに私の論文はその時々の関心にしたがって気儘に書いてきたものが多く、本にまとめるのはちょっと難しいと思っていたからでもあった。

ところがである。和歌山市立博物館館長を辞めた九四年の春から夏にかけてのころだったと思う。天理大学の谷山正道君（現天理大学教授）からこれまでの論文を一書にまとめてはという話があり、ついで和歌山大学の小山靖憲君（現帝塚山大学教授）からも同様のお奨めがあったうえ、和泉書院の廣橋研三社長からも出版のお誘いがあった。もともと私の頭にはなかったことだったのだが、ほぼ時を同じくしてお奨めやお誘いがあったことに何か運命的なものを覚え、ここはひとつ皆さんのご意向に従うべきかと思った。さきに奈良教育大学の退官記念に論文集をつくろうと声をかけてくれた後呂忠一（元奈良教育大学附属中学校副校長）・安彦勘吾（帝塚山短期大学名誉教授）・大久保信治（元桜井女子短期大学教授）の三君にその話をすると、当然のことのように喜んでくれた。

その年の夏の終わり、小山靖憲・遊佐教寛（和歌山県立文書館嘱託研究員）・岩崎竹彦（現新見女子短期大学助教授）の三君と大阪で合同することになった。私が腰くだけになるのを案じた小山君の計らいである。遊佐・岩崎の両君は、和歌山県史などの仕事でお世話になった有為の学徒で、私の旧稿のコピーをつくって参画してくれた。その席で、社会科教育関係の論文をいっしょにするのは無理、歴史関係だけの論文で一書にまとめることが決まった。編集は、遊佐・岩﨑の両君が引き受けるという有難い話であった。こうして本書は、出版に向けて一歩をふみ出すことになった。

しかしながら、たまたま『奈良市史』通史四（一九九五年）の編集作業が追い込みの段階に入っていたこともあって、直ぐにはこれに取組まなかった。そのまま二年近く、あれこれ他事にかまけて手をつけないで過ぎた。九六年七月、遊佐君と共に和泉書院に赴いて正式に出版を依頼、廣橋社長の快諾を得て、どうにか軌道にのることになった。程なく岩﨑君が新見市に居を移したので、編集の仕事はすべて遊佐君が引き受けてくれることになった。旧稿について、表記の不統一はもとより、文意の不分明な箇所などについても指摘してくれた。本書の構成についても、知恵を貸してもらった。原稿を和泉書院に持込んだのは、約束より三カ月近く遅れて翌九七年の三月のことであった。それも序章と第一章だけ、全体のおよそ三分の一にとどまった。

夏を迎えたころ、この際新たにむかし作ったことのある大和の百姓一揆年表を全面的に補訂して、本書に収載しておきたいと思い立った。幸い、後呂君が基礎的な作業を引受けてくれたので、秋には原稿を第二章の末尾に押し込むことができた。そのころ私は、『和歌山県同和運動史』通史編（一九九八年）の編集に追われていたので、あとは万事遊佐君まかせ、全部の入稿がいつ終ったかも知らなかった。もちろん校正をしてくれたのも遊佐君、私はただ彼からの、拙稿の内容にかかわる疑義にあたふたと応ずるだけであった。和泉書院とのやりとりも、すべて遊佐君がやってくれたので、どなたが編集を担当してくださっているのかも知らない有様であった。そのため、本書のことはなんとなく他人事《ひとごと》のような感じになってしまっていた。「まえがき」や「あとがき」の原稿も、遊佐君から求められてあわてて筆を執る始末、まことに無責任なはなしであった。それだけ遊佐君に負担をかけたわけで、その貴重な研究時間を「横領」したことを陳謝しなければならない。

ともあれ、私の怠慢の故に、本書が生まれるまでにはずいぶんと長い年月がかかってしまった。すでに記したように、友人諸君のお奨めや励ましがなければ、本書を世に問うことはなかったであろう。火つけ役の小山靖憲君・谷山正道君をはじめ、編集を買って出てくれた遊佐教寛・岩﨑竹彦の両君、折にふれて励ましてくれた後呂忠一・安彦勘吾・大久保信治の三君に深く謝意を表したい。老来万事に物憂く、遊佐君には前述のように殊の外厄介になった。その献身的な尽力なしには、本書は発刊にいたらなかったであろう。心から感謝の気持を捧げたい。思いのほか時日がかかって、和泉書院にはずいぶんと迷惑をおかけした。ひたすら待ち続けてくださった廣橋研三社長をはじめ、本書のお世話をくださった和泉書院の皆様にも謝意を表したい。

年が明けると、私も八十歳の春を迎える。皆さんのおかげで、傘寿の記念に本書が上梓の運びになることを心から喜ぶものである。

一九九九年十二月

木村博一

■著者紹介

木村博一（きむら　ひろかず）

一九二〇年　和歌山県生まれ

一九四三年　東京文理科大学史学科卒業

一九八五年　奈良教育大学を停年退官

現　在　奈良教育大学名誉教授

主要著書

『奈良のあゆみ』

主要編著書

『大和百年のあゆみ政経篇』『下北山村史』

『天川村史』『奈良市史通史四』

『和歌山県史近世』『和歌山県同和運動史』

日本史研究叢刊　10

近世大和地方史研究

二〇〇〇年三月二〇日初版第一刷発行

（検印省略）

著　者　木村博一

発行者　廣橋研三

印刷所　亜細亜印刷

製本所　関製本

発行所　有限会社和泉書院

大阪市天王寺区上汐五－三－八

〒五四三－〇〇〇二

電話　〇六－六七七一－一四六七

振替　〇〇九七〇－八－一五〇四三

ISBN4-7576-0017-8　C3321

日本史研究叢刊

1	初期律令官制の研究	荊木美行著	八〇〇〇円
2	戦国期公家社会の諸様相	中世公家日記研究会編	八〇〇〇円
3	足利義政の研究	森田恭二著	七五〇〇円
4	日本農耕具史の基礎的研究	河野通明著	品切
5	戦国期歴代細川氏の研究	森田恭二著	八〇〇〇円
6	近世畿内の社会と宗教	塩野芳夫著	八〇〇〇円
7	福沢諭吉と大坂	森田康夫著	五〇〇〇円
8	大乗院寺社雑事記の研究	森田恭二著	七五〇〇円
9	継体天皇と古代の王権	水谷千秋著	六〇〇〇円
10	近世大和地方史研究	木村博一著	八〇〇〇円

（価格は税別）

シリーズ	書名	著編者	番号	価格
和泉事典シリーズ	奈良近代文学事典	浦西和彦・浅田隆・太田登 編	1	品切
研究叢書	翁猿楽研究	天野文雄 著	162	一二〇〇〇円
研究叢書	能の理念と作品	味方健 著	240	一〇〇〇〇円
和泉選書	奈良と文学 古代から現代まで	帝塚山短期大学日本文芸研究室 編	37	一九〇〇円
和泉選書	吉野の文学	大阪成蹊女子短期大学国文学科研究室 編	65	二〇〇〇円
	芭蕉大和路	大安隆 著		三三九八円
	會津八一の歌	山崎馨 著		一五〇〇円
	秋艸道人の歌	山崎馨 著		二〇〇〇円
	定本會津八一の名歌 古都奈良の詩情	和光慧 著		一八〇〇円
	伊勢商人竹口家の研究	上野利三・高倉一紀 編		続刊

（価格は税別）